■ 本论丛是重庆大学"双一流"学科重点建设项目"新闻传播学一级学科水平提升计划"研究成果，由项目经费资助出版。

■ 中央高校基本科研业务费人文社科前沿交叉学科(跨学科)项目资助（项目编号：2019CDJSK07XK13）。

新闻传播研究论丛

颠覆与创新：

新媒体生态及其治理

张小强 著

重庆大学出版社

内容提要

2006 年至 2021 年，是中国互联网高速发展的时期，传播环境的变化不仅快速改变着与之相关的互联网产业、新闻传媒业的面貌，也改变着传播学理论和相关治理实践。本书主要内容涉及三个领域：新媒体与传媒业理论变革、新媒体与传媒业实践变革、新媒体与传媒业治理变革，聚集了作者在上述变革的年代对互联网和新媒体理论与产业实践的研究成果，反映了我国新媒体生态及其治理的变迁，也记录着作者学术成长的轨迹。

图书在版编目（CIP）数据

颠覆与创新：新媒体生态及其治理 / 张小强著. --
重庆：重庆大学出版社，2023.5
（新闻传播研究论丛）
ISBN 978-7-5689-3700-9

Ⅰ.①颠… Ⅱ.①张… Ⅲ.①媒体 – 文集 Ⅳ.
①G206.2–53
中国国家版本馆CIP数据核字（2023）第007929号

颠覆与创新：新媒体生态及其治理
DIANFU YU CHUANGXIN： XINMEITI SHENGTAI JIQI ZHILI
张小强　著
策划编辑：陈筱萌　唐启秀
责任编辑：李桂英　　版式设计：叶抒扬
责任校对：邹　忌　　责任印制：张　策

*

重庆大学出版社出版发行
出版人：饶帮华
社址：重庆市沙坪坝区大学城西路21号
邮编：401331
电话：（023）88617190　88617185（中小学）
传真：（023）88617186　88617166
网址：http：//www.cqup.com.cn
邮箱：fxk@cqup.com.cn（营销中心）
全国新华书店经销
重庆俊蒲印务有限公司印刷

*

开本：720mm×1020mm　1/16　印张：23.25　字数：383千
2023年5月第1版　2023年5月第1次印刷
ISBN 978-7-5689-3700-9　定价：88.00元

总序（一）

马胜荣[1]

　　重庆大学新闻学院推出一套新闻传播研究丛书，书稿涉及的内容比较广泛，有独到的视角和理论思考，是学院中青年教授在不同时间段的研究成果。

　　重庆大学文科教育有着近 100 年的历史，1929 年建校之初设立了文学院。新闻教育起步于 20 世纪末期，1998 年成立人文艺术学院，开设了广播电视新闻学专业。2007 年，学校组建文学与新闻传媒学院。2012 年，学校调整学科布局，更名为重庆大学新闻学院。此后，学院不断引进人才，教学和科研不断加速，成果显著。目前，新闻学院已经拥有新闻传播学一级学科硕士授权点、新闻与传播硕士专业学位点，新闻传播学一级学科博士点，形成了本—硕—博完整的新闻传播人才培养体系。

　　这套研究丛书成稿的时间跨度由各位作者跟踪各自所研究问题的时间不同而定，有的是多年来相关论文的选集，有的侧重传播史的研究，如书稿作者在前言或后记中所言，所著文字都是他们紧密结合不断变化的新闻传播实际进行的理论探讨与思考，或是自己对所关注领域的新闻传播史的研究。书稿所涉及的问题涵盖新闻传播研究的这些方面，迫切需要不断和深入地探讨、思考和追踪研究。我以为，新闻传播研究对现有一些观点或者权威论断进行阐述和解释是有必要的，但更重要的是要发现新闻传播中的现实问题，分析和研究这些问题存在的环境和内在逻辑，提出新的思路和看法，以推进问题研究的深化和相关理论的提升，或是进一步研究新闻传播史上的一些重要问题，提出新的见解。

　　新闻传播学是实践性很强的学科。我认为，在新闻传播研究的过程中，坚持历史的观点和实践的观点是同样重要的。恩格斯在《路德维希·费尔巴哈和德国古典哲学的终结》这本具有典型代表性的马克思主义哲学著作中批评了历史领域中的"非历史的观点"。他指出，这种观点"不能把世界理解为一种过程，理解

1　马胜荣：第十一届全国政协委员、新华社原副社长兼常务副总编辑。

为一种处在不断的历史发展中的物质"。他写道："在这里，反对中世纪残余的斗争限制了人们的视野。中世纪被看作是由于千百年来普遍野蛮状态所引起的历史的简单中断；中世纪的巨大进步……欧洲文化领域的扩大，在那里一个挨着一个形成的富有生命力的大民族，以及 14 和 15 世纪的巨大技术进步，这一切都没有被人看到。这样一来，对伟大历史联系的合理看法就不可能产生，而历史至多不过是一部可供哲学家使用的例证和插图的汇集罢了。"[1]恩格斯的这个观点对新闻传播研究有重要的启示意义。

实践的观点同样重要。新闻传播研究无疑需要深刻的理论思考，但这种理论思考应当建立在考察和研究实践问题的基础之上，应当而且必须同新闻实践紧密地联系起来。著名新闻传播学教授方汉奇先生 1999 年讲过："21 世纪是一个高度信息化的时代，是信息经济和知识经济占主导地位的时代。信息经济和知识经济有两大支柱，一是以高新科技为代表的传播技术产业，二是从事新闻和信息产品生产的媒体产业。新闻传播学作为将这两大领域有机联结的桥梁，在今后的国家建设和社会发展中必将发挥越来越重要的作用。"方汉奇先生当年的提醒是准确和重要的。进入 21 世纪后，随着传播技术的不断革新，新闻传播的环境发生了极其深刻的变化，新闻传播的形态、模式、渠道、受众等与传统媒体为主的时代极其不同，人工智能和算法等新技术给新闻传播领域带来的变化是颠覆性的。在这种传播环境中，越来越多的新闻学者认识到，新闻传播研究要更加关注新闻实践中遇到或者已经存在多年的问题，不断针对具体问题深入进行研究和理论思考。

关注和重视当代新闻传播实践是这套丛书的特点。八位教授的书稿涵盖面比较广，突出体现了他们关注实践的问题意识以及在研究方法和理论思路上独有的视角，反映了他们研究所关注问题的进程与轨迹。董天策长期从事新闻理论的教学、研究和新闻教育管理工作，是很有成就的中年学者，现任重庆大学新闻学院院长。他的书稿《提要探微：新闻传播理论纵横》选编了过去四分之一世纪中所发表论文中的 28 篇文章。他对在这一时期"有幸参与其中"的"新闻传播研究波澜壮阔、高歌猛进"岁月深深怀念，这些文章"算是汇集了个人在新闻传播学

---

1 恩格斯.路德维希·费尔巴哈和德国古典哲学的终结［M］.中共中央马克思恩格斯列宁斯大林著作编译局，译.北京：人民出版社，1988：23.

术河流中的几朵浪花"。郭小安的《反思与重构：新时代舆论学研究的知识转型》、刘海明的《混沌与秩序：新闻伦理探微》、张小强的《颠覆与创新：新媒体生态及其治理》、曾润喜的《沟通与善治：网络时代的媒体与政策传播》等书稿紧密联系新闻传播实际，"眼睛始终没有离开业界的前沿问题"，时刻注意"去瞄准一个随时移动的靶子"，关注"没有得到足够重视"的有关领域，从实际问题入手进行深入的理论思考，提出了一些解决问题的思路与理论框架。龙伟的《历史的褶皱：近代中国的媒介与社会》、齐辉的《反击侵略：中国抗战的报界动员与新闻救国》、张瑾的《开放与嬗变：文献记录中的重庆形象》资料丰富、考证严谨，侧重从研究新闻传播史的视角，阐述他们各自研究领域的相关观点。张瑾、龙伟和齐辉三位教授历史学的造诣相当深厚，对各自领域的研究对象进行过多年的跟踪研究，成果比较突出，张瑾教授的一些研究在海外也产生了影响。无论是研究视角还是理论思考，他们的研究都有助于拓宽新闻传播史研究的视野。

我以为，新闻教育中教学与研究是相互支撑的两个方面，两者互为作用、相互完善，推动新闻教育的整体发展。教学主要是对学生的培养，为新闻媒体和其他有类似业务的机构输送人才。研究应该是对新闻传播领域各个方面的规律性研究和相关的理论研究，为新闻传播理论作出贡献。教师的出色科学研究无疑会推动教学工作，使学生能够在学习的过程中更直接分享教师的研究成果，从而推动教学。同样，出色的教学也会给研究注入动力。在丛书的书稿中，有一些研究是有学生参与的，能力比较强的学生肯定可以更多地贡献自己的智慧。丛书的这八位教授是学生十分欢迎和尊敬的老师，同时他们的科研成就也非常突出，在教学和科研两个方面都为学院作出了贡献。

我相信，随着重庆大学新闻学院的不断发展，学院的教师们一定会有更多的新闻传播研究著作问世，继续为推动新闻传播教育和研究而努力。

是为序。

马胜荣

2022 年 10 月 8 日于北京

董天策

2019年，对重庆大学新闻学院来说，是个具有重要意义的时间节点。这一年，经校内外专家评审与重庆大学学位委员会审议，新闻传播学成为重庆大学自主审核通过的首个一级学科博士点；这一年，"新闻传播学一级学科水平提升计划"获得学校支持，列入重庆大学"双一流"学科重点建设项目。

从1999年招收广播电视新闻学本科生，历经20年发展，重庆大学建成了新闻传播学本—硕—博的完整人才培养体系，学科专业水平不断提升。2019年、2021年，新闻学、广播电视学两个本科专业先后获批教育部国家级一流本科专业建设点。2020年，重大新闻传播学团队获批重庆市高校协同创新研究团队。同年，新闻传播学在软科排名中进入全国高校同类学科前20%。2021年，软科首次发布专业排名，两个本科专业均在全国高校同类专业前20位以内。

面对这样的发展态势，在推进"新闻传播学一级学科水平提升计划"的过程中，我提议出版一套新闻传播学研究丛书，让新闻学院的教授们在建院15周年之际来个集体亮相。经过一两年筹划与准备，"新闻传播研究论丛"终于完成了八本书稿的编撰，交付重庆大学出版社出版。

重庆大学是中央直管、教育部直属的全国重点大学，国家"211工程"和"985工程"重点建设的高水平研究型综合性大学，国家"世界一流大学建设高校（A类）"。20世纪40年代，重庆大学就发展成为拥有文、理、工、商、法、医6个学院的国立综合性大学。1952年全国院系调整，重庆大学成为以工科为主的多科性大学。改革开放以来，学校大力发展人文社科类学科专业，逐步发展成为研究型综合性大学。

1998年，重庆大学成立人文艺术学院，开设广播电视新闻学专业。1999年，成立广播电视新闻系，招收广播电视新闻专业本科生。2004年，获批新闻学、传播学、广播电视艺术学三个二级学科硕士学位授权点；2006年，获批新闻传播学一级学科硕士授权点，新闻学成为重庆市拟建设重点学科。

为了促进新闻传播学科专业的建设与发展，学校 2007 年组建文学与新闻传媒学院，聘任第十一届全国政协委员、新华社原副社长兼常务副总编辑马胜荣为院长。文学与新闻传媒学院在马院长的率领下稳健发展。学院成立当年，即与学校宣传部共建舆情信息研究所（中宣部直报点）。2010 年，获批新闻与传播硕士专业学位点。2011 年，学院与中国人民大学新闻与社会发展研究中心共建新闻传播与区域发展研究院。2012 年，学校调整学科布局，将中文系划出，文学与新闻传媒学院更名为新闻学院。

正是在这个时候，学校物色我来主持新闻学院院务。这是我从未想过的。在学校领导的感召之下，我接受了邀请，深为能够服务于家乡的顶级大学而备感荣幸。当年，林建华校长曾提出一个问题：重大新闻学院能否不办博士教育而专注于硕士教育尤其是专业硕士教育，办出特色，像美国哥伦比亚大学那样？个人以为这是一个富有创意的构想，但考虑到国情，我不得不坦率回答：恐怕不行。在中国，一个学科专业没有博士点，大家就觉得水平不够。重大新闻学院还是要努力创建新闻传播学博士点。

就任院长后不久，重大人文社科学部负责人要我做一个比较完善的学科专业规划，我未能圆满完成任务，因为当时的师资队伍还不足以支撑一个理想的学科专业规划。我只好说：不急，"草鞋没样，边打边像"。幸好重大有个"百人计划"人才招聘项目，我能够陆续引进几位具有学术发展潜力的"百人计划"青年学者，同时努力招聘国内外的优秀博士，在三四年内逐渐组织起具有学术研究能力的基本科研与教学队伍。

2015 年，新闻学院成功申报教育部、财政部高等学校"专业综合改革试点"项目"新闻学—卓越计划"，启动卓越新闻传播人才培养；新闻学专业获批重庆市特色专业。2016 年，新闻学院成为中国记协确定的中国新闻奖试点报送 18 家新闻院所之一。2017 年，新闻传播学入选重庆市重点学科，新闻传播与影视艺术专业群（与电影学院联合申报）获批重庆市特色学科专业群，新闻传播与区域发展研究院更名为新闻传播与社会发展研究院，获批校级研究平台，后再更名为数字媒体与传播研究院。学院的发展受到学界关注，被誉为国内高校十所"最具成长力的新闻学院"之一。

成长，是后起学院的主题，甚至是后起学院长期的主题。重大新闻学院2013年确立了"入主流，有特色，成品牌"的办学思路，2019年提出了"好学求真，力行至善"的院训，期待学院成长，期待教师成长，期待学生成长。令人欣慰的是，这些年来，重大新闻学院一直在成长，教师和学生也一直在成长。"新闻传播研究论丛"系列著作，就是重大新闻学院教师学术成长的部分记录，也是重大新闻传播学者参与中国新闻传播学术研究的个人见证。

对重庆大学这样的高校来说，建成新闻传播学一级学科博士点，新闻传播学进入软科学科排名前20%，只不过是真正的学科起步，未来的发展道路还很漫长。我相信，重大新闻学院的专任教师，包括"新闻传播研究论丛"的各位作者，一定会奉献更多更好的学术力作。

在此，特别感谢创院院长马胜荣先生。2007年，马老从新华社副社长兼常务副总编辑的领导岗位退下来，千里迢迢来到重庆大学创办文学与新闻传媒学院。2012年，为了支持我顺利开展工作，马老主动让我走上前台，改任名誉院长。即使按规定结束在重庆大学的所有工作之后，马老仍然一如既往，始终关心、支持、爱护重大新闻学院。请允许我代表新闻学院师生道一声：尊敬的马院长，感谢您为重大新闻学院所做的一切，我们向您致敬！

董天策

2022 年 10 月 8 日 于重庆

目　录 |

新媒体与传媒业
治理变革

新媒体与传媒业理论变革

我国"新媒体研究"创新的扩散：曲线趋势、关键节点与知识网络

张小强　杜佳汇

一、研究设计

（一）问题的提出

自互联网进入中国社会开始，与之相关的网络与新媒体研究逐渐成为新闻传播学界的研究热点。在相关研究持续十年之后，对新媒体研究本身进行梳理和反思的文献开始出现。既有对研究方法和方向的思考[1]，也有对我国新媒体研究创新不足的忧虑[2]，还有对国内文献使用研究方法规范性[3]或国外新媒体某一研究议题的分析[4]。还有学者对西方新媒体研究做了评介[5]或分析国外单一期刊新媒体研究成果刊载特征[6]。上述对"新媒体研究"的研究，在方法上不够规范，没有体现理论，主要是经验性阐述或将文献综述与以文献为样本的简单数据统计相结合予以分析。另一种研究路径则是运用图书情报学的方法，通过引文分析并结合相关理论分析新媒体研究学术圈的现状，但并未使用图书情报学界广泛应用的知识图谱方法和软件，4 年的跨度和 230 篇样本文献有很大的局限性[7]。

如果说新媒体研究必须将"理论与观察相结合，回答能够贡献新知识的重要问题"[8]，则当前国内对新媒体研究本身的研究显然还做得不够。国外则有学者使用罗杰斯提出的"创新的扩散"理论分析新媒体研究扩散规律。受此启发，结

1　韦路.新媒体研究何去何从？［J］.中国出版，2010（14）：7-11.

2　邱戈.中国传播学新媒体研究理论的焦虑［J］.当代传播，2009（2）：28-31.

3　李明，陈可薇.定量内容分析法在中国大陆新媒体研究中的应用——以六本新闻传播类期刊为例［J］.中国地质大学学报（社会科学版），2016，16（3）：156-165，172.

4　沈荟，王学成.新媒体人际传播的议题、理论与方法选择——以美国三大传播学期刊为样本的分析［J］.新闻与传播研究，2015，22（12）：81-100，128.

5　路璐.媒介、哲学、政治：西方新媒体研究的三大面向［J］.南京社会科学，2015（5）：104-110.

6　陈积银，刘颖琪.国外新媒体研究 16 年发展脉络分析——基于 SSCI 期刊《New media & society》1999 年至 2014 年的实证研究［J］.新闻大学，2015（6）：120-128.

7　孙燕清，高敬.新媒体研究学术圈的引文分析［J］.国际新闻界，2010（4）：120-128.

8　刘洋，李喜根.新媒体传播研究及知识增量［J］.国际新闻界，2012，34（8）：72-78.

合上述我国对新媒体研究在运用知识图谱分析方面的不足，本文拟绘制国内新媒体研究的扩散曲线并运用"创新的扩散"理论分析，同时借助 Cite Space 等文献计量可视化软件和 Ucinet 社会网络分析软件，通过对扩散趋势、关键节点和共现网络的分析，揭示新媒体研究作为新知识在我国新闻传播学术界的扩散规律。

（二）研究样本和方法

本研究分为相互交叉的两部分。第一部分以《新闻与传播研究》《国际新闻界》《现代传播》《新闻大学》《新闻记者》《当代传播》为样本期刊，选择这 6 本期刊为样本是因为它们属于 CSSCI 数据库新闻传播学核心来源期刊，被国内新闻传播学术界广泛认可，国内新闻传播学界新媒体研究的主要成果发表其上，具有足够代表性。首先，通过对上述期刊 1996 年至 2015 年全部刊载论文进行数据挖掘获得所有高频关键词，然后提取新媒体研究类的高频关键词，再通过高频关键词获得每年相关文献的数量作为数据来绘制新媒体研究论文的扩散曲线，结合罗杰斯提出的创新扩散理论分析我国新媒体研究所处的阶段及扩散特征。这一部分使用国内学者开发的 SATI3.2 软件 [1] 查找重复文献，利用 SPSS 软件做曲线拟合分析。因 CSSCI 数据库数据不全，部分数据以 CNKI 数据库补充完善。

第二部分采用知识图谱的方法展示我国近 20 年来新媒体研究的发展进程与结构关系。本研究选取由美国德雷塞尔大学陈超美教授研发的可视化应用软件 Cite Space5.0。该软件适用于多元、分时、动态的复杂网络分析，是近年来在科学计量学中最有特色和影响力的可视化软件。其功能主要包括作者合作分析、关键词共现分析、机构合作分析、作者共被引分析、文献共被引分析等，它可以分析和挖掘文献数据中不同时期的成果，并有聚类等丰富的分析手段 [2]。为弥补 Cite Space 软件在网络分析方面的不足，部分数据导出到社会网络分析软件 Ucinet 中绘制成网络并分析相关参数。由于 CNKI 数据库未提供引文数据且 Cite Space 软件不支持两大数据库的数据合成，这一部分以 CSSCI 数据做分析。《当代传播》2008 年才进入 CSSCI 数据库，故将其剔除样本，以保持研究样本的整体一致性。因 CSSCI 数据库 1998 年推出，故这部分可视化分析 1996 年、1997 年的数据缺失，

1　刘启元，叶鹰.文献题录信息挖掘技术方法及其软件 SATI 的实现——以中外图书情报学为例［J］.信息资源管理学报，2012，2（1）：50-58.

2　Chen C. Cite Space II: Detecting and visualizing emerging trends and transient patterns in scientific literature［J］. Journal of the American Society for Information Science and Technology, 2006, 57（3）：359-377.

通过第一部分的分析发现共有 35 篇文献未被纳入，不到文献总数的 1%（总样本量为 3586 篇文献），而且 1996 年、1997 年出现的关键词均为"电子网络""电脑网络"等早期非规范用词，一些长期使用的高频关键词并未出现，不影响整体研究结果。

（三）理论基础

创新扩散阐释了一项创新如何经过一段时间，通过特定的渠道，在某一社会系统的成员中传播。[1] 通常来说，绝大多数创新的年累积采用轨迹都是 S 形的。但是各创新之间，S 曲线的坡度不同显示了创新的不同扩散速度。S 曲线由三个阶段组成：早期推广阶段因为只有很少的采纳者，S 曲线上升得很慢；当采纳比达到 10% 到 25% 区间时，S 曲线开始"起飞"，此时人际关系网活跃，大量的采用者开始使用创新；随后，S 曲线又以相对缓慢的速度上升，因为系统里剩下越来越少的成员加入到采纳者的行列中来。[2] 此外，通过将扩散曲线（散点图）与标准 S 曲线（用累积发文量拟合 Logistic 曲线获得）进行对比，还能进一步分析扩散特征。

知识图谱是以科学知识为对象，显示科学知识的发展进程与结构关系的一种图形。通过它可透视人类知识体系中各个领域和结构，构造复杂知识网络，预测科学知识和知识前沿发展态势。它既是可视化的知识图形，又是序列化的知识谱系，显示了知识元和知识群之间的网络、结构、互动、交叉、演化或衍生等诸多复杂关系。[3] 知识图谱的核心原理是把社会网络分析方法中对社会网络的分析引入情报学对知识之间形成的信息网络和合作网络予以分析。借助软件的知识图谱建构是情报学中的数据挖掘与可视化分析，其研究路径是通过软件从格式化的引文数据中提取各种共现网络，并利用成熟的算法进行聚类和频次统计等分析。因而，其本质上仍然属于社会网络分析方法。

本研究主要思路是将上述两种方法结合，通过对扩散曲线的分析获得扩散的阶段，再分析不同阶段的知识图谱特征，从知识图谱特征中提取关键节点和相关数据后，再绘制关键节点的扩散曲线或观察扩散结果。

1　埃弗雷特·M.罗杰斯.创新的扩散［M］.辛欣，译.4版.北京：中央编译出版社，2002.
2　埃弗雷特·M.罗杰斯.创新的扩散［M］.辛欣，译.4版.北京：中央编译出版社，2002.
3　刘则渊，陈悦，侯海燕，等.科学知识图谱：方法与应用［M］.北京：人民出版社，2008.

（四）数据获取与初步分析

检索发现，我国新闻传播学刊物上首次刊载以"Internet"为关键词的论文出现在 1996 年。因此，笔者将论文检索时间定为 1996—2015 年（2016 年 CSSCI 数据在本文撰写时尚未出现）。选取关键词时，鉴于国内外一般将互联网、计算机等相关研究也归为新媒体研究，因此把相关关键词都纳入进来。首先，将词频统计中获取 80% 词频次数的关键词列入，这 80% 词频次数的关键词大致占总关键词数量的 46%，与国外类似研究以 20% 的关键词数量获得 80% 的总频次相比，我国新媒体研究关键词集中程度较低。其次，为了纳入一些年度热词并增加样本代表性，将 1996—1998 年出现 2 次及以上的关键词、1999—2009 年出现 5 次及以上的关键词、2010—2015 年出现 7 次及以上的关键词列入关键词表。最终确定的检索关键词如表 1 所示。

表 1　检索关键词

关键词	首次出现年份	频次	关键词	首次出现年份	频次
新媒体	2001	376	Web2.0	2006	28
互联网	1999	224	移动互联网	2009	27
媒介融合	2006	190	转型	2009	27
微博	2010	181	互动	2002	27
网络传播	1998	165	数字电视	1999	26
网络媒体	1998	155	手机媒体	2003	24
网络	2001	79	数据新闻	2013	23
网络新闻	1999	67	社交网络	2010	23
社交媒体	2011	65	新媒体时代	2007	22
媒体融合	2006	63	数字技术	2002	21
三网融合	2006	61	传媒技术	2004	21
大数据	2012	61	网民	2001	21
社会化媒体	2011	57	新媒体环境	2009	16
网络舆论	2004	50	网络新闻传播	2002	15
博客	2005	49	人肉搜索	2008	13
数字化	1999	45	信息传播技术	1998	11
传播技术	1998	43	第四媒体	2000	11
网络媒介	1999	40	互联网时代	2009	10

续表

关键词	首次出现年份	频次	关键词	首次出现年份	频次
意见领袖	2005	36	电子媒介	2002	8
自媒体	2009	36	媒体转型	2015	8
新闻网站	2000	36	互联网思维	2015	7
全媒体	2011	35	国际互联网络	1996	4
媒介技术	1999	34	多媒体技术	1996	3
新媒介	2005	34	电脑网络	1996	3
因特网	1998	33	因特网技术	1998	2
网络时代	2000	33	网络覆盖率	1998	2
微信	2013	32	电子网络	1996	2
网络广告	1998	32			
网络舆情	2009	28			

依照表 1 中的关键词在 CSSCI 和 CNKI 数据库中检索获得相关文献并下载为软件可用的文本数据，使用 SATI 标题词频统计功能查重并在文本数据中删除重复文献，共获得相关文献 3586 篇作为本研究扩散曲线的分析对象。

从表 1 可知，我国新闻传播学界在选择新媒体研究的关键词时，关键词的使用有一个从分散到集中的过程。这些高频关键词大部分属于描述现象或技术的"流行"词汇，这与国外学者选择标题关键词的习惯相同，其原因是更为流行和非专业性的词汇能够吸引更多读者关注。但相对于国外研究者，我国关键词使用不规范，也更为分散，意义相近的词汇过多，亟待规范。

二、国内新媒体研究的扩散趋势

（一）总体扩散曲线

获得的扩散曲线如图 1 所示，1996—2015 年，我国新媒体研究的论文数量稳步增长，与罗杰斯提出的 S 形采纳曲线基本吻合。从 2000 年起，我国的新媒体类论文数量进入快速增长期，即罗杰斯提出的"起飞"阶段。相较于 1999 年 66 篇的发文量，2000 年的发文量达到 119 篇，增长近 1 倍。图 1 还显示，从扩散曲线态势来看，2001—2010 年曲线散点图与典型扩散曲线相比呈现微微凸起并偏离态势，这在创新扩散理论里被称为滚雪球式增长，说明这一阶段扩散速度最快。其中，2001—2005 年散点曲线逐渐远离标准扩散曲线，2006—2010 年又开始回归标准曲线。2011—2015 年曲线增长速率低于标准曲线。因而，整体来看，我国新媒体研究的起飞阶段是 2001—2010 年。

在早期时间段里，因为相关研究者较少，S 曲线上升得很慢。随后，S 曲线加速上升，累计数量达到总量的一半时，上升增速出现降低。然后，S 曲线又以相对更缓慢的速度上升，因为每年新增的文献越来越少。图 1 符合罗杰斯有关创新扩散的论述，且图 1 表明我国的新媒体研究正处于减速上升阶段，根据创新扩散规律已经越过临界点进入可自我持续扩散阶段，需要观察后续几年的数据才能判断是否达到转折点。根据曲线拟合结果和创新的扩散理论，我国新媒体研究可大致分为三个阶段：1996—2000 年为起飞前阶段，此时发表论文的作者属于创新先驱者；2001—2010 年为起飞阶段，且前 5 年的扩散速度高于后 5 年，这一时期发表论文的作者属于早期采用者；2011—2015 年处于起飞后继续减速上升阶段，发表论文的作者属于早期大众。本文利用 Cite Space 挖掘出不同阶段采用者的特征。

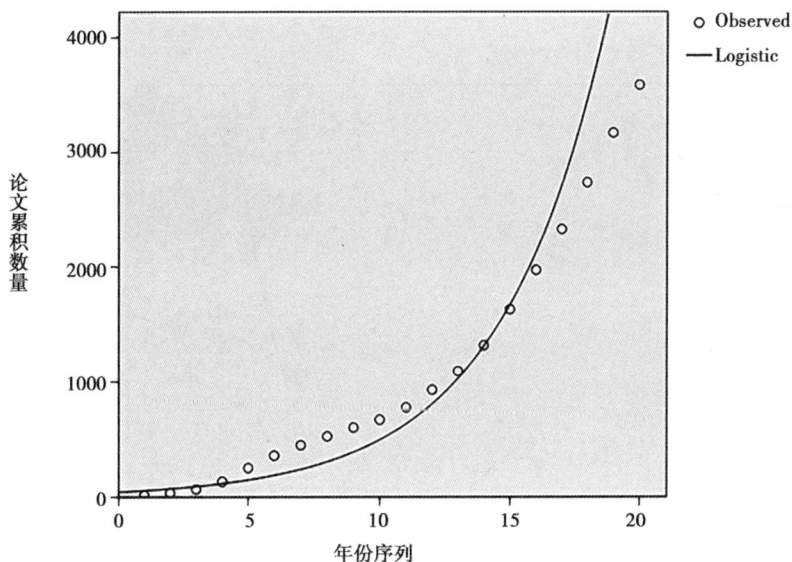

图 1　新媒体研究论文扩散曲线，1996—2015（N=3586）

注：曲线回归（Curve Estimation）拟合 Logistic 曲线（R^2=0.897；F=156.811；df=1, 18；p<0.05）。

（二）核心关键词扩散曲线

按照同样的方法，本文还选取了表 1 中位列前六位的关键词"新媒体""互联网""媒介融合""微博""网络传播""网络媒体"绘制其扩散曲线，并对比分析了这六大关键词在整个 CSSCI 数据库中的扩散曲线，如图 2 所示。

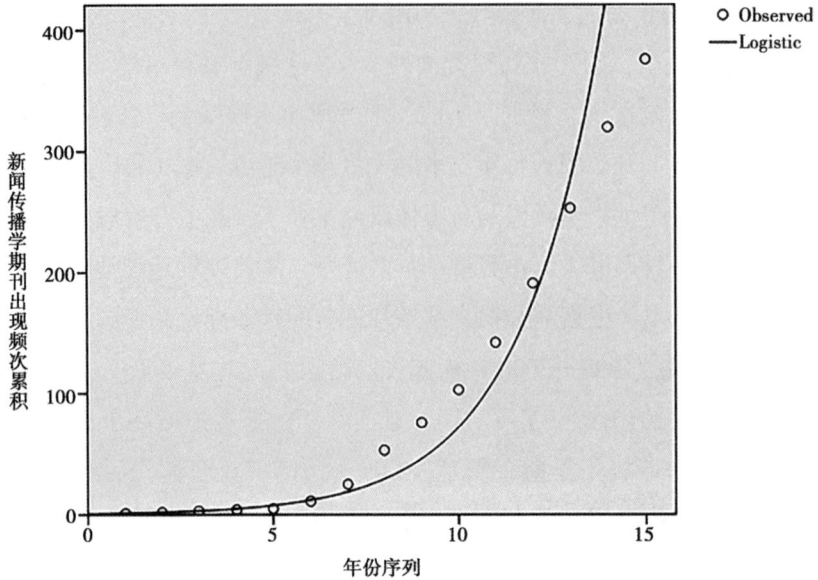

（a）"新媒体"在新闻传播学期刊的扩散（R^2=0.972，p<0.05）

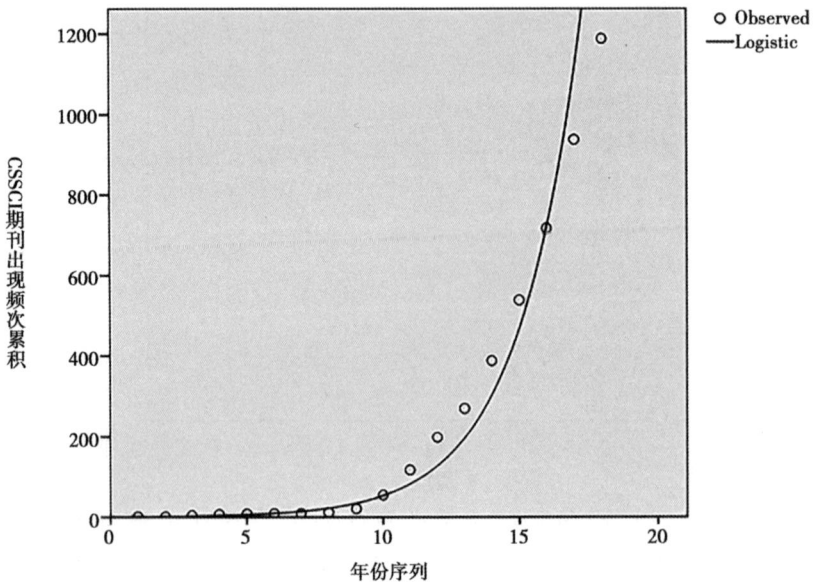

（b）"新媒体"在CSSCI期刊的扩散（R^2=0.974，p<0.05）

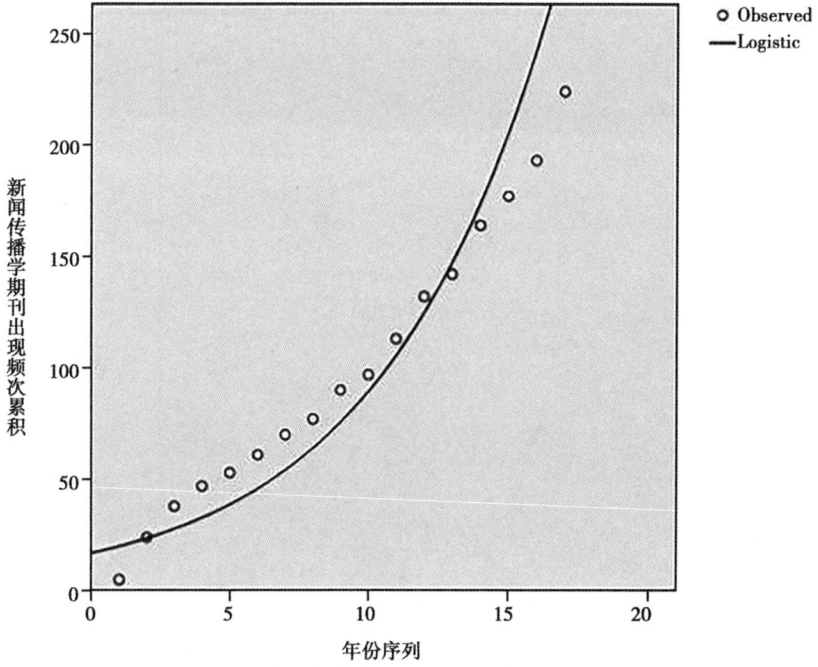

（c）"互联网"在新闻传播学期刊的扩散（R^2=813，$p<0.05$）

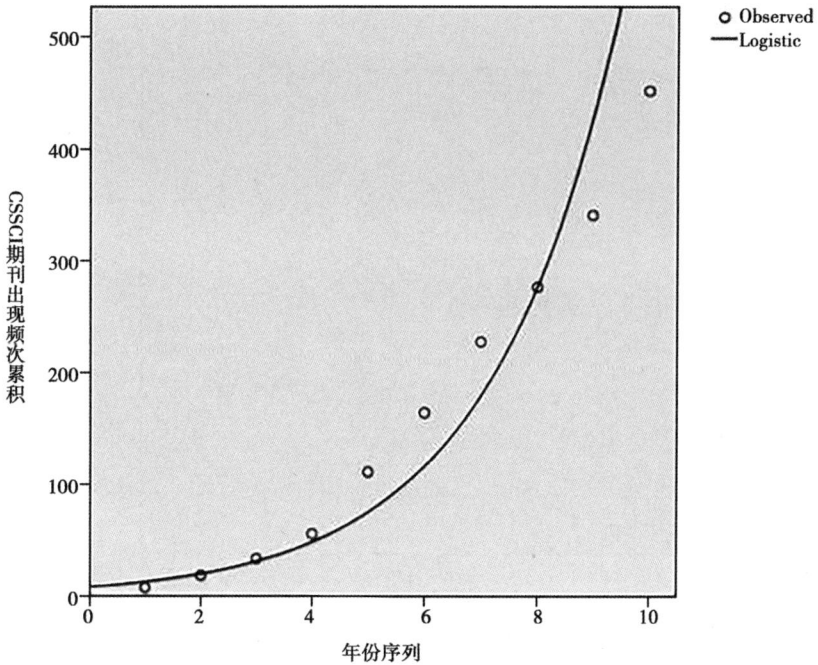

（d）"互联网"在CSSCI期刊的扩散（R^2=0.735，$p<0.05$）

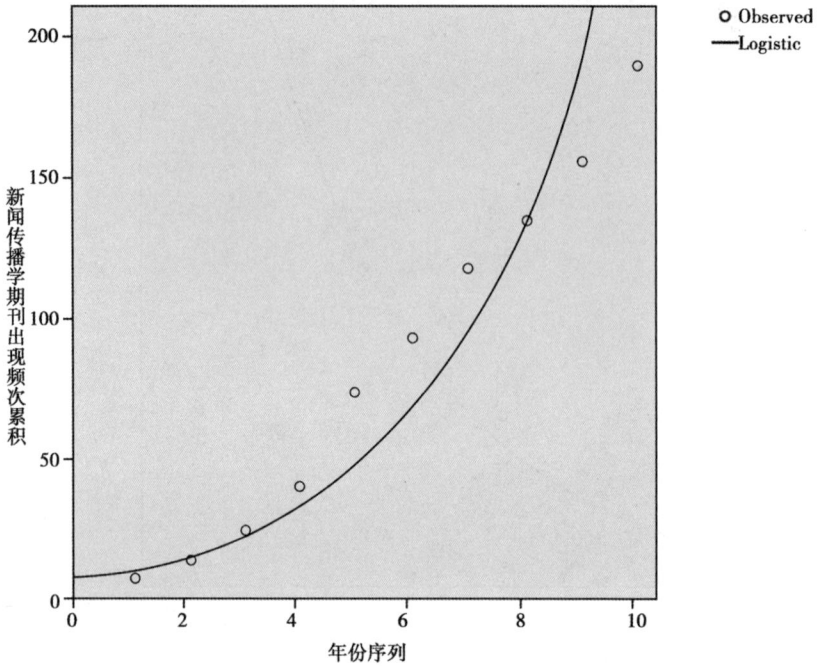

（e）"媒介融合"在新闻传播学期刊的扩散（$R^2=0.918$，$p<0.05$）

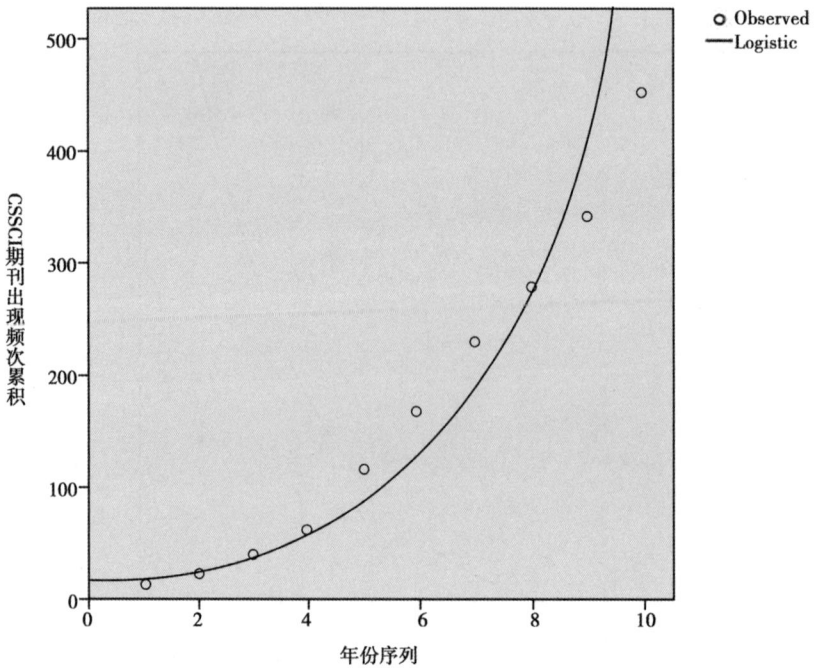

（f）"媒介融合"在CSSCI期刊的扩散（$R^2=0.951$，$p<0.05$）

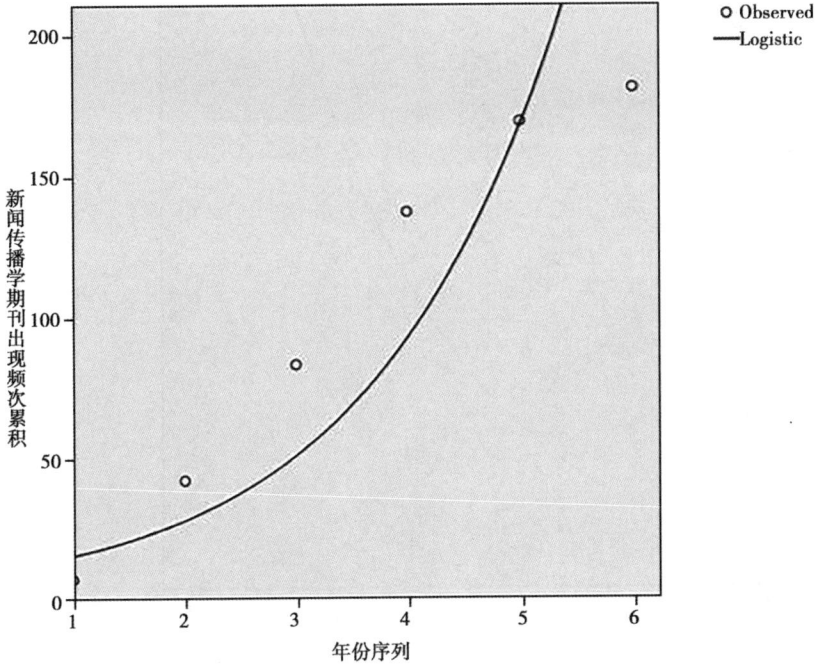

（g）"微博"在新闻传播学期刊的扩散（$R^2=0.812$，$p<0.05$）

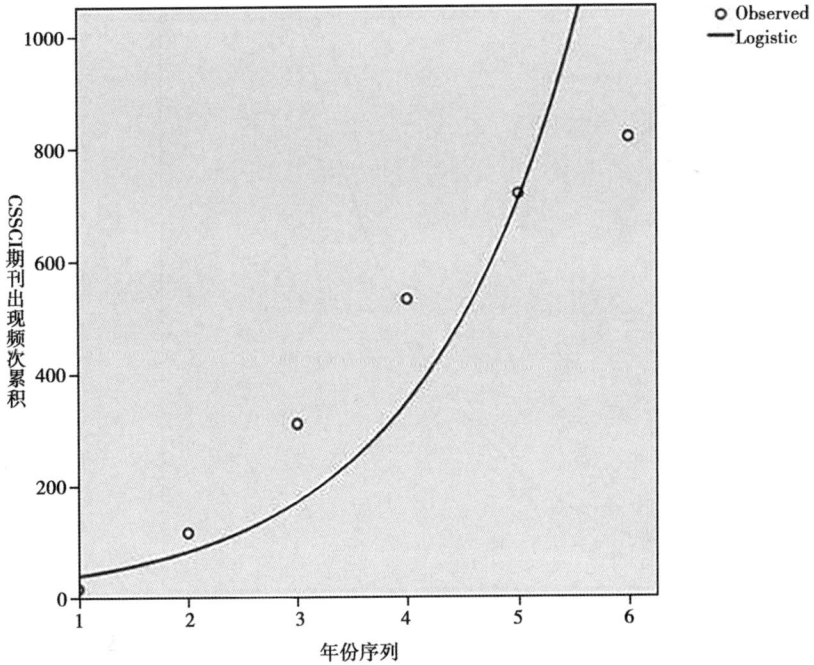

（h）"微博"在CSSCI期刊的扩散（$R^2=0.848$，$p<0.05$）

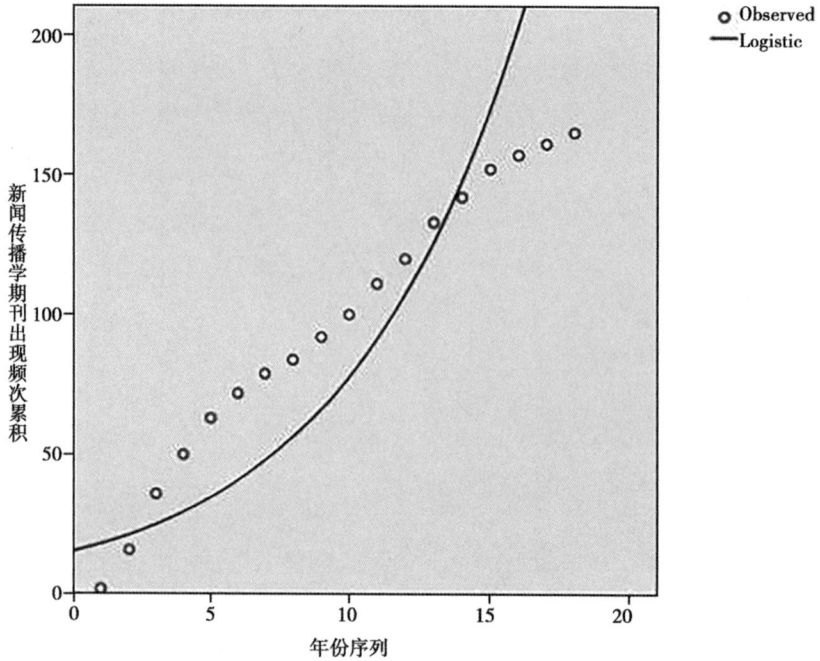

（i）"网络传播"在新闻传播学期刊的扩散（$R^2=0.634$，$p<0.05$）

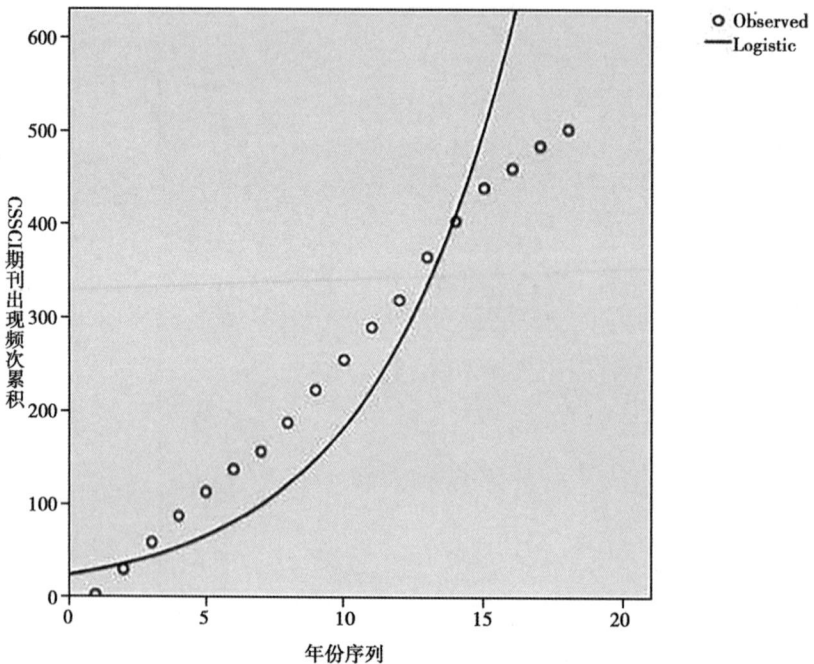

（j）"网络传播"在CSSCI期刊的扩散（$R^2=0.725$，$p<0.05$）

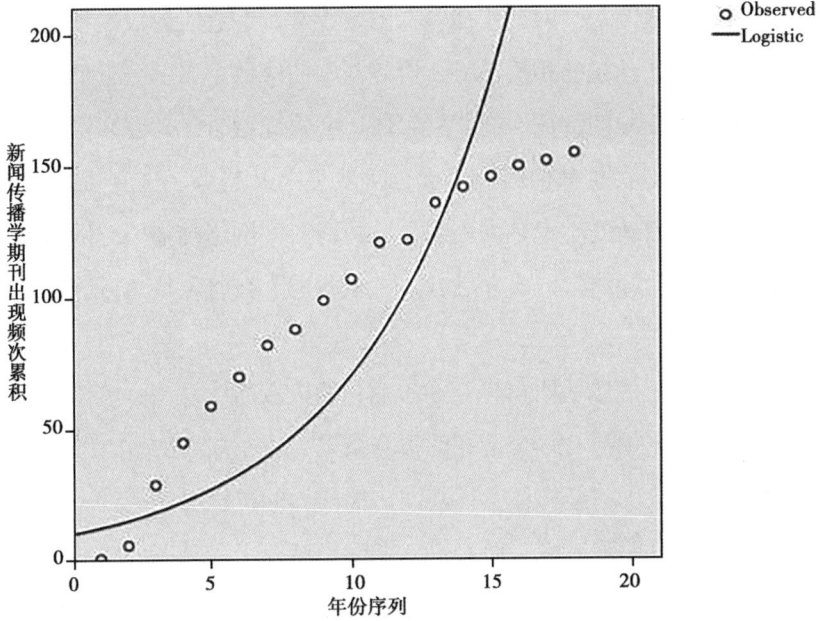

（k）"网络媒体"在新闻传播学期刊的扩散（$R^2=0.598$，$p<0.05$）

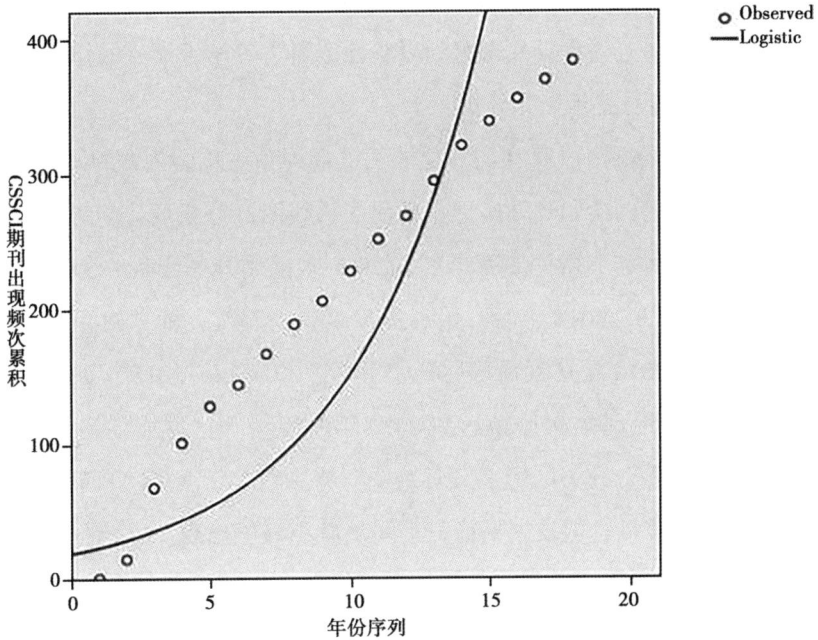

（l）"网络媒体"在CSSCI期刊的扩散（$R^2=0.575$，$p<0.05$）

图2　六大关键词扩散曲线对比

［（a）（c）（e）（g）（i）（k）图由六大刊数据绘制而成，（b）（d）（f）（h）（j）（l）图由CSSCI数据库数据绘制而成］

图 2 显示，"微博""网络传播""网络媒体"在起飞阶段的扩散曲线与标准扩散曲线相比呈现凸起的相反走势，恰好与 S 曲线的上半部分近似，呈现出爆发式增长但又迅速衰减的特征。而"新媒体""媒介融合""互联网"虽然在起飞阶段凸起较小，但在扩散曲线后半部分仍然呈上升趋势。这说明 2010 年后随着社交媒体等一系列新的学术热词出现，"微博""网络传播""网络媒体"词语热度减退，但"新媒体""媒介融合""互联网"在将来依然可能还会继续成为研究热点。

比较图 2 中新闻传播学期刊与 CSSCI 期刊的扩散曲线发现：整体而言，新闻传播学期刊的拟合结果与 CSSCI 期刊的拟合结果一致，曲线的散点图非常接近，拟合参数也基本一致。"新媒体"在新闻传播学界的扩散虽然近年来也呈增长态势，但能够看出速度明显减慢，而 CSSCI 期刊仍然处于增长态势。"互联网"在新闻传播学界起飞阶段爆发式增长较慢，但起飞后扩散更快。"媒介融合"和"微博"新闻传播学界的扩散态势略快于整个社会科学界。"网络传播""网络媒体"在新闻传播学界起飞阶段扩散更快，但后续走势弱于整个社会科学界。显示在新媒体研究领域，新闻传播学界并未起到引领社会科学界学术潮流的作用。

（三）高频关键词逐年变化分析

在 57 个搜索关键词中，排在前六位的关键词词频占总词频数的 47%，因此，选取这 6 个高频关键词绘制其频次逐年变化的折线图，分析变化趋势。由图 3 可以看出，"新媒体"和"微博"基本上在 2008 年前后开始出现，2009—2013 年数量猛增并达到顶峰，2014 年后开始有逐步减少的趋势，而"媒介融合"发展速度不及前两个，2010 年达到顶峰后开始下降，2014 年、2015 年以来又出现上升的趋势，2015 年出现频次重新达到 2010 年的数量。这说明学术界受到我国 2014 年出台的媒介融合政策的影响又开始重新关注它。"互联网""网络传播""网络媒体"出现时间较早，但发展平稳，其间偶有小峰值出现。以"网络传播"为例，从 1998 年第一次出现开始，2000 年达到一个小峰值，保持一段平稳期，在达到一个峰值后，进入平稳发展阶段。

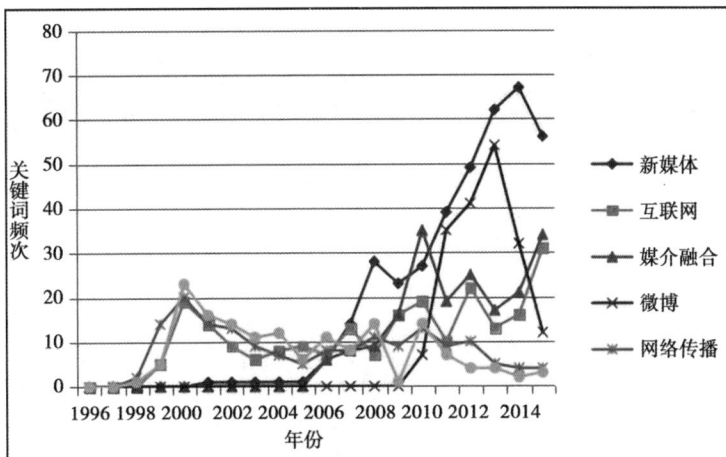

图3　六大刊高频关键词逐年变化折线图

根据创新扩散理论，图2和图3都能够反映出关键词的扩散规律，只是图3是和正态曲线做对比分析扩散规律。图3的总体结果与图2是一致的，但新媒体作为关键词出现的频次在2015年发生下降，这是否形成趋势还有待将来补充数据进一步观察。图2和图3还说明，虽然新媒体研究作为一个总体符合创新的扩散规律，但不同关键词或不同细分领域扩散开始年份、所处阶段是不同的，国内新媒体研究处于一种动态变化之中。

三、关键知识节点与网络

（一）关键词网络与热点聚类

把从CSSCI数据库下载的1998—2015年的数据（剔除《当代传播》，因缺乏数据）导入到Cite Space中，转换成Cite Space能够识别的WOS格式，转换率为98%。设置时间跨度为1998—2015年，单个时间分区长度1；节点类型为关键词，提取每个时区出现频次最高的100个关键词，生成高频关键词共现图谱如图4所示。图4中共有节点1060个，链接2184条，网络密度0.0039，形成160个聚类。每一个节点代表一个关键词，节点大小表示关键词出现频次的高低，节点之间的连线表示关键词之间的共现关系。同时，表2列出了我国新媒体研究的高频关键词（词频多20），以及它们的突现度、重要共现关键词。突现度由Cite Space计算得出，重要共现关键词根据图4观察得出。

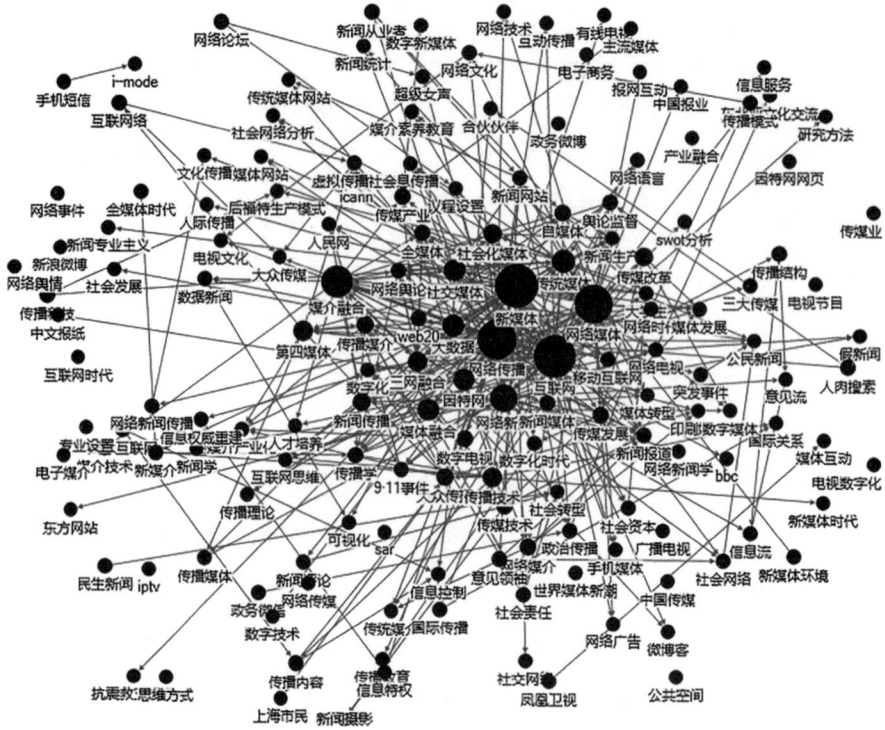

图 4　国内新媒体研究关键词共现图谱

表 2　国内新媒体研究重要关键词（词频 ≥ 30）

关键词	词频	突现度	重要共现关键词
新媒体	310	23.68	互联网、网络媒体、媒介融合、网络传播、传统媒体、社交媒体
互联网	186	0.05	新媒体、网络媒体、媒介融合、网络传播
媒介融合	154	13.40	新媒体、互联网、网络传播、社交媒体
网络媒体	133	26.78	新媒体、互联网、网络传播、传统媒体
网络传播	129	18.67	网络媒体、互联网、新媒体、媒介融合
传统媒体	72	0.05	互联网、网络媒体、新媒体、媒介融合
社交媒体	56	22.80	新媒体、媒介融合、社会化媒体、大数据
三网融合	49	17.69	数字化、媒体融合、互联网、全媒体
网络新闻	46	0.05	意见流、传播结构、信息流、假新闻
媒体融合	45	0.05	新媒体、互联网思维、数字技术、三网融合、传统媒体
社会化媒体	43	13.69	网络舆论、公民新闻、社交媒体、自媒体
网络舆论	31	8.61	舆论监督、媒体融合、社会化媒体、Web2.0
新闻传播	30	7.19	网络新闻、传播媒体、媒体融合、新媒体、网络媒体

Cite Space "聚类"功能显示，我国新媒体研究形成了四个主要的聚类，即媒介融合、网络传播、社交媒体、大数据4个大的方向，各个聚类多有交叉。表2中除"传统媒体""互联网"等词，大部分关键词的突现度都很高，表明新媒体研究属于新兴学科，正处于快速发展阶段，热点更替较快，新概念、新词汇层出不穷。主要高频关键词聚类如下：

以"媒介融合"为中心的新媒体研究，由"三网融合""媒体融合""新媒体""全媒体""传媒改革""传媒产业"等关键词聚类而成。这类研究兴起于2008年，至2015年仍然有大量相关方向的研究出现。这些研究大多着眼于宏观层面，聚焦整个传媒产业的改革、转型和发展。

以"网络传播"为中心的新媒体研究，围绕网络这一新兴媒介展开，探讨网络为新闻传播学带来的新变化、新趋势。由"互联网""网络新闻""网络舆论""网络文化""人肉搜索"等关键词聚类而成，相关的重要共现关键词还包括"网络媒介""网络语言""舆论监督""信息流""假新闻"等。从1998年起就有"因特网""国际互联网"等内容出现，十几年间有关网络的研究从未中断，2010年前后"网络舆论""移动互联网""互联网思维"等研究热点频出。该类研究涉猎较为广泛，与网络相关的新现象、新趋势都属于其研究对象范围。

以"社交媒体"为中心的新媒体研究，探讨以微博、微信等为代表的社交媒体对内容生产、传播方式带来的巨大冲击和改变，由"社会化媒体""自媒体""新闻生产""社会资本""微博客""社会网络分析"等关键词聚类而成。和以上关键词共现的重要关键词还包括"新闻专业主义""新媒体环境""新闻从业者""媒介素养教育""大学生"等。主要研究包括内容生产和传播方式的变革；自媒体的崛起；新媒体环境下新闻专业主义的再定义；媒体从业者及大学生等不同群体的社交媒体使用情况等。

以"大数据"为中心的新媒体研究，由"数据新闻""可视化"等关键词聚类而成。该类研究大多以国内外的数据新闻实践为研究对象，分析这一新兴的新闻表述方式及前景，关键词数量还较少，目前仍有较大的发展空间。

（二）关键词网络结构稳定性分析

从上述关键词聚类可见，上述四个大方向的区分度并不高，研究领域深入和细分还不够，研究围绕着用户新媒体使用或业界实践展开而不是围绕学术传统和理论展开。这类研究，关键词共现网络往往会表现出不稳定的特点，在去掉部分核心关键词后会呈现出明显的结构洞，被称为研究的"虚热"[1]。为了验证我国新媒体研究是否存在上述现象，本文测量图4是否存在结构洞。

结构洞的计算比较复杂，总体来说有两个指标。一个是伯特本提出的结构洞指数，一个是中间中心度指数。在 Ucinet 中分别测量上述两个指标，其中"新媒体"结构洞指数（34.410，0.906，0.067，0.084）＞中间中心度指数（4214.710）；"互联网"结构洞指数（36.557，0.914，0.068，0.151）、中间中心度指数（3665.292）；"网络传播"结构洞指数（34.090，0.921，0.064，0.096）、中间中心度指数（4 454.917）；"网络媒体"结构洞指数（32.750，0.910，0.079，0.171）、中间中心度指数（3 204.188）；"网络新闻"结构洞指数（18.792，0.895，0.098，0.126）、中间中心度指数（2422.029）。上述五个节点的结构洞指标远高于同一网络中其他节点，故认为这五个节点处在结构洞位置上。去掉这5个节点后的关键词共现图如图5所示。

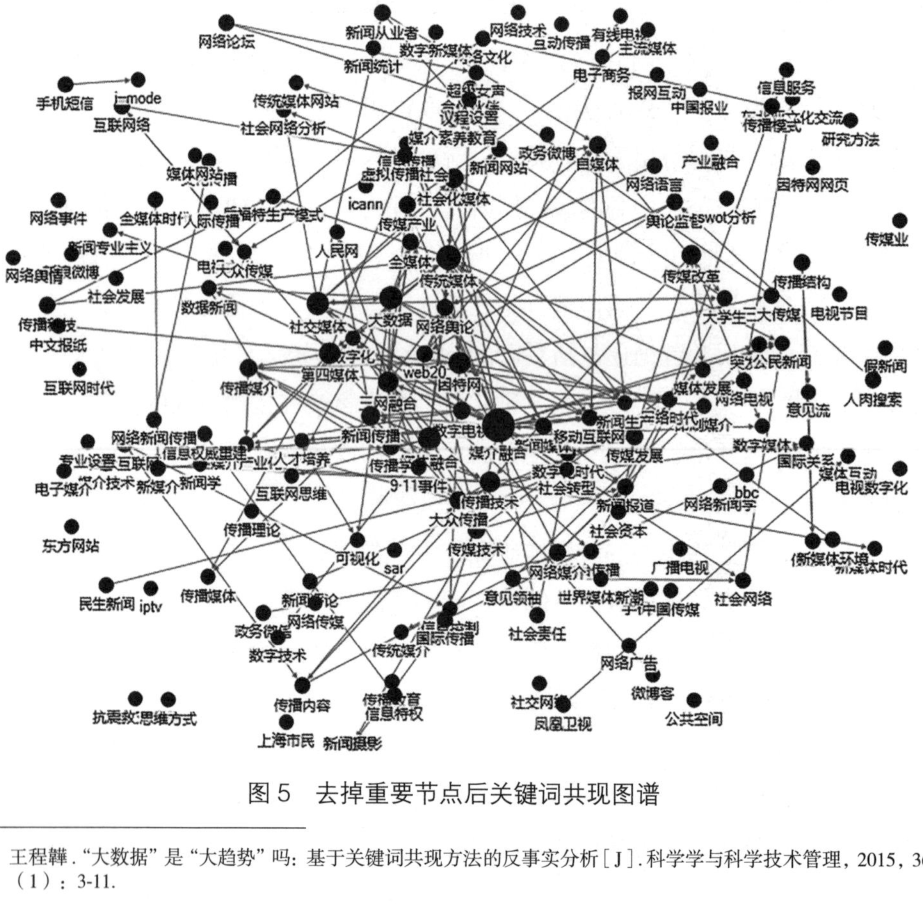

图5　去掉重要节点后关键词共现图谱

1　王程韡."大数据"是"大趋势"吗：基于关键词共现方法的反事实分析［J］.科学学与科学技术管理，2015，36（1）：3-11.

与图 4 对比可知，图 5 出现了较为明显的结构洞。这表明尽管国内新媒体研究关键词共现网络边数众多，但依赖于几个关键节点而存在。一旦去除这几个关键节点，连线数量骤减，一些节点变成孤点，显示国内新媒体研究的确存在盲目追逐社会热点而未聚焦知识增量的"虚热"现象。

（三）扩散不同阶段的关键词网络比较

为了观察新媒体研究扩散三个阶段关键词形成网络的区别，利用 Cite Space 绘制了 1998—2015 年逐年的关键词共现网络（取每年出现频次最高的 100 个关键词）并导入 Ucinet 计算了网络的中心度和边的数量。由于节点数除了 1998 年不到 100 个关键词，其余网络节点数皆为 100，故使用边的个数同时表征网络的密度，同样的节点，形成的边数越多则网络密度自然越大。将各年的边数做成折线图如图 6 所示。图 6 显示，在新媒体研究的起飞前阶段（1998—2000），网络密度呈逐年增长态势。

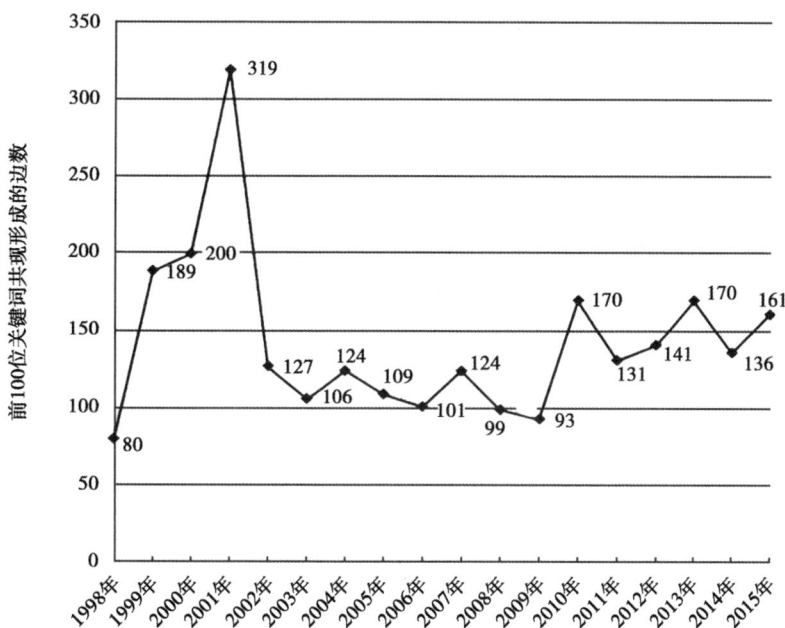

图 6 新媒体研究不同阶段网络边数（密度）变化

在起飞阶段（2001—2010），网络密度的变化趋势是波动中降低；在起飞后上升阶段（2011—2015），则呈现出波动但相对稳定的趋势。这说明，在起飞前阶段由于新词出现较少，原有词之间的联系越来越紧密，故网络密度越来越大；

在起飞阶段，新词快速出现，对逐年关键词共现网络密度的分析发现核心关键词在起飞阶段变化更频繁，网络密度呈现波动中下降的趋势；在起飞后阶段，也有新词出现，但"新媒体"等词已经成为稳定的核心词汇，所以网络密度波动中保持稳定。

图6也显示我国新媒体研究整体上的不稳定状态，将各年的关键词共现网络绘制出来，如图7所示（括号中为核心关键词）。图7的网络图形与图6的网络边数变化相对应。利用 Ucinet 分析图中所有网络的核心节点发现，发生网络密度下降的主要原因是当年出现了新的核心关键词，如"新媒体""社交媒体""媒介融合"等全新词汇。使用全新关键词的文献之间关联度非常低，导致关键词之间无共现，故随着新词出现网络密度降低。不少年份网络中还有很多孤立点，说明部分高频关键词与其他高频关键词之间没有任何联系。

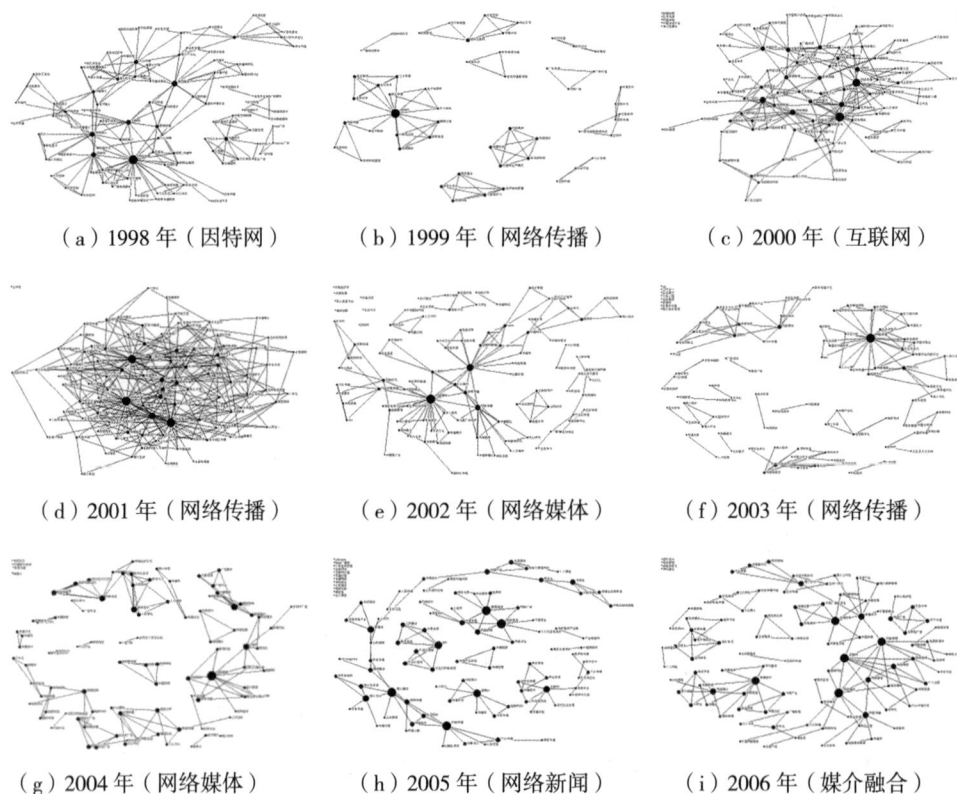

（a）1998年（因特网）　　　（b）1999年（网络传播）　　　（c）2000年（互联网）

（d）2001年（网络传播）　　　（e）2002年（网络媒体）　　　（f）2003年（网络传播）

（g）2004年（网络媒体）　　　（h）2005年（网络新闻）　　　（i）2006年（媒介融合）

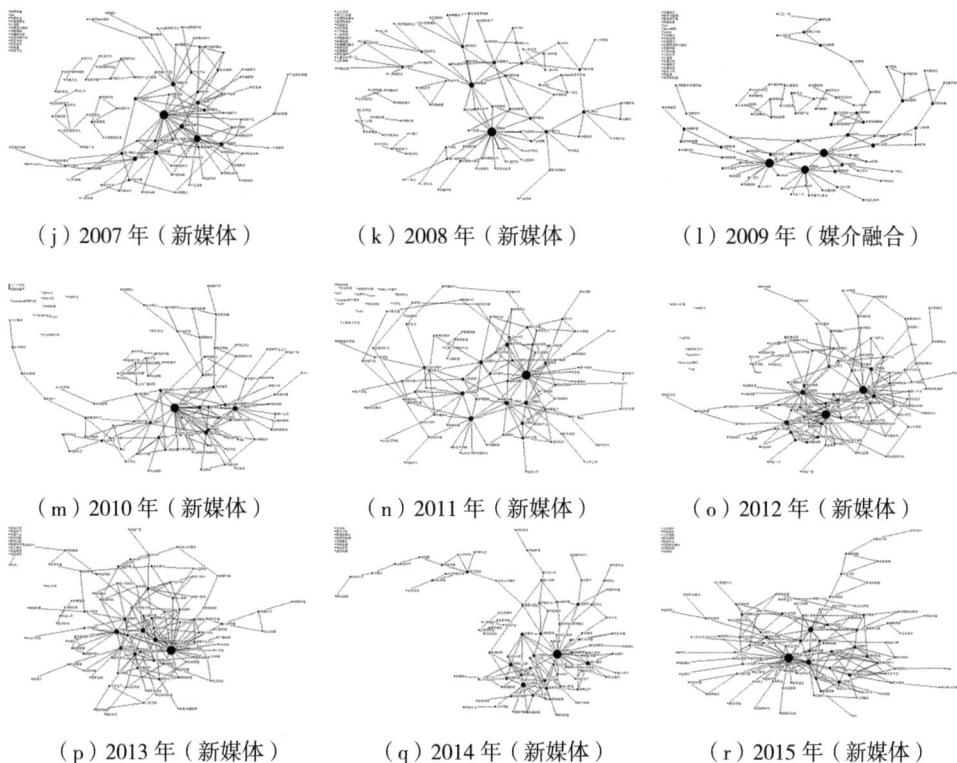

（j）2007 年（新媒体）　　　（k）2008 年（新媒体）　　　（l）2009 年（媒介融合）

（m）2010 年（新媒体）　　　（n）2011 年（新媒体）　　　（o）2012 年（新媒体）

（p）2013 年（新媒体）　　　（q）2014 年（新媒体）　　　（r）2015 年（新媒体）

图 7　不同年份高频关键词形成的共现网络

（四）引用文献节点

运用 Cite Space 绘制国内新媒体研究文献的共被引图谱如图 8 所示。图中节点大小代表文献被引频次的高低，节点之间的连线反映文献之间存在共被引关系。共被引是指两篇文献被另一篇文献同时引用，说明这两篇文献之间存在着密切的关系。经常一起被引用的学者们在研究主题的概念、理论或方法上是相关的。共被引的次数越多，它们之间的学科专业关系就越密切，距离也就越近。[1] 文献共被引知识图谱可以形象地展示学科知识基础与研究前沿，揭示该领域的经典研究文献。

1　刘毅.国外舆论学研究的"知识图景"：热点、网络与结构——基于 SSCI 数据库（1994—2013）的知识图谱分析[J].新闻与传播研究，2015，22（5）：19-31，126.

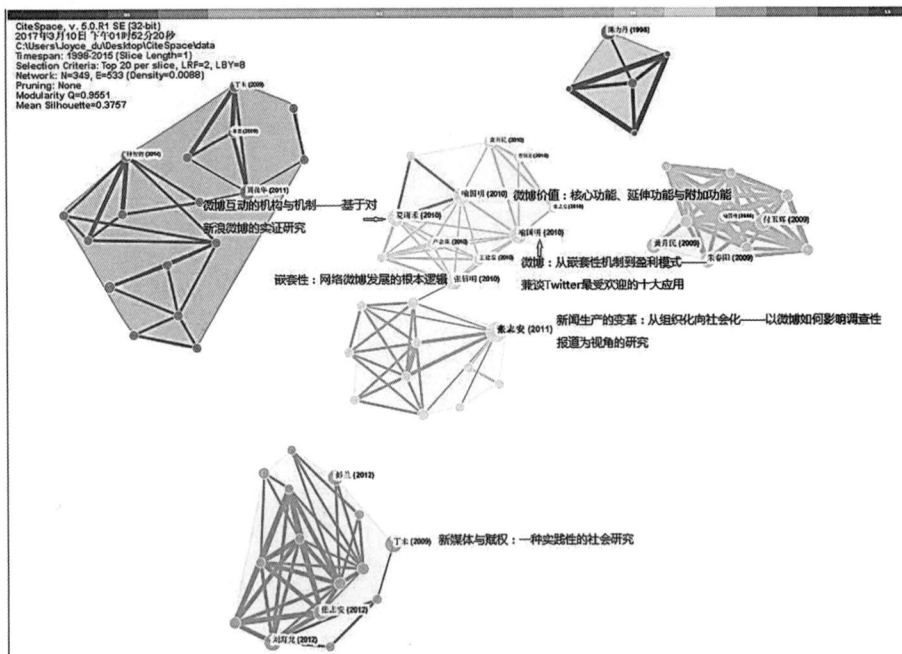

图 8 　国内新媒体研究文献共被引知识图谱

如图 8 所示，国内新媒体研究文献共被引网络形成了五个主要的、相互独立的、没有联系的子网络，仅在图中央两个子网络之间存在一条连线，成为联系这两个子网络的"桥"。个别子网络里出现了少数几篇重要文献，但尚未形成共被引频次较高的经典文献，且没有经典新媒体研究专著出现在高被共引文献中。图 8 中央区域为国内微博研究文献的共被引网络，其中注明标题的 5 篇文献共被引频次较高，可视为微博研究的重要文献，在整个网络中占据重要位置。其他几个区域中尚未出现关键性节点，欠缺重要文献。

表 3 列出了 16 篇共被引频次多的重要文献。其中，张志安、喻国明、彭兰分别有 2 篇论文在列，其余学者均为一篇。张志安 2011 年发表在《新闻记者》上的《新闻生产的变革：从组织化向社会化——以微博如何影响调查性报道为视角的研究》以及喻国明 2010 年发表的《微博价值：核心功能、延伸功能与附加功能》《微博：从嵌套性机制到盈利模式——兼谈 Twitter 最受欢迎的十大应用》这 3 篇论文也是图 8 中最重要的 3 个节点，即国内微博研究领域的重要参考文献。期刊方面，表中的 16 篇论文有 5 篇发表在《国际新闻界》上，3 篇来自《现代传播》。

表3　国内高频共被引文献（共被引频次 ≥ 5）

共被引频次	被引频次（截至2015年）	作者	文献题目	发表年份	期刊
9	16	张志安	新闻生产的变革：从组织化向社会化——以微博如何影响调查性报道为视角的研究	2011	《新闻记者》
7	11	彭兰	如何从全媒体化走向媒介融合——对全媒体化业务四个关键问题的思考	2009	《新闻与写作》
6	20	张佰明	嵌套性：网络微博发展的根本逻辑	2010	《国际新闻界》
6	15	宋昭勋	新闻传播学中Covergence一词溯源及内涵	2006	《现代传播》
6	24	丁未	新媒体与赋权：一种实践性的社会研究	2009	《国际新闻界》
6	8	刘海龙	新闻工作者微博应用的困境及其根源	2012	《新闻记者》
6	15	喻国明	微博价值：核心功能、延伸功能与附加功能	2010	《新闻与写作》
6	11	喻国明	微博：从嵌套性机制到盈利模式——兼谈Twitter最受欢迎的十大应用	2010	《青年记者》
6	43	夏雨禾	微博互动的机构与机制——基于对新浪微博的实证研究	2010	《新闻与传播研究》
5	6	付玉辉	美国"网络中立"论争的实质及其影响	2009	《国际新闻界》
5	7	张志安	记者微博的价值和规范	2012	《中国记者》
5	9	黄升民、谷虹	数字媒体时代的平台建构与竞争	2009	《现代传播》
5	7	苏克军	信息高速公路对人类社会的冲击	1998	《现代传播》
5	8	朱春阳	媒介融合规制研究的反思：中国面向与核心议题	2009	《国际新闻界》
5	26	彭兰	社会化媒体、移动终端、大数据：影响新闻生产的新技术因素	2012	《新闻界》
5	18	陈力丹	大众传播理论如何面对网络传播	1998	《国际新闻界》

　　使用 Cite Space 对引用文献的分析发现绝大多数被引文献来自期刊，为分析这些论文究竟来自哪些期刊，并厘清我国新媒体研究的三个阶段引用的期刊有何不同，进一步利用 Cite Space 挖掘出扩散不同阶段高被引期刊列示如表4（剔除了个别明显无效的数据）。表4显示，在我国新媒体研究扩散的不同阶段，本文知识图谱研究部分选取的5家期刊在三个阶段均是新媒体研究引用的主要期刊，其中《国际新闻界》《新闻与传播研究》一直居于前3位，Cite Space 所绘制出的被引期刊共现图显示这两大期刊在三个阶段均处于核心节点位置，其他3家期刊排名和网络位置则略有变化。被引频次高的期刊在起飞前和起飞阶段绝大多数为新闻传播学期刊，仅有个别综合性社会科学期刊；在起飞后的上升阶段被引频次高的期刊中开始出现社会学、政治学和公共管理学期刊，但排名并不靠前。从三个阶段比较来看，国外期刊与我国港台中文期刊占比较少，但随着时间推移出现了更多期刊。表4说明我国新闻传播学界新媒体研究比较封闭，成果借鉴不足，但随着时间推移呈现出更开放的姿态。也有著作和报纸进入高被引文献（表4中加黑部分）。期刊被引频次则显示，在跨度为10年的起飞阶段，各个期刊的总被引频次仅有跨度为5年的起飞后上升阶段的一半左右，这可能是因为在起飞阶段的相关研究为起飞后阶段的研究打下了基础，故起飞后阶段有较多文献可供引用，表3中高被引文献大部分是在起飞阶段发表的。

　　国内新媒体研究文献共被引网络分散，未出现共被引频次较高的经典文献的原因一是新媒体研究本身属于新兴研究领域，尚处于起步阶段，学科积累还十分薄弱；二是由于新媒体本身正经历着日新月异的发展变化，学界很难预测其发展轨迹，研究相对于业界的实践往往滞后，极易过时，因此现阶段经典文献出现概率较低。同时也说明，研究相同领域不同学者的学术视角和方法差异非常大，不同学者的研究并非基于相同研究文献。表4显示不同阶段高被引期刊说明，我国新闻传播学几大期刊对新媒体研究的扩散起到关键节点的作用，但不同新媒体研究者对相关期刊上研究领域的关注则是分散的，因而出现了期刊集中但被引文献分散的情况。

表 4　新媒体研究不同阶段被引期刊

1998—2000（创新先驱引用期刊）		2001—2010（早期采用者引用期刊）		2011—2015（早期大众引用期刊）	
期刊名称	被引频次	期刊名称	被引频次	期刊名称	被引频次
现代传播	16	国际新闻界	96	国际新闻界	179
国际新闻界	11	新闻记者	68	新闻记者	163
新闻与传播研究	11	新闻与传播研究	61	新闻与传播研究	145
新闻大学	7	现代传播：中国传媒大学学报	59	现代传播	131
JOURNAL OF COMMUNICATION	5	中国记者	45	新闻大学	105
新闻记者	5	新闻大学	43	当代传播	79
NEWSPAPER RESEARCH JOURNAL	3	新闻战线	33	青年记者	67
中国广播电视学刊	3	当代传播	29	新闻与写作	62
网络创世纪	3	新闻界	29	现代传播：中国传媒大学学报	62
马克思恩格斯选集	2	现代传播：中国传媒大学学报	24	新闻界	57

续表

1998—2000（创新先驱引用期刊）		2001—2010（早期采用者引用期刊）		2011—2015（早期大众引用期刊）	
期刊名称	被引频次	期刊名称	被引频次	期刊名称	被引频次
EDITOR & PUBLISHER	2	青年记者	24	中国记者	56
JOURNALISM & MASS COMMUNICATION EDUCATOR	2	数字化生存	23	JOURNAL OF COMMUNICATION	55
中共浙江省委党校学报	2	中国广播电视学刊	22	JOURNAL OF COMPUTER-MEDIATED COMMUNICATION	49
传播学——以人为主体的图像世界之迹	2	现代传播	22	人民日报	49
传播学概论	2	JOURNAL OF COMMUNICATION	21	东南传播	47
国际广告	2	传媒	21	新闻战线	42
新闻出版报	2	传媒观察	20	今传媒	40
海德格尔分析新时代的科技	2	COMMUNICATION RESEARCH	19	新闻爱好者	38

37	传媒	16	新闻与写作	2	电视研究
36	COMMUNICATION RESEARCH	15	今传媒	2	读书
30	AMERICAN JOURNAL OF SOCIOLOGY	13	新闻爱好者		
30	NEW MEDIA & SOCIETY	12	新闻实践		
29	社会学研究	11	传播理论：起源、方法与应用		
27	开放时代	11	媒介形态变化：认识新媒介		
26	中国广播电视学刊	11	网络传播		
25	编辑之友	10	JOURNAL OF COMPUTER-MEDIATED COMMUNICATION		
25	网络社会的崛起	10	PUBLIC OPINION QUARTERLY		

续表

1998—2000 （创新先驱引用期刊）		2001—2010 （早期采用者引用期刊）		2011—2015 （早期大众引用期刊）	
期刊名称	被引频次	期刊名称	被引频次	期刊名称	被引频次
		新闻知识	10	JOURNALISM STUDIES	23
		电视研究	10	新闻世界	23
		社会学研究	10	电视研究	21
		JOURNALISM AND MASS COMMUNICATION QUARTERLY	9	中国青年报	20
		中国报业	9	传播与社会学刊	19
		中国社会科学	9	中国报业	18
		东南传播	8	情报杂志	18
		网络共和国：网络社会中的民主问题	8	INTERNATIONAL JOURNAL OF COMMUNICATION	17
		中国传媒报告［港］	7	中国青年研究	17
		理解媒介：论人的延伸	7	传媒观察	16

16	新闻实践	6	DIFFUSION OF INNOVATIONS
14	南方周末	6	NEW MEDIA & SOCIETY
13	传播学教程	6	TELECOMMUNIC ATIONSPOLICY
13	光明日报	6	中国数字电视
13	新闻传播	6	乌合之众：大众心理研究
12	COMPUTERS IN HUMAN BEHAVIOR	6	传播与社会学刊［港］
12	EUROPEAN JOURNAL OF COMMUNICATION	6	传播的观念
12	东方早报	6	网络社会的崛起（另一著录版本）
11	JOURNALISM	6	AMERICAN JOURNAL OF SOCIOLOGY
11	JOURNALISM & MASS COMMUNICATION QUARTERLY	5	JOURNAL OF BROADCASTING & ELECTRONIC MEDIA
11	新闻前哨	5	JOURNALISM QUARTERLY

续表

1998—2000（创新先驱引用期刊）		2001—2010（早期采用者引用期刊）		2011—2015（早期大众引用期刊）	
期刊名称	被引频次	期刊名称	被引频次	期刊名称	被引频次
		博客：E时代的盗火者	5	新闻知识	11
		手机媒体概论	5	中国广播	10
			5	南方都市报	10
				数字化生存	10
				社会	10
				INFORMATION SOCIETY	9
				POLITICAL COMMUNICATION	9
				PUBLIC OPINION QUARTERLY	9
				人民论坛	9
				公共管理学报	9
				新京报	9
				JOURNALISM AND MASS COMMUNICATION QUARTERLY	8

8	中国传媒科技		
8	中国新闻出版报		
7	AMERICAN BEHAVIORAL SCIENTIST		
7	SCIENCE		
7	文汇报		
7	新闻学研究		
6	ANNALS OF THE AMERICAN ACADEMY OF POLITICAL AND SOCIALSCIENCE		
6	JOURNAL OF CONSUMER ESEARCH		
6	北京晨报		
6	消失的地域：电子媒介对社会行为的影响		
6	社会科学研究		
6	第二媒介时代		

续表

1998—2000（创新先驱引用期刊）		2001—2010（早期采用者引用期刊）		2011—2015（早期大众引用期刊）	
期刊名称	被引频次	期刊名称	被引频次	期刊名称	被引频次
				ANNUAL REVIEW OF SOCIOLOGY	5
				ASIAN JOURNAL OF COMMUNICATION	5
				INFORMATION	5
				JOURNAL OF SOCIA LISSUES	5
				MANAGEMENT SCIENCE	5
				MEDIA	5
				中国传媒报告	5
				中国广告	5
				乌合之众	5
				传播与社会学刊（港）	5
				大数据时代	5

大数据时代：生活、工作与思维的大变革	5	
心灵、自我与社会	5	
新媒体事件研究	5	
新闻学研究（台）	5	
社会与政治运动讲义	5	
视听界	5	

四、新媒体研究扩散的人际与机构网络

（一）重要作者及合作网络分析

按照上述知识图谱的绘制方法，绘制了 1998 年至 2015 年国内新媒体研究及其合作网络的知识图谱，由于该图显示大多数节点之间不存在共现关系，网络图形以孤立节点为主，说明在跨度 18 年的研究中，大多数作者为孤军奋战。作者共现网络显示存在共现关系的节点大多以双人合作为主，仅有五对节点为三人合作，可见国内新媒体研究者合作意识不强，尚未形成若干稳定、合作紧密的研究团队。

在作者数量方面，国内共有 2573 个作者在样本期刊发表了新媒体研究论文，其中发文量在 2 篇及其以上的作者共 680 位，发文量在 5~10 篇的作者有 100 位，发文多于 10 篇的作者有 22 位。可见国内新媒体研究作者的分布较为集中。在高产作者中，位居前五位的学者彭兰、李良荣、黄升民、蔡雯、匡文波发文量大于 20 篇，远高于其他学者的发文量，故被视为国内新媒体研究领域的核心作者。学科背景方面，大多数学者都来自新闻传播学领域，鲜少有其他学科领域的研究者出现。

根据创新扩散的采用者分类理论，为挖掘不同阶段采用者特征，在 Cite Space 中选择"作者"和"机构"，参数设置为前 100，分别统计 1998—2000 年、2001—2010 年及 2011—2015 年三个阶段的核心作者发文情况及其所属机构，结果如表 5 所示。

1998—2000 年，发文量多于 3 篇的作者可视为我国新媒体研究领域的创新先驱者。但这些学者基本都来自复旦大学、中国人民大学等新闻传播领域的知名院校。2001—2010 年，在早期采用者中，知名学者的比例大大增加，如匡文波、彭兰、蔡雯等新媒体研究领域的知名学者在这一阶段发文量显著。除复旦大学、中国人民大学外，来自中国传媒大学、南京大学、华南理工大学、上海大学的学者开始崭露头角。2011—2015 年，在早期大众中，除了仍然活跃的知名学者，其他学者的比例大大增加，且学者所属单位进一步多元化，上海交通大学、华东师范大学、北京大学、暨南大学、清华大学等学校的学者开始活跃。

表5　三阶段作者发文情况对比

1998—2000（创新先驱者）			2001—2010（早期采用者）			2011—2015（早期大众）		
作者	发文量	单位	作者	发文量	单位	作者	发文量	单位
郭镇之	4	北京广播学院	匡文波	17	中国人民大学	李良荣	14	复旦大学
陈绚	4	中国人民大学	彭兰	14	中国人民大学	李彪	12	中国人民大学
任湘怡	3	复旦大学	杜骏飞	11	南京大学	张志安	11	中山大学
张国良	3	复旦大学	蔡雯	11	中国人民大学	蔡雯	11	中国人民大学
张海鹰	3	复旦大学	曹鹏	10	华南理工大学	谢耘耕	10	上海交通大学
陈力丹	3	中国社会科学院	李良荣	10	复旦大学	喻国明	9	中国人民大学
陈霞	3	复旦大学	黄升民	9	中国传媒大学	黄升民	9	中国传媒大学
			吴兴人	8	新民晚报	申琦	9	华东师大
			邓建国	7	复旦大学	吴信训	7	上海大学
			高国营	7	东方新闻网	彭兰	7	中国人民大学、清华大学
			付玉辉	6	中国传媒大学、中国网通集团	胡泳	7	北京大学
			廖祥忠	6	中国传媒大学	刘珊	6	中国传媒大学
			吴信训	6	上海大学	付玉辉	6	中国传媒大学、中国网通集团
			张咏华	6	上海大学、上海外国语大学	丁柏铨	6	南京大学
						谭天	6	暨南大学

续表

1998—2000(创新先驱者)			2001—2010（早期采用者）			2011—2015（早期大众）		
作者	发文量	单位	作者	发文量	单位	作者	发文量	单位
						周葆华	6	复旦大学
						苗伟山	6	清华大学、中国社会科学院

（二）研究机构及合作网络分析

按照同样的方法绘制国内新媒体研究领域机构分布的知识图谱，同上文作者分布一样，诸多研究机构基本上以孤立节点为主，不存在或存在极弱的合作关系，本文同样未列出图形。主要的三个节点中，复旦大学新闻学院和中国人民大学新闻学院都未和其他任何机构合作过，仅有中国传媒大学存在少数的几对合作关系。中国传媒大学的合作关系网络中，也以校内院系之间的合作为主，即电视学院与新闻学院、传播研究院、戏剧影视学院及广告学院之间的合作。校外仅与中央电视台、中央数字电视传媒有限公司分别有过一次合作。不难看出，我国新媒体研究领域尚不够开放，未形成任何稳定、持续的跨机构合作团体，而上文显示同一机构内部也缺乏合作。长此以往，不利于学术资源的互换及优质学术成果的交流，阻碍学术创新和进步。

机构数量方面，共有488个机构在样本期刊发表了新媒体研究领域的论文。三个核心机构分别为中国传媒大学、复旦大学新闻学院和中国人民大学新闻学院，其发文量远超其他研究机构。表6列出了上文所述三个阶段发文量位居前列的机构，对比可知，虽然三个核心机构在三阶段的发文量都位居前列（北京广播学院为中国传媒大学前身），但是后两阶段中，机构越来越多元化，尤其是2011—2015年，非知名新闻院系显著增多，表明新媒体的研究扩散到更多新闻院系。

表6　三阶段机构发文情况对比

1998—2000（创新先驱者单位）		2001—2010（早期采用者单位）		2011—2015（早期大众单位）	
机构名称	发文量	机构名称	发文量	机构名称	发文量
复旦大学	28	中国传媒大学	130	中国传媒大学	221

续表

1998—2000 （创新先驱者单位）		2001—2010 （早期采用者单位）		2011—2015 （早期大众单位）	
机构名称	发文量	机构名称	发文量	机构名称	发文量
北京广播学院	21	复旦大学	126	中国人民大学	131
中国人民大学	14	中国人民大学	121	复旦大学	114
中国社会科学院	11	南京大学	34	上海交通大学	50
暨南大学	8	清华大学	33	暨南大学	46
厦门大学	6	华中科技大学	32	华中科技大学	38
解放军南京政治学院	4	北京广播学院	30	清华大学	38
		暨南大学	24	北京大学	30
		上海大学	22	华东师范大学	30
		北京大学	20	上海大学	29
				南京大学	28
				中山大学	25
				四川大学	22
				武汉大学	21
				北京师范大学	20

对于学术机构而言，论文发表数量是学科评估、机构排名的重要指标，可视为各种学术机构的收益，因此，可以将机构发表论文数量作为新媒体研究扩散的收益。利用创新扩散结果理论检验核心机构和非核心机构之间是否存在数字鸿沟。其方法是观察扩散结果带来的收益比例变化，结合三个阶段的论文总数和表6的数据，绘制了三个不同阶段核心机构和非核心机构发表论文比例(图9)。图9显示，随着新媒体研究的扩散，虽然机构数量大幅度增加，但非核心机构的收益仅增加5%。即使在起飞后阶段，三家核心机构仍然占有24%的比例。这说明我国新媒体研究的扩散存在明显的数字鸿沟，随着新媒体研究的扩散，数字鸿沟并未改善。

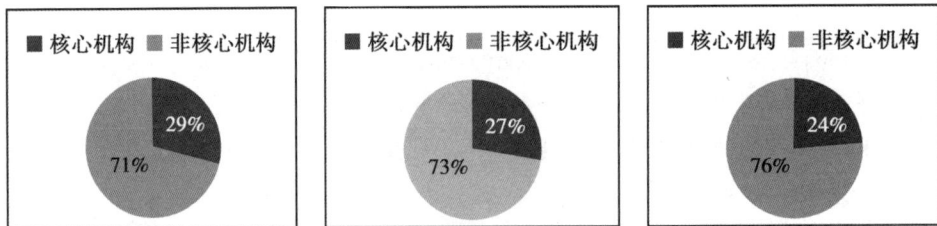

（a）起飞前阶段（1998—2000）　（b）起飞阶段（2001—2010）　（c）起飞后阶段（2011—2015）

图 9　核心机构和非核心机构在不同阶段的收益变化

　　为了进一步验证人际关系网络在创新扩散方面是否有影响，笔者统计了三个核心机构的逐年累计数据，绘制其扩散曲线，并与非核心机构比较，若核心机构的扩散曲线明显快于非核心机构或者呈现出滚雪球增长趋势，则说明人际关系对新媒体研究扩散有重要影响；若二者区别度不高，则说明人际关系没有影响。

　　图 10（a）、（b）对比表明，虽然（a）图后期的曲线斜率略高于（b）图后期曲线斜率，显示新媒体研究在三家核心机构的扩散速度高于其他机构，但是这三家核心机构的扩散曲线整体上并未形成快速上升的滚雪球连锁反应，两图的趋势大致仍然是一致的。而且，在起飞阶段其他机构扩散曲线的凸起更大，爆发式增长的趋势更为明显。这说明我国新媒体研究者之间的人际关系较为疏离，这与上文对合作网络的分析结果一致。

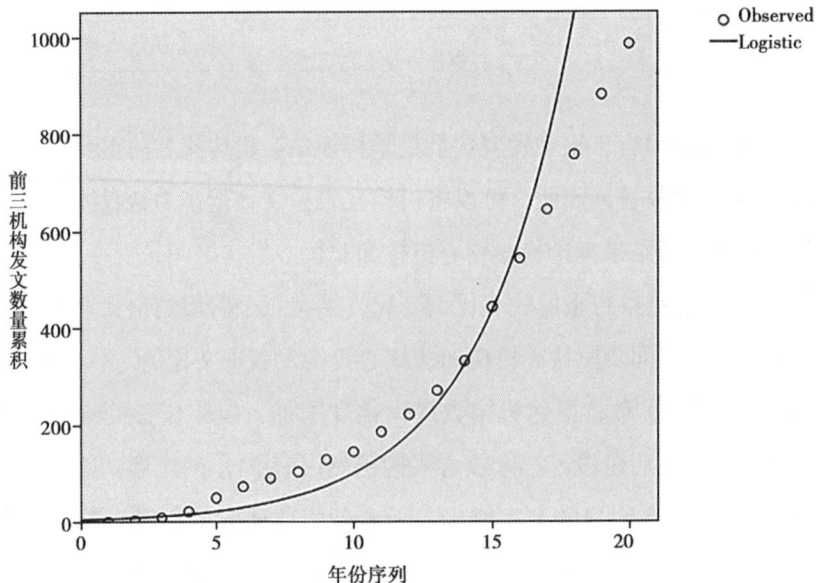

（a）三家权威机构的扩散曲线（$R^2=0.869$，$p<0.05$）

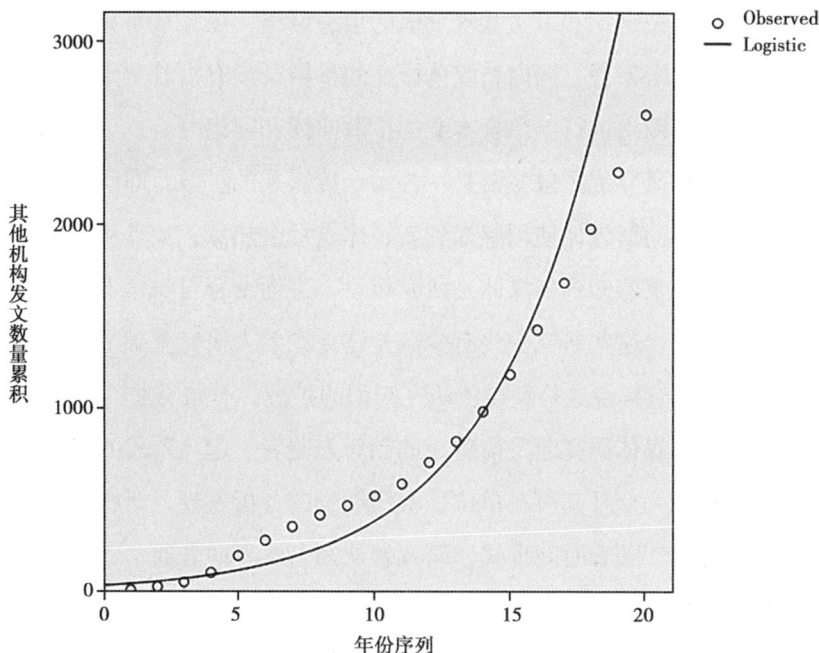

（b）其他机构的扩散曲线（R^2=0.897，$p<0.05$）

图 10　发文量前三机构与其余机构扩散曲线对比

五、结论

本文分析表明，新媒体研究在国内新闻传播学界的扩散经历起飞阶段后，已经越过临界规模进入可自我持续的发展阶段，未来将持续繁荣，但是否出现转折点还有待进一步观察。对高频关键词的扩散曲线分析发现，部分细分的研究领域已经显示出衰退趋势。高频关键词共现形成的网络和关键词聚类显示，我国新媒体研究尚未形成独立和划分更为细致的分支，研究扩散依赖高频核心关键词的"虚热"现象明显。关键词网络逐年密度的变化和扩散曲线在起飞阶段的凸起都揭示了国内新媒体研究经常出现突现的新关键词，这些新关键词的大量使用造成网络结构不稳定且密度降低，进一步减弱了相关研究成果之间的联系。

被引文献网络则表明，我国新媒体研究的引文网络仅形成了几个独立的小群体，引文网络里尚未出现被广泛引用的经典文献，进一步说明各个细分领域之间缺乏共同研究基础，联系不紧密。而从研究者、研究机构的共现网络和相应扩散曲线来看，国内新媒体研究扩散并未受到学者社会网络的影响，研究者和研究机构之间大多没有合作。

因此，无论从关键词和引文共现形成的信息网络，还是从研究者、研究机构共现形成的人际网络来看，国内新媒体研究的扩散既没有沿着学术文献进行，也未沿着学者的社会网络进行。综合本文的扩散曲线和网络分析，可以认为我国新闻传播学界新媒体研究的扩散主要是一种大众传媒式的扩散，即研究者通过各种大众媒体甚至自身的新媒体使用感知到新媒体是社会热点，或者从各种学术会议主题和学术期刊文献感知到新媒体是研究热点，进而结合自身学术专长或兴趣进行较为独立的研究。这些研究中只有少数是建立在前人研究基础上的，学术对话和学术合作缺乏。与其说这是新媒体研究知识的扩散，不如说是"热度"的扩散。

通过对我国新媒体研究起飞前阶段的创新先驱者、起飞阶段的早期采用者、起飞后阶段的早期大众及其所在单位、引用期刊的分析发现，新媒体研究的扩散符合创新扩散理论。随着时间推移，研究者从知名学者向普通学者扩散，研究者机构也从知名机构向普通机构扩散。但核心机构的学者与非核心机构的学者之间存在明显的数字鸿沟。尽管不同时期新闻传播学主要期刊都是核心引用期刊，但研究者引用期刊也从新闻传播学权威期刊向普通期刊和其他学科期刊扩散，显示我国新闻传播学界新媒体研究总体上封闭但有了开放趋势。

本文的研究特色在于把创新的扩散理论与知识图谱结合，揭示了国内新媒体研究的扩散规律。研究的不足之处是没有利用 Cite Space 软件绘制更为细致的知识图谱，对数据的挖掘还不充分。同时，对于新媒体研究扩散的影响因素、不同阶段采用者的特征、在机构内部的扩散机制还缺乏调查，这是今后进一步研究的方向。

（原文发表于《国际新闻界》2017 年 7 期，收入本书时做了删改）

传统新闻机构对社交媒体的控制及其影响：
基于对国外 30 家机构内部规范的分析

张小强

一、研究概述

（一）研究背景

新闻工作者对社交媒体[1]的使用导致其职业身份和私人身份的界线日趋模糊，社交媒体不经编辑过滤的特点也使利用它进行新闻活动产生一定风险。为解决上述问题，国外传统新闻机构开始增加社交媒体编辑、制定内部规范，试图将旧的新闻职业伦理运用到新的社交媒体中，并界定员工职业表达与个人表达的范围。[2]

对此，有学者认为这些内部规范是在维护新闻作为专业工作的规范和标准。[3]也有学者认为它们维护了新闻机构的利益却导致公众利益受到损害。[4]国外学者则从新闻社会学角度分析了这些规范对新闻职业产生的可能影响。[5]但是，国内外相关文献都只是将少数几家新闻机构的社交媒体规范典型条款结合经验研究成果予以分析，没有对规范文本整体予以分析，使得现有成果在反映国外新闻业应对社交媒体的管理策略及其社会影响方面尚有局限。

事实上，社交媒体规范反映了新闻机构对待社交媒体的具体态度，是非常好的质性分析资料。因此，笔者拟对国外传统新闻机构的社交媒体规范文本进行质性分析，以厘清国外传统新闻机构针对社交媒体究竟做出了什么样的应对，这些

1　国内也有不少学者将"social media"译为"社会化媒体"。笔者认为，在英语中"社会化"有对应的"socialization"；而且从新闻社会学理论来看，媒体自诞生起就是"社会化"的。因而，"社会化媒体"容易造成概念上的混淆。本文将微博等网络新媒体称为"社交媒体"更准确，用以指代具有社交功能的网络媒介。

2　Newman N. The Rise of Social Media and Its Impact on Mainstream Media［J］. Reuters Institute for the Study of Journalism, 2009（8）: 1-5.

3　白净. 新闻记者使用社交媒体规范探讨——中国大陆媒体、路透社、美联社规范比较研究［J］. 新闻记者, 2013（3）: 26-31.

4　刘海龙. 新闻工作者微博应用的困境及其根源［J］. 新闻记者, 2012（9）: 30-37.

5　Sivek S C. Social media under social control: regulating social media and the future of socialization［J］. Electronic News, 2010, 4（3）: 146-164.

应对策略产生的根源，对新闻业和新闻工作者产生的影响。

（二）样本、研究问题和研究方法

质性研究通常探究小样本而不是脱离脉络的大样本，追求的是分析的深度[1]，因此本研究样本的选取方法采用质性研究中常用的立意抽样法。具体方法是，先收集国内外相关文献中提到的新闻机构的社交媒体规范原文，并采集了美国新闻编辑协会（American Society of News Editors， ASNE）推荐的英国和美国典型新闻机构的社交媒体规范。在获得部分样本后，根据不同媒体类型、是否遗漏世界知名新闻机构、所在国家分布、新闻机构下属媒体的覆盖区域等又补充了各类典型新闻机构的社交媒体规范文本作为样本。最终获得了 30 家国外新闻机构的社交媒体规范英文文本作为本研究的样本。[2]

这 30 家机构包含 BBC（英国广播公司）、《卫报》、《华尔街日报》、《纽约时报》、CNN（美国有线电视新闻网）、美联社、法新社、路透社、彭博社、NBC、《华盛顿邮报》、《泰晤士报》等国外最有影响力的新闻机构。不少机构旗下都有多家新闻媒体和较多从业人员。其中既有全球性新闻机构，也有全国性、地方性新闻机构。涉及的机构类型有通讯社、报纸（杂志）、广播、电视，有公共新闻机构，也有商业新闻机构。从机构规模、覆盖范围、媒介类型及其所控制的媒体数量和雇佣新闻工作者的数量来看，所选取的规范文本达到立意抽样的要求。

获得规范文本后，导入质性分析软件 NVivo10.0。在 NVivo 软件中，用"节点"（node）表示文本资料的类目或范畴，子节点表示子类目，最小的子节点下面是对规范文本的具体编码。这些编码是样本规范中截取的一段话或一句话，以完整表达具体的概念或意思为原则。具体编码方法，可以先建立具有类目性质的节点和子节点，然后在节点下面进行编码，也可以先编码再归纳整理出子节点和节点。

利用 NVivo 软件辅助质性分析的优势在于，可以反复调整编码和节点而不容易出错；能图形化地分析编码结果和建立模型探索节点或样本之间的逻辑联系，从而调整节点和子节点，方便地统计出节点、子节点和编码的数量；还可以通过查找、词频统计等功能快速定位相关编码，大大降低编码的劳动强度。

---

1 迈尔斯，休伯曼.质性资料的分析：方法与实践［M］.张芬芬，译.重庆：重庆大学出版社，2008.

2 这 30 家新闻机构的国家分布是：英国 5 家，美国 20 家，加拿大 2 家，法国 1 家，澳大利亚 1 家，意大利 1 家。

在系统编码开始之前，笔者根据现有国内外文献，初步提出了以下五个研究问题：

第一，社交媒体中，新闻工作者个人与职业身份变得模糊，新闻机构如何规范社交媒体在各种场合的使用？

第二，社交媒体使新闻的生产和传播日益依赖专业场所之外的社会，新闻机构如何规范新闻的生产和传播中社交媒体的运用？

第三，国外新闻机构是如何在社交媒体的运用上体现新闻专业主义和新闻伦理的？

第四，国外新闻机构如何在社交媒体的使用上体现自身利益？

第五，从对新闻工作者的社会控制理论看，社交媒体既然对国外新闻业产生了冲击，由此是否带来对新闻工作者社会控制方式的改变？

在这些研究问题提出后，笔者试图采取先建立概念框架再进行编码的方式来进行研究。当分析了几个样本和进行初步编码后发现这样做非常困难，主要原因在于：一是社交媒体对新闻业的影响是多方面的，上述研究问题并未形成一个逻辑性很强的框架；二是部分研究问题并未直接体现在样本的具体内容上，需要结合相关背景和理论做分析；三是不同机构的社交媒体规范内容侧重点有所不同，其内在逻辑顺序也不同，很难进行结构性的编码。

因此，笔者选择质性探索方法，即先编码，再从编码中归纳总结出子节点和节点。最终将非结构性质的规范文本以结构化的方式呈现出来，再将结果与理论背景相结合进行分析并得出结论。

二、新闻机构对社交媒体的总体态度

规范中的描述性内容反映了新闻机构对社交媒体的总体态度。为此，在编码后对样本中的描述性内容进行了归纳整理。结果显示样本中的描述性内容有两类：评价社交媒体和对新闻工作者以私人身份使用社交媒体的风险提示（分别见表1和表2）。[1]其中，表1的结果显示，多数新闻机构认可社交媒体的重要作用，但也有部分新闻机构认为社交媒体带来风险和挑战，少数新闻机构指出在控制风险或明确规则的前提下，社交媒体对新闻机构有积极意义。

1　因为相关节点名称含义较为明确，为节约篇幅未给出详细的节点定义。

表 1　新闻机构对社交媒体评价性描述的编码及结果

节点	子节点	出现的规范（N=30）	具体内容出现次数	编码例
新闻机构对社交媒体评价性描述	社交媒体对新闻机构有重要价值和作用	19	62	"社交媒体提供了联系消息来源、发现和分享信息、发布新闻和宣传我们工作的机会。"
	社交媒体给新闻机构带来风险和挑战	10	14	"社交媒体允许我们不经编辑或机构过滤就能直接与公众交流，因此给专业新闻工作者提出了新的挑战。"
	在明确规则和责任的前提下社交媒体新闻机构有价值	5	5	"只要坚持公正、准确和透明的原则，社交媒体对我们的工作而言是一个有用的辅助工具。"

社交媒体本质上是一种私人使用的社交工具，但这种社交工具建立在公开和公共的互联网平台上，社交的私密性和网络的公开性在社交媒体上同时存在。表2的编码结果显示国外新闻机构非常担忧社交媒体的上述特点可能产生的风险。因此，新闻机构在规范中从社交媒体的公开性、私人活动会被认为与机构相联系、私人生活和职业生活在社交媒体中的混合三个方面提醒其员工注意使用社交媒体的风险。

表 2　新闻机构对员工以私人身份使用社交媒体风险提示的编码及结果

节点	子节点	出现的规范（N=30）	具体内容出现次数	编码例
新闻机构对员工以私人身份使用社交媒体风险提示	提醒社交媒体的公开性和公共性	18	27	"……事实上在互联网上并不存在真正'私人的'。"
	提醒私人内容会被认为代表机构	15	20	"记住即使你没有表明你是谁，其他人也会设法揭示你的身份，如果你讨论新闻事务，记住你会被看作代表 CNN……"
	职业生活和私人生活在社交媒体中是混合的	8	8	"要假定即使你很小心地试图区分，你的职业生活和你的私人生活在网络中也将混合在一起。"

三、对社交媒体使用的多重控制：编码结果与分析

大多数样本中规定了新闻工作者以私人和职业两种身份使用社交媒体的条款，还有一类条款不区分职业身份和个人身份。在编码之后按照上述逻辑来建立节点和子节点，最终将规范内容划分为三类。

（一）对新闻工作者以私人身份使用社交媒体的控制

编码结果如表3所示，显示新闻机构对员工以个人身份使用社交媒体的控制主要有三种方式：一是要求员工以私人身份使用社交媒体时与机构划清界限，如使用独立账号、发表声明等。二是对员工注册账号或发布的内容进行控制，如规定私人账号注册需要获得批准或私人发布的内容也必须适用编辑规范，这实质上是以职业准则来管理员工的非职业行为。三是规定新闻工作者在社交媒体中发布的内容不得与机构的业务范围重合。前两种控制方式是为了降低风险或保证社交媒体使用的专业性，但第三种控制方式说明部分新闻机构认为员工的个人品牌会与机构形成竞争，故通过规范予以限制。

表3 "对新闻工作者以私人身份使用社交媒体的控制"编码及结果[1]

节点	子节点	出现的规范（N=30）	具体内容出现次数	典型情形或编码示例（出现的规范数）
对以个人身份使用社交媒体的限制	私人使用社交媒体时和新闻机构划清界限	14	24	要求或建议为工作和私人生活各自注册一个账号（4）；不得暗示或声称个人观点获得机构认可（4）；需要声明个人发布内容与机构无关（4）；明确社交媒体发布的内容代表自己而非机构（3）；不得将工作和私人内容混在一起（3）
	对个人使用社交媒体运用编辑规范或其他手段限制	11	12	私人使用个人博客或社交媒体需要获得主管批准（5）；删除可能影响个人名誉或专业声誉的好友（2）；私人内容的发布适用对新闻的要求或守则（2）
	新闻工作者在社交媒体中发布的内容不得与机构业务重合	8	10	在个人账号不得发布与自己工作或机构报道业务有关的内容（5）；机构不需要的内容或不报道的内容可以在社交媒体发布（2）

---

1 由于具体的编码示例内容过多，这里用较为简练的语言提炼了原始规范文本中的内容，并将出现的规范数量附在后面，以便能够清晰地看到出现次数最多的内容。

（二）对新闻工作者以职业身份使用社交媒体的控制

1. 对职业身份非新闻活动中社交媒体使用的控制

编码结果如表4所示，国外新闻机构对新闻工作者以职业身份从事非新闻报道活动时首先是制定具体管理规则：主要集中在要求新闻工作者保持职业和身份的透明和维持新闻工作过程的封闭。也有不少新闻机构规定了其他严格的管理措施，如对在工作场合使用社交媒体采取监控措施等。这表明部分新闻机构试图运用管理其他网络服务的方法来管理社交媒体。其次是规定新闻工作者利用社交媒体工作时不得涉及私人事务。

表4　"对职业身份非新闻活动中社交媒体使用的控制"编码及结果

节点	出现的规范 （N=30）	具体内容 出现次数	典型情形或编码示例（出现的规范数）
对以职业身份使用社交媒体的控制	25	59	清楚地表明真实职业和身份（16）；不得发布工作中的内部信息、过程、会议等（15）；设定账号注册规则（2）；开通与工作有关的账号需要获得主管批准（2）；监控员工利用机构设备对社交网络的使用（1）；保存利用机构设备产生的数据（1）
	6	7	不得发布涉及个人态度、宣传推广或商业关系的内容（2）；不得利用机构的电脑或在工作时间发布个人内容（1）；在工作中不得推销个人物品（1）

2. 对新闻生产与传播过程中社交媒体使用的控制

编码结果见表5，虽然新闻机构试图将社交媒体纳入新闻生产和传播过程，但结果显示社交媒体在新闻生产和传播过程中居于次要和辅助地位，远不如机构官方网站重要。接近一半的新闻机构规定新闻报道以传统媒介或机构网站为首选渠道，在传统渠道因条件所限不能报道的情况下才考虑社交媒体，重大的、独家的新闻更是如此。研究表明，国外主流新闻机构发布的推文中链接到官方网站[1]，说明新闻机构的社交媒体规范与其社交媒体的使用方式高度一致。

1　Hermida A. Social journalism: exploring how social media is shaping journalism［M］// Siapera E & Veglis A（eds.）.The handbook of global online journalism. Chichester, WestSussex; Malden, MA: Wiley-Blackwell, 2012.

表5 "对新闻生产与传播过程中社交媒体使用的控制"编码及结果

节点	子节点	二级子节点	出现的规范（N=30）	具体内容出现次数	典型情形（出现的规范数）
对新闻生产与传播过程中社交媒体使用的控制	社交媒体与新闻生产	新闻报道传统渠道优先	14	28	以传统渠道为报道独家或突发新闻的首选渠道（7）；机构尚未在传统渠道或网站报道的内容不得在社交媒体发布（5）；未经允许不得发布正在形成报道的内容（3）；当不得不利用社交媒体报道突发事件时必须确保足够的记者赶到现场（1）；不得分享可能产生重要或独家新闻的信息（1）；机构网站报道了突发新闻后才能利用社交媒体发布和链接（1）
		保持客观和独立	11	24	如果与消息来源成为好友或粉丝，需要全面关注一个事件的各种观点的消息来源（4）；加入群组有可能被视为支持他们的观点，尽量保持观察者而不是参与者的身份（4）；加入代表某一观点的群组时必须同时加入代表其他观点的群组（3）；可以加入社交媒体群组但要在账号信息中声明加入、转发或追随并不意味着认可或支持（2）
		更正错误和保持透明	11	18	发现错误时发布更正（4）；利用社交媒体获取消息或进行报道时必须清楚地表明身份和意图（2）；当引用社交媒体内容时必须小心地标示（2）
		核实消息来源	10	27	对社交媒体上发现的新闻线索或消息来源必须核实（7）；利用社交媒体采用新闻线索或发布信息时完全适用传统准则（4）
		内容发布使用编辑准则	8	10	所有内容在发布之前必须有第二人检查一遍（2）；所有发布的内容要符合机构的员工手册和编辑指南（1）

续表

节点	子节点	二级子节点	出现的规范（N=30）	具体内容出现次数	典型情形（出现的规范数）
对新闻生产与传播过程中社交媒体使用的控制	社交媒体与新闻生产	转发或报道社交媒体上的内容	8	12	转发通常被认为是一种赞成性推荐（5）；不得转发或链接机构不打算报道的任何内容（2）
	社交媒体与新闻的传播	利用社交媒体扩大传播范围	7	10	发布工作内容或机构内容时必须链接至内容而不能直接上传（3）；可以在社交媒体中利用机构已经报道过的内容（2）；鼓励转发与分享机构内容以扩大传播范围（1）；未经允许不得发布机构内容到社交网络（1）
		与受众互动	6	19	鼓励利用社交媒体与受众互动（4）；可以发布逸闻趣事以建立粉丝网络（1）；在符合机构有关互动规定的情况下可以在社交媒体回答与报道有关的问题（1）
	安全与管理	官方账号管理	7	14	官方社交媒体账号的使用适用编辑规范或流程；不得与机构官方账号的官方社交媒体账号互动（1）；注意保存官方账号和密码，与团队成员分享（1）；为官方账号添加好友需要联系主管（1）
		保护员工或消息来源安全	6	7	加某人为好友会泄露他是你的消息来源（4）；不得在社交媒体泄露可能危害员工安全的信息（1）；未经总编辑允许不得添加需要保密的线索来源为好友（1）
		记录与建档	3	4	使用社交媒体内容时必须对屏幕进行截图（1）；必须给消息来源或发布者建立档案（1）

　　表5还显示了新闻机构在社交媒体中对传统新闻伦理的严格坚持，如要求核实线索来源、坚持客观性和独立性、要求编辑过滤后才能发布内容。此外，在新闻伦理要求准确和新闻价值要求快捷的冲突上，大多数新闻机构选择的是"准确"，而不是"快捷"。

不少国外学者和网络新闻从业者认为在社交媒体中"透明"这一价值更为重要。[1] 表5的编码结果显示少量新闻机构认可上述观点。但是专门就新闻伦理所做的编码结果却显示，仅有3个样本中出现了相关文献所指的"透明"这一新闻伦理，有13个样本明确指出社交媒体应完全适用传统新闻伦理准则。这说明大部分新闻机构并不打算改变现有伦理来适应社交媒体。

表5还表明国外新闻机构存在以传统思维解读社交媒体并试图控制的倾向。例如，很多规范都指出加为好友、加入群组、关注以及成为粉丝等社交媒体中常见的行为是一种"支持"行为。为了保证新闻工作者的客观性和独立性，要求他们加入群组或添加好友时必须同时兼顾持有不同观点的人群，或声明加入群组不代表支持任何观点。

编码结果显示部分新闻机构认识到利用社交媒体扩大传播范围和与受众互动的重要性。但通过进一步建模分析发现，鼓励利用社交媒体与受众互动的样本中存在上述各种限制新闻工作者使用社交媒体的条款，这使与受众的对话很难开展。这说明新闻机构并未接受社交媒体参与文化对自己的改造。样本中对官方账号的管理、保护消息来源和法律风险方面的提示反映了新闻机构在新闻生产过程中利用社交媒体的谨慎态度，如提示添加好友时泄露消息来源的风险，要求通过屏幕截图保留原始记录等。

（三）对新闻工作者不区分身份使用社交媒体的控制编码结果

如表6所示，新闻机构对新闻工作者不区分身份使用社交媒体的控制主要有三个方面：其一是规定新闻工作者不得表达对各种事务的观点；其次是维护公司声誉和雇主的利益，如保守机构秘密、不得批评机构等；最后是要求员工维护机构和新闻工作者的专业形象。后两类限制与非新闻组织的做法基本相同，存在较大争议的是对新闻工作者公共事务方面言论的限制。这是传统新闻伦理的延续，但与传统伦理规范相比，又有新的发展：首先，将限制范围扩大到了非新闻活动。传统伦理仅调整新闻工作者从事新闻报道时的行为，是为了保证新闻报道中不出现倾向性观点或偏见。而新的社交媒体规范并未区分职业场合和私人场合，扩大

1　Newman N. The Rise of Social Media and Its Impact on Mainstream Media［J］. Reuters Institute for the Study of Journalism, 2009（8）：1-5.

了适用范围。这些条款的内容还非常宽泛，新闻工作者要避免违反规范，只有在社交媒体中不发表任何观点。其次，扩大了"表达"的方式。从编码结果看，"表达"不仅指具体言论，还指在社交媒体中的互动行为，如点赞、关注、加入群组等。

表6 "对新闻工作者不区分身份使用社交媒体的控制"编码及结果

节点	子节点	出现的规范（N=30）	具体内容出现次数	典型情形（出现的规范数）
对新闻工作者不区分身份使用社交媒体的控制	不得表达对各种事务的立场和态度	18	45	不得表达政治倾向和政治观点（11）；不得利用社交媒体表达与工作任务或机构报道事务有关的立场（7）；不得表达对争议事务的个人观点或态度（4）；不得表达立场会损害新闻机构或新闻工作者的客观性（2）；不得加入支持某一政治观点的社交网络群组（2）；员工不得在社交网络从事政治工作（2）
	维护公司名誉和作为雇主的利益	15	31	不得发布涉及机构的保密内容（7）；不得批评同事或其工作（5）；不得批评其他媒体（3）；不得发布任何可能损害个人或机构声誉的内容（3）；发现批评机构的内容需要报告管理层（2）；不得参与批评机构的有关讨论（2）
	维护机构和个人的专业形象	7	9	发布的内容避免给机构带来麻烦或减损你的职业能力（2）；避免发布任何有损机构诚信或影响个人工作能力的内容（2）

四、国外新闻机构控制社交媒体使用的影响原因及其本质

利用 NVivo 统计各个节点在样本中的分布，显示不同国家、不同类型的新闻机构对社交媒体的控制方式没有显著差异，大部分样本对社交媒体的使用采取了较为严厉的控制措施，仅有两家机构对社交媒体的使用态度较为宽松。以下笔者简要分析这种控制带来的影响、其产生的原因及其本质。

（一）国外新闻机构控制新闻工作者社交媒体使用的直接影响

第一，与新闻工作者新闻伦理意识和社交媒体使用方式产生冲突。在社交媒体中，新闻伦理正在发生改变[1]；网络新闻工作者更强调透明、个人主义和承担

1　Rosenstiel T. Introduction: new guiding principles for a new era of journalism［M］// McBride K & Rosenstiel T（eds.）The new ethics of journalism: principles for the 21st century. Thousand Oaks. California: CQ Press, an imprint of SAGE, 2014.

风险的新型伦理。[1]对社交媒体过于严格的控制将与新闻伦理的变化产生冲突。因此，不少国外的新闻工作者甘愿违反相关机构的规范，在社交媒体上积极表达对公共事务的看法。[2]若要遵守机构的内部规范，则只能减少社交媒体的使用。调查显示，部分英国新闻机构出台社交媒体规范后，新闻工作者发布推文的数量发生大幅下降。[3]

当伴随社交媒体长大的新一代进入新闻职场，上述冲突将会加剧。因为他们已经习惯了社交媒体即时性和不经编辑过滤的特点[4]，社交媒体是他们生活的一部分，很难限制他们使用社交媒体。

第二，对新闻工作者职业发展和新闻机构自身发展的抑制。从个人角度看，在社交媒体中建立个人品牌的新闻工作者将更受欢迎。本文编码结果却显示，国外新闻机构的内部规范并不允许新闻工作者创建个人品牌。当创建个人品牌的需要与机构规范发生冲突时，他们要么关闭个人账号，要么离职。从行业角度看，报纸、电视等传统新闻机构持续萎缩，新兴的数字新闻机构快速发展。过去的十年中，美国的数字新闻机构增加了 5000 个工作岗位，而同期仅报纸就减少了 1.6 万个岗位。[5]社交媒体的特点正是不经编辑过滤，本文编码显示不少国外新闻机构仍然利用传统编辑过滤手段来控制社交媒体的使用，这固然降低了发生错误的风险，但也抑制了社交媒体在新闻活动中发挥作用。如果传统新闻机构在社交媒体的使用上不作出改变，其地位有可能被更善于利用新兴网络传播手段的数字新闻机构取代。

第三，新闻机构内部规范与其他社会规范的冲突。近年来，在美国劳动执法部门公布的劳动争议案件中，大量案件是新闻工作者与传统新闻机构之间因社交

1　Agarwal S D, Barthel M L . The friendly barbarians: Professional norms and work routines of online journalists in the United States［J］. Journalism, 2013, 16（3）: 376-391.

2　Hermida A. Social journalism: exploring how social media is shaping journalism［M］// Siapera E & Veglis A（eds.）.The hand book of global online journalism. Chichester, WestSussex; Malden, MA: Wiley-Blackwell, 2012.

3　Macmillan G. Journalists tweeting less with 25% drop says latest News Tweet Index, Sky News big faller after Twitter policy change［EB/OL］.（2012-05-18）［2022-06-22］.

4　Palfrey J, Gasser U. Born digital: understanding the first generation of digital natives［M］. New York: Basic Books, 2008.

5　Jurkowitz M. The growth in digital reporting: what it means for journalism and news consumers［EB/OL］.（2014-03-26）.［2022-06-22］

媒体规范发生的纠纷。[1] 新闻工作者作为自然人，各种权利受法律保护，国外新闻机构的社交媒体规范过多干预私人生活有可能侵犯新闻工作者的权利而带来诉讼风险。

（二）国外新闻机构对社交媒体使用进行控制的原因

虽然新闻机构对社交媒体的控制会带来上述直接影响，但大多数国外新闻机构并未因此改变其社交媒体规范而放松对社交媒体的控制，其原因在于：首先，在社交媒体中，坚持传统新闻伦理和新闻专业主义是新闻机构维持其社会角色的需要。互联网并未改变国外新闻机构"第四权力"的属性[2]，其"权力"的合法性来源是新闻专业主义，即通过新闻伦理规范将新闻活动打造成一种高度专业化的工作，以获得社会大众的信任。在社交媒体中，专业和业余新闻活动界限的模糊使得以专业主义彰显职业新闻活动的专业属性更为必要。虽然放松对社交媒体的控制能够解决上文提到的部分问题，但也有使新闻机构失去"权力"来源的风险。在新的新闻伦理尚未被全社会接受的情况下，通过旧的伦理规范来控制社交媒体成了国外新闻机构合理的选择。从本文的编码结果来看，国外新闻机构在社交媒体中确实在努力维持其专业性，具体如：要求新闻工作者严格区分职业身份和私人身份或职业活动与私人活动（表3、表4），要求新闻工作者在新闻活动中恪守传统新闻伦理（表5），要求新闻工作者不得表达各种观点（表6）。

其次，虽然社交媒体对新闻业形成了一定冲击，但主流观点认为社交媒体是对传统新闻活动的"补充"而不是"替代"。研究表明，即使业余新闻活动偶尔在社交媒体中形成了具有专业水准的报道，由于缺乏组织、资源和专业知识，它们很难持久。因而，国外主流观点认为社交媒体的主要作用在于监督或通过提供线索等方式辅助机构进行新闻活动。本文编码结果表明，国外新闻机构确实将社交媒体置于一种辅助和次要的位置，如要求新闻工作者不得发布其工作内容（表3、表4），新闻报道中以传统渠道和网站优先（表5），还有一些样本是原则性规定社交媒体的使用完全适用传统新闻伦理规范。由此可见，国外新闻机构对社交媒体的使用反映了上述观点。

1　Sprague R . Facebook meets the NLRB: employee online communications and unfair labor practices［J］. University of Pennsylvania Journal of Business Law, 2012, 14（4）: 957-1011.

2　McQuail D. Journalism and society［M］.London: SAGE, 2013.

再次，新闻机构不愿轻易失去其在新闻活动中的中心地位。在网络出现之前，新闻机构运营的媒介是新闻报道发布的唯一渠道，因此，新闻活动围绕新闻机构这一"媒介中心"展开。社交媒体使新闻工作者可以绕开机构进行体制外的新闻活动，新闻机构要维持其中心地位，必然限制社交媒体的使用。[1] 本文的编码结果显示，多数新闻机构以传统渠道为新闻发布的首选渠道，即使允许新闻工作者发布机构的内容，也要求链接到机构网站（表5）。编码结果还显示，不论是出于维护机构利益的考虑，还是出于维护新闻专业主义的考虑，国外新闻机构的社交媒体规范制定的出发点是以新闻机构为核心，而核心理念仍然是将新闻当作一种"终局性"的产品，忽视了社交媒体使新闻从产品转变为社会过程的趋势。因为一旦承认新闻从产品到过程的转变，就意味着新闻活动的中心由新闻机构转变为机构（新闻工作者）和受众之间的互动过程，而这显然还没有被新闻机构接受。

最后，从经济学角度看，对新闻机构而言，放开对社交媒体的控制风险大于收益。新闻工作者使用社交媒体建立个人品牌虽然对新闻机构有价值，但这个品牌是附加于新闻工作者的，一旦离职，其个人品牌也会随之而去。但当前不断曝出国外的新闻工作者使用社交媒体发布错误消息的案例，影响的却是相关机构的专业形象。从机构的角度看，放开控制的成本主要由他们承担，但收益却由新闻工作者享有。表1的编码结果体现了新闻机构的这种担忧。部分编码结果还显示（表3），一些新闻机构甚至对社交媒体有类似竞业禁止的规定，要求其员工发布的内容不得与机构的业务范围重叠，反映了部分机构担心员工的个人品牌与机构的品牌形成竞争。还有一个社会原因在于，除了新闻机构，其他机构也出台社交媒体规范控制员工对社交媒体的使用，这使新闻机构出台类似的规范能够为社会和新闻工作者所接受。

（三）社交媒体对国外新闻生产社会控制方式的改变及其弊端

从本质上看，国外新闻机构应对社交媒体的策略是一种新闻生产社会控制方式的改变：从非正式的"社会化"控制转变为正式的规范控制。新闻工作者的"社会化"是一种来自新闻生产过程内部的非正式的社会控制因素，指进入新闻职业场所的新闻工作者学习新闻活动的过程，这一过程通过主管的训斥等非正式因素

1　Couldry N . Media, society, world: social theory and digital media practice［M］.Cambridge: Polity Press, 2012.

的影响让他们逐步树立对职业规范的内在认识，最终可以不经思考就能作出符合职业规范的决定，而不需要借助任何机构的规范。相对于"社会化"，机构的内部规范则是一种正式的社会控制因素。传统新闻伦理内部规范往往较为抽象，使得"社会化"成为控制新闻工作者遵守伦理规范的主要手段。[1] 但本文的编码结果却显示，不少新闻机构的社交媒体规范非常细致而具体，这就使正式的规范成为社交媒体中新闻生产的主要社会控制方式。

虽然上述转变能够有效降低社交媒体的使用给新闻机构带来的风险，但从整个社会角度观察，这种策略却并非最优：

首先，剥夺了新闻工作者在工作中的自主权。新闻工作者的自主权能促进他们遵守新闻伦理规范，以公众而不是新闻机构为服务对象。"社会化"等非正式的社会控制是一个渐进的、学习的过程，新闻工作者有较强的主动性和自主权。而新闻机构出台的社交媒体规范则是一种成文的限制性规则，剥夺了他们的自主权。

其次，限制了新的社会控制因素发挥作用。麦奎尔归纳的非正式社会控制因素中，"受众的反馈和回应、个人之间的接触、在线对话"都是影响新闻工作者选择新闻的社会因素[2]，这些新闻机构外部的因素能够更有效地促进新闻工作者独立于新闻机构。只有放松对新闻工作者社交媒体使用的控制，上述因素才能真正起作用。

最后，限制了新闻工作者参与公民新闻等替代性新闻活动。当前新闻机构在市场压力下经常抛开其公共服务的功能，选择与政府合作或为了商业利益迎合受众。[3] 在这种背景下，社交媒体中进行的公民新闻等替代性新闻活动虽然有其局限但也有积极的社会作用，能够对新闻机构形成监督和制约。国内外有关业余新闻活动的实践表明，那些最成功的案例都有职业新闻工作者参与。

五、结语

本文的编码结果表明，国外新闻机构通过内部规范对新闻工作者社交媒体的

---

1 Sivek S C . Social media under social control: regulating social media and the future of socialization［J］.Electronic News, 2010, 4（3）: 146-164.

2 McQuail D. Journalism and society［M］.London: SAGE, 2013.

3 刘建明．"第四权力说"的历史滑落［J］. 现代传播（中国传媒大学学报），2006（4）：25-27.

使用进行控制既是在维持社交媒体中新闻活动的专业性，也是在降低风险和维护自身利益。从行业角度看，国外新闻业在对待社交媒体上显示出一种路径依赖，有可能导致他们丧失当前的发展机遇。从社会的角度看，这种控制改变了新闻生产的社会控制方式，虽然表面上维持了新闻专业主义，但却有可能使新闻工作者失去自主性和独立性，无法在新闻活动中服务于社会公众。

我国新闻机构在制定社交媒体规范时，应避免直接借鉴国外社交媒体规范中的条文，要反思国外新闻机构社交媒体规范的上述弊端，也要立足于国内新闻业所处的不同发展阶段和不同的社会背景。我国与国外主要的不同之处在于：首先，我国的新闻管理体制以行政主管部门为主，而国外则是以行业自律为主，因而我国有条件从社会层面，而不是从单个新闻机构角度来规范社交媒体的使用，可以通过行业层面的管理规定，解决机构层面的规范问题，避免机构为了商业利益过度限制社交媒体的使用或对社交媒体的使用不进行规范。

其次，我国正处在新闻体制转型时期，从传统体制中走出来的新闻机构还存在自我审查、独立性不强等问题。在这一特定历史时期，允许新闻工作者在体制之外利用社交媒体从事新闻活动能够弥补体制内新闻生产的不足，有着相对于发达国家而言更为独特的社会价值。在我国的社交媒体中，网民更关注自身利益而不是公共利益，参与社会事务的方式多为情感表达而非理性讨论，专业记者的加入也有助于改变上述情况。从上文的分析来看，参与体制外的新闻活动有利于新的社会控制因素发挥作用，使新闻工作者自觉遵守新闻伦理。因此，相关规范应该引导而不是过度限制新闻工作者对社交媒体的使用。

最后，我国的新闻机构和新闻工作者社交媒体的使用方式与国外不同。我国新闻机构和新闻工作者的社交媒体使用存在一定程度的业余化、娱乐化倾向，过度迎合受众，缺少对社会公众事务应有的关注，忽视新闻活动的专业性。[1] 我国新闻主管部门虽然于 2011 年发布了《关于进一步规范新闻采编工作的意见》，要求媒体将新闻业务标准应用于其官方微博，并加强对新闻工作者使用微博的管理 [2]，但上述文件忽视了应在社交媒体中通过客观性等新闻伦理来建立新闻机构

---

1 刘鹏飞，齐思慧.人民日报法人微博一周年数据分析 [J].中国报业，2013（15）：29-31.

2 白净.新闻记者使用社交媒体规范探讨——中国大陆媒体、路透社、美联社规范比较研究 [J].新闻记者，2013（3）：26-31.

的专业形象。研究还显示，我国部分新闻机构社交媒体发布的内容与新闻机构运营的传统媒体之间缺乏一致性，造成社交媒体和传统媒体的割裂[1]，使社交媒体的运营无助于传统媒体。因此，我国新闻业应通过社交媒体规范在彰显专业性与聚集受众之间达成平衡，也需要在利用社交媒体宣传提升传统媒体和利用社交媒体独立发布内容之间达成平衡。

本文主要通过对国外新闻机构社交媒体规范进行的质性分析观察了国外新闻机构对新闻工作者社交媒体使用的控制，并分析了其影响、产生的原因和本质，最后给出了分析结果对我国的启示。本文还存在一些局限和不足，值得在今后继续研究。首先，由于缺少通过实际访谈来进行调查的条件，样本中无法包含未制定社交媒体规范的样本。而不制定社交媒体规范可能意味着新闻机构对社交媒体采取较为开放的姿态，也可能意味着新闻机构完全以传统规范来管理社交媒体。其次，从研究方法上看本文的样本数量还未达到定量研究要求，因而主要采用了定性分析方法，定量的数据只是作为定性分析的辅助工具。最后，限于篇幅，部分内容未紧密结合现实问题展开更深入的讨论。

（原文发表于《国际新闻界》2014 年 12 期，收入本书时做了删改）

1　黄炎宁.数字媒体与新闻"信息娱乐化"：以中国三份报纸官方微博的内容分析为例［J］.新闻大学，2013（5）：54-64.

新闻事件微博用户评论特征与互动效果

张小强　张　萍　刘志杰

一、研究背景与文献回顾

（一）用户评论及其对新闻业的意义

截至 2019 年 6 月，我国网络新闻用户已达到 6.86 亿，其中手机用户 6.60 亿，人们对新闻事件的关注、参与方式已发生改变，新闻网站或社交媒体提供的用户评论功能是国内外网民新闻参与的主要方式。[1] 从技术角度看，评论区是各种主体为网民提供的、就新闻主题交换意见的场所，评论通常以时间顺序排列，是信息交换中形成的用户交流网。[2]

从新闻生产角度看，用户评论是最典型的参与式新闻，它与公民新闻、用户产生内容是经常可互换的概念，指公民或公民群体在收集、报道、分析和散布新闻及信息过程中扮演着积极的角色。用户参与新闻被划分为五个阶段：第一阶段是接近 / 观察；第二阶段是选择 / 过滤；第三阶段是处理 / 编辑；第四阶段是散布；第五阶段是阐释，指报道发布后被讨论和评论。[3] 在数字时代，第一到第三阶段仍然在新闻生产者（包括新闻机构以外的多种主体）的控制之下，用户可以利用社交媒体等工具方便地参与后面的散布和阐释阶段。用户评论则是数字时代用户参与新闻阐释阶段的主要形式。

用户评论研究的重要意义在于五个方面[4]：第一，用户评论代表着数字时代新型参与空间的发展。第二，用户评论是对新闻内容的直接回应。第三，用户评

1　中国互联网信息中心 . 第 44 次中国互联网络发展状况统计报告［N/OL］. 中国网信网（2019-08-30）［2022-06-22］

2　Trice M. How we comment on web journalism: a case study on dialogue found in news articles［M］// Drushel B E, Kathleen G. The Ethics of Emerging Media: Information, Social Norms, and New Media Technology. New York: The Continuum International Publishing Group, 2011: 235-250.

3　Singer J B, Domingo D, Heinonen A, et al.Participatory Journalism： Guarding Open Gates at Online Newspapers［M］. Chichester: Wiley-Blackwell, 2011: 96-118.

4　Reich Z. The transformation of participatory space［M］// Singer J B, Domingo D, Heinonen A, et al. Participatory Journalism: Guarding Open Gates at Online Newspapers. Chichester: Wiley-Blackwell, 2011: 96-118.

论反映了网络新闻的混合特性，用户评论与新闻内容是不可分的。第四，用户评论非常流行，是在数字时代社会存在程度极高的一种参与形式。第五，用户评论因带有争议性而受到业界和学界关注。随着用户通过评论等形式参与对新闻的阐释，媒介机构不再是新闻事件的唯一阐释主体，"新闻生产变成职业记者和公众共同参与的动态实践"，被称为"液态"的新新闻传播形态。[1]

基于用户评论对新闻业的重要意义，国外学者对其展开了多种角度的研究，主要包括：

第一，影响用户参与评论的因素。特南博伊姆和科恩通过对以色列一家新闻网站的研究发现，读者最喜欢评论的新闻内容是有冲突和争议的。[2]韦伯则发现与用户社会身份相近、具有持续性、包含事实因素较少的新闻更易引发评论。[3]

第二，用户评论的特征。特里斯发现传统媒体网络评论区的用户评论整体上比较理性，含新信息的评论占比较大。[4]埃罗宁则发现在八卦新闻的网络道德评价中，三段论式论证很少出现，更多评论是简短的、不做道德评论的模糊表达，她认为人们采用这种表达可能是不想得罪某些群体。[5]伦 - 里奥斯等发现读者在评论科技新闻时多用自身经历而非科学依据，造成了非理性的评论，这可能会影响读者对媒体的信任。[6]沃伊切萨克和罗哈斯发现，人们在新媒体中的评论没有极化，尤其在涉及"党派"和"意识形态"问题时，这可能与人们以自我为中心的心态有关。[7]

第三，媒体从业人员对于用户评论的态度。瑞德发现，媒体工作者普遍关注

---

1 陆晔，周睿鸣 . "液态"的新闻业：新传播形态与新闻专业主义再思考——以澎湃新闻"东方之星"长江沉船事故报道为个案［J］. 新闻与传播研究，2016，23（7）：24-46，126-127.

2 Tenenboim O, Cohen, A A. What prompts users to click and comment: A longitudinal study of online news［J］. Journalism, 2015, 16（2）：198-217.

3 Weber P. Discussions in the comments section: Factors in fluencing participation and interactivity in online newspaper reader comments［J］. New Media & Society, 2014，16（6）：941-957.

4 Trice M. How we comment on web journalism: a case study on dialogue found in news articles［M］// Drushel B E, Kathleen G. The Ethics of Emerging Media: Information, Social Norms, and New Media Technology. New York: The Continuum International Publishing Group, 2011: 235-250.

5 Eronen M. Moral argumentation as arhetorical practice in popular online discourse: Examples from online comment sections of celebrity gossip［J］. Discourse & Communication, 2014, 8（3）：278-298.

6 Len-Ríos, María E, Bhandari, et al. Deliberation of the Scientific Evidence for Breastfeeding: Online Comments as Social Representations［J］. Science Communication .2014, 36（6）：778-801.

7 Wojcieszak M, Rojas H . Correlates of Party, Ideology and Issue Based Extremity in an era of Egocentric Publics［J］. International Journal of Press/politics, 2011, 16（4）：488-507.

匿名评论的负面效果，但匿名评论的负面效果并不显著。[1]

国内学者对用户评论规范的实证研究非常少，李良荣、于帆通过对用户评论的量化分析提出了舆论的前十定律，认为前十条评论的关注点、分歧度将影响之后至少一百条评论，但该文献研究方法尚不够规范。[2]其他研究则主要从群体极化角度展开，将在下文讨论。对用户评论与新闻文本的联系、新闻文本用户评论特征等方面的研究基本空白，本文试图填补上述不足。

（二）用户评论与替代性公共领域

持批判视角的学者不承认以 Twitter 为代表的社交媒体是公共领域，基于两个理由[3]：第一个理由是哈贝马斯提出公共领域的初衷不是指向媒介，而是为了创造一个概念以使对公共产品缺乏公众关注的批评机制可行。第二个理由是社交媒体嵌入当代社会的冲突和权力结构之中，是矛盾的、冲突的，不是以讨论和协商为目标的公共领域。在我国，也有学者在比较中国网络传播环境特点与哈贝马斯公共领域概念后认为，中国的网络舆论还未建构起一个真正意义上的"虚拟公共领域"。[4]其他学者指出微博有形成公共领域的条件但离成熟公共领域还有距离。[5]笔者认为，上述观点得出结论的基础是将 Twitter 或微博等社交媒体平台视为一个整体，忽视了这些平台存在不同的分化场域，对此将在下文继续分析。例如，新闻文本下方的用户评论与普通用户发布的内容意义并不相同。学者也并未完全否定新媒体建构公共领域的可能，有学者甚至认为社交媒体就是公共领域的新形式[6]，或微博平台具有公共领域的表征[7]。

梳理文献还发现，有关公共领域的大量研究文献包括哈贝马斯本人的文献是把公共领域与媒介关联在一起的，这使上述持批判视角的学者在论证社交媒体不是公共领域时的第一个理由的逻辑起点并不牢靠。哈贝马斯指出欧盟的危机是各

1 Bill. Free press vs. free speech？the rhetoric of "civility" in regard to anonymous online comments［J］.Journalism & Mass Communication Quarterly, 2012，89（3）：495-513.

2 李良荣，于帆．网络舆论中的"前10效应"——对网络舆论成因的一种解读［J］.新闻记者，2013（2）：50-53.

3 Fuchs C. Social Media: A Critical Introduction［M］. London: SAGE Publications Ltd, 2014

4 罗坤瑾．网络舆论与中国公共领域的建构［J］.学术论坛，2010，33（5）：175-180.

5 余秀才，朱梦琪．微博、公共领域与后现代文化［J］.现代传播（中国传媒大学学报），2015，37（2）：135-138.

6 曹阳，何旭 .SNS：一种网络公共领域的新形式［J］.新闻记者，2009（10）：82-85.

7 尹连根．结构．再现．互动：微博的公共领域表征［J］.新闻大学，2013（2）：60-68.

国媒体只关注本国事务而未形成一个公共领域，"各国公共领域需要逐渐相互开放"，这里的公共领域指的正是媒体提供的讨论空间。[1]新闻传播学界的学者们同样偏爱从媒介视角分析公共领域，"媒介化公共领域"是研究公共领域的主要视角，这种传统也延续到社交媒体时代。布赖恩·麦克奈尔等认为公共领域虽然是政治传播语境下的概念，在数字时代这一定义甚至比哈贝马斯对公共领域的原始定义更为理想，因为数字时代受众更容易回应或互动。从这一角度来看，在数字时代公共领域已经扩展为更多的形式，用户通过在线评论和社交媒体加入新闻工作，通过各种渠道回应新闻工作者生产的内容。[2]我国也有学者发现网络媒介在建构公共领域时通过介入用户跟帖而获取商业利益，但也因此成为建构公共领域的天然支持者。[3]

哈贝马斯本人在回应对其理论批评时，承认公共领域的复杂性和广泛性，也认可公共领域的分化，"公共领域根据交流的密度、组织的复杂性和范围被划分为不同的层次"[4]，理解公共领域的复杂性必须承认"替代性机构"——不仅包括独立媒体，也包括国家和经济之外其他形式的非正式（信息）搜集（gatherings）。[5]虽然哈贝马斯本人并未直接提出"替代性公共领域"概念，但其他学者们根据他的上述理念认为存在替代性公共领域。如替代性媒体与替代性公共领域的关系研究[6]，妇女、同性恋、黑人等弱势群体的观点表达与替代性公共领域的关系研究。[7]John Downing还阐明了替代性公共领域与"官方"公共领域的关系及其对后

1　Habermas J. The Crisis of the European Union: A Response［M］.Cambridge: Polity Press, 2012.

2　McNair B. Journalism as Public Spheres［M］// Vos, Tim P（ed）.Journalism（Handbooks of Communication Science）.Berlin: De Gruyter Mouton，2018.

3　胡菡菡 . 网络新闻评论：媒介建构与公共领域生成——对网易"新闻跟帖"业务的研究［J］.新闻记者，2010（4）：63-66.

4　Habermas J. Translated by William Rehg. Between Facts and Norms: Contributions To A Discourse Theory of Law and Democracy［M］. Cambridge: MIT Press, 1996.

5　Harte D, Howells R, Williams A. Hyperlocal Journalism: The decline of local newspapers and the rise of online community news［M］.London: Routledge, 2018.

6　Mchakulu, July J E, Valkenbury, et al. Mediating an alternative public sphere: Malawian readers attitudes and perceptions towards a tabloid［J］. Cogent Social Sciences, 2018, 4: 1. Örnebring H, Jönsson A M. Tabloid journalism and the public sphere: a historical perspective on tabloid journalism［J］. Journalism Studies, 2014，5（3）：283-295.

7　Yang L, Xu Y. Danmei, Xianqing, and the making of a queer online public sphere in China［J］. Communication & the Public, 2016（2），251-256; Pet A, Szapor J. Women and \ "the alternative public sphere\"：Toward a new definition of women\ "s activism and the separate spheres in East-Central Europe［J］. NORA-Nordic Journal of Feminist and Gender Research, 2004, 12（3）：172-181.

者的影响，替代性公共领域为"经验、批评和替代"的发展提供了机会。[1]

传统意义上的替代性公共领域指体制外媒体针对特定议题提供的公共讨论场所，随着社交媒体等平台的出现，替代性公共领域也指包括用户评论在内的各种可以替代传统媒介讨论空间的领域。"替代性"有时也被翻译为"另类""非主流"，意在与主流体制内媒体构建的公共领域相区别。亨利克·奥内布林将"替代性公共领域"中的"替代性"归纳为四个维度：首先，替代性意味着话语发生在主流媒体公共领域之外，即媒体的替代性。其次，主导媒体话语的参与者之外的其他主体参与讨论，即参与主体的替代性。再次，议题的替代性。有两层含义：一是指讨论主流媒体没有涉及的议题；二是指同样的议题但主流媒体没有争论，在替代性公共领域则发生了争论。最后，讨论方式的替代性，指使用不同于主流媒体的其他方式或形式讨论相关议题。[2]我国微博上用户对新闻的评论首先具备了第一、二维度的替代性，其参与讨论不仅不是传统媒体空间，也不完全是传统媒体微博文本，而是各种主体微博文本下方的评论空间参与主体；而其讨论议题、讨论方式是否有替代性正是本文将通过实证分析所调查的问题。

替代性公共领域的范围在数字时代从两个维度得到拓展：第一个维度是新闻生产和传播主体的多元化，这一特点被总结为上述"液态"的新闻业。新闻业的参与者包括在社交媒体中活跃的各种机构和其他主体，他们对新闻信息的传播，极大地拓展了公共领域的空间，甚至连政府机构运营的微博也成为形似公共领域和次私密领域的集合体。[3]第二个维度是与新闻文本集成在一起的用户评论。用户通过评论对新闻内容的进一步阐释不仅提供了替代传统媒体基于新闻生产生成的公共讨论空间，这个空间还与"液态"的新闻生产混合在一起。即不管是何种主体提供的新闻文本，用户都可以通过评论进一步阐释，而不局限在新闻机构生产的文本之下，本文案例就有非新闻机构的文本。

基于上述分析，我们认为用"替代性公共领域"表达微博用户的评论行为比"公共领域"更合适：由特定事件发生而临时聚集于网络特定空间的替代性主体

1　Downing J. The alternative public realm: the organization of the 1980s anti-nuclear press in west Germany and Britain[J]. Media, Culture & Society, 1988, 10（2）: 163-181.

2　Örnebring H. The maiden tribute and the naming of monsters［J］. Journalism Studies, 2006, 7（6）: 851-868.

3　尹连根，黄敏 . 政府官方微博：形似公共领域和次私密领域的集合体［J］. 国际新闻界，2016, 38（5）: 31-51.

发出不同于官方权威媒体的另类声音、观点。"替代性公共领域"既彰显了社交媒体构建公共领域的可能性，也表明了其与理想公共领域的不同。本文在选择样本时，选择微博中对相关事件评论最多而非传统新闻机构的微博文本，正是基于上述理念，试图首先通过内容分析方法揭示用户评论的特征，进而分析其作为替代性公共领域的特征。

（三）群体极化与本文研究视角的选择

研究用户评论另一个常见视角是群体极化，这一概念和上文所述的公共领域甚至是矛盾的。公共领域带有价值判断，群体极化这一概念则否定了公共领域理性讨论的前提。陈红梅认为需要从更大的视野看公共领域与群体极化的辩证关系，"公共领域和群体极化只是同一个问题的两面。一方面，公共领域最终形成的是同质群体；另一方面，群体内成员的观点必然有所差异，从而可以形成理性的讨论"[1]。

凯斯·桑斯坦将群体极化定义为：团体成员一开始即有某些偏向，在商议后人们朝偏向的方向继续移动，最后形成极端的观点。[2]迈尔斯和拉姆将其定义为："在观点的同一方向上，经由群体讨论之后所形成的群体态度，往往比讨论之前群体成员个人态度的平均值更趋向极端化"的现象。[3]蒋忠波对我国群体极化研究做了梳理总结后认为：群体极化所讨论的核心问题不是群体成员态度的分布，而是群体态度在讨论前后的改变。[4]上述定义的相同点在于认可极化是"过程"，这意味着若要以群体极化来设计研究，必须至少采集网民讨论前后的观点并分析比较。但很多国内文献在运用群体极化理论研究用户评论时直接把态度或观点的分布作为极化研究对象。例如，黄河等讨论群体极化的特征时就直接忽视了极化的过程[5]，这正是蒋忠波指出的因概念偏差带来研究设计上的失误。这类偏差还有不少：如将网络舆论中网民出现的两极分化的情况称之为网络群体极化现

1 陈红梅.互联网上的公共领域和群体极化——整合视野的思考［J］.新闻记者，2015（5）：28-35.
2 凯斯·桑斯坦.网络共和国：网络社会中的民主问题［M］.黄维明，译.上海：上海人民出版社，2003.
3 Myers D G, Lamm H. The group polarization phenomenon［J］. Psychological Bulletin, 1976, 83（4）：602-627.
4 蒋忠波."群体极化"之考辨［J］.新闻与传播研究，2019，26（3）：7-27，127.
5 黄河，康宁.移动互联网环境下群体极化的特征和生发机制——基于"江歌案"移动端媒体文本和网民评论的内容分析［J］.国际新闻界，2019，41（2）：38-61.

象 [1]；将网民一边倒的情况称为网络群体极化 [2]；将网络舆情中的"观点一致""两极分化"都称为群体极化 [3]；将用户评论极端态度的百分比、群体支持或反对的倾向值都作为极化程度 [4]。上述研究严格来讲都不是群体极化研究，但其方法对于调查网民态度和观点分布有一定借鉴意义。

综上所述，当前国内学界对极化的概念和测量方法并未统一，甚至在使用上偏离极化应有的含义。因此本文不采用群体极化概念来研究用户评论，仅参考以上极化研究文献中的方法调查用户评论中的不文明程度和观点、态度是否多元化等情况。

二、研究问题

如上文所述，国内对用户评论的研究目前未考察上述国外学者们研究的信息性、互动性、与新闻的相关性等主要特征，这些特征对于分析用户评论对新闻业的价值和意义，进而厘清我国"替代性公共领域"的特点有重要价值。因此，本文主要从新闻业和替代性公共领域角度调查新闻文本下的用户评论，主要研究以下问题。

问题一：用户评论与新闻文本的相关程度如何？即，内容上是否与新闻文本相关？是否明确表达自己的观点？是就事论事还是衍生到其他议题？

问题二：网民针对新闻的评论信息价值如何？即，用户评论的新内容比重如何？复杂评论比重如何？

问题三：用户评论互动程度如何？即，网络评论中网民之间的互动程度如何？媒体与普通网民的互动程度如何？

问题四：用户评论的不文明程度如何？

问题五：用户评论中的观点和态度倾向是单一还是多元化？

以上五个研究问题，问题一、二调查的是用户如何阐释其他主体传播的新闻文本；问题三调查的是用户在阐释新闻过程中的互动；问题四、五则参考极化方

1 吕林.网络舆论极化现象研究［D］.武汉：华中科技大学，2007.

2 叶宁玉、王鑫.从若干公共事件剖析网络群体极化现象［J］.新闻记者，2012（1）：46-51.

3 王根生.面向群体极化的网络舆情演化研究［D］.南昌：江西财经大学，2011.

4 黄河，康宁.移动互联网环境下群体极化的特征和生发机制——基于"江歌案"移动端媒体文本和网民评论的内容分析［J］.国际新闻界，2019，41（2）：38-61.

法，调查用户评论是否文明，评论中态度和观点是否多元，以此来进一步讨论用户基于评论区的新闻阐释及其作为替代性公共领域的特征。

三、研究设计

本文借鉴国外网民新闻参与研究的核心框架[1]，结合"替代性公共领域"理论研究范式，通过内容分析法，分别从评论与新闻相关性、评论信息的价值、互动情况、文明程度、观点和态度分布情况五个角度，分析新浪微博用户参与新闻阐释的特征和效果。

公共领域是一个上位词，其下还有很多下位词，如数字化公共领域（digitized public sphere）、全球化公共领域（the globalized public sphere）、后现代公共领域（the postmodern public sphere）等。下位词研究的共同点是基于数字时代媒体变迁对公共领域的影响描述分析，而哈贝马斯的公共领域内涵与"媒体"密切相关，媒体是公共领域运作的核心[2]，所以本文分析"替代性公共领域"的研究框架依然在哈贝马斯公共领域研究框架之下是合理的。国外学者在研究 Facebook 或我国微博中的"替代性公共领域"问题时也是从文明程度、信息价值、互动情况等角度分析[3]，因而本文采用的研究方法是成熟的。

我国的微博是人们了解新闻动态、参政议政、反映舆情的重要平台，微博不仅有社交性，还因媒体、机构或个体在其中参与对公共事件的讨论而具备了媒体性质。本文以四个 2015 年发生的新闻事件为案例，对相关案例热门微博下的评论进行内容分析。选择分析 2015 年而非近年来发生的案例的主要原因是：第一，2015 年发生的社会热点事件较为典型，同一时间段的案例便于比较。第二，当前微博平台对敏感事件大多关闭了评论，很多新近发生的案例无法获得有效数据。而在 2015 年，因课题研究需要，本文作者系统采集了相关数据。

---

1 Trice M. How we comment on web journalism: a case study on dialogue found in news articles［M］// Drushel B E,. Kathleen G. The Ethics of Emerging Media: Information, Social Norms, and New Media Technology. New York: The Continuum International Publishing Group, 2011: 235-250; Singer J B, Domingo D, Heinonen A, et al. Participatory Journalism: Guarding Open Gates at Online Newspapers［M］.Chichester: Wiley-Blackwell, 2011: 96-118; Reich Z. The transformation of participatory space.［M］// Domingo D, Heinonen A, et al. Participatory Journalism: Guarding Open Gates at Online Newspapers. Chichester: Wiley-Blackwell, 2011: 96-117.

2 Wessler H. Habermas and the Media［M］. Cambridge: Polity Press, 2018.

3 Batorski D, Grzywińska I. Three dimensions of the public sphere on Facebook［J］.Information, Communication & Society, 2018, 21（3）: 356-374.

（一）样本采集

本文选取了 2015 年内的 4 件热门新闻事件：庆安枪击、女司机被打、大阅兵和天津大爆炸为微博样本。以上事件符合学者发现的人们最喜欢参与评论的新闻特征：政治性和社会性议题[1]；拥有冲突和不同意见，含惊奇、死亡、暴力与性等议题[2]；以及涉官、涉警、涉富事件[3]。

抽样上，以这四个热点事件为关键词，选择发出时间在事件发生一周至十天左右的微博，发布者为媒体或其他机构，以评论量为依据各取一条微博。为保证取样均匀不受时间影响，研究者在得到的微博评论区中采用系统抽样构成研究样本，分别得到了"@新浪视频"2015 年 5 月 14 日微博、"@头条新闻"2015年 5 月 6 日微博、"@中国维和警察"2015 年 9 月 3 日微博、"@新浪天津"2015年 8 月 18 日所有关于所选新闻事件微博下方共 44000 条评论，随机各取 5% 得到 2200 条研究样本，其中："女司机被打"事件 737 条、"天津大爆炸"事件158 条、"大阅兵"事件 251 条、"庆安枪击"事件 1054 条。选取这些样本主要是它们在传播上述事件时非常活跃，用户评论数量较多，显示传播主体对评论的干预较少。这也体现出本文使用"替代性公共领域"这一概念的意义。同时凸显了用户评论本身就是流动的，一是部分媒体关闭评论，用户便流向其他报道相关事件的微博文本。另一个原因是，用户评论数量和质量也是吸引用户阅读和参与评论的重要指标，当某个微博下开始有一定评论数量时，能够吸引更多用户参与。因此，以评论数量而不是文本发出主体来选择样本更符合本文研究目标。

（二）编码

对于问题一、二、三，本文结合特里斯的划分标准[4]，定义变量 1-6。

对于问题四，本文根据布洛姆等人的划分标准[5]，将不文明语言划分为不文

1 钟瑛，余秀才.1998—2009 重大网络舆论事件及其传播特征探析［J］.新闻与传播研究，2010，18（4）：45-52，110.

2 Tenenboim O, Cohen A A . What prompts users to click and comment: A longitudinal study of online news［J］. Journalism, 2013, 16（2）：198-217.

3 李良荣，徐晓东.互联网与民粹主义流行——新传播革命系列研究之三［J］.现代传播（中国传媒大学学报），2012，34（5）：26-29.

4 Trice M. How we comment on web journalism: a case study on dialogue found in news articles［M］// Drushel B E, Kathleen G. The Ethics of Emerging Media: Information, Social Norms, and New Media Technology. New York: The Continuum International Publishing, 2011: 235-250.

5 Blom R, Carpenter S, Bowe B J, et al. Frequent Contributors Within U.S. Newspaper Comment Forums An Examination of Their Civility and Information Value［J］. American Behaviouralentist, 2014, 58（10）：1314-1328.

明攻击性语言和不文明情绪化语言，定义变量 7-8，如表 1 所示。

表 1　用户评论内容分析编码表

测量指标		编码的大类划分及说明
评论的信息性	相关性	1= 评论内容和事件是否相关，直接引用微博内容以及被评论的主体与事件有直接关联，其他对于并非直接参与事件的主体的讨论或广告则属不相关
		2= 是否就事论事，仅仅就新闻事件提及的涉事方进行是非对错或者情感的评价
	价值性	3= 评论中是否含有新内容，评论中含有微博本身不包含的新信息
		4= 观点是否复杂，在一个评论中有多于一个观点或论据，使用三段论、引用等方式论证，运用多个句子或者分号来分开不同观点
评论互动性		5= 是否存在用户之间的评论互动
		6= 是否存在发布者在评论中和用户的互动
不文明程度		7= 是否存在不文明攻击性语言
		8= 是否存在不文明情绪化语言
多元化程度	观点倾向	9-12= 根据不同事件具体内容分开编码见表 2
	情感倾向	13-16= 根据不同事件具体内容分开编码见表 2

关于极化的测量，迪马焦等提供了四种可行思路[1]，其中两种是观察态度的分布状态，特别是极端态度的分布，国内对极化研究的测量也是如此[2]。借鉴国内外对极化的研究方法，本研究对用户在特定场所（微博）和特定四个议题中所呈现的态度分布状态进行描述分析，观察网民态度的分布，尤其是相对立态度的分布状态。

不同于以往研究直接对评论的态度进行编码测量，本研究分为两个步骤测量态度多元化程度：第一步将所有评论按照观点类型进行归类概括，首先划分为单一化和多元化，在观点分类的基础上概括态度倾向进一步观察态度多元化程度。研究根据涉事方数量，为每个微博划定了不同的观点数量，统计不同评论内容的比重。例如，在涉警事件（庆安枪击）中，涉事方主要为死者和警方，此外在评论中还提到死者的家属以及车站内其他保安、当地政府等其他主体，很多用户还

1　Dimaggio P, Evans J, Bryson B . Have American's Social Attitudes Become More Polarized？［J］. American Journal of Sociology, 1996, 102（3）: 690-755.

2　黄河，康宁 . 移动互联网环境下群体极化的特征和生发机制——基于 "江歌案" 移动端媒体文本和网民评论的内容分析［J］. 国际新闻界，2019，41（2）：38-61.

因为倾向不同而互相谩骂偏离原来议题。分别对这四例事件的评论进行分类并编码得到"评论观点倾向"变量，如表2所示。

表2 四个事件观点分布编码表

涉警事件 （庆安枪击）	社会事件 （女司机被打）	政治宣传热点 （大阅兵）	突发灾难事件 （天津大爆炸）
0- 谴责、质疑警方开枪击毙行为 / 质疑、不满视频或媒体	0- 谴责男司机	0- 支持、尊敬、热爱、感动于老兵、自豪于国家，祝福老兵	0- 对灾难的同情、祈福
1- 支持警方行为 / 谴责死者	1- 支持男司机 / 谴责女司机或其家人	1- 没有明确表明情感，反思	1- 质问死亡人数、质问真相 / 反驳非质疑者
2- 指责支持警方开枪的用户	2- 指责支持男司机的用户 / 媒体 / 舆论	2- 支持老兵并联系自己	2- 相信政府 / 反驳质疑者 / 呼吁拒绝谣言
3- 指责谴责警方开枪的用户	3- 指责谴责男司机的用户	3- 其他	3- 询问人的去向，反思百姓安危，询问真相、呼吁追责、赔偿
4- 不满政府公开不及时	4- 男女双方都不对	4- 单就一条评论无法看出倾向的网民间评论指责	4- 感到可怕、心痛、震惊
5- 无强烈倾向，反思现状、成因	5- 无强烈倾向，反思现状、成因	5- 无法看出观点或不相关	5- 单就一条评论无法看出倾向的网民间反驳
6- 无强烈倾向，联系自己	6- 无强烈倾向，联系自己，情感回忆		6- 无法看出观点或不相关
7- 看评论、看热闹	7- 冷漠、看热闹		7- 其他观点
8- 其他	8- 其他观点		
9- 单就一条评论无法看出倾向的网民间指责	9- 单就一条评论无法看出倾向的网民间谩骂指责		
10- 无法看出观点或不相关	10- 无法看出观点或不相关		
11- 谴责民警格斗能力或管理不足无帮手	11- 指出女方被指责原因是处置不当 / 劝少说几句		

第二步是基于第一步将观点进一步整合为不同的态度倾向。本研究参照黄河等的研究量表，对网民针对某议题的态度分化状况进行观察。态度分布借鉴相关研究所使用的将留言反映的态度以量表方式呈现的方法[1]，将上述观点的分类进一步整合，得出不同事件的不同态度倾向。

---

1 乐媛，杨伯溆. 网络极化现象研究——基于四个中文 BBS 论坛的内容分析［J］. 青年研究，2010（2）：1-12，94.

如庆安枪击事件中，"谴责、质疑警方枪击行为/质疑、不满视频或媒体"和"指责支持警方开枪的用户"，实则都是谴责、不满的态度，目的是质疑警方的开枪行为和视频。研究将以上编码合并为一个变量，分别得到每则微博下的立场态度偏向。以"庆安枪击"事件为例：

0 对警方/官方/媒体的批评（包括行为、管理）：0+2+4+11

1 对闹事者和同情闹事者的批评：1+3

2 无明确倾向：5+6+8

3 有倾向但看不出：9

4 不相关不表态：7+10

使用以上方法，分别得到了四例事件的"评论态度倾向"变量（变量13–16）。

在编码表确定后，研究者从已取样本中随机抽取50条让两位编码员进行编码，以获取编码者信度系数以及检验编码表是否存在问题。在编码前对两位编码员已进行培训，熟练编码程序、理解编码指南。使用百分比信度，所测量的信度系数均高于0.9，具体如下：不文明攻击性语言变量为0.92，情绪化语言变量为0.92，用户间互动比例变量为0.98，发布者与用户间互动变量为0.98，与新闻相关性变量为0.98，就事论事变量为0.96，有新内容变量为0.92，复杂观点变量为0.98，观点倾向变量为0.9。在检验信度之后，由编码员按照设计好的编码表对采集到的样本完成编码。

四、研究发现

对于前四个问题（变量1–8），研究使用总体样本（$N=2200$）进行考察；而用于考察多元化程度的"观点内容倾向""观点态度倾向"变量则根据事件具体分开为四组进行比较。

（一）用户评论与新闻内容的相关性

"是否与新闻相关"，是明确要求评论能够直接看出针对事件参与方的任何一方，统计结果（88.1%，1938条）显示绝大部分的评论是和新闻相关的。此外，分析过程发现有些评论虽然没有直接提及任何参与方，但是是由直接参与方衍生的，这些衍生的评论占到了此统计另外的11.9%中的大部分。可见，用户评论总体是契合新闻的，并且会有一定的衍生讨论。

为了进一步研究用户评论的内容与新闻的关联，研究者进一步将评论细分为就事论事、衍生性评论、不相关不表态型评论。得到结果如表3所示。

表3　评论与新闻相关程度比例

		频率	有效百分比 /%
有效	0 仅依据事件主体是非对错和情感的评论	1758	79.9
	1 对事件的衍生性评论(反思、指责网民)	335	15.2
	2 不相关不表态型评论	107	4.9
	合计	2200	100.0

表3显示大多数网民仅依据事件主体是非对错和情感进行评论，还有很多衍生性的评论，比如反思和指责其他网民。可见网民在评论中，会有部分理性的反思，这对于网络这一公共领域有一定建树，但也可能会在讨论中偏离原来的主题，或带来谩骂指责。根据诺依曼"沉默的螺旋"理论，人们会因为群体压力而避免发表不同于主流观点的声音[1]，而人们会与自己观点一致的人"结盟"，而疏远、指责观点不同的人[2]，并且评论的活跃用户相对不活跃用户的评论更加具有攻击性[3]，所以，当网络热点引发众多用户评论时，很难避免网民间因观点不同而相互指责。

尽管如此，从压倒性的比例可看到，大部分的用户评论依然是针对事件本身，可见人们遵守讨论的规则，参与评论者也服从了传播者在社交媒体中的议程设置。但同时应注意，如果仅仅停留在评判事件是非对错，评论的建设性还有待提高。[4]

此外，本研究中，不相关、不明确表达观点的比例仅占4.9%，可见中国网民对热点事件的参与热情，侧面证明网络中群体压力并没有那么大。综上，问题一的结论是：用户评论与新闻相关性较强，就事论事同时也有较多衍生性评论。

1　Noelle-Neumann E.Thespiralofsilence: Atheoryofpublicopinion［J］. Journal of Communication, 1974, 24（2）: 43-51.

2　Skitka L J, Bauman C W, Sargis E G. Moral conviction: An other contributor to attitude strength or something more［J］. Journal of Personality and Social Psychology, 2005, 88（6）: 895-917.

3　Blom R, etal. Frequent contributors within U.S. newspaper comment forums: An examination of their civility and information value［J］. American Behavioral Scientist, 2014, 58（10）: 1314-1328.

4　Koop R, Jansen H J. Political blogs and blogrolls in Canada: Forums for democratic deliberation［J］. Social Science Computer Review, 2009, 27（2）: 155-173.

本文研究与上述对微博或网络整体的研究相比，显示微博新闻文本用户评论空间具有公共领域的特点，其原因是用户评论受到原始微博文本的引导，故讨论更为聚焦，这也凸显了用户评论相对于整个社交媒体平台而言对新闻生产和公共领域建构更有价值。

（二）用户评论的信息价值

统计结果显示评论中含有新内容的比例仅占 15.1%，这个比例低于预期，甚至在反转事件"庆安枪击"和"女司机被打"中，也仅有 15.9% 和 19.5% 的比例，且大部分新内容很少提供链接，大部分的评论仅就事论事，少部分提到微博之外的新内容。上述总体的数据显示中国的"公民新闻"在用户评论中未成型，在网络上的评论也仅限就事论事，人们的关注点跟随微博发布者的议程。

其中复杂评论总体占比 16.8%，且不同新闻事件之间有差别。具体数据如下："庆安枪击"事件中，评论区复杂评论占 26.8%；"女司机被打"占 23.5%，相对较高。而"大阅兵"事件复杂评论仅占 4.4%；"天津大爆炸"事件为 8.9%，这两个事件复杂评论比例相对较低。可见对于不同事件，人们发表复杂观点的意愿有很大差别，对于"大阅兵"这种主旋律事件和"天津大爆炸"这种结果未定的事件，人们不愿意发表复杂评论。但对于"庆安枪击"和"女司机被打"这类社会性事件，有四分之一左右的评论具有复杂观点。当时微博 140 字的限制，可能也让普通用户养成了长话短说的习惯。此外，根据中国微博用户行为研究报告，高学历、高收入的人更青睐使用微博手机客户端[1]，手机打字的不够便捷可能会阻碍用户进行复杂的评论分析，因而与国外对传统媒体网站（主要为 PC 端）的研究结果相比比例更低。

综上，问题二的结论是：用户对新闻的评论信息性价值整体不高，但在部分事件中也有一定比例的复杂评论，说明事件性质不同，网民评论的信息价值有差异。上述数据还说明，虽然大部分用户在阐释新闻时并未提供有价值的信息，但在部分热门公共事件中也有一定比例的用户提供了新的信息和复杂观点，显示用户在进一步阐释新闻文本。这种阐释正是公共领域应具有的"讨论"意涵。复杂信息和新观点占比少正是用户评论区别于传统新闻报道的应有特点，毕竟普通用

1　2014 年中国微博用户行为研究报告［EB/OL］. 艾瑞咨询 .（2014-06-18）［2022-06-22］.

户并非专业新闻工作者。

（三）用户与用户、用户与内容发布者之间的互动

整体数据显示用户间互动的比例仅有 18.1%。但分开观察，"庆安枪击"事件的用户间互动为 36.6%，"女司机被打"事件的用户间互动为 21.8%，"大阅兵"事件的用户间互动为 6.8%，"天津大爆炸"事件的用户间互动为 23.4%。可见除了"大阅兵"事件，其他事件的用户间互动程度相对较高。

因此，用户会主动阅读新闻下方的评论并且有较高程度的互动，有些用户甚至会直接发布"我是来看评论的"。这是形成理性的网络讨论、公民参与热点事件的基础。观察还发现，用户间互动多在观点不同时发生，观点相同时则仅仅简单点赞。"大阅兵"事件网民观点单一，故其互动程度最低。

数据显示发布者与用户评论互动数量为 0。互联网被认为是一个可以平行交流、打破传统媒体的单向传播模式的平台，但是从"发布者与用户评论互动"的统计量看，网络中的内容发布者并没有参与普通用户的评论。这或许可用尼尔森[1]的研究解释：媒体人并不重视网民评论。

对于问题三，得到的结论是网民间互动程度的高低与网民观点的多元化程度相关，观点复杂的事件用户间互动程度较高。用户评论获得其他网民重视，但内容发布者并不重视用户评论。用户参与最多的不一定是传统新闻机构发布的内容，呈现出液态化新闻生产的特点。问题二的调查结果反映了用户对新闻文本的讨论，问题三的调查结果则显示用户之间会互动或讨论，而且在部分事件中比例还远高于问题二中新内容和复杂观点所占比例。说明用户间的互动更为活跃，但内容发布者并未与用户有任何互动。这凸显了用户评论区具有公共领域的核心特征——广泛的对话和批判性讨论，但也有"替代性"特点——原新闻文本发布者在这一空间并不在场。

（四）用户评论的不文明程度

不文明语言包含使用粗鲁字词、侮辱性词汇，贬低、威胁、羞辱、咒骂、人身攻击其他评论者及新闻发布者。本研究将凡是涉及脏话或者潜在意思有咒骂含

---

1 Nielsen C E. Coproduction or cohabitation: Are anonymous online comments on newspaper websites shaping news content？［J］. New Media & Society, 2013, 16（3）: 470-487.

义的内容都列入其中，结果显示不文明攻击语言整体占比为 11.7%（258 条），比例并不高。四起事件的不文明语言比例分别为："庆安枪击"事件为 11.7%，"女司机被打"事件为 18%，"大阅兵"事件无不文明语言，"天津大爆炸"事件为 3.8%。

这些研究发现和我们对于网络暴力的认识有差异，原因在于：一是因为网民的不文明语言程度与新闻内容本身有关联。如"大阅兵"事件无不文明语言，是因为观点倾向无悬念，不需要是非对错的道德评判，出现不文明语言的概率更低。而不文明语言程度最高的为"女司机被打"事件，这类涉及社会道德评价的事件更容易调动网民情绪。本文作者调查后还发现，微博评论中侮辱性的语言越来越少，戏谑式、段子式调侃的语言越来越多，后者不能放入不文明语言范畴，处于管理的灰色地带，一般不会被删。二是我国对留言的管理从 2014 年就逐渐加强。2014 年 11 月 6 日，国家网信办召开跟帖评论管理专题会，新华网、人民网、新浪网、搜狐网、网易网、腾讯网等 29 家网站在会议上签署《跟帖评论自律管理承诺书》，2017 年 8 月 25 日中共中央网络安全和信息委员会信息办公室发布《互联网跟帖评论服务管理规定》，实名认证用户才可以参与评论。管理的加强可能降低了用户评论的不文明程度。

金和加里等人在 2013 年针对中国网络删帖的研究结论是：凡是可能诱发集体行动的新闻话题，网民留言会遭遇网络管理，被删去的可能性更大。[1] 本研究选择的事件，正是不容易诱发集体行动的案例。即便是"庆安枪击"这一最可能诱发集体行动的新闻话题，其语言的不文明程度还是有 11.7%，说明本文选择的样本中评论基本是完整的原始评论。

综上所述，问题四的结论是：中国网民对新闻内容的评论，语言不文明程度较低。这进一步说明用户在评论区对公共事件的讨论总体上是文明的。当然由于对用户评论管理的存在，一些极端不文明的用户评论可能被删去，也因为管理机制的存在，用户评论相对克制。

1　King G, Pan J, Roberts M . How Censorship in China Allows Government Criticism But Silences Collective Expression ［J］. American Political Science Review, 2013, 107（2）：326-343.

（五）用户评论观点与态度的多元化程度

1.信息越明确的新闻热点，其评论观点越单一化，反之越多元分化

四种不同类型新闻热点的评论内容分类比例分别如表4—表7所示。由表4可见，在"庆安枪击"事件中，最多的观点为"支持警方行为/谴责死者"，占22.5%，其次是"指责谴责警方开枪的用户"和"谴责、质疑警方开枪击毙行为/质疑、不满视频或媒体"，各占19.6%、17.8%。另外还有9.6%的观点未在以上分类中。由此可见人们的观点比较多元化，集中趋势不明显，少部分观点即使占比不多，也被表达出来，再次验证前文分析网民意见表达受群体压力较小。

由表5可见，在"女司机被打"事件中，大部分的观点集中在"支持男司机/谴责女司机或其家人"中，占比70.1%，远超位列第二的"无法看出观点或不相关"的5.8%，观点虽然多元，但集中趋势也非常明显。

表6为"大阅兵"事件相关新闻的评论内容比例，高达82.5%的网民表达了"支持、尊敬、热爱、感动于老兵、自豪于国家，祝福老兵"的观点，观点在此事件中高度统一，且比较单一，分化不明显。此外，除了一部分无法解读观点的评论，不少用户在评论中联系自己，这也印证了沃伊切萨克和罗哈斯在研究中对人们"以自我为中心"心态的猜测。[1]

表7为"天津大爆炸"事件评论中各种观点所占比例，最多的是"质问死亡人数、质问真相/指责非质疑者"占29.1%，其次为"感到可怕、心痛、震惊"占20.3%。可见在此类灾难问题上，多数人更关注真相，人们的观点分布比较多元化，集中趋势不明显，与庆安枪击观点分布类似。

综上可见，在评论观点的分布上，不同类型新闻造成评论观点多元化或单一化，信息明确的新闻热点观点更单一，如"大阅兵"事件；信息不明确的新闻热点观点更多元化，如另外三类社会新闻事件。此外，事件类型不同观点的集中趋势也不同，背后的规律值得进一步探究。

1　Wojcieszak M, Rojas H. Correlates of Party, Ideology and Issue Based Extremity in an era of Egocentric Publics［J］. The International Journal of Press/Politics, 2011, 16（4）: 488-507.

表4 "庆安枪击"事件评论观点比例

观点内容倾向	频率	有效百分比 /%
支持警方行为 / 谴责死者	237	22.5
指责谴责警方开枪的用户	207	19.6
谴责、质疑警方开枪击毙行为 / 质疑、不满视频或媒体	188	17.8
其他	101	9.6
无法看出观点或不相关	81	7.7
无强烈倾向，反思现状、成因	73	6.9
单就一条评论无法看出倾向的网民指责	72	6.8
谴责民警格斗能力或管理不足（无帮手）	39	3.7
不满政府公开不及时	37	3.5
指责支持警方开枪的用户	10	0.9
看评论、看热闹	6	0.6
无强烈倾向，联系自己	3	0.3

表5 "女司机被打"事件评论观点比例

观点内容倾向	频率	有效百分比 /%
支持男司机 / 谴责女司机或其家人	517	70.1
无法看出观点或不相关	43	5.8
其他	42	5.7
指责支持男司机的用户 / 媒体 / 舆论	30	4.1
谴责男司机	23	3.1
单就一条评论无法看出倾向的网民间相互指责	21	2.8
指责谴责男司机的用户	16	2.2
男女双方都不对	16	2.2
无强烈倾向，反思现状、成因	11	1.5
指出女方被指责原因是处置不当 / 劝少说几句	10	1.4
看评论、看热闹	8	1.1

表6   "大阅兵"事件评论内容比例

观点内容倾向	频率	有效百分比 /%
支持、尊敬、热爱、感动于老兵、自豪于国家，祝福老兵	207	82.5
没有明确表明情感，反思	3	1.2
支持老兵并联系自己	12	4.8
其他	9	3.6
单就一条评论无法看出倾向的网民间谩骂指责	1	0.4
无法看出观点或不相关	19	7.6

表7   "天津大爆炸"事件评论内容比例

观点内容倾向	频率	有效百分比 /%
质问死亡人数、质问真相 / 指责非质疑者	46	29.1
感到可怕、心痛、震惊	32	20.3
询问人的去向，反思百姓安危，询问真相、呼吁追责、赔偿	28	17.7
无法看出观点或不相关	20	12.7
其他观点	11	7.0
对灾难的同情、祈福	8	5.1
相信政府 / 反驳质疑者 / 呼吁拒绝谣言	7	4.4
单就一条评论无法看出倾向的网民之间的相互反驳	6	3.8

2. 中国网民新闻参与的态度多元化程度较高

这四类新闻热点的评论态度倾向分类比例分别如图1—图4所示。从图1看出，对于"庆安枪击"事件，多达42.13%的人持反对闹事者、支持警方的态度，态度倾向比较明显。但是仍然有26.0%的人反对警方行为，可见，并不是所有的人一边倒地支持警方。另外，还有16.79%的人没有明确倾向，这部分数据中不少评论是网民间的争论谩骂。另一些网民淡化倾向，反思问题。这符合迪马焦等提出的第一种原则——态度分散[1]，不易形成一种中间派共识，也较吻合第二种原则——持相反意见的态度比例上势均力敌，容易引起社会冲突。

与上文分析得出的观点多元化程度比较，用户态度多元化程度相对较低且分化明显，态度倾向主要是"对警方/官方/媒体的批评"和"对闹事者和同情闹事者的批评"，二者占比接近70%。"无明确倾向""有倾向但看不出"以及"不相关不表态"总体比例较低，但总占比也超过了30%。

图2显示，就"女司机被打"而言，高达72.32%的用户评论为"对女司机及女司机家人的负面态度"，其他的态度最多的一种也仅占10.72%。与观点的多元化程度相比，态度更为单一。

图3显示，在"大阅兵"事件中，高达87.3%的评论态度为"支持、祝福、感动于老兵"，态度单一化明显，这与观点的单一性基本一致。

图4为"天津大爆炸"事件评论中的态度倾向，"对数据的质疑和对真相的追问"态度占比46.84%，其次"对事件的情感表达"占比25.32%，也有4.43%"肯定官方说法"。与观点多元化程度相比，态度更多元化。可见不同案例，其观点与态度的多元化并不必然一致，这与事件性质有关。有时用户态度较为一致，但依然可以表达出多元的观点；有时观点更一致，但态度也可以更多元。

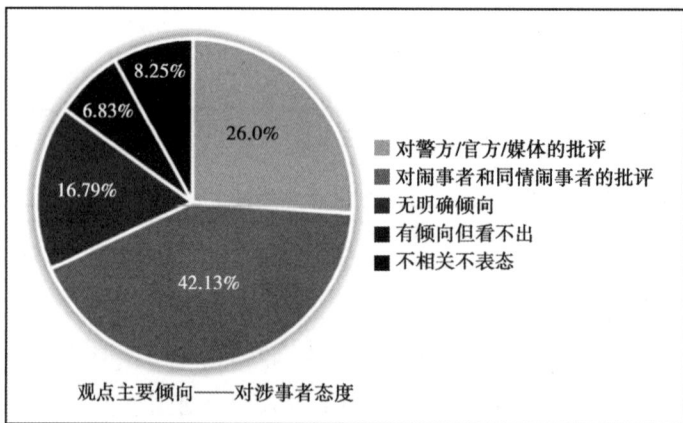

图1　"庆安枪击"评论情感倾向

1　Dimaggio P, Evans J, Bryson B. Have American's Social Attitudes Become More Polarized？ ［J］. American Journal of Sociology, 1996, 102（3）: 690-755.

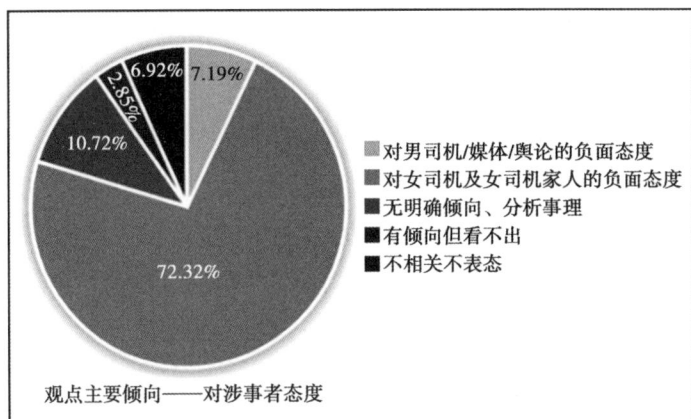

图2 "女司机被打"评论情感倾向

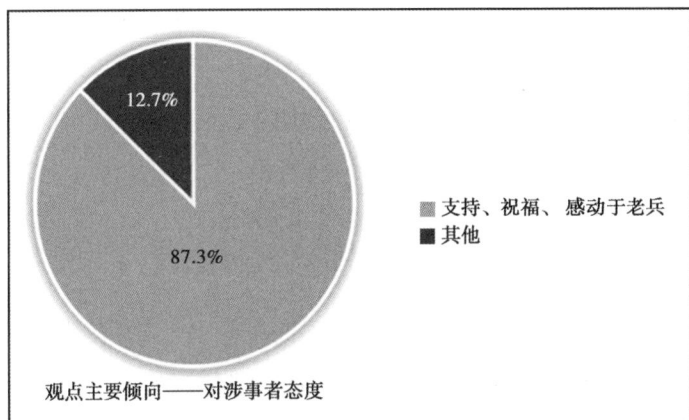

图3 "大阅兵"评论情感态度倾向

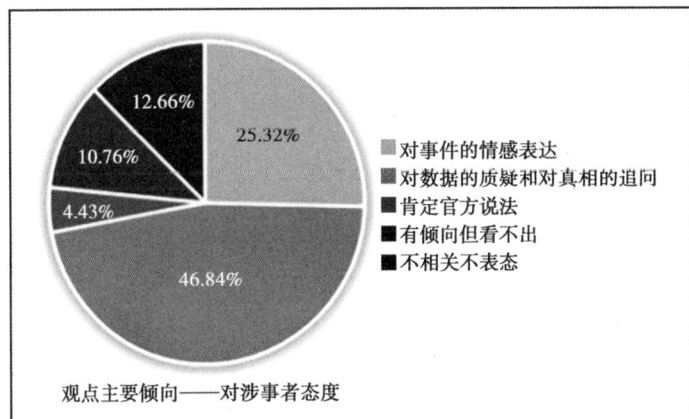

图4 "天津大爆炸"评论情感态度倾向

对观点和态度多元化程度的分析表明，与传统新闻机构要求在报道中抑制情感倾向而体现客观性不同，新闻文本下方的评论除了从观点上延伸了对新闻事件的阐释，也带有用户的情感，使得这一替代性公共领域具有"公"和"私"混合的特点。

用户不仅表达观点，也表达情感。从上述事件性质和态度多元化程度来看，用户的情感表达并非在任何事件中都一边倒，也与观点一样是多元化的。这种特点是传统的公共领域所不具备的。

五、结论

本研究对用户评论与新闻相关程度、信息价值、互动性、不文明程度、多元化程度等指标进行考察，旨在研究中国网民以评论的形式参与新闻互动的特征。研究发现，直接涉及新闻涉事方的评论占比较多、就事论事占比较多，这吻合特里斯针对美国新闻网站评论区的研究结果。而信息价值上，我国微博评论区中的新内容和复杂观点都不如特里斯针对美国网站研究中的比例高，这可能是手机表达与 PC 端表达以及两国网民新闻参与习惯的差异。

用户评论的互动程度研究中，中国网民间的互动性较美国网站评论区中的更强，而且相关事件网民观点分歧越大，则互动越多，说明当有争议时网民更愿意在评论区互动。此外，本研究考察了微博发布者与网民的互动程度，发现无发布者与网民互动。显示了内容发布者的传统媒体思维，并不重视用户评论，与尼尔森针对网络新闻从业人员的问卷调查结果较为一致。[1]

本研究还考察了用户评论的不文明程度，网民对严肃议题的评论不文明程度较低，但均超过 10%，这一数据较樊亚平针对中国新闻网站评论区的研究而言[2]，不文明程度更低。其原因可能有：第一，事件性质不同。樊亚平调查的事件是一位少女因追星导致父亲自杀，从伦理角度涉事少女更容易受到网民攻击。第二，样本采集渠道不同。樊亚平采集的数据包括多个网站为事件设置的用户评论区，这些评论仅针对事件而不是具体新闻文本。缺乏新闻文本引导，网民自主发布的内容更容易出现非理性现象。本文采集的样本是新闻文本下方的评论，用

1　Nielsen C E. Coproduction or cohabitation: Are anonymous online comments on newspaper websites shaping news content? [J]. New Media & Society, 2013, 16（3）: 470-487.

2　樊亚平. 杨丽娟事件与网络舆论的非理性 [J]. 当代传播，2007（5）: 32-34.

户评论因有新闻文本引导而更为文明。这也进一步说明新闻下方的用户评论对新闻的阐释比网民自发的情绪宣泄更有价值。

对于评论观点和态度多元化程度的考察也是本研究创新点之一。研究发现，总体上观点的分布特点与态度多元具有一定联系，部分社会新闻事件的态度不够多元化，且分化站队明显。这说明网络新闻的评论区是一个有多种声音的空间，网民在观点表达上并没有受"沉默的螺旋"影响。

总之，因新闻事件性质不同，不同事件微博下方的用户评论在与新闻文本相关性、信息价值和新观点、观点和态度多元化程度等方面有较大差异。弗雷泽认为不论在等级森严还是平等的社会里，多元化公共领域比一个单一的、综合的公共领域更可取，前者更有利于弱势群体发明和散布他们的反抗话语。[1] 彼得·达尔格伦也指出，将所有公民纳入统一公共领域的目标不可能实现，必然存在因利益、性别、地理位置等差异而构造的其他交流空间。[2] 这说明，公共领域是可以分化的。本文研究结果显示，即便是在微博的用户评论区，网民利用评论空间阐释不同新闻事件时也有很大差异，我国网络用户针对不同新闻事件在不同网络空间的讨论形成的是分化的而不是单一或综合的公共领域，是一种多元化的"替代性公共领域"。微博文本用户评论的不同观点分化，多种声音的表达体现了这种替代性公共领域的特征。

本文研究表明，微博等社交媒体虽然表面上连接了所有用户，但用户依然会因各种因素发生分化。哈贝马斯也承认公共领域的分化，公共领域不是一个单一的模块，"它代表了一个高度复杂的网络，分支到众多重叠的国际的、国家的、区域的、本地的和亚文化的领域。功能规范、主题焦点、政策领域等为公众领域的实质性区分提供了参考点，然而，这些公共领域仍然可以为外行所用（例如，科普和文学公众，宗教和艺术公众，女权主义者和'替代性'公众，关注医疗保健问题，社会福利或环境政策的公众）"[3]。在讨论公共领域时不能无视这一特点，将微博平台甚至整个互联网视为公共领域或使用某些公共领域的标准来评价某个

1　Fraser N. Rethinking the public sphere: A contribution to the critique of actually existing democracy［J］. Social Text 1990,（25/26）：56-80

2　Dahlgren F. The Internet, public spheres, and political communication: Dispersion and deliberation［J］. Political Communication, 2005, 22（2）：147-162.

3　Wessler H. Habermas and the media［M］. Cambridge: Polity Press, 2018.

平台乃至整个网络空间正是当前网络公共领域研究的局限所在。

对我国而言，替代性的用户评论恰恰在形成对公共议题的讨论时具有独特价值。无论从对新闻业的价值还是从公共领域建构角度看，媒体从业者都应重视用户对新闻的评论，给予用户阐释新闻文本的空间。否则，用户的注意力要么流向其他机构或个体的文本，要么流向用户的其他网络社区或社交媒体，构建其他替代性的讨论交流空间，使得媒体在公共事件的讨论中失去引导者地位。

公共领域的价值在于提供了一种独特方法考察媒体、国家、商业和普通民众之间的关系。[1]对于传统媒介环境而言，上述四类主体并不会直接接触，在数字时代，用户在新闻文本下方形成的评论背后是上述四类主体间直接接触和博弈。与传统公共领域不同，新闻评论空间是技术构建的用户空间，背后也有复杂的技术因素。限于篇幅，本文侧重于分析用户评论及其作为替代性公共领域的特征，对其背后复杂的关系揭示得还不够，这是未来进一步的研究方向。

（原文发表于《新闻记者》2019 年 12 期，收入本书时做了删改）

1　Mills B, Barlow D M. Reading Media Theory: Thinkers, Approaches and Contexts［M］. 2nded. London: Routledge, 2012.

媒介传播从受众到用户模式的转变与媒介融合

张小强　　郭然浩

在用户文化兴起的 Web2.0 时代，媒介融合已经从早期的技术、不同类型媒介之间的融合转向专业机构文化与用户文化的融合。信息生产主体发生转变，传统的"受众"变为全新的"用户"，用户的"产消者"身份不断突显，用户文化逐渐兴起，用户产生内容成为媒介融合的重要内容和手段。本文在解读媒介融合内涵的基础上，从用户参与文化角度切入，分析媒介融合中用户产生内容的利用及经营管理策略。

一、受众模式与用户模式的区别

随着媒介融合间的技术障碍被不断解决，各种媒介都在利用网络进行传播，都展现出强大的信息检索、收集、发布和互动功能。媒体和受众之间的联系不断加强，传统意义上的"受众"已不能准确代表这一群体的本质特征，新的参与式的"用户"文化已逐步取代接受式的"受众"文化。前者是一种线性的、技术化模式，后者是一种非线性的、社会化模式。

"受众"一词源于广播媒介，词义有观众、听众等含义，具有一种被动的属性，在媒介发展的早期其被动性更是被广泛认同，例如，20 世纪早期的"皮下注射论"就认为传播媒介拥有不可抗拒的强大力量。传统媒体与受众的关系，是传统媒体采集、制作形成内容产品后，受众付费或免费获取、使用。后来，也有学者认为不能忽视受众的主动性，于是发展出了"受众反馈"以及"积极受众"（active audience）理论，但上述理论体现的是对现有媒介产品（内容）体验的反馈，强调的是受众在被动接受中的"主动"解码，这一概念与用户内涵有部分相似性，但还不能代替用户。而当前的网络环境中，不仅存在反馈式互动，更重要的是用户自身能自主选择、自主参与、自主生产，是接收和生产的结合体。所谓"用户"，是与"受众"有明显差异的概念——"用"代表了其主动性，而"户"

代表了其独特性、差异性。传统的消费者是被动的、可预测的、静止的、顺从的、孤立的个体，而媒介融合环境下的全新消费者是主动的、迁移的、缺乏忠诚度甚至是反叛的；过去的媒介消费者往往是无形的、沉默的，而现在则乐于公开甚至显得吵闹。西方学者将受众与用户的区别总结如表 1 所示。[1]

表 1　受众与用户内涵的差异

	受众	用户
媒介传播模式	消费型的工业模式	生产和消费融合的社会化模式
信息接收特点	被动	主动
不同群体界限	界限划分明显，身份固定：有专业和业余、生产者和消费者的划分	界限模糊，身份会随不同情形转换：专业和业余、生产者和消费者界限模糊
个体（individual）还是行动者（agent）	个体	行动者（agent）：可以是个体，也可以是机构，可以是各种身份或团体
是否跨平台和跨媒介	针对单一媒介形态：不同受众追随不同媒介形态，如电视、报纸、广播、用户追随内容	跨平台和跨媒介：可以应用于任何与计算机相关的行为，同一个用户可以与任何媒介内容相联系，由用户追随内容变为内容追随用户

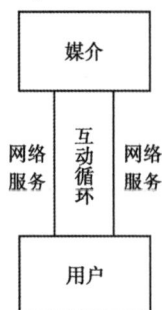

图 1　网络环境中媒介与用户的互动循环模式

表 1 表明，传统受众转而成为用户，成为信息生产的全新主体，具有极强的能动性。传统媒介"媒介—受众"的单向传播模式已不能客观反映媒介融合时代的现状，新型的网络媒介更倾向于一种互动和循环的过程（图 1），这个过程不同于传统媒介的产品式消费。这说明用户这个概念先天就带有媒介融合的特质，不论何种形态的媒介当前都主要通过网络服务到达用户。传统电视、报纸或广播的受众在当前都是网络用户，用户是跨媒介、跨平台的。因而，当前的媒介传播模式是一种以用户—媒介互动为核心的用户模式，不同于以媒介为核心的受众模式。

1　Hartley J. Communication: Cultural and Media Studies: The Key Concepts［M］.New York: Routledge, 2011.

媒介融合打破了曾经固有的诸多限制性客观条件，信息得以具备更快捷、更广泛的传播状态，用户获得了极大程度上的信息自由，可以自主地选择信息呈现方式，既可以像传统媒介模式一样"被传播"或"沉默"，也可以进行有选择的订阅和表达——用户同时具备了信息生产者和信息发布者的双重身份。在这种新文化下，用户的互文性需求增强，媒介产品也不再是单纯的商品，转而成为一种"互文性商品"，只有与用户的二次加工结合起来，同时与其他不同媒介所生产的商品结合起来，经过美学、经济等多方面的再编辑，才能成为一个完整的商品。

在当前用户文化中，用户更加分众化和个人化，"自我满足"和"自我表述"成为其重要心理动因和文化内涵，因而用户主动地融入生产和服务创新中，原本特色鲜明的生产者和消费者的边界也变得越来越模糊，"自创自用"成为新的文化范式。在这种情况下，任何类型的媒体机构都不能忽视用户的影响。

二、用户模式对媒介融合内涵的影响

上述转变不仅影响着传媒产业，也深刻影响着媒介融合（Media Convergence）的内涵。媒介融合的概念，最早来源于美国麻省理工学院尼古拉斯·尼葛洛庞帝（Nicholas Negroponte）于 1978 年出版的《媒体实验室：在麻省理工学院创造未来》一书。书中提出计算机、网络技术、出版印刷、广播电影电视等不同工业正在走向"融合"的判断。之后，美国马萨诸塞州理工大学的伊赛尔·德索拉·普尔（Ithiel Desola Pool）于 1983 年提出了"传播形态融合"概念，认为"媒介融合是各种媒体呈现出多功能一体化的趋势"。[1]

经过众多学者的推动，20 世纪 90 年代后媒介融合已成为一个明确的概念，在欧美新闻传播领域得到广泛的关注和应用，含义不断得到扩展。美国新闻学会媒介研究中心主任安德鲁·纳奇森（Andrew Nachison）把媒介融合定义为"印刷的、音频的、视频的、互动性数字媒体组织间的战略的、操作的、文化的联盟"[2]，这一观点超越了微观层面对技术的强调，转而关注媒介间的合作模式，体现出媒介融合观新的变化。与之相比，美国西北大学教授里奇·戈登（Rich Gordon）的观点更加全面和广泛，他认为媒介融合包括了"媒体科技融合、媒体所有权融合、

1　邓建国.媒介融合：受众注意力分化的解决之道——兼与"反媒介融合论"商榷［J］.新闻记者，2010（9）：56-60.

2　熊澄宇.文化产业研究战略与对策［M］.北京：清华大学出版社，2006：20-25.

媒体战术性联合、媒介组织结构性融合、新闻采访技能融合和新闻叙事形式融合"[1]等。

上述西方学者关于媒介融合的概念是在不断演变的，从最初单纯的技术意义上的多媒体式的融合，到传播学意义上的不同媒介形态的融合，再到不同媒介形态背后的所有权、组织和文化融合。上述定义虽然有差异，但归纳其共同特点就是媒介融合的核心是一种内容传播能力的混合，这种传播能力的获得以技术、组织等方面的融合为基础。这就是传统意义上的媒介融合概念，其出发点是以媒体机构为视角的，针对的是传统的受众模式。

我国媒介融合研究的兴起，一般认为从2004年中国人民大学蔡雯教授发表《融合媒介与融合新闻》之后开始。对于媒介融合，蔡雯概括为"在以数字技术、网络技术和电子通信技术为核心的科学技术的推动下，组成大媒体业的各产业组织在经济利益和社会需求的驱动下通过合作、并购、整合等手段，实现不同媒介形态的内容融合"[2]。其他学者关于媒介融合的定义大多与之类似。这一定义与西方传统意义上的媒介融合概念一致，关注的角度是媒介——受众的单向模式，忽视了受众的变化，特别是受众参与带来的文化改变。对此，西方以亨利·詹金斯（Henry Jenkins）为代表的西方学者从文化角度提出了新的观点，他指出融合文化是受众参与带来的"草根媒介和企业媒介的交互、媒介生产者和媒介消费者权力以不可预测方式的交互"[3]。这种改变使西方学术界出现了"Prosumer"这样的词，即生产型消费者或"产消者"，指用户消费的同时也在进行生产。2006年美国《时代》周刊将网民自身"You"评为年度风云人物，正是对上述变化的呼应，而"产消者"也是网络社会结构的一种表征。传统媒介融合的思维局限于一种消费型思维——由少数生产者创造内容，然后由众多消费者消费，所谓融合追求的是不同类型生产者之间界限的消除，即媒介形态的融合，进而带来技术、文化制度的融合。而新型的媒介融合，应该是一种生产型思维——内容的产生不仅由传

1　宋昭勋.新闻传播学中Convergence一词溯源及内涵［J］.现代传播（中国传媒大学学报），2006（1）：51-53.

2　蔡雯，王学文.角度·视野·轨迹——试析有关"媒介融合"的研究［J］.国际新闻界，2009（11）：87-91.

3　Jenkins H. The Cultural Logic of Media Convergence［J］. International Journal of Cultural Studies, 2004（7）: 33-43

统媒介结构进行，众多的用户在消费的同时也产生内容，这是一种以用户为核心的生产型思维。与传统媒介融合的出发点为"媒介—受众"的单向受众模式不同，生产型的媒介融合出发角度应该为"网络—用户"的双向互动结构，是用户模式的。这种结构的特点是媒介生产和消费均呈现社会化的特点，即媒介的生产和消费都依赖于用户的参与，带来从媒介文化到用户文化的转变，这就要求媒体机构在进行媒介融合时，媒介形态的融合只是基本条件，如何将生产型的用户文化与传统的消费型的媒介文化融合才是当前媒介融合的关键。

三、用户与媒介融合

在用户文化兴起的环境中，用户产生内容（UGC）是媒介融合的重要手段，必须认真考虑用户产生内容所带来的巨大影响。

（一）网络媒体超越传统媒体的原因：经营用户

以视频类网站为例，对用户产生内容的应用为视频网站注入了全新的动力。自 2006 年创立以来，优酷始终把"重视用户体验"作为其重要经营理念，并随之开发符合用户个性化需求和表达诉求的"快速播放、快速发布、快速搜索"产品特性，充分满足用户日益增长的多元化互动需求，逐渐成为中国视频网站中的领军势力。

另一家目前在网络上极其火热的视频类网站"哔哩哔哩"，则可谓依赖于对用户产生内容的应用。哔哩哔哩是一家 ACG（Animation Comic Game）相关的视频弹幕网站，建站的初衷实际上只是为原 AcFun 用户提供一个稳定的弹幕视频分享网站，站内视频很多都是来源于日本电视台播出的连载动画、Niconico 动画、Youtube 等视频分享网站，内容也多储存在新浪播客、腾讯视频、优酷等国内视频分享网站。但其生存的真正要诀并非简单的视频转载、分享，而是其独特的"弹幕"模式——在观看视频的同时，用户可以把自己的感受通过字幕的形式实时投放在原视频画面之中，从而形成被用户"再创作"过的视频内容。这种模式使哔哩哔哩大受欢迎，经过用户再创作的内容通常具有极高的趣味性，也更容易引起他人的共鸣——这实质上正是在用户产生内容推动下所产生的全新的媒介融合方式。

除视频类网站外，以微博为代表的自媒体的兴起，同样体现出用户产生内容对媒介融合的重大推动力。通过博客、微博、微信等产品，用户自身源源不断地生产着新闻内容。将近 600 万个微信公众号、将近 6 亿的微博注册用户成为贯彻媒介融合的中坚力量，也成为实现媒介融合的重要载体。国外的 BuzzFeed 等以用户文化为主导的新闻客户端影响力也大大超过《纽约时报》等传统媒体。

与上述新兴网络媒体蓬勃发展不同，传统媒体虽然有网络传播，却流失了大量用户，重要原因之一就是与用户产生内容的脱节，缺乏对用户多样性及个性化的激发，导致用户抛弃传统媒体，转而被新兴网络媒体吸引。在当前内容过载、同质化严重的形势下，重视对用户产生内容的应用，才能生产出真正符合用户思想需求、符合媒介融合趋势的产品，从而获得竞争优势。

媒介融合时代，用户文化是全方位、内涵丰富的，笔者将用户产生内容按照不同逻辑划分如表 2 所示。表 2 表明，每一名用户都通过媒介产生着包括新闻、影视、文学、知识在内的诸多内容，而用户文化也几乎涵盖了媒介文化的全部方面，体现出极强的融合性和综合性。同时，生产者和消费者的界限模糊，无论按照哪一种分类逻辑，用户都扮演着生产消费的双重角色。皮尤研究中心发布的《新闻媒体状况 2014 版》报告中指出，美国 50% 的社交网站用户会共享或转发新闻报道、图片或视频，46% 的用户会在社交网站上讨论新闻事件，11% 的在线新闻消费者向新闻网站提交过自己制作的内容。根据腾讯科技对 20 万用户样本的统计，近八成的用户会在社交平台分享新闻，用户转发公众号文章时，分享到朋友圈和分享给好友的次数比例约为 3 : 2，经常或偶尔因别人分享而关注某新闻的比例达到 83%，用户产生内容对媒介融合的重要性不言而喻。相比于各类充分利用用户产生内容的社交媒体，传统媒体仍然以其自身生产内容为核心的经营模式是其落后的主要原因。

表 2　用户产生内容分类

用户产生内容划分逻辑	具体类型	具体实例
媒介类型	音视频	优酷原创视频、美拍视频、Podcasting
	图片	Instagram、蜂鸟网图片
	文本	起点中文网文学作品

用户产生内容划分逻辑	具体类型	具体实例
是否原创	用户原创内容	原创微博、原创文学、原创视频
	用户转发内容	转发微博、分享视频
信息价值	新闻性	突发事件微博、用户新闻评论
	娱乐性	用户原创娱乐视频（如游戏教学视频）
	知识性	博客、问答网站
	社交性	朋友圈状态、Facebook 新鲜事
能否独立存在	独立型内容	用户上传的视频、微博
	附加性内容	对新闻或视频的评论、微博的转发加评论、弹幕（如 Bilibili 弹幕）
作品类型	文学	起点中文网文学作品、长微博文章
	知识或学术	果壳网、知乎、科学网
	新闻	微博用户转发新闻、自发新闻
	影视或音乐	用户上传视频、自拍视频

（二）用户产生内容的利用策略

1.对用户产生内容进行编辑

当前我国部分媒介机构在进行媒介融合时缺乏对内容的编辑，造成大量垃圾内容泛滥、谣言盛行等问题，如新浪 NBA 版块评论区长期被球迷间的恶意谩骂占领，导致网站损失大量专业性较强的用户。在不损害评论、发表等正当行为前提下，对经典、精华用户产生的内容进行编辑编排，进行有效的筛选和细分归类，能使用户产生内容更有条理，更符合大众阅读逻辑。以网易为例，多年来以层出不穷的经典评论而著称，其中一个主要原因是"楼中楼"形式的跟帖评论机制，实质上这一机制正是一种对用户的兴趣聚合，同时也离不开编辑对其中一些经典的、有创意的网友评论加以置顶、推动，以及对一些无意义的评论进行删楼操作，而"无跟帖，不新闻"更已成为其新闻客户端的推广口号。

2.激励用户产生高质量内容

要从用户体验出发，努力营造良好的用户内容产生氛围，从而形成"媒体—用户"之间良性的双向互动机制，既为自身提供内容，又很好地吸纳用户。例如，对新闻客户端设置美观易用的评论功能、视频类网站开辟专门的原创内容频道与上传通道、不定期举办专门的用户产生内容线下活动、建立用户激励机制等等。在这一点上，起点中文网的激励机制堪称典范，它早在 2004 年就曾在上海举办线下的网络文学年会，于 2005 年率先推出每月评选优秀作品并给予奖励"月票"的制度，不仅推动了读者与作者的互动，同时促进了作者间的良性竞争，营造出良好的用户产生内容氛围，收获了不错的传播效果。此外，优酷的广告分享计划、微博的粉丝制度、"大 V"制度等都是非常有效的激励机制，通过名利来推动用户产生内容的不断更新。

3.培养用户产生内容的能力

在用户文化兴起的环境下，媒介竞争的赢家必将是坚持联结用户的媒体。但是，用户素质参差不齐，并非每一位用户都能真正生产出高质量的文化内容。只有高质量的用户产生内容才能最高效地产生传播效果，达到运营目的，这就离不开媒体本身对用户能力的培养。CNNi Reports 就专门开辟了新闻业务培养栏目，为大众传授一些基本甚至进阶的新闻采、写、编、排、拍摄技巧与信息，并提出"让大众像专业记者一样讲故事"，努力优化用户能力。在国内，对用户上传视频依赖度极高的哔哩哔哩网也开辟了"教程"版块，教授基本的音视频剪辑方法，并已经形成了"老用户制作教学视频培养新用户"的良性循环。

4.内容的发布与用户常用平台保持高度一致

目前，我国手机网民数量高达 5.27 亿，因而移动端的传播是在利用用户产生内容时的重要领域，移动媒介更可谓媒介融合的集合体，其影响力越来越大。用户产生内容通过手机等移动媒介展现出极强的即时性、广泛性，并常常在一些突发事件中扮演关键角色。网易新闻客户端可谓其中的佼佼者之一，这一移动资讯类应用内容涵盖新闻、财经、科技、娱乐、体育等多个资讯类别，为用户提供 24 小时资讯服务，并建立了跟帖、投票、"上头条"等互动功能。2014 年第一季度 iOS 平台门户市场产品统计数据显示，其日均覆盖人数占比最高达 35%，日均总使用次数占比达 30%，显示出强大的生命力。截至 2014 年 5 月，全球移动互联网使用量占互联网使用总量的 25%，亚洲达 37%。截至 2014 年 6 月，中国手机上网比例首次超过 PC 端上网比例，手机网民规模超八成，移动端内容举足轻重。

四、用户与媒介经营管理

要更好地将媒介经营者的"机构"文化与用户文化融合，必须改变媒介经营管理的模式。以往新闻传播业将媒介内容视为"封装"好的产品，因而管理模式是产品式的，比如通过严格的层级制度来保障最终产品不出差错。在当前形势下，上述产品式的媒介经营理念需要改变，应将媒介内容当作一种社会化过程来维护。

（一）媒介经营成为"自上而下"和"自下而上"的结合

用户传播模式下的经营，既是一种自上而下的公司流程，也是一种自下而上的消费者驱动过程。媒体机构努力提高内容在其传播渠道的流动速度，以增加收益、扩大市场、增强观众的信任和喜爱，而消费者也在学习如何使用这些不同的媒体技术，以便将媒体更好地掌握在自己手中，同时更好地和其他用户进行交流。这两种应对媒介融合的行为都是在争取更充分的文化参与权。

在用户文化这种基于个性化传播的环境下，自上而下式的决策可能出现脱离现实的问题，反而"自下而上"的经营显得更加实际。媒体从用户的真实反应和需求出发，针对不同用户的个性化信息需求来选择自身的传播形式和传播内容，各个部门或领域依照自身的实际情况作出最好的选择，高层再进一步进行优选和协调，成为内容经营商而不仅仅是内容生产者，从而最大限度地促进整个公司的良性发展。例如，全球知名社交网站 My Space，正是采用了一种用户导向的策略，并不对用户可能的互动方式强加预测，而是采取"自下而上"的方式允许用户进行各种形式的互动，接受用户的行为，收集用户反馈，之后再统筹进行相对应的服务与改良。

（二）媒介经营管理的改革创新

1. 从内容提供商转变为平台服务商

当前环境下，用户拥有极强的参与、表达欲望，其最大需求是良好的释放渠道或表达平台。因此，媒介需要改变自身组织定位，努力从单纯的内容提供商向平台服务商的定位进行转变。根据艾瑞的监测数据，2012 年 11 月在线视频服务与独立 SNS 用户服务重合人数高达 25594.9 万人，一方面说明视频与社交的融合更能激发用户的活跃度，另一方面更印证了"服务意识"和"平台意识"对于经营管理的重要性，媒介组织应该真正从服务者的角度去思考用户需求，行业内缺乏的不是内容，而是真正具有服务意识的平台。

2.组织管理结构更新

可成立用户产生内容专门负责部门，把用户产生内容作为特定的关注点，从组织机构上提升对其重视程度，甚至对其中的一些内容进行媒体评论，类似于客服与用户的互动。长尾理论认为，当前网络时代商品储存流通展示的渠道足够宽广、商品生产成本和销售成本急剧下降，几乎任何以前看似需求极低的产品只要出售都会有人买，而这些需求和销量不高的产品所占据的共同市场份额甚至比主流产品更大。因此，通过建立专门的部门，加强用户测量，可以作出更科学、合理的商业决策，"BAT"（百度、阿里、腾讯）的成功就与其在用户测量上的专业性和优势性密不可分。2014 年，《纽约时报》成立了专门的用户部门，其主要任务就是更好地在社交媒体上和用户互动，扩大该报在新兴网络媒体中的影响力。

五、结语

媒介传播从受众模式到用户模式的转变不仅影响着媒介融合策略，也深刻改变了新闻业与广告、公关之间的关系，改变了整个社会和个体的信息传播方式。凡是涉及信息传播的领域，都深刻地受到这种传播模式的影响，如 MOOC 的出现正是教育业对用户传播模式的回应。在用户传播模式下，由于不同媒介与网络服务都在用户的同一平台之中，媒介之间的竞争不再是同类媒介之间的内容竞争，而转变为各种类型的媒介之间甚至是与其他非媒介的网络服务之间为吸引用户而相互竞争。本文主要从如何利用用户产生内容来梳理归纳了可供新闻传播也借鉴的经营管理策略。用户不仅产生内容，也产生非内容性的价值，对此，笔者将在另外的文中予以分析。

（原文发表于《科技与出版》2015 年 7 期，收入本书时做了删改）

从数字新媒体的经济学与传播学特征
看数字出版策略选择

张小强　张晓萍　龚伟宁

在做博士后相关课题研究期间，笔者对部分传媒企业从事数字出版的情况作了调研，发现业界对数字出版的心态非常复杂。战略上：传媒企业均明白数字出版重要，但在调研了一些同行失败的案例后，惧怕数字出版的风险而不敢轻易实施。策略上：更多的企业正在实施数字出版，但是实施中面临各种具体的选择，例如，选择什么样的平台实施数字出版？要不要上客户端？是自己开发客户端还是集成到网络服务商的客户端中去？如何利用社交网络媒体进行营销？

无论是实施数字出版的战略选择，还是具体的数字出版策略选择，都需要对数字出版涉及的数字新媒体的特征具有清楚的认识。这就要求理解数字出版和数字新媒体的规律，按照其规律制定各种策略。然而，数字新媒体的属性非常复杂，它是传媒，也是信息交流工具，还是软件产品和网络，以至于从单一学科来分析已无法获取其全貌。本文试图从经济学、传播学出发来分析数字新媒体的特征，并指出传媒企业应如何利用数字新媒体的不同学科特征选择数字出版和新媒体营销的策略，以相关理论来指导数字出版实践。

一、经济学分析

数字出版和数字媒体必然涉及相关硬件和软件，因而它们是建立在信息与通信技术产业，即ICT（Information and Communication Technology）产业之上的。要选择正确的数字出版与营销策略，需要从经济学，尤其是产业经济学角度理解数字出版的经济学特征。

多年来对ICT产业最重要的研究成果是网络经济学，ICT产业也被称为网络产业，这些研究成果非常清晰地将相关产业的特征勾画出来。理解ICT产业的关键是ICT产业中经济体之间的作用方式是网络，这个网络又分为真实网络和虚拟网络。前者经济体之间有直接的联系，如手机用户；后者经济体之间可以没有联系，如一些软件的用户。

网络造成的特点是网络外部性，也被称为网络效应。单位产品的价值随该产品的预期销售数量增加，消费者对该类型的产品预期销量估计与对该产品的价值估计成正比。其中机理比较复杂，可解释为消费者倾向于选择目前或将来用户数会占优势的网络产品，因为消费者之间形成了网络型相互影响机制，使用户数更多的网络对消费者更有价值。每增加一个用户，这个网络对消费者的价值就增加，从而形成正反馈，最终引发正反馈机制的网络占据较大市场优势，但网络的特点又使得竞争中落败的一方可以在一个较小范围的市场生存，形成了非对称的市场均衡。[1] 简言之，传统产品包括传媒产品决定市场的因素是价格和供给，而数字新媒体决定市场的决定性因素是用户数量。

网络型市场的静态特征是不对称，用户数量形成的规模经济或范围经济使得市场的最终均衡状态是形成一家或至多两到三家占据市场优势的产品，而其他产品要么完全退出市场，要么占据非常小的市场份额。用上述原理来观察数字出版产业，表现出来的现象也是较为明显的。以 PC 电子书的格式为例，可将使用某种格式的用户视为一种网络用户，不同格式形成不同网络并产生竞争。最初市场上有多种文件格式，但后来 PDF 格式逐渐形成了正反馈，导致越来越多的用户和出版商选择这种格式，从而使得使用 PDF 格式的软件可以获得更多内容资源，也有更多软件开发者愿意开发各种工具或阅读器。最终，PDF 成为一种标准，各个出版商也在开发自己的电子书格式，但是只能在一个非常小的范围传播，比如方正、CNKI 的文件格式。后来随着移动设备和电纸书的发展，数字出版领域又产生了谷歌和苹果公司采用的 Epub 格式，亚马逊的 Kindle 等设备采用的 mobi、azw 等格式，同样形成了网络之间的竞争，虽然 Calibre 等格式转换软件让不同文件格式的网络之间产生了一定兼容性，但转换后的电子书在其他平台阅读效果可能不好，加上部分用户并不熟悉格式转换软件，因此移动时代电子书格式形成的网络之间依然存在竞争，竞争的最终结果必然是产生一两个占据优势的格式，其结果由哪种格式的文件用户数量更多决定。

1　张小强.网络经济的反垄断法规制［M］.北京：法律出版社，2007：25-26

当前我国的新媒体产业上述特征也非常明显，如微博是新浪和腾讯两家独占大部分市场份额，而搜狐、网易等其他公司占据的市场份额从用户数量和活跃程度来看都非常小。即时通信软件是腾讯 QQ 一家独大，智能手机操作系统是苹果的 iOS 系统和安卓系统两家占据大部分市场份额，而且大型网络的垄断趋势随着竞争的深入会越来越强。

网络型市场的另一个特点是可以形成消费者锁定，因为用户要放弃现有网络选择其他网络会付出成本，如学习新的操作方式、购买新的设备、好友失去联系等。假设用户购买了作为电纸书阅读设备，要用户放弃转而使用其他设备的话，除非其他设备对用户的价值能超过其转移成本。这种情况只有在其他设备已经是新一代产品的情况下才可能发生，如 Windows 操作系统对 Dos 操作系统的替代，智能手机对传统手机的替代。否则，当前占据优势的网络就会对消费者形成锁定，锁定的特点使后进入这个市场的产品要极具创新性才能在竞争中获胜，因为后进入者要克服用户的转移成本。正因为如此，所以上述的非对称市场均衡在没有巨大技术创新的前提下是难以打破的，例如微博产品，搜狐或网易的微博与新浪或腾讯的微博相比，产品本身并没有太大差别，差别在于新浪和腾讯已经对用户形成了锁定，因而这种垄断很难打破。

所以，在网络型市场里，竞争策略是要么选择进行网络之间的竞争，开发新型产品，在获胜后可以获得市场优势，这种策略的风险和成本非常高；要么选择网络之内的竞争，即开发兼容于大网络的产品，风险较小，当然收益也较小。

对数字出版和营销而言，选择策略时可以从以下几点来顺应数字新媒体的网络经济学特征：

第一，战略上，要认清即将投入开发的数字出版产品当前市场的网络竞争态势并决定进行何种形式的网络竞争。只有少数资金和实力雄厚的企业，或者确实研发了新一代网络产品的公司能够展开网络之间的竞争，对于中小企业而言合理的选择是在网络内竞争，即不开发新的网络产品，而是在已经形成的网络之内开发产品，这样风险较小。例如，不另外开发电子书格式，而是使用业界已经占据优势的 PDF 等格式。另一个例子是新闻客户端，很多杂志或报纸都自己开发了客户端，但实际的用户下载量和活跃用户数非常少，这时不如将自己作为内容提供商加入搜狐、网易等已经占据优势的客户端之中，进行网络之内的竞争而不是进行风险较高的网络竞争。

在资金有限的情况下，若只能开发基于一种智能手机操作系统的媒介产品，要尽量选择占据优势，也即用户数最多的网络。当然不能一概而论，还要结合自身的盈利模式和版权保护策略。因为不同的系统其开放策略和版权保护力度是不一样的。例如：iOS 系统是封闭的，但版权保护较好，盈利有一定保障；安卓系统是开放的，但版权保护和安全性差，盈利的成本更高。

第二，精确定位产品网络。推出产品之前，要认准这个产品形成的网络到底是什么，实际是一个市场定位的问题。这一点也是非常困难的，一定要进行前期市场调研才能解决。例如，某企业要开发一个电子杂志，最终决定在安卓系统发布，这里就要调研使用安卓系统的手机用户和平板电脑用户之间是否相互影响，是同在一个网络之中还是二者形成了不同的网络。这意味着企业是否要同时开发运行于两种平台的 App。

还需注意的是，对数字出版而言，免费（或盗版）用户和付费用户形成的是不同的市场，这一点也已经被一些学者通过网络分析方法揭示。因而，企业制定策略时需要考虑自己的产品是面向免费用户还是付费用户。这也涉及版权保护问题，不能将免费（或盗版）用户也视为付费用户或潜在付费用户而投入巨额资金开发 DRM 版权保护系统。亚马逊在这一点上就比较理智，该公司的电子书针对的是付费用户，其并未开发一个很强的 DRM 系统，因为他们认为使用盗版的用户与付费用户不是同一市场中的，也就是盗版用户不会因为版权保护加强转而付费购买图书。

当然也要考虑传统上用户的购买习惯，如对于图书的数字出版而言，因为用户在纸质媒介时代就习惯购买图书，自然在网络时代也会习惯付费。[1]而杂志和报纸则受网络冲击较大，因为用户并未习惯付费阅读。

第三，数字出版营销同样要考虑新媒体的网络经济特性。数字出版不仅产品开发要考虑上述网络经济特征，营销时面临同样的策略选择。例如，在营销平台的选择上，同样要考虑这个市场中的网络竞争情况，尽量选择用户数量大、对用

1　Greenfild J. Finding the future of digital book publishing［M］.New York: F+W Media Inc, 2013: 397-399

户的锁定性强的网络展开数字出版内容营销。

二、传播学分析

传统的大众传播模式，无论是早期拉斯韦尔提出的 5W（Who、Say What、in Which Channel、to Whom、with What Effect）模式，还是后来施拉姆提出的"传播源—信息—信道—接收者"模式，以及后来麦奎尔总结出的 4 种传播模式[1]：传递模式、展现模式、宣传模式和接收模式。这些模式大致可归纳出以下几个特点：

第一，在传统媒体中居于中心地位的是媒介，由媒介通过一定渠道向受众传播信息。虽然有的学者也认为受众较为重要或处于中心地位，但视角依然是传播者占据主动地位而受众依然是被动的接受者地位。

第二，将受众视为具备某种特征的一个群体，受众具有不确定性和模糊的特点。传统理论中受众之间的组织是松散的。

第三，传播的信息具有延迟性和间接性、传播者和受众的信息接收是彼此分离的。随着新技术的发展，麦奎尔等学者也认识到传播不再是"大众性和单向的"，并在发生变化，但却认为这种变化不足以完全颠覆传统的传播模式理论。笔者认为，随着社交网络的兴起，虽然我们依然可以用传统的传播模式理论对新兴的社交媒体进行解释，但数字新媒体在社交网络时代，也即 Web3.0 时代表现出来的不同于上述传统传播学的特征对数字出版实践带来的策略变化却是革命性的。

数字新媒体的传播学新特点主要表现为：

第一，在传播过程中，受众的地位和角色发生变化。在新型的社交媒体中，传播不再以媒介为核心，而是以具体受众为中心，传播表现出来非中心化。受众之间的相互影响加强，受众不仅仅是被动的接受者，也可参与信息的传播过程，传播过程具有双向性，大众传播和人际传播的混合型特点明显。例如，微博与传统电视相比，就表现出上述特点，用户可以转发微博并在转发时加入自己的观点，这些观点会影响用户的"粉丝"，并进一步在"粉丝"中扩散传播。因此，新兴的社交网络媒体正在使大众传播向社会化传播转化。

第二，新兴数字新媒体的另一个特点是随着新技术的应用，受众在网络上的行为可以被记录和分析，通过数据分析，受众不再是群体而可以精确为个体，新

1　丹尼斯·麦奎尔.麦奎尔大众传播理论［M］.5版.崔保国，李坤，译.北京：清华大学出版社，2010：45-50

技术让传播者针对单个用户定向传播成为可能。新兴的社交网络也让受众之间的联系得到空前的加强，从而使受众不再是一个松散的群体，而是形成相互影响的网络社区。

第三，新兴的数字新媒体使得传播的信息延迟性和间接性降低，信息可以及时和直接传递给受众。而且传播者和受众的信息接受可以产生互动，受众可以选择性地接收信息。

针对上述特点，在进行数字出版或营销时，应注意以下几点：

第一，在数字出版产品开发中加入相关的社交网络功能模块。这是基于数字新媒体特点的必然选择，因为当前的数字媒体的使用者身份已经从传统的"读者"转换为"用户"，而分享已经成为一种常态。这也是当前数字出版的趋势，如电子书允许用户分享阅读笔记和心得，新闻客户端允许用户转载到微博等社交网络媒体中。只有加入相应功能模块才能使数字出版充分利用数字新媒体的新特性。

第二，利用数据分析进行精确传播和产品开发。数据分析是数字出版未来的发展方向，这里的数据分析既要针对用户群体也要针对具体的个别用户。通过分析群体行为数据有针对性地开发不同的数字媒体，针对单个用户的行为进行精确传播，这一点国外的数字出版商已经在运用并取得非常好的效果。亚马逊、苹果和谷歌都在分析用户的阅读行为，包括用户最常用的搜索关键词、用户对一本书通常的阅读页码、用户在一本书上花费的时间。他们也利用智能手机客户端准确记录用户停留在该 App 上的具体时间。通过分析上述数据，出版商们有针对性地投放产品。例如，当数据分析显示某本图书大部分用户只读到三分之一的位置便读不下去时，出版商就会改变策略将该书分为几卷出版。甚至有的出版商根据用户阅读行为来定制图书内容，如果大部分读者不希望书中某个主角死去，出版商便相应调整内容。

第三，及时对用户反馈的各种信息进行回应。由于数字新媒体交互性强的特点，受众可以通过评论、留言等功能和出版商进行互动，但现实中我国部分进行数字出版的出版单位虽然开发了互动功能却与用户的互动性不够或者互动模块的用户体验非常差。

第四，注意数字新媒体的传播周期变化。数字新媒体的传播周期明显加快，传统媒体周期最短的日报也需要一天，而新兴的数字新媒体的传播周期是以小时计算的。因而，若开发了相关数字出版产品，尤其是基于智能手机的 App 类产品，更新周期过短会导致用户很快流失。

第五，出版单位的管理体制必须顺应数字新媒体的特点。当前我国大部分出版单位的编辑部门和数字出版部门为各自独立的内设机构，这种管理机制难以适应上述数字出版的要求。应将传统的编辑部门和数字出版部门整合为各种项目团队，在团队中既有传统内容编辑，又有进行数据分析和社交媒体营销的专门人才，这样才能做到真正地面向网络的数字出版，而不能将数字出版过程简化为仅仅是内容的数字化。

三、结语

文章从经济学、传播学对数字新媒体的特征进行了分析，不同学科的理论从不同角度说明了数字新媒体的特征，这些特征是数字新媒体的运行规律，是出版企业在选择数字出版或营销的策略时需要综合考虑的因素。除了上述两个角度，在数字出版或营销时，有一个重要因素是其中的法律风险，如版权保护和侵权、用户隐私保护、用户个人信息保护、虚假信息传播的法律风险等等。此外，除了经济学和传播学，当前国际学术界也开始运用社会学中的社会网络理论来分析社交网络媒体等数字新媒体，这些理论成果同样可以给数字出版提供实际的策略指导。

（原文发表于《科技与出版》2014 年 1 期，收入本书时做了删改）

从数字新媒体的社会学特征看数字出版策略选择

张小强　　徐晓露

媒介对社会的影响本来就是传播学研究中的一个重要领域，社会学一直被运用来分析媒介的影响，因而，分析数字新媒体不能忽略社会学的运用。数字新媒体已从 Web1.0 封闭式、圈式的虚拟社区发展为 Web2.0 开放、链式的社会网络，将来的 Web3.0 时代所有数字新媒体都将深度社交网络化和移动化。数字新媒体已经成为社会结构的组成部分，它存在的基础是社会关系，它的传播是虚拟空间与现实空间相重叠的传播而非单纯的虚拟空间传播。在社交网络媒体兴起的背景下，有西方学者提出"社会导向的媒体理论"，聚焦于"媒体构成和作用的社会过程"，运用社会学而非经济学等其他学科来分析新媒体。[1] 这也验证了尼葛洛庞帝在其著作《数字化生存》中所论述的，网络发展的真正价值不在于信息，而在于它创造了社区，并形成了一个全球性、崭新的社会结构。要进行数字出版或营销需理解数字新媒体的社会学特征，本文先从社会学理论上解构数字新媒体的内在规律并指出这些规律如何应用于数字出版实践。

一、社会网络分析理论：数字新媒体的社会学理论支撑

社会学理论中用来分析数字新媒体最多的是社会网络分析理论，近年来它被广泛应用于分析数字新媒体特别是近几年兴起的社交网络媒体。社会网络分析是运用网络理论分析社会关系结构的方法，这种理论的出现远远早于网络新媒体。该理论认为，一个社会网络的构成要素包括三部分：行动者、行动者之间的关系、行动者间连接的途径。主要思想方法是将社会成员看成是相互作用的行动者，即成员之间由"关系"相互连接，构成网络。社会网络分析的主要方面包括两点：一是网络中的行动者之间的关系及相互影响；二是网络结构对网络中的个体行动

1　Couldry N. Media, Society, World: Social Theory and Digital Media Practice［M］. Cambridge, UK: Polity Press, 2012.

者产生的影响力。分析的基本网络模型聚焦于结构性的网络环境，这个环境为行动者的行动提供机会或者约束，模型将社会、经济和政治结构概念化解构为个体之间持久的关系模式。简言之，社会网络分析理论是从社会学角度分析个体与个体之间的相互作用和影响，这有别于网络经济学中从经济的理性人角度分析个体之间的作用方式，也有别于传播学从信息的流动角度解析个体之间的关系。

社交网络和相关分析工具的出现，为社会网络分析提供了新的分析领域和便捷的数据采集渠道，极大拓展了社会网络分析理论的应用空间。运用社会网络理论分析社交网络媒体是当前国内外社会学研究的热点。近年来，西方将社会网络分析理论应用于数字新媒体分析的成果集中在社交网络对"社会资本"的影响方面。

对于社会资本的研究始于布迪厄，他认为社会资本是"实际的或潜在的资源的集合体，那些资源是同对某种持久性的网络的占有密不可分的，这一网络是大家熟悉的，得到公认的，而且是一种体制化关系的网络"[1]。简单地说，社会资本也即社会资源，是指群体中的人际关系网络发展出的信任和合作给行动者带来的资源，是社会网络分析学者发展出来并为经济管理和政治学学者所运用的一个重要概念。[2] 早在互联网发展前期，就有学者开始关注互联网使用与网民社会资本之间的关系，并且形成了截然不同的两种观点：以罗伯特·特普南为代表的一方认为互联网的使用会降低社会资本，认为互联网会疏离现实社会中的人际关系；以巴瑞威尔曼为代表的一方则认为互联网的使用能够增加网民的社会资本，增加人际联系。前者的悲观态度源于仅把互联网的使用者固定在技术精英阶层，因而得出的结论不能够代表广大的互联网使用者，后者的观点在互联网快速发展、数字新媒体不断出现的时代得到了有力的印证。近年来，在 Faccbook 等社交网络的应用普及后，国外较多的学者通过实证研究发现社交网络对社会资本有正面影响。[3] 中国互联网信息中心发布的《第 32 次中国互联网络发展状况统计报告》显示，截至 2013 年 6 月底，中国的网民数量达到 5.91 亿，且手机移动终

1 布尔迪厄. 文化资本与社会炼金术——布尔迪厄访谈录［M］. 包亚明，译. 上海：上海人民出版社，1997：202

2 林聚任. 社会网络分析：理论、方法与应用［M］. 北京：北京师范大学出版社，2009：183

3 Park K G, Han S, Kaid L L. Does social networking service usage mediate the association between smartphone usage and social capital？［J］. New Media & Society, 2013.

端的用户已经超越了电脑终端。这说明数字新媒体应用已经成为社会生活中不可或缺的一部分，数字新媒体虚拟性与现实性的结合必然有利于创造和积累社会资本。

二、数字新媒体在社会资本三个维度上的体现

国外学者 Nahapiet 和 Ghoahal 在他们建构的模型中提出了社会资本的三个维度：结构维（structural dimension）、认知维（cognitive dimension）和关系维（relational dimension）。[1] 其中结构维是指社会网络的连接方式、网络节点的粘连度，以及网络的专属组织，也即社会成员、社会关系建立联系的方式、内在结构及所属范围；认知维是指社会网络成员之间的"共享语言""共享符号""共享故事"以及"共享愿景"等，也即成员之间的共通意义空间，其中共通意义空间的尺度决定了成员之间沟通、理解的程度，并对社会资本的积累度产生重要影响；关系维是社会资本的主要维度，包括"信任""规范""认同""义务"四个方面，它强调的是社会网络成员深层次的情感交流，并最终决定社会资本的积累程度。从三个维度反观数字新媒体的传播特点可以发现，随数字新媒体发展而形成的社交网络同样在这三个维度创造新的社会结构，或加强已有的社会网络，并最终实现社会资本的积累。

第一，从结构维分析，数字新媒体不同的传播形式形成了两种不同的网络结构。一种是以虚拟性、开放平台为基础形成的链式传播，粘连度较低，但是传播范围广，如微博；一种是以真实性、特定社会关系为基础形成的封闭性的"圈式"结构，用户之间的粘连度较高，如腾讯 QQ、微信等，但传播范围较小。基于数字新媒体传播的不同结构，其拓展用户的社会资本有两种模式：建立新的社会网络联系和加强现有的社会网络内部联系。一个是与用户现有社会网络之外的成员建立新的联系，拓展用户的社会资本，如阅读数字作品时和陌生读者分享读书心得，通过知识共享建立联系；另一个是在用户现有的社会网络之内，加强用户与已熟识的成员之间的联系，如将读书心得和朋友分享并形成深入讨论强化联系。同时，数字新媒体的两种传播结构都可以通过"好友"功能、"标签"功能、"群

1　Nahapiet J, Ghoahal S. Social Capital, Intellectual Capital and The Organizational Advantage［J］. Academy of Management Review, 1998, 23（2）：242-266

组"功能等拓展人际网络，为个体用户和企业积累、拓展社会资本提供了良好的基础。

还需注意的是上述依据对社会资本的影响对数字新媒体的分类是基于媒体类型的整体而言，如整体来说微博较微信更能让用户拓展社会资本，但是用户的使用可能会有区别。笔者目前采集了70多位大学生的社交网络使用情况，初步的分析表明虽然大多数学生在QQ、微信中的社会关系较为封闭，而在新浪微博中的社会关系结构更为开放，但也有小部分学生使用微博仅和班级同学建立联系，从而显得非常封闭。这说明在数字新媒体的运用中，不仅需要从理论上掌握其规律，更要实际调查受众对具体新媒体的使用情况。

第二，从认知维分析，数字新媒体创造了一系列"共享语言""共享符号"，扩大了用户的共通意义空间，促进了社会资本的积累。如微信、QQ等提供的符号表情、动画表情等，虽没有特殊的意义，但却增加了用户之间的共享语言与共享符号；社交游戏如"偷菜""抢车位""打飞机"等热门游戏将用户置于同一情境，并基于真实身份进行线上互动，增加了用户交流的共同话题，提升了交流的乐趣，扩大了用户的共通意义空间。同时，QQ空间、微信朋友圈等社交媒体"转发""分享"的功能也促进了用户"共享愿景"的形成，增加了用户个体间的情感交流与沟通，促进了个体社会资本的拓展与积累。两种不同的传播结构网络的共通意义空间的范围存在较大差异：以真实社会关系为基础的封闭性系统，如微信、QQ等，用户之间更容易形成"共享"机制，有利于加强已有的社会资本；以虚拟性为基础开放性系统，如微博，用户之间的"共享"程度较低，但是共享的范围较广，有利于建立新联系，拓展新的社会资本。这与上述结构维的分析结果是一致的。

第三，从关系维分析，数字新媒体的持续互动机制使虚拟空间的人际关系趋向于现实化并产生社会资本。信任和认同感是虚拟空间社会资本形成和积累的关键。数字新媒体通过以下两种方式建立信任与认同感：一是在规范基础上通过用户的自我揭示与互动，如在QQ空间、微信朋友圈等社交媒体上传个人信息、分享个人日志等来维护和加强已有的社会资本；二是通过"信任的转移"，即通过一个已经信任的个体将信任转移到其他与其存在某种相关性的未知个体上，如通过"朋友的朋友"互动机制来建立新的社会关系，拓展新的社会资本。通过"强关系""弱关系"网络结构中的不断互动，增加用户之间的认同感，降低社会资本建立、维护和积累的成本。不仅是线上的互动，积累社会资本还可以通过线上线下相结合的形式，增强弱关系的强度，延长虚拟社区社会资本的期限。

三、数字新媒体社会学特征与数字出版策略的对接

网络数字新媒体，特别是社交网络媒体，能够加强行动者的社会资本。这里的行动者既包括个体，也包括企业。也即新媒体不仅可以加强个人用户的社会资本，也能够加强企业的社会资本，提高客户的忠诚度和信任度，提升公司声誉，拓展商业机会，进行市场调研等。

但在进行数字新媒体出版或营销时需要客观地认识其作用，分清数字新媒体出版或营销能够做什么和不能够做什么。在开展数字出版和营销之前，定位要清晰。从上面的分析可以看出，数字新媒体虽然可以加强、拓展用户（不论是企业或个人）的社会资本，但是从来没有学者指出数字新媒体有"颠覆"社会资本的效果。由于虚拟空间的社会资本具有"不平衡性"，即拥有不同现实性社会资本的个体或企业在起步阶段就存在不平衡，也就是数字出版或营销是以出版企业自身的社会网络为基础的，从社会资本的三个维度观察，数字新媒体都只能是拓展或加强社会资本，而不能"颠覆"社会资本。但笔者在进行相关调研时发现，部分企业（包括出版企业）或执业的个人（如律师等）对新媒体的作用认识不够，未从社会学角度思考新媒体作用的局限性，部分企业或个人常常想借助微博等社交网络将自己的账号打造成拥有很多受众的公众账号。甚至有部分企业花钱买"粉丝"，还有的企业不惜传播谣言或者与本企业风格不相符合的内容来吸引关注，这些都是本末倒置的行为。因为上述分析表明，能够使数字出版传播和营销起到作用的，在数字新媒体的账户背后用户的真实身份至关重要，数字出版或营销的对象是具有社会网络的真实个人而不是一个个虚拟的"账号"。拥有众多不活跃的"僵尸粉"之类的虚假"受众"并未真正拓展数字出版企业的社会资本，反而浪费了企业的资源。从另一个角度讲，通过传播谣言或花边新闻聚集的"受众"，也并非出版企业的有效社会网络成员，出版企业应该聚集对其出版内容感兴趣的真正受众。"粉丝"的质量和真实性是数字出版或营销成功的关键，而不是虚假

的粉丝数量。

在正确认识数字新媒体对于社会资本积累的作用之后，数字新媒体出版可以从社会资本积累的三个维度选择相应的出版和营销策略。

第一，从社会资本的结构维看，社交网络连接形态多样，不同的社交网络结构应采取不同的数字出版与营销策略，并且应充分考虑不同社交网络的传播影响力。一个以开放式、虚拟性为主的链式网络结构，如微博、视频或照片分享网站等主要被用来与具有共同兴趣的用户分享内容，非常适合开拓社会资本，用来建立新的社会关系，更容易引导用户拓展新的社会资本，但开放性导致的"弱连接"需要用其他方式加以强化；一个封闭式、真实性的圈式网络结构，如QQ、Facebook等，一般为实名制，构成的是以现实生活中的社会关系为基础的封闭系统，这些系统对于维持和加强现有社会资本具有重要作用，但在开拓新的社会资本方面则不如微博。[1] 因此，在进行数字出版时企业如果想自己形成一个数字新媒体，如发布客户端，应充分考虑企业的发展需求，选择合适的网络与平台。在进行营销时，同样有类似的选择，如推广新的出版内容、进行拓展性营销，必然要选择一个开放性平台、链式网络结构，如微博；若为了加强与现有客户之间、现有读者之间的联系则适合选择以真实性为基础的、更加封闭的社交网络媒体，如微信。

第二，从社会资本的认知维看，产品的特色定位能够促进用户"共享语言""共享愿景"的形成。共享机制是用户与用户相互交流、增进理解的基础。用户与用户之间共同意义空间的扩大有利于个体社会资本与企业社会资本的积累。在进行数字出版时应形成产品特色，增加产品的"共享语言""共享符号"，促进"共享"机制的形成和发展。根据"共享机制"的强与弱，企业可选择不同的网络传播结构以实现拓展或加强社会资本的不同目的。若企业需要建立、拓展社会资本可以选择一个开放平台，通过"共享"的数量实现社会资本的积累；若企业需要加强、维护现有的社会资本，则可以选择一个以社会关系为基础的封闭系统，通过"共享"的质量实现社会资本的维护。

---

1 Friedrichsen M. Handbook of social media management: value chain and business models in changing media markets［M］. Berlin: Springer, 2011.

第三，从社会资本的关系维看，良好的互动模式能加强企业与用户、用户与用户之间"弱连接"。虚拟空间中的"强关系"与"弱关系"都存在短暂性，需要通过不同形式的互动才能延长社会资本的期限。数字出版与营销的社会性不分线上和线下，要将线上和线下活动结合起来，目的在于增加用户与用户、用户与企业之间的信任、认同以及对规范的遵守和义务的履行，并最终将"弱连接"强化。上述理论表明，有时候虽然社交网络媒体能够让出版企业聚集一定用户，拓展自身的社会资本，但也要注意有时候出版企业与用户之间的联系是一种"弱连接"，这就要求企业在数字出版或营销时，要不断通过线下活动将线上的"弱连接"不断加强，最终让受众成为出版企业社会网络中的一员，形成"强连接"。也即开展"关系营销"，加强社会资本"关系维"的建设，增强用户对企业的归属感。与用户形成社会性的互动是数字出版成功的关键，而不论这种互动是线上或线下的。线上互动成本低，但建立的"关系"较弱，线下互动成本高，但建立的"关系"较强，二者有机结合才能达到最优效果。

四、结语

由于数字新媒体不同于传统单一媒体，它既是产品更是服务，既是软件又是媒体，有着非常复杂的运行规律，因而分析数字新媒体单一学科远远不够。此前笔者已经从经济学、传播学分析了数字新媒体的特征对数字出版及营销的意义。[1] 在这里，笔者又运用社会学原理分析了数字新媒体，并指出了分析结果对数字出版和营销的意义。研究数字出版，有两个方面需要引起高度重视，一是如何借鉴其他学科的理论成果，二是运用数字新媒体的理论研究成果来指导数字出版及营销实践，这也是本文所做的有益探索。

（原文发表于《科技与出版》2014 年 2 期，收入本书时做了删改）

1　张小强，张晓萍，龚伟宁.从数字新媒体的经济学与传播学特征看数字出版策略选择［J］.科技与出版，2014（1）：102-105.

网红直播带货：
身体、消费与媒介关系在技术平台的多维度重构

张小强　李　双

近来火爆的网红直播带货是电商平台媒介化产生的新经济现象，这一融合传播现象从本质上看是技术推动媒介、消费与身体之间关系发生了新的变革，是网红向消费领域的渗透。从社会学理论看，身体与社会的关系是多维度的。本文从劳动与消费的身体、符号化的身体、交际的身体三个维度阐释网红带货直播如何重构身体、消费与媒介之间的关系，尝试揭示网红直播带货这一现象背后隐藏的社会事实。

一、网络直播带来去中介化的新型身体消费模式

在小商品经济时代尚无大众传媒，生产者和销售者的身体成为连接商品和消费者之间的重要媒介。这时整个社会生活的核心不是消费而是生产，商品要么因为稀缺而不愁销路，要么因为交通运输和信息网络不够发达难以形成全国、全球市场，即便剩余也难以向更大的市场出售。熟人社会使得身体以人际传播的模式直接参与到商品的销售过程，大众传媒缺位。

随着工业化时代的到来，大规模生产、大规模消费、大众传播同时兴起。全球化之后，更大规模的市场形成。商品的生产者面临的是在陌生人社会中销售，向消费者传递商品信息成为关键环节，大众传媒靠内容吸引受众注意力并出售给广告主的商业模式兴起，大众报刊成为在陌生人社会中传递消费信息的中介。随后，消费也从对商品的消费继续演变为对文化的消费，大众媒介在社会生活中的重要性进一步凸显。为了拉动消费，大众传媒将目光转向了作为元媒介的身体，广告商将身体作为商品的载体，围绕身体组合各种商品。[1]身体成为商业化的消

1　刘利刚.进入消费的"身体叙述"：一个符号伦理学分析［J］.河南师范大学学报（哲学社会科学版），2015，42
（2）：142-146.

费符号，刺激着人们的消费需求，人们开始重视身体在商业链条中的位置，身体成为承载多种内涵的、最美丽的消费品。[1] 各种广告、影视作品中充斥着各式各样的"身体"，用最直接的方式给大众们构建一个自己身体能够达到的"神话"，刺激消费购买。消费也从简单地用货币换回商品，演变成文本产品和个人主体在独特社会文化背景中交互从而产生意义、身份和共享生活世界。[2]

随着全球化和信息化时代的来临，不仅商品极其丰富，媒介内容也极其丰富，商品的营销变得比生产更为重要。非物质性的文化商品同样需要不断营销，身体、媒介和消费之间形成了一种更为复杂的"你中有我、我中有你"的网络关系，不再是简单二元化的影响与被影响、建构与被建构的关系。这也是为何部分社会学学者在分析身体时取多元维度而不是单一视角的原因。

在商品稀缺时代，身体是生产的身体或劳动的身体，属于生产工具。随着商品的极大丰富，原资本主义机器大生产的劳动阶层得到一定程度的解放，他们有更多的财富和自由投入到消费中，此时，满足自己的身体成为主要消费目的。这种对身体的满足型消费，在工业化时代和互联网发展早期还是精英引导的，由明星和名人引领消费潮流。影视明星、体育明星甚至政治名人这些远离平民的精英阶层是媒介的宠儿，通过以这些名流的身体作为文本叙事，大众被引导去模仿名人。明星们在生活中或在大众传媒中通过展示奢侈品或其他名牌商品对自己身体的满足带动着大众对自身身体的满足。最容易被明星拉动消费的往往是食品、化妆品、箱包、服装等商品，这些商品大多和身体相关。最典型的是改造身体的塑形类商品，明星的广告和使用能引发大众的模仿，因为明星给受众建立了一个自己身体能够被满足或能够达到的理想标杆。

然而，随着移动互联网的发展，各种社交媒体和直播工具的兴起带动了整个社会文化的转变。网络文化的草根性特征日趋明显，身体、消费和媒介的关系也从上述精英化走向草根化、从传媒—受众二元传播走向多主体参与的网络传播。网民早已不满足于以媒体为中介来获取明星身体的单一文本介入媒介和消费之中，而是直接通过新媒体技术就能够接近自己阶层的代言人，网红直播带货由此

---

1 让·鲍德里亚.消费社会［EB/OL］.刘成富，全志钢，译.南京：南京大学出版社，2000：114.

2 Fornas J, Becker K, Bjurstrom E, et al. Consuming Media: Communication, Shopping and Everyday Life［M］.NewYork: Palgrave Macmillan, 2007.

诞生。用户既可以通过网络直播与网红进行沟通交流，还能直接利用网络直播实现对网红身体的凝视和消费，被传统媒体隔离的主体得以直接连接，传统媒体的隔离被消解，网络直播带来去中介化的新型身体消费模式。

直播带货网红大多是平民，直播带货者和屏幕背后的消费者之间的阶层隔阂没有了，直播者就是消费者自我的投射。与名人不同，带货网红有着草根文化的特征，带的货品同样是非常大众化的消费品而不可能是小众商品。因而，网红成为网民自身的表征。这不同于明星做广告形成的营销效果，对普通人而言明星是模仿却永远不可能达到的理想对象。明星参与的广告为受众营造的是理想的生活，却也让受众清楚地认识到自己和明星之间的距离。而带货网红的草根式表演和代言的大众化消费品恰恰消弭了这种距离。身体消费与为了身体的消费在各互联网平台完美地融合。"买它、买它、买它"的呼喊背后含义是身体和欲望的满足不仅不应被遮掩，还应该大声喊出来，这已经成为一种时尚的流行文化。网红的草根标签给了网民更为贴近的体验。

更为重要的是，网红直播中销售的商品并非遥不可及的奢侈品，大多数是工薪阶层能够购买的满足身体需要的商品。同时，由于网红带货的大规模消费和流行性特征，也不可能是那些价格较贵的耐用品。耐用品一是覆盖面相对狭窄，二是因为价格原因不可能使消费者在网红直播模式的带动下迅速做出购买行为。

笔者对网红直播带货的种类做了一个统计，网红所带货品主要是能够从外部改变身体的美妆、个护、服装、鞋包、珠宝等种类的商品，或者能够满足身体需要的食品类商品，以及能够改善身体存在空间的家居类商品。3C数码产品从某个角度来说是强化身体的产品，但因为对身体的改造和满足不如前述种类直接而更少采用网红直播带货的方式销售。

二、网红劳动的身体与网民消费的身体融合

（一）网红劳动的身体商品化

在网络直播中，网红的线上身体被媒介编码成为可供消费的身体景观，身体的商品化就成为网红吸引粉丝、获取利益的重要资本。[1] 网红能否获取利益，获

1　余富强，胡鹏辉.拟真、身体与情感：消费社会中的网络直播探析［J］.中国青年研究，2018（7）：5-12，32.

取多少利益，一定程度上取决于网红身体的商品化能否满足网民的消费需求。

这种身体的商品化背后是商家和资本对网红剩余价值的攫取。从这一维度看，网红的身体成为劳动的工具。为了让直播带货吸引网民参与和购买，网红的身体以及伴随身体的语言表达需要进行后天规训。在带货之前，网红还需掌握网民的消费心理，提前体验或学习所带商品的特点，以便提供有效的商品信息，减少用户的选择负担，促成用户的购买决策。网红及其团队还需投入时间和资源来经营直播带货，甚至牺牲休息时间以适应互联网对社会生活节奏的加速。

同时，网红劳动身体的价值不再是单纯的个人劳动，对网民的影响力会直接形成提供给资本的数据而影响着网红自身的价值。为了让自己的流量数据更有价值，网红只有更加努力地迎合资本和广大网民，投入更多的劳动。因此，网红劳动的身体背后还幻化出一具"数据身体"，驱动着前台的劳动身体产生更多价值。

（二）网民消费的身体参与其中

网红的劳动正是为了带动网民以自己的身体为满足对象进行消费，如上文所述，网民的身体正是网红所带商品的主要满足对象。网红劳动的身体通过技术平台和网民消费的身体形成了融合，与网民需要被满足的身体形成共鸣。在网红劳动身体的商品化过程中，网民参与甚至主导了网红身体景观的生产，网红身体的商品化是网红与网民共同作用的结果。[1]

在网民的强势凝视下，网红在前台表演时会将"装饰"好的身体展示出来，网民通过发送评论对网红的身体景观进行评价并提出要求，网红根据评论反馈进行实时调整，这一过程建立了网民的自尊。在后台管理中，网红通过对身体的改造为前台表演提供具有吸引力的身体景观，以此满足网民的凝视快感。另外，用户还参与到商品的选择推荐中，通过网民的线上反馈，如带货网红的微博评论或直播过程中的即时互动，网红了解到网民的消费需求，便有意识地调整直播过程中所推荐的商品，通过身体的劳动满足网民的消费需求。在这一过程中，网民获得了一种"主体性"的满足与自主选择商品的错觉，这种错觉还会因为网民参与时大量相同的意见聚集于网红直播间被放大。

---

1 余富强，胡鹏辉.拟真、身体与情感：消费社会中的网络直播探析［J］.中国青年研究，2018（7）：5-12，32.

（三）网民的身体直接消费网红

带货网红的身体景观通过虚拟礼物的打赏被网民直接消费。在直播平台中，网民以评论或虚拟礼物的形式实现身体的在场[1]，而作为在场的符号象征，虚拟礼物的打赏实现了网民对于网红直接的身体消费。处于物理空间的网民通过打赏以虚拟符号的形式进入与网红的线上互动情境。一方面，虚拟礼物的打赏能够缩短网民与网红的距离，满足网民情感需求，与其他网民拉开差距，在打赏的短暂时间内获得亲密感。另一方面，长期多次的打赏能够使网红与网民之间建立较为牢固的互动关系，满足网民身份建构需求，如果网红对网民的打赏作出特别的回应，网民则会自发建立起特别的和具有优越感的消费地位。[2]

虽然与快手等其他非消费类直播相比没有绚丽的特效，但以淘金币兑换的虚拟礼物仍能够满足网民情感表达与身份建构的消费需求。同时打赏的淘金币还能提升网红的直播间排名，吸引更多网民前来观看，帮助网红积累经济资本。

三、网民身体的消费与网红身体的符号产消融合

（一）网红直播带货符号型消费景象的营造

媒介营造的华丽消费景象将人们心中追求享乐的欲望与商品符号连接起来。高档豪车、贵重首饰在消费环境中已经不仅仅是单纯的商品，而且成为象征身份及财富的符号。[3]网红带货直播同样如此，当带货网红符号化以后，上述消费的身体维度甚至变得不再重要，是否参与其中才具有象征意义。而这种象征不仅是身份与财富和向上的融入，更重要的是一种不再遮掩的对身体的满足。这种融入也从向上的融入转变为水平融入，即网民从带货网红的消费中融入的是一个更广阔范围的网络社会。网民不再满足于名流，而是借助草根网红建构"更好的自己"。

社会中形成了一个影响网民消费观念的信息环境，商业平台以潜移默化的方式将追求享乐、注重娱乐的消费观念植入网民的认知中，注重使用价值逐渐被注重符号价值的消费观念代替。网络直播技术的兴起更是强化了这种新的消费观念，手机、电脑等智能终端设备的普及带动直播的普遍使用，随时随地都可以观看的

1 曹钺，骆正林，王飚濛."身体在场"：沉浸传播时代的技术与感官之思［J］.新闻界，2018（7）：18-24.
2 余富强，胡鹏辉.拟真、身体与情感：消费社会中的网络直播探析［J］.中国青年研究，2018（7）：5-12，32.
3 杨魁，静恩英.现代消费主义文化形成中的媒体及其作用［J］.兰州大学学报，2004（1）：79-83.

直播正无时无刻地宣传着商品的符号价值，强化着网民的符号消费。

带货网红直播不仅具有上述媒体自上而下的影响力，依靠裂变式的社群传播，网民之间在参与带货直播过程中形成的网络社区对于消费观念的强化和消费环境的建构也有重要作用。具有相似需求和观念的网民集结在一起，既消费符号，又生产传播符号，裹挟着消费观念的社会交往使网民之间的互动连接逐渐深化，深刻影响着网民的消费观念与消费行为。

（二）网红消费符号的建构与商品消费的融合

符号消费成为一种普遍的价值观念后，具有等级区分意义的符号价值逐渐成为人们消费的目标。人们对于网红的消费，其中重要的维度是对网红所建构的符号的消费。带货网红需要不断进行消费符号的建构，只有生产出对个人有意义的消费符号，才能够获取经济利益。[1]在带货过程中，网红建构的消费符号映射到自己的身体和所带的商品上，能够实现消费符号的建构与商品消费的融合。

首先，网民对网红所建构的身份符号的消费能够帮助个人构建社会身份，通过公开的消费行为让他人形成对自我身份和社会地位的认知。例如通过观看网红主播的视频内容，购买其推荐的产品，来彰显自己有个性、有内涵的个人形象。其次，对于情感符号的消费使网民心甘情愿地购买网红所推荐的商品，网红主播生动、"接地气"的特点，能够自然而然地获得受众的好感，在此基础上对产品真实的描述和真诚的推荐有利于网民信任的增加。最后，网红的消费价值观通过媒体和社群的传播影响着消费者的商品选择和消费决定。

（三）网民对网红身体符号的产消融合

随着自媒体的快速发展，普通大众也通过自组织形式获得一定的话语权。网红作为新型消费偶像，以娱乐化、个性化的身体符号建构着现代的时尚审美，表达着个性自由观念，承担着引领消费的职能。[2]按照网红所建构的个性化身体符号进行身体的自我改造，网民完成了对网红身体符号的消费。

除了消费网红的身体符号，网民同时还生产和传播网红的身体符号，这也彰显了当前网络社会产消合一的特点。在观看直播时，网民能够通过截图、录屏等

---

1 郑佩瑶.偶像的商品化：当代"网红追随热"现象研究——基于消费主义视角［D］.上海：华东理工大学，2019.
2 郑佩瑶.偶像的商品化：当代"网红追随热"现象研究——基于消费主义视角［D］.上海：华东理工大学，2019.

方式将网红带货片段发布在自己的社交媒体平台形成传播。部分网民在购买了直播网红带货的商品后，也会把商品或商品在自己身体上的使用展示于社交媒体平台。这两种方式都生产并传播着网红的身体符号，网民在这一传播过程中还会形成对自我的身份认同。

四、网红交际的身体人格化带来消费与社交融合

（一）网红带货主播交际的身体带动消费

当前传播有一种从媒介、媒体转变为"人"的传播，与传统的非拟人化（人格化）的报纸、电视等相比，用户更喜欢和"人"交流。这个"人"包括人的身体、以类人的形式表现出来的物或技术。网络名人或者网红是其中之一。

在商品消费领域，同样因为这种变化，让个人部分代替机构成为营销的主要手段。格力电器不再是格力电器，而成了"董明珠的微店"，就是因为这种人格化的模式更容易直接与网民沟通。即便是互联网公司推出的智能音箱或机构的社交媒体账号，也会给它虚拟一个人格，这个人格甚至还会被设定成特定的性别和个性。试想一下，一个有人格个性的音箱和一个毫无生气的物件，用户会更喜欢哪一个？因为前者会建立感情联系，形成一种类社会交往的效应。与此类似，网红建构起具有个性的人格化身体与消费者对接，并使用社交＋营销的方式来建立信任关系，引导社会交往，最终促成消费。而直播网红在和网民发生情感联系时，这时的身体就具有了另一个维度——交际的身体（sociable body），直播销售商品的过程也就具有了社交的特征。当前各个行业都在培养自己的"网红"，包括新闻业也是如此，其目的都是借助网红与用户形成更为稳定的"社交"关系，这远比基于机构专业性形成的生产消费关系牢靠。

在网红直播带货出现之前，传统货架式购物将商品信息单向传达给消费者，消费者的需求和疑问无处反馈，情感也无处表达[1]，但网红直播的营销模式弥补了这一缺陷。网络直播搭建起一个交流互动的平台，消费者与网红之间、消费者与消费者之间都能通过直播平台进行线上互动交流，解答疑惑、释放情感。带货网红人格化的信息表达方式还能充分表达商品内涵，弥补了以往媒体营销手段的枯燥机械。

1　丁孝烈.网络直播情境下的人际互动［D］.兰州：兰州大学，2019.

相比于去情绪化、去主观化的媒体，人们更青睐与具有个性化、人格化特性的"人"进行交流，这是消费者喜欢网红带货的原因之一。在商品消费领域，个性化、人格化的网红能够直接与消费者进行交流互动，并以灵活有效的方式进行着商品营销。网红既是导购，又是模特，还是客服，线上对商品全方位的营销映射到线下实体店的消费场景，导购解惑、模特试效、客服教学，消费者的体验感与满足感得到极大提升。网红直播带货因此能够在短时间内获得消费者的认可和追随。在网络直播中，网红的线上身体成为具有个性化的"人"，与消费者进行着以商品营销为目的的社会交往。

（二）与商品营销紧密结合的社会交往

网络直播虽然属于虚拟的网络空间，但其建构的社会交往情境却十分真实。这种真实主要来自两方面，一是网络直播的实时性，二是网红虚拟身体的在场，二者分别从时间和空间维度搭建起具有真实感的交流情境。[1] 从时间上看，网络直播的实时性让网红与网民同处一条时间线，直播过程中即时的评论反馈最大限度地还原了现实世界中互动交流的实时性。从空间上看，网络直播的镜头将网红的身体复制生成数字化的身体影像，无差别身体影像的实时呈现带给网民真实的感官体验。实时性与虚拟身体的在场共同营造出直播情境的真实感与信任感。此外，网红带货使用直播这一新媒体技术大大压缩了时空，放大了消费的狂热氛围，其他消费者的下单行为直接影响了尚未下单者的购买欲望，这是传统的线下销售不能达到的效果。

值得注意的是，虽然网红直播带货具有社交属性，但它终究是促进营销的方式。推送商品信息，引导购买，获得盈利才是网红直播带货的最终目标，虚拟身体的社会交往只是商品营销的一种手段，直播过程更看重的是网民的"边看边买"[2]。对于带货网红而言，直播间内向网民传达的信息都是经过策划的，核心是推销商品，导向是提高商品的销售额。在直播过程中，网红先用个性化的方式对商品进行全方位介绍，继而便会利用网民的提问进行商品信息的解惑和对商品进行更充分的介绍。网红善于将社交技巧融合在营销中来促进消费者的购买，如

1 沈国梁.直播电商：从眼球秀场到新价值带货［J］.中国广告，2020（1）：95-97.
2 蔡凯莉.网络直播平台的生存现状与发展策略研究［D］.南京：南京师范大学，2017.

优惠券的发放和订购数量的播送等等。"边看边聊边买"的模式不仅满足了消费者对商品的认知需求，还因网红交际的身体加入其中提升了消费者的购物体验和使用满足感。

社会交往式消费将社交与营销结合在一起，具有相似喜好和需求的人聚合在一起能够让带货网红以极低的成本实现精准营销，虚拟空间的社会交往因此产生价值。现在和未来，社会交往带动消费都将是网红主播直播带货所需深耕的领域。[1]

（三）网红个性化人格带来高用户黏性

在这个信息爆炸的时代，互联网提供的海量信息在给网民带来信息接触的便利的同时，还带来信息选择的困扰。在商品消费领域，面对海量的商品信息，消费者的注意力被分散，不知从何下手来选择自己需要的商品，带货网红的出现则减轻了消费者的选择困难。通过直播带货，网红将挑选出的商品清晰地展示给消费者，他们的提前筛选为消费者缩小了选择范围，节省了网民自己在海量信息中选择商品的时间成本。这种对网民时间成本的节约最终也会成为网民信任网红的因素之一。

直播带货网红的信任当然也是精心建造和具有投资性质的。由于年轻女性是当下进行网购的主要群体，因此，网红在直播带货之前便根据消费人群针对性地调整商品的类别，如李佳琦主推口红。根据消费群体的类别来推送相关的商品，网红能够实现有针对性的商品营销，满足了消费者的消费需求，这种满足反过来还增加了消费者对网红主播的信任与黏性。此外，在直播带货领域，"全网最低价"是增加消费者信任的另一举措所在，因此而节约金钱成本的网民也会进一步加深对网红的信任。可见，这种人际信任本身甚至就是一种投资的商品，网民对直播带货网红的信任是建立在其推荐商品"价廉物美"的基础上，商家的让利行为实质也是一种在网民对网红信任上的投资。只是网红交际的身体人格化遮蔽了商家让利营销的商业活动本质。

网红的个性化人格是带来高用户黏性的另一关键点。直播带货兴起之前的商品营销模式对消费者购买意愿的触达是标准化的、单向传递商品信息[2]，很难让

1　沈国梁 . 直播电商：从眼球秀场到新价值带货［J］. 中国广告，2020（1）：95-97.
2　吴勇毅 . 移动社交营销成香饽饽［J］. 信息与电脑，2013（3）：17-20.

消费者产生情感认同，而网红通过个性化的人格和感染性的表达能够与消费者建立情感连接，增加消费者对网红、商品的信任，从而影响消费者对商品的认可。这正是上述网红符号化身体对交际的身体进行的强化，两个维度不仅不冲突，还会相互强化。

五、结论

以上分别从消费和劳动的身体、符号化的身体、交际的身体阐述了网红直播带货现象。从本质上说，网红直播带货是身体、消费和媒介借助新的传播技术形成了一种新的交互关系。这种关系演变的背后推动力是传播技术，是媒体之间和跨界融合的结果。当前用户使用的各种 App 本质上都是一种媒体，都可以向用户传递信息，也可以让用户之间传递信息，而以淘宝为代表的电商平台开发出的直播平台就是电商与社交媒体的融合。可以预见，这类融合将会越来越多，也会催生越来越多的新现象。这种融合并非简单地把电商和直播叠加，而是通过上述的几个维度重构着身体、消费和媒介之间的关系，形成了一种全新的社会现象。

社会学还有一种划分是把身体划分为自然的身体、生产的身体、消费的身体和媒介的身体四个维度。[1]可见，消费和媒介本身就是身体的一种质态。进入当前的传播环境，还有一个维度必须给予足够重视，那就是技术的身体。上文分析的三种维度的改变，都离不开网红技术维度的身体。网红身体的能力经由技术大大得到拓展。网红劳动的身体与消费者消费的身体融合、网红身体在互联网中的符号化、网红交际的身体人格化都是源于技术的身体给网红提供了这种能力。网红带货直播时的身体及其表达，是和技术平台建构的消费与参与空间密不可分的。从多维度来看，不论是带货直播的网红还是普通网民，当前的身体都是网络化的，其含义之一是我们的身体具有多种维度，而且多种维度经由各种社交媒体或电商平台相互影响或融合。第二层含义是，我们的身体不是独立的，而是和非人或者其他人类主体发生在生理、心理、符号、信息、文化等多种维度的连接。直播带货网红的身体不仅借助电商和直播平台这些非人的技术强化了其能力，也通过带货直播和网民群体发生了广阔的连接，此时网红的身体成为一个网络而不是一个孤立的节点，这个网络的连接中还有代表着资本急于销货出去的商家们。这种网

1　郭景萍. 身体的四种质态及其意义分析［J］. 学术论坛，2011，34（6）：57-62.

络化特征，使部分网红的成功经验不完全具备可复制性，因为其成功背后还有网络中的其他节点起着重要作用，而以网民为代表的网络节点又具有不完全可预测性。但可以预测的是，随着 5G 带来的沉浸式传播的普及，未来各行各业网红的影响力会继续增强，因为信息量和信息维度的丰富将继续放大上述三个维度身体的作用，模糊各种传播或社会生活的界限，强化身体、媒介和消费之间的多维度关系。

（原文发表于《新闻与写作》2020 年 6 期，收入本书时做了删改）

阅读网络中的重要行动者：
数字时代重识印刷的竞争力和价值

张小强　荣　艺　郭　毅

一、印刷回暖的现象

数字环境下，越来越多的读者选择进行数字阅读，中国新闻出版研究院发布的全民阅读调查数据显示，2016 年我国国民数字化阅读方式的接触率达 68.2%，连续 8 年保持上升势头。[1]居高不下的数字阅读率对传统出版业造成了不小的压力，出版业进行融合出版迫在眉睫，以至于近年来出版业界和学界有一种倾向，即认为印刷是落后的、需要淘汰的，数字是先进的、需要发展的，不少出版单位提出了"数字优先"的战略。一旦有报纸或期刊停办印刷版，业界和学界总是给予过度关注，认为这印证了他们的"预测"。

然而，在不断被唱衰的背景下，印刷近两年却出现了回暖迹象，具体体现在 4 个方面。一是报刊的复刊。2016 年，停刊四周年的《新闻周刊》恢复了印刷版。二是实体书店盈利。连续亏损 6 年后的英国连锁书店"水磨石"（Waterstones）在 2016 年开始恢复盈利。在中国，2017 年上半年新开实体书店达到 60 余家。三是纸质书销量出现大幅度增长。2015 年，亚马逊的纸质图书销售比 2014 年增加了 3500 万本。[2]《2017 上半年国内外图书零售市场分析报告》显示，2017 年上半年，全国图书零售市场同比增长率保持在 10% 左右。《2016 年中国图书零售市场报告》显示，2016 年中国图书零售市场总规模为 701 亿元，较 2015 年的 624 亿元增长 12.30%，中国成为 2016 年全球图书零售市场规模增幅最快的国家。四是印刷市场整体回升势头迅猛。美国印刷市场在时隔近 20 年后首次出现增长，其同比上升速度已超过美国 GDP 的增速。另外，《印刷业市场前瞻与投资战略

1　全民阅读调查数据发布：数字阅读率持续上升 [EB/OL].央视网.（2017-04-19）[2018-03-06].
2　约翰·加普：纸质书复兴背后的玄机 [EB/OL] 邹策，译.个人图书馆.（2017-02-10）[2018-03-06].

规划分析报告》显示，我国印刷业工业总产值也呈现逐年稳步增长趋势。

印刷回暖的同时，数字出版产业显示出后续增长乏力的情况，甚至要借助印刷改善经营。2016 年，皮尤报告显示美国纸质图书销量增长 3%，但同期电子书的销量却出现下降。印刷企业逐渐适应由商品印刷向专业化印刷、个性化印刷的市场转变，不断挖掘新的商机。部分开始只有数字形式的原生数字媒体推出了印刷版期刊或报纸。此外，部分地区人们主观选择数字阅读的意愿减弱。《上海市民阅读状况调查分析报告（2017）》显示，"首选数字阅读"的比例在连续 3 年上升后首次出现明显下降，2017 年"首选传统（纸质）阅读"的比例达 46.62%，高出数字阅读 25.19 个百分点。

以上现象能否成为长期趋势还有待进一步观察，很多媒体的印刷业务萎缩也是不争的事实。但这些回暖迹象与态势至少说明，虽然受到数字化冲击，但传统印刷自身的生命力依然强劲。现代出版文化与传统出版文化并非非此即彼的对立关系 [1]，在数字时代重新认识和思考印刷的价值和定位成为当前的重要课题。与数字相比，印刷真的毫无优势吗？在数字环境中，印刷的价值究竟是什么？印刷对于出版业的意义有哪些？本文拟从文化技术竞争力和平台入口价值两个方面，以案例和行动者网络理论分析印刷在数字时代的重新定位。

二、印刷的文化技术竞争力分析

（一）历史文化优势

1. 页面文化优势

印刷与人类交互的界面是页面，印刷文化就是页面文化。页面在数字化环境中依旧延续，网页、电子书，甚至社交媒体依然保留着"页面"。当前世界各国儿童的教材依然是印刷版，数字环境中的人类在幼年时仍然是从页面开始识字和汲取知识的，通过在页面上书写传递信息，这种在幼年时建立的习惯和文化很难更改。例如，亚马逊近年的销售数据显示，在价格相同的情况下，人们更愿意购买印刷版阅读。

1　杨军.试论传统出版文化与现代出版文化的关系［J］.现代出版，2013（3）：61-63.

2.文献价值

部分类型的出版物，不仅有信息价值，还有文献版本价值。不仅有助于当代学者对于历史或文化研究的需要，其本身也具有收藏价值。文献价值正是源于印刷版的信息封装好以后就不能更改。相比海量甚至泛滥的数字信息，印刷出版物容量的有限性成为质量的保障。例如，为了保证信息质量，不少数字期刊和数字图书依然按照传统印刷模式完成信息加工，很多期刊论文和数字图书依然以印刷版的形式存在于数字环境中。

（二）阅读文化优势

1.仪式感

纸质印刷出版物的实体纸张满足人们的阅读仪式感。阅读仪式感是"传播仪式"的一个重要表征。[1] 阅读仪式感的不断变迁给阅读带来挑战。数字化"随时随地阅读"的特征解构了阅读场景，消解了阅读行为，使得阅读仪式缺失。提供阅读空间和仪式感的书店能够在数字时代存活，就是因为数字内容无法提供仪式感。

2.深度阅读

纸质读物的阅读能有效消解"阅读危机"。数字化阅读往往意味着碎片化、浅层次和娱乐化的阅读。而纸质阅读更容易集中精力，有利于深度阅读和思考吸收。在中国书市，多数经典作品或最新作品依然以纸质书的形式出版。阅读那些内容深刻的书籍，读者依旧首选纸质书。[2] 印刷品不仅传递着文字信息，还能通过触摸、气味等其他感知方式刺激人类大脑，这是数字内容无法达到的。

（三）技术竞争力

1.注意力获取的竞争力

数字环境中信息过载，在信息获取过程中的任何行为都可能成为注意力转移的支点。而印刷出版物所承载的信息是封装在独立的载体——图书、期刊、报纸之中的，减少了用户注意力分散的可能性。印刷出版物提供的信息获取方式便利，信息呈现方式简洁，是用户最为友好的媒介形式。这也使得在印刷出版物上呈现

1　谯金苗，漆亚林.阅读仪式感嬗变下深度报道的转向［J］.青年记者，2016（27）：39-40.
2　李希.数字时代，读书过时了吗？［EB/OL］.新华网.（2016-04-19）［2018-03-06］.

的信息更加注重信息价值。相反，数字世界里的内容因为不能有效吸引用户注意力，不得不过度包装，这是标题党等有违媒介伦理的现象在数字环境下更为普遍的原因。这又进一步削弱了数字环境的信息价值，带来恶性循环。

2. 精度竞争力

当前，虽然在信息呈现的多样化方面，数字媒体占优，但电子屏等方式在信息呈现的精度上仍然低于纸张印刷。在印刷出版情况下，信息呈现方式稳定，尤其是图像信息，印刷出版物比数字呈现方式更加清晰和可靠。目前来看，数字版图书的插图还远达不到印刷的精度。

3. 场景和人群适应性更广

纸质阅读不存在"数字鸿沟"的问题。但阅读数字内容需要购买电脑或手机等硬件，其技术操作也比阅读印刷出版物复杂。印刷出版物没有阅读的门槛，这使得印刷出版物比纯数字读物能够适应更多的人群和场景，童书市场一直保持高热态势就是得益于此。由于数字出版物使用数字版权管理（Digital Right Management，DRM）等技术阻碍分享，而印刷出版物无分享的障碍，可以随意传阅。在乘坐飞机等特殊场景下，印刷出版物的优势也得以凸显。

（四）商业模式优势

用户对印刷出版物的购买付费已经养成习惯。而数字出版最大的问题就是尚未找到有效、稳定的盈利模式，很多用户不愿为数字内容付费。除了采取试读部分章节然后付费购买的方法，即使利用大数据分析也尚不能从茫茫人海中区分具备付费意愿的用户。数字版一旦被破解，其盗版和正版质量完全一样，传播范围会遍及互联网，需要投入大量成本保护版权。对于印刷出版物而言，购买阅读行为直接体现其付费意愿，而且印刷出版物运营成本低、盗版成本高，使得印刷出版形成了一套成熟、可靠的商业盈利模式。

目前，出版业中数字作品的印刷出版现象开始兴起。不断有数字出版中的佼佼者先后推出印刷版并取得成功，先数字后印刷模式的出现正是印刷商业模式优势的体现。早期的 Tablet、Politico、Pitchfork Review，如今的 Nautilus、Kinfolk、California Sunday Magazine，都在推出印刷版。这说明，这些数字原生出版者意识到网络和数字形态并非呈现特定作品的最佳方式。还有观点认为，在网络的混乱和印刷杂志所包含的空间之间存在一种数字与印刷共生的现象，数字并非赢家，相反，数字使得创办一本印刷杂志更容易。2016 年 9 月，皮尤研究中心发布的调查报告显示，电子书和音频书市场的快速发展，并未削弱人们阅读纸质书的意愿。对纸质书阅读的意愿也成为纸质书消费市场的基础。在国内，部分数字内容生产商开始通过众筹等手段出印刷版，如罗辑思维、六神磊磊等。知乎社区也将运营 3 年以来有关创业的问题和回答结集众筹出版，限量 100 本在 10 分钟内被抢光。种种现象都说明数字与印刷的融合是双赢局面，促进了新的文化消费方式产生。

除了上述优势，当前的印刷其实已经是经过数字化改造的印刷，其整个过程都已经数字化。新的技术让印刷更为灵活，其速度、质量等各个方面已并非传统印刷能比，这也进一步增强了印刷的竞争力。

三、从行动者网络看印刷的平台与入口价值

（一）阅读活动的行动者网络

以上分析了印刷在数字时代的竞争力和价值，这一论述并非否定数字化，而是为了批判过度强调数字化而忽视印刷的错误观念。在融合出版的背景下，数字和印刷并非二元对立，而应是"合而为一"的，但不少出版单位在实施融合出版战略时往往过度强调"数字化"而"歧视"印刷。其实，在没有互联网以前，人类的阅读活动就是"网络化"的，读者的社会网络会影响读者的阅读，出版者的社会网络会影响印刷出版物的发行。随着互联网特别是移动互联网的普及和社交媒体的流行，今天的阅读活动更加社会化和网络化，读者和出版者之间通过新技术建立了更加紧密的连接。以下案例展示了数字时代典型的网络型阅读活动，也是我们当前生活的日常：

读者甲在电子商务网站购买了一本图书，图书精美的印刷和文字让他忍不住用手机拍了一张照片并分享到微信朋友圈。他的好友乙看到后，到数字期刊网站查阅了书评，并购买了该书的电子版。乙的好友丙看到后，到电子商务网站买了一本印刷版，并且在其他社交媒体上留下评论。乙与好友丁在一起用餐时谈论了这本书，丁于是知道了这本书的情况，丁告诉乙还有另外一本书也与这本书类似，于是乙马上打开手机搜索另一本书的介绍，并且把链接地址发给甲……

在上述案例中，技术影响了人类阅读互动，人类的社会网络也影响着技术的使用。这恰好对应着理论界技术决定论和社会建构论的争论，前者认为技术导致社会变迁，强调技术的自然属性；后者则认为社会形塑着技术，强调技术的社会属性。还有一种流派则中和了上述两种观点，认为技术和社会是互动和交互演化的，以法国社会学家布鲁诺·拉图尔（Bruno Latour）为代表的学者提出的行动者网络理论（Actor Network Theory，ANT）就是其中之一。行动者网络理论的核心理念是人和非人的技术、生物、物品等在网络里都是平等的行动者，从哲学角度看，非人的行动者同样具有能动性。行动者网络理论不同于社会网络理论，其中所有的行动者都是平等的，而且是动态的，随着情势变化的。

上文论述的印刷的竞争力和价值从行动者网络理论角度来看，恰好代表了印刷这个"行动者"所具有的能动性，在行动者网络中出版物的形式和人的身份都可以是行动者，出版物和其他行动者一起定义了阅读网络。只有从网络角度观察，或者说需要把各种人和非人的行动者结合到一起，而不是单独来分析独立的行动者，才能真正理解这个网络和行动者所处的位置。更为重要的是，网络中的行动者不存在优劣之分，而是平等的，这一点恰恰是片面强调数字优先时所忽视的。传统概念上的阅读活动往往是人类处于支配地位，而印刷出版物或数字出版物则是受支配的物。行动者网络理论认为阅读不是简单的人类活动，而是人和出版物发生联结后才形成了"阅读"，这与行动者网络理论中的经典案例"人和枪"类似。[1] 笔者借助行动者网络理论，使用社会网络图形绘制工具 NodeXL 绘制了阅读活动的网络示意图（图1），较为形象地描述了上文案例中的部分阅读活动。

图1显示了阅读网络的复杂性，提醒我们不能简单地以出版物形态思考阅读活动并指导出版活动，出版物形态只是网络中的不同行动者，并无高低之分。我们应该更深刻地思考阅读活动和非阅读活动的关系，以及数字和印刷的关系。实际上，数字与印刷各有优势，印刷出版物与数字出版物必然长期共存，尽管它们的数量比会逐渐变化，但不会改变共存的格局。[2] 传统印刷印前工艺发达且较适

1 王程韡. 重新发现信息社会：来自行动者网络理论的回答［J］. 长沙理工大学学报（社会科学版），2011，26（5）：27-32.

2 阿梅. 优势劣势互补共存：对电子出版物与印刷型出版物长期共存的认识［J］. 河北科技图苑，2000（4）：64-65，39.

合印量多的工作，数字印刷则在印刷速度、个性化印刷、共享信息等方面表现优异，"数字 + 传统"才是最佳的选择。印刷在数字环境下仍具备的众多优势和文化技术竞争力，为其在激烈的融合竞争中站稳脚跟提供了基础。

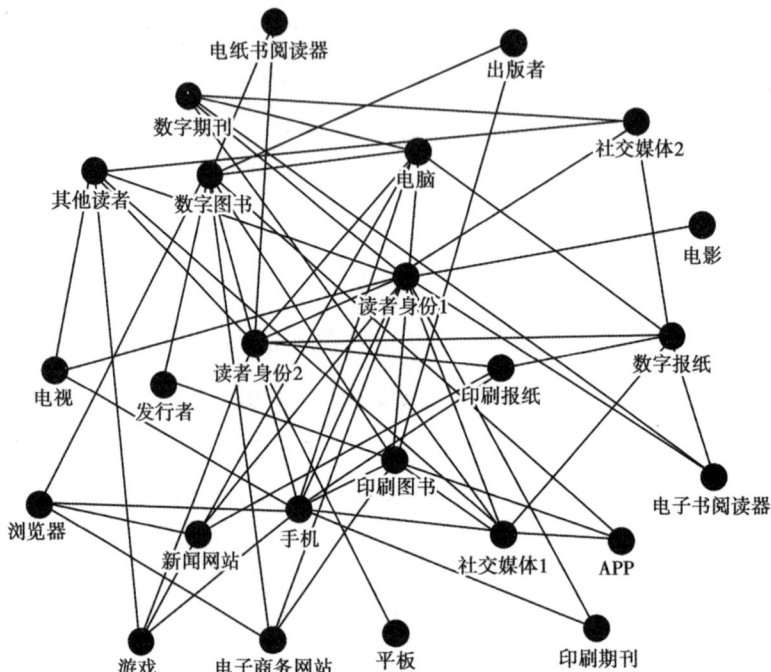

图 1　阅读网络示意图（基于行动者网络理论绘制）

（二）印刷与数字的连接

当今信息技术、数字技术和网络技术的发展为印刷业带来了机遇和挑战。

一方面，技术的发展为印刷和数字的连接提供了基础，使得数字印刷得以实现。二维码等技术使得印刷与数字可以轻易连接，它被视为一种新的生产要素，赋予了纸媒在"新媒体化"转变中具备数字传媒的"现代气质"。[1]技术的发展带来无限可能性，人工智能、AR 技术等都可能成为实现连接印刷与数字世界的技术手段，还能够把印刷与现实世界、虚拟世界连接起来。

另一方面，技术的发展也为印刷业提出了新的要求。印刷与数字环境在各方面实现连接的过程，是传统印刷实现"互联网 +"的过程。在该过程中，时代的

1　彭剑 . 媒介融合的实体样本：华西魔码对纸媒"媒介融合"的启示［J］. 新闻与写作，2012（6）：30-32.

车轮正在推动印刷这个传统行业与互联网进行深度对话。[1]如何争夺用户的注意力、如何最大程度地与用户接触、如何将资源利用最优化、如何扩大自身影响力、如何提供相应的服务以满足用户需求、如何实现数字与印刷的融合等问题，都是印刷业在互联网环境下必须思考的问题。从网络角度来看，就是如何让印刷这个重要行动者发挥其能动性的问题。从前文分析来看，印刷在历史文化、阅读文化、技术和商业模式等方面的优势和竞争力，成为数字大潮下印刷依然回暖的基础。

但印刷仅靠以上优势并不能在数字环境中站稳脚跟，因为用户对印刷产品还提出更加多样化及个性化的要求。互联网思维要求印刷行业从用户的角度来思考问题，不仅要了解、尊重用户的需求，还要提供相应的服务来满足用户需求[2]，这就要求印刷业要构建一个满足用户需求的平台。该平台不仅是传统与数字融合的重要产物，也是一种实现双方或多方主体互融互通的通用介质。[3]

然而，仅仅互联互通还不够，因为不少出版单位花了很多资金和资源打造了"中央厨房"一类的网络化平台，却依然没有改善经营状况。本文试图以行动者网络理论来重新检视和思考何为出版业的真正融合。

（三）数字与印刷的深度融合——网络化与平台化

从行动者网络理论角度看，融合出版平台不只是简单地建立类似"中央厨房"的信息系统或者信息生产分发机制，而是要力图加强包括印刷在内的所有阅读活动的行动者之间的连接。通过连接形成动态的行动者网络平台，而不仅仅是物质化或信息化的网络，这才是真正的融合出版。如果从社会网络角度观察上述阅读活动的行动者网络，图1所示的阅读网络里还有很多结构洞，并非全连通网络，印刷作为一种物理存在的物体，具有上述文化技术竞争力，在技术的帮助下，能够成为填补这些结构洞的重要行动者。

填补结构洞，让阅读活动中的人和人、人和物、物和物更加紧密地连接正是当前出版业成功的实践之所在。例如，部分出版单位通过完善客户沟通渠道、引

1　殷庆璋，柏永强，梁勇军，等.模式优化　破除传统+数字融合之困［J］.数字印刷，2015（12）：49-51.

2　佚名.数字发展时代媒体技术新篇章［J］.印刷技术，2005（10）：48-49.

3　朱剑飞，胡玮.主流风范：融合发展浴火重生：加快我国新型媒体集团建设的若干思考［J］.现代传播（中国传媒大学学报），2014，36（11）：12-19.

进数字印刷机、构建电子商务平台、为客户提供增值服务[1]等方式开发了适合自身特色的商业发展模式，成功地在数字化浪潮中进行融合。部分出版单位建立的平台在网络技术和读者的互动中催生出了一种新型的阅读方式——社交阅读。这种阅读方式由互联网提供平台，用户沉浸在虚拟环境中进行阅读，可在其中对文本进行注释和点评，同时还与社交网络关联，用户间可以通过平台进行交流、沟通和讨论等。以微信订阅号阅读为例，用户不仅可以阅读文本内容，还可以在阅读后进行点赞、评论和打赏，这些行为都将公开地被作者和其他读者看到。作者、读者将不再是独立的个体，他们可通过平台进行交流和互动，而这一切都建立在互联网技术和电子设备的前提下。在"社交＋阅读"的阅读方式下，技术、设备、内容、作者和读者被汇集在同一网络中。

上述成功案例正是有效地发挥了阅读网络中各种行动者的能动性，验证了行动者网络理论与业界趋势的契合。然而，上述案例还没有充分开发印刷的平台和入口价值，连接主要是基于数字化的平台。随着技术的发展，印刷作为平台的一部分，其信息呈现将更加多元化。如果说阅读活动是一个网络系统，印刷则已经成为重要的系统界面。从形式上看，当前的印刷品形式还比较单调，构成元素仅仅是文字、图片等。但当相关技术发展成熟后，特别是百度等技术公司的人工智能平台的成熟和开放，将给出版业和印刷带来各种可能，通过百度等技术公司的API，出版物可以实现文字与音频的识别与转换、文字与图像的转换，通过出版物上的二维码或其他符号实现社交等功能也并非遥不可及。相比于当前简单地以二维码实现印刷和数字的连接，未来将出现集文字、图像、音频与视频为一体的印刷品，印刷形式将更加多元化，"文字传播＋视觉传播＋听觉传播"的传播方式将不断提升印刷在数字环境中的竞争力和影响力。

正如图1所示，在有印刷这一行动者参与的融合出版中，人类行动者包括作者、读者、技术人员和相关工作人员等，而技术、设备、内容和平台等则为非人类行动者。人类行动者和非人类行动者在融合过程中地位平等、互相作用，共同推动出版的发展。由于上述竞争力和优势，印刷必将成为"技术—阅读设备—读者—作者"间各种互动的重要入口和融合出版平台的一部分。

1　陈啸谷. 数字技术带给传统印刷企业的改变［J］.印刷技术，2012（15）：30-32.

四、结论

在数字时代，我们要重新认识和开发印刷的价值。当前印刷的历史文化优势、阅读文化优势、技术竞争优势、商业模式优势并未被充分开发，其平台与入口价值也未被正视和重视。笔者通过对重庆市本地报纸以及一些期刊的调查发现，这些报纸的印刷版已经越来越薄，但报纸上都有其客户端或微信公众号的二维码供读者扫描。部分期刊和图书产品也仅停留在简单的二维码互动阶段。从出版业整体来看，印刷要么成为可有可无的附属品，要么就是依然以印刷为主，缺乏与数字内容的深度链接和互动，融合深度还远远不够。在数字融合的过程中，出版业应充分利用印刷引入流量，弥补数字的不足，最终让印刷和数字真正融为一体。

本文的写作目的，并非一味强调印刷的"优势"，也不是说任何出版单位或者出版物在任何情境下都要把印刷放到一个核心的位置。本文更希望通过分析印刷的竞争力和价值，并借助行动者网络理论建构一种网络化的出版理念。这一理念把阅读活动中的各种技术和主体都视为平等的行动者，把行动者放到网络中观察其能动性，各种行动者相互连接共同解决数字时代出版业面临的各种问题。

（原文发表于《科技与出版》2018 年 4 期，收入本书时做了删改）

数据出版理论与实践关键问题

张小强　李　欣

一、有关数据出版的研究现状与问题的提出

早在 2005 年，国外学者开始关注数据共享和出版的制度障碍。[1] 国外早期的研究主要集中在分析数据出版的重要价值[2]、介绍实践经验[3]。随着数据出版实践的开展，研究集中在探讨数据出版中遇到的各种问题，如：作者使用数据但不引用的问题[4]、当前学术出版模式不适应数据密集型科学研究的问题[5]、数据的匿名评审问题[6]、数据格式带来的数据再利用问题[7]。上述对数据出版的研究并不系统，由于研究较为分散，不足以引起重视。随着国外数据出版实践的发展，对数据出版的研究成果也开始集中。具有代表性和较具影响力的成果是专门刊载学术出版研究成果的 SSCI 期刊 *Learned Publishing* 于 2014 年 9 月出版的 "数据出版" 专刊，该专刊从多角度来解读数据出版相关问题。其中来自 Wiley 出版集团的编辑 Fiona Murphy 简要梳理了科研数据与出版之间的关系，介绍了相关实践。[8] 来自科技界的 Sarah Callaghan 则讨论了数据引用的原则并给出了一些数据引用和链接的

1　Rimmer M. Japonica Rice: Intellectual Property, Scientific Publishing and Data-Sharing［J］. Social Science Electronic Publishing. 2005, 23（3）: 325-347.

2　Borgman L. Data, disciplines, and scholarly publishing［J］. Learned Publishing, 2008, 21（1）: 29-38

3　Rumsey S, Loureiro-Koechlin C . The Role of an Entity Registry in Scholarly Communication: Exploring Creative Uses of Research Activity Data［J］. New Review of Academic Librarianship, 2010, 16（sup1）: 17-27.

4　Hailey M. Citing data sources in the social sciences: do authors do it？［J］.Learned Publishing, 201124（2）: 99-108.

5　Smit E, Gruttemeier H . Are Scholarly Publications Ready for The Data Era？ Suggestions for Best Practice Guidelines and Common Standards for the Integration of Data and Publications［J］. New review of information networking, 2011, 16（1）: 54-70.

6　Lawrence B, Jones C, Matthews B, et al. Citation and Peer Review of Data: Moving Towards Formal Data Publication［J］. International Journal of Digital Curation, 2011, 6（2）: 4-37.

7　Lubinski L, Urbaszek P, Gajewicz A, et al. Evaluation criteria for the quality of published experimental data on nanomaterials and their usefulness for QSAR modelling［J］. Sar&Qsar in Environmental Research, 2013, 24（12）: 995-1008.

8　Murphy F . Data and scholarly publishing: the transforming landscape［J］. Learned Publishing, 2016, 27（5）: S3-S7.

具体案例。[1] Hazel Norman 介绍了英国生态学会（British Ecological Society）在数据存储方面的实践。[2] 图书馆界的 Susan K.Reilly 介绍了图书馆界在数据共享方面的实践。[3] Varsha K. Khodiyar 等人则指出应该开发新的学术评价工具，用以评估学者在数据、软件和匿名评审方面的学术贡献。[4] 来自研究数据联盟（Research Data Alliance）的 Andrew Treloar 介绍了 RDA 在推动数据出版和共享方面的经验与教训。[5]

国内学术界、图书馆界和期刊出版界也于近年来开始关注数据出版。刘晶晶等人以数据期刊 Scientific Data 为例，分析了其数据出版政策。[6] 马建玲等人以国外四种知名科技期刊为例分析了期刊的数据出版政策，并讨论了数据与期刊集成出版的三种形式。[7] 傅天珍等人对我国期刊数据出版政策进行了调查，指出国内制定数据出版政策的期刊非常少，学科分布不平衡，国际影响力高的期刊更重视数据出版，并给出了一些具体对策性建议。[8] 何琳等人将数据出版分为数据仓储、机构库、期刊自行负责三种模式，并回顾了当前国内外的数据出版进展。[9] 刘凤红等人比较了国内外数据论文的实践情况。[10] 欧阳峥峥等人对国外 15 种数据期刊进行了调研，总结了成功数据期刊的经验。[11] 侯经川等人对国际数据引证的现状进行了综述，指出数据引证已有一定进展但还存在不少问题。[12] 刘闯对全球变化

1 Callaghan S . Preserving the integrity of the scientific record: data citation and linking［J］. Learned Publishing, 2016, 27（5）: S15-S24.

2 Norman H. Mandating data archiving: experiences from the front line［J］. Learned Publishing, 2014, 27（SPECIALISSUE）: S35-S38.

3 Reilly S L.Rounding up the data: libraries pushing new frontiers［J］. Learned Publishing, 2014, 27（SPECIALISSUE）: S33-S34.

4 Khodjya V K, Rowlett K A, Lawrence R N. Altmetrics as a means of assessing scholarly output［J］. Learned Publishing, 2014, 27（SPECIALISSUE）: S25-S32.

5 Treloar A . The Research Data Alliance: globally coordinated action against barriers to data publishing and sharing［J］. Learned Publishing, 2016, 27（5）: S9-S13.

6 刘晶晶, 顾立平 . 数据期刊的政策调研与分析——以 Scientific Data 为例［J］. 中国科技期刊研究, 2015, 26（4）: 331-339

7 马建玲, 曹月珍, 王思丽, 等 . 学术论文与科学数据集成出版研究［J］. 情报资料工作, 2014（2）: 82-86.

8 傅天珍, 陈妙贞 . 我国学术期刊数据出版政策分析及建议［J］. 中国出版, 2014（23）: 31-34.

9 何琳, 常颖聪 . 国内外科学数据出版研究进展［J］. 图书情报工作, 2014, 58（5）: 104-110.

10 刘凤红, 崔金钟, 韩芳桥, 等 . 数据论文: 大数据时代新兴学术论文出版类型探讨［J］. 中国科技期刊研究, 2014, 25（12）: 1451-1456.

11 欧阳峥峥, 青秀玲, 顾立平, 等 . 国际数据期刊出版的案例分析及其特征［J］. 中国科技期刊研究, 2015, 26（5）: 437-444.

12 侯经川, 方静怡 . 数据引证研究: 进展与展望［J］. 中国图书馆学报, 2013, 39（1）: 112-118.

科学研究数据出版的实践情况进行了梳理。[1] 与国外的研究相比，国内的研究大多是对实践经验的梳理或调查，对数据出版中涉及的关键问题研究得较少。

上述国内外的研究成果对于数据出版理论研究和具体实践都有重要参考价值，传达出如下重要信息：第一，目前国内外学术界、出版界和图书馆界、科研主管部门已经日益重视数据出版。第二，数据出版已经取得一定进展，然而数据出版也存在不少困境。主要困境包括：目前出版的数据仅仅是全球科研数据中的极少部分；已经出版的数据利用率非常低。目前国内外的研究还存在以下问题，使得现有研究成果不足以解决上述困境：

其一，研究重实践而轻理论。研究的视角多从数据出版具体实践角度出发，很多研究并没有给数据出版进行严格的定义。而梳理上述文献发现，图书馆界、出版界以及学术界对数据出版虽然有一定程度的共识，但具体理解或定义却有较大差别，这是因为图书馆员、学者和出版者对出版和数据本身的理解是不同的。因而，虽然不同论文中都出现了"数据出版"这样的词，但具体含义却并不相同，有的甚至区别很大，这会影响对数据出版的深入研究和实践。

其二，从学术出版和学术传播角度审视数据出版的成果，特别是分析学术传播体系因应数据出版的成果过少。笔者认为，研究数据出版实践固然重要，但如果不能解决数据出版与学术传播体系的关系问题，国内外数据出版的困境将得不到解决。综上所述，本文在梳理国内外数据出版理论成果与具体实践的基础上，从学术传播角度对数据出版中涉及的关键问题进行分析。

二、概念界定：数据出版实践与研究的基本前提

在学术传播语境下，数据出版是指与科学（包括自然科学和社会科学）研究产生的数据的出版有关的活动，这是学界共识。国内外类似电话黄页的出版物，将非科学研究产生的数据予以出版，不论是出版图书还是数据库，都不在我们应该讨论的范围之内。数据出版指的是围绕科研数据展开的与出版相关的活动，这也有别于科研论文及论文内包含的图表等部分的数据库出版。数据出版的出现并非偶然，它显示了网络技术发展带来的大数据环境对科研活动的深刻影响。虽然上述国内外文献中，很多都使用了"数据出版"（data publishing, data

---

1　刘闯.论全球变化科学研究数据出版［J］.地理学报，2014，69（S01）：3-11.

publication）一词，但在给出的定义中，"数据出版"的含义却是不同的，有些文献虽然未给出具体的定义，但从文献的相关内容看，不同背景学者对数据出版的理解是不同的。

虽然提到数据出版，不少出版界或科技界人士都知道，但如果要给数据出版一个准确的定义，不同背景的学者却有不同理解。梳理关于数据出版不同的定义，不同观点争议的焦点主要在以下几个方面。

（一）数据出版中的"出版"的含义

有学者认为"只有经过类似于科学论文发表一样，经过同行专家评审的科研数据的正式出版，对科学家科学数据成果的评价才有可能有序地进行"[1]。还有学者认为数据出版就是"数据发表"，是指"任何将数据上载到网络或其他媒介并允许他人使用的行为"[2]。上述两个定义的不同之处在于，前者认为出版必须严格依照学术论文的出版标准，经过同行评议环节，后者则认为只要数据上传到网络并允许他人使用就是出版。这两种观点在国内外都有一定的代表性，也反映了学界对"出版"概念的争议。

笔者认为，数据出版作为新的学术成果出版形态，其"出版"的含义与论文的出版不能完全等同。正如有学者指出的，在网络环境下学术出版的概念和范式需要重新定义。[3] 但数据出版，也并非单纯地指将数据上传于网络，这实质是数据共享行为。出版包含了"组织、审查、共享、保存"，数据出版中的出版也包含了这四层含义。与数据出版相关的概念有数据共享和数据策展（curation），前者指作者将数据上传于互联网的行为，后者指图书馆在数据共享或出版后向读者策展数据及信息的行为。数据出版与数据共享相比，多了一个评议和编辑加工的过程。而数据策展相对于数据出版，更侧重于对读者的服务和对数据的管理，数据策展中的数据不仅包含科研数据，也包含教育教学使用的数据。

因而，数据出版仍然有对数据及相关信息的评议和编辑加工过程，但这个过程不同于论文的出版。可以这样说，数据出版没有论文出版那么"正式"，但并

---

1 刘闯.论全球变化科学研究数据出版［J］.地理学报，2014，69（S01）：3-11.

2 刘凤红，崔金钟，韩芳桥，等.数据论文：大数据时代新兴学术论文出版类型探讨［J］.中国科技期刊研究，2014，25（12）：1451-1456.

3 颜帅：学术出版范式创新的时代已经到来［EB/OL］.（2016-09-27）［2022-03-20］.

非毫无把关人的单纯数据共享。而且，数据出版的主体和客体也比论文的出版多样化，对这些问题，笔者将在下文阐述。

（二）数据出版的客体

顾名思义，数据出版的字面意思似乎应该指科研"数据"的出版。如上文两位学者给出的定义，都把数据出版的客体指向了科研数据本身。然而，梳理国外一些关于数据出版的定义，会发现数据出版的核心并不是"数据"的出版，而是与数据相关信息的出版。

按照一些学者的定义，传统学术出版有五大功能[1]，分别为：第一，登记功能，能够让学者主张学术发现的优先权。第二，证明功能，证明记名学术主张的有效性。第三，识别功能，能够使学术系统内的参与者识别新的主张和新的发现。第四，存档功能，保存学术记录。第五，奖赏功能，通过学术传播系统中衍生出来的计量学评价参与者（作者、期刊）的表现，进而通过学术体系对参与者给予各种回报。而数据出版在上述五大功能之外，有学者认为它还有一个独特的"说明功能"：解决"被出版的（数据）到底是什么？"而这个说明功能正是数据实现上述五大学术出版功能的基础。这个说明功能又可以分为两大部分，其一为"帮助（数据的）再利用"：能够使出版物（数据）永久可用，以及在其他环境也可用（存档、识别、描述）；其二，承认推动者：能够使评估和识别相关作品成为可能的信息（登记、奖赏、证明）。[2]

上述数据出版中衍生出来的不同于传统论文出版的功能实质是靠数据相关信息的出版而不是数据的出版来推动的。所以不少学者关于数据出版的定义，核心就是数据相关信息的出版，而不是数据的出版本身。如有学者认为数据出版就是"取得已经在研究中使用的数据，并且扩展到为什么、什么时候以及怎样收集、处理这些数据的（信息）"[3]。还有学者认为，"数据出版就是让数据在互联网上永久可得，但出版的数据必须经过一个让其与较容易识别的信息一起出现

---

1 Bonn M, Furlough M. Getting the word out: academic libraries as scholarly publishers［M］. Chicago: The Association of College & Research Libraries, 2014.

2 Bonn M, Furlough M. Getting the word out: academic libraries as scholarly publishers［M］. Chicago: The Association of College & Research Libraries, 2014.

3 Bonn M, Furlough M. Getting the word out: academic libraries as scholarly publishers［M］. Chicago: The Association of College & Research Libraries, 2014.

的过程，这些信息与数据的可信赖性、可靠性、格式和内容相关"[1]。甚至有少数学者认为数据出版就是与论文相关的数据的出版，数据是依附于论文而不是独立的单元。也有学者认为数据出版，就是出版与数据利用相关的信息，包括数据的获取方法、对数据的说明、元数据等一系列信息[2]。

综合上述定义，笔者认为，对于数据出版而言，数据的发布是前提，但数据出版也包括数据相关信息的出版。

（三）数据出版的主体

学术论文的出版主体是期刊出版单位，虽然论文的评审由学术界完成，最后的发行也可能交给大型出版商或数据库出版商，但论文出版的整个流程多数由期刊出版单位控制。其中匿名评审环节，虽然由出版单位外的学者进行，但谁来评阅、评阅什么、评阅规则、评阅意见是否采纳仍然由出版单位控制。可以说期刊出版单位在论文的出版过程中控制了包括论文及处理信息在内的信息流，当前国内外的期刊出版都采用了办公自动化系统处理稿件，这些系统基本按照稿件处理流程来控制信息的流动。

数据出版与论文出版最大的不同在于出版主体的多样化，如果把数据出版的主体严格限定为出版单位，那么数据出版可能无法开展。因为大多数期刊并不具备存储数据的技术条件，因此，从事数据出版的期刊可能只能控制出版过程中的部分信息流，即数据的相关信息或部分小型数据。因而，数据出版的主体是多样化的，而且数据出版需要不同主体之间的合作。数据出版与传统论文出版的最大区别还在于，传统论文出版以封闭的版权保护控制流程，而数据出版却必须以开放、共享的出版模式来促进各种主体的合作。若依赖传统的版权模式，则部分数据出版模式就不可能展开，例如，如果数据存储中心不开放数据的访问，部分期刊就无法进行数据出版。在实践中，期刊出版单位、大学或研究所等学术机构、相关协会、学术社区等都参与到了数据出版当中。

综上所述，笔者认为，数据出版指学术共同体中的学术期刊、学术机构或学

1　Lawrence B, Jones C, Matthews B, et al. Citation and Peer Review of Data: Moving Towards Formal Data Publication［J］. International Journal of Digital Curation, 2011, 6（2）: 4-37.

2　Ray J M. Research data management: Practical strategies for information professionals［M］. West Lafayette: Purdue University Press, 2014.

术社区等相关主体，在科研工作者把自己或同行产生的科研数据及相关信息发布于互联网之前或之后，实施或组织实施对这些科研数据或与科研数据有关的信息进行评议、编辑加工使之符合一定规范和标准并能为学术界方便地获取及再利用和引用的过程。在上述过程中，对数据或相关信息的同行评议以及质量把关可以由上述不同主体单独组织或单独实施，也可由不同类型或相同类型机构合作组织或实施，还可由不同类型机构各自独立组织或实施部分过程，再通过 DOI 链接等手段让不同机构的工作成果共同形成数据出版物。

三、数据出版的形态与未来

（一）基于客体的划分

按照客体，也即数据与论文的关系来划分，数据出版的形态有三种：

第一，数据附属于出版物。这是脱胎于传统的论文出版模式，在这种模式下，数据并不独立，仅限于与已经发表的期刊论文相关的部分。国外不少知名期刊，如 *Nature* 等采用这种模式出版数据。

第二，独立的数据出版。这种模式指数据或描述数据的信息独立出版，不依赖于论文。很多数据存储机构进行的数据出版属于这种类型。这种出版模式，接近于传统的数据共享，与共享的区别在于包含了对数据及相关信息的把关过程。

第三，出版物附属于数据。这是一种近年来兴起的数据出版模式，即出版的核心是数据。

笔者认为，从客体来看，数据出版与论文出版的区别在于：数据出版涉及的数据信息量比论文庞大，涉及的信息类型比论文复杂。客体的复杂导致在很多情况下，单一主体没有能力独立组织出版过程，因而，从主体来划分数据出版类型也有别于论文的出版。

（二）基于出版主体的划分

笔者认为，如果与传统出版模式对照，按照出版主体对信息流的控制方式来划分，数据出版又分为以下三种主要模式。笔者梳理的这三种分类相对于劳伦斯[1]

---

1 Lawrence B, Jones C, Matthews B, et al. Citation and Peer Review of Data: Moving Towards Formal Data Publication ［J］. International Journal of Digital Curation, 2011, 6（2）: 4-37.

更为清晰，劳伦斯[1]主要是从数据存储的角度予以划分，而且本文的划分从出版主体切入，并且将二次出版涵盖进来。何琳等[2]虽然按照不同主体将数据出版划分为三种模式，但三种模式实质仅包含了笔者划分的前两种模式，没有体现出在数据出版实践中非常普遍的由不同主体共同实施数据出版的过程，如期刊负责数据论文，其他机构负责数据。

第一，出版机构控制模式。这种模式与传统论文出版最接近，即主要由期刊出版单位控制围绕数据的信息流。这种模式下涉及的出版物既包括数据，也包括与数据相关的论文。不管是数据附属于论文还是论文附属于数据，期刊既控制论文的出版，也控制与论文相关的数据出版。在这种数据出版模式下，整个数据出版是由期刊推动的，期刊出版单位是整个出版过程的把关人。数据及论文的评议由第三方——学者完成。

这种模式按照数据是否由期刊出版单位存储分为两种：

一种模式是由期刊进行数据的存储，数据完全是传统学术论文的附属物，作者交稿时，期刊的评审专家在评审论文的同时也评审数据。在这种情况下，由于数据是学术论文的补充，因此数据不能独立存在，而是论文的延续。这是最早开始的一种数据出版类型，随着电子期刊的发展而出现。国外的 *Nature* 等杂志采用了这种模式。但是随着数据量的增长，这种模式的弊端也日益凸显。因为数据附属于论文，受到多方面的限制，如数据内容、数据大小、格式等，数据不独立导致不能对数据进行单独引用。其最大的弊端是，因为数据的评审与论文的评审同步进行，大大加重了评审专家的负担，使得数据影响论文的评审。从技术上看，数据需要占用大量存储空间，数据的管理也要耗费期刊大量人力，一般期刊难以承受。国外的 *The Journal of Neuro science* 杂志在实施了一段上述模式的数据出版后，于2010年发布了一个编辑部声明，宣布该杂志不再接受作者投稿时提供附加材料（包括数据），也不再评审附加材料，而且该杂志也不再将作者提供的附加材料发布到其网站上。该杂志随后给出的理由是附加材料

1　Lawrence B, Jones C, Matthews B, et al. Citation and Peer Review of Data: Moving Towards Formal Data Publication［J］. International Journal of Digital Curation, 2011, 6（2）: 4-37.

2　何琳，常颖聪. 国内外科学数据出版研究进展［J］. 图书情报工作，2014，58（5）：104-110.

严重影响了论文的评审过程。[1]

因为上述模式的实行有诸多障碍，一些期刊不要求作者将与论文相关的数据上传到自己的网站，而是上传至指定的存储机构并提供数据获取代码，往往是在特定学科领域获得广泛承认的数据存储机构。例如，Nature集团出版的数据期刊Scientific Data针对不同学科指定了一系列的数据存储中心，并在其网站提供了访问入口。[2] 与上述模式相同的是，作者上传的数据仍然要与论文相关，而且期刊要求作者必须上传数据，否则论文将不被出版。由于数据本身并不受期刊控制，所以这种模式下数据一般是开放的，否则读者很难访问相关数据。

由出版机构控制流程的优势在于出版机构能够通过出版方面的专业知识，严格控制数据及相关信息的学术质量，能够按照出版标准和学术规范加工数据的描述信息。

第二，非出版机构独立控制模式。在这种模式下，数据出版往往由科研机构、大学或相关学术组织建立的专门数据存储机构进行数据的出版。这也是当前进行得非常多的一种数据出版模式，通过搜索引擎我们很容易找到这些机构的网站，如我国的地球系统科学数据共享平台、中国动物志数据库等数据存储机构，美国的康奈尔大学数据中心、美国国家冰雪数据中心等等，还有不少是跨国的数据存储机构。这样的数据存储机构在国内外数量众多，目前这些数据存储机构储存了大量的科研数据。

这种模式的优势是数据的存储和数据的描述信息都在同一机构的服务器上，数据与描述信息同步呈现，避免了可能出现的数据难以获取的情况。与期刊相比，这些存储机构多为获得国家资金支持的大型研究机构，有雄厚的技术实力实现数据管理和策展。但是，由于数据存储机构是研究机构而不是出版机构，在对信息的加工方面不具备期刊的专业性，因而呈现出来的数据描述信息肯定不如正式出版的数据论文详细，在规范性和标准化方面也往往较差。这样的数据出版，更接近于数据存储，呈现的数据描述信息质量差，影响了学术界对其"出版物"地位

1　Smit E, Gruttemeier H . Are Scholarly Publications Ready for The Data Era ？ Suggestions for Best Practice Guidelines and Common Standards for the Integration of Data and Publications［J］. New review of information networking, 2011, 16（1）:54-70.

2　Scientific Data. Recommended Data Repositories［EB/OL］.（2015-07-05）［2022-06-22］..

的认定，部分期刊甚至不允许将这类数据的描述信息列为参考文献。[1] 另一方面，这些研究机构既存储机构内学者提供的数据，也存储外部数据，虽然他们也对数据进行了评审，但评审的公正性会受到外界质疑，也影响了其权威性。

第三，混合模式。有些学者按照数据出版的过程把除了作者的相关主体的角色划分为推动者、鉴定人管理者、评审控制者、把关者、元数据编辑者、元数据制作者、评审者、存储者、策展者。[2] 前两种模式中，这些角色绝大部分情况下由出版机构或数据存储机构独立承担。而混合模式，就是出版机构和数据存储机构分别担任上述角色，共同形成数据出版过程。由于数据的多样性和数据存储机构的多样性，在不同情况下，出版机构和数据存储机构担任的角色和具体角色并不相同。最典型的一种模式就是出版机构出版数据论文，数据存储于数据存储机构，这时数据存储机构作为数据存储的推动者和数据鉴定人管理者负责数据质量，期刊作为评阅过程的控制者负责数据及数据论文的学术质量，评议过程由第三方完成，双方各自制作数据和数据论文的元数据。在其他情况下，可能稍有不同，例如有时作者数据的上传并非由数据存储机构推动，而是由期刊推动的，数据也由期刊评审，但元数据由存储机构制作。

相对于前两种模式，这种混合模式相对灵活，能够最大限度发挥期刊和数据存储机构各自的优势。当然这种模式需要两家机构配合好，因为出版过程是双方共同进行的，一旦数据或出版物信息有变动，必须同步更改。值得注意的是，笔者在这里提出的混合模式，是针对出版主体的角色而言的，范围比文献[3]提出的"混合 Overlay"模式要宽。

第四，"二次出版"模式。目前研究数据出版的文献中并未关注数据出版物的二次出版问题，但这对数据出版的效果至关重要。笔者认为，随着各国高度重视科研数据的共享，会产生海量的数据和海量的数据信息，因而在数据出版后，提高数据在利用者中的可见性甚至比数据出版本身更为关键。因而，既要建

1　Hailey M. Citing data sources in the social sciences: do authors do it？［J］.Learned Publishing, 2011, 24（2）: 99 -108.

2　Lawrence B, Jones C, Matthews B, et al. Citation and Peer Review of Data: Moving Towards Formal Data Publication［J］. International Journal of Digital Curation, 2011, 6（2）: 4-37.

3　Lawrence B, Jones C, Matthews B, et al. Citation and Peer Review of Data: Moving Towards Formal Data Publication［J］. International Journal of Digital Curation, 2011, 6（2）: 4-37.

立数据出版物的"门户网站"，对全球海量数据进行策展，还要建立数据出版物搜索引擎，使利用者能够方便地搜索到所需要的数据出版机构。这实质上是所有网络出版物到达受众的两大手段。目前，由德国研究基金会（German Research Foundation）资助的于2012年成立的re3data.org网站就是这样一个数据的门户网站。数据存储机构可以在该网站注册，该网站会对注册的机构进行评审。在网站上可以用关键词搜索数据存储机构，可以按国家、主题或内容类型浏览数据存储机构，目前该网站已经有1205个经过评审的数据存储机构的信息和链接。

（三）数据出版的未来

上面大致归纳出了当前数据出版的形态，但数据出版作为新生事物正在不断发展，具体形式也在不断创新。例如，上面几种数据出版模式中都有对数据的评审环节，但在实践中评审的过程是不同的。除了用传统论文出版模式的评审，当前一些出版数据论文的出版机构还采用了把数据论文上传到学术社区，由学术社区匿名评审，作者根据意见修改数据论文，最后将评议意见和作者的反馈都发布出来。

笔者认为，数据出版正是把单纯的数据共享和数据存储纳入学术传播的过程，因而数据出版的重点在于"出版"而不是数据。调查显示，大部分研究人员几乎不访问或使用已发表的数据。[1] 通过出版将数据及其信息规范化、标准化，促进数据的再利用。只有通过出版才能让数据的再利用与论文的再利用一样进入学术传播系统，通过传播激励作者上传或发表描述数据的信息。

由于数据出版的复杂性和专业性，数据出版未来的发展趋势应该是多种主体合作，形成多样化的出版模式和合理的社会分工。例如，著名出版商爱思唯尔就和数据存储机构PANGANEA数据中心合作进行数据出版，将数据和论文通过DOI进行关联。[2] 当前的数据出版，数据提供者和数据论文或数据描述信息的作者往往为同一主体，未来的数据出版还应该允许非数据的提供者撰写数据论文，即允许第三人撰写类似书评一样的论文来发掘数据的学术价值。

---

1 何琳，常颖聪.国内外科学数据出版研究进展［J］.图书情报工作，2014，58（5）：104-110.

2 Smit E, Gruttemeier H. Are Scholarly Publications Ready for The Data Era？Suggestions for Best Practice Guidelines and Common Standards for the Integration of Data and Publications［J］. New review of information networking, 2011, 16（1）：54-70.

数据出版的最终目标是汇集与开发全球的科研数据，形成科研数据网络，最终形成科研大数据环境。因而，每个参与主体的作用都很重要。特别是学术期刊，因为掌握了出版伦理规范和标准的专业知识，数据出版的专业化和标准化离不开期刊的参与，期刊也能利用自身的优势地位促进作者进行数据出版。

四、数据出版的主要障碍：伦理规范与标准的缺失

（一）当前的数据出版缺少学术"奖惩"功能

在网络环境冲击下，传统出版物如报纸、图书受到很大冲击，但学术期刊却在数字化浪潮中一枝独秀，受到的冲击最小。这得益于经过多年形成的学术传播生态体系，在这个体系中，作者投稿、期刊出版（数据库集成）、图书馆机构购买、作者的投稿意愿、社会对学术论文的需求、期刊的出版意愿高度一致，最终形成一个良性循环的系统。系统运转的动力正是来自围绕论文出版形成的"奖惩"体系。这种奖惩体系演变到今天，形成了以期刊文献计量评价部分代替论文学术评价的独特现象。国外的 SCI、SSCI、A & HCI、EI，国内的 CSCD、CSSCI 等以文献计量学为主要指标的系统收录期刊成为国内外学者发表论文的主要目标，促进了学术出版的繁荣。能否进入这样的检索系统，甚至具体的影响因子数值成为评价期刊学术质量的指标。在这些系统收录的期刊发表论文，成为评价学者学术能力的指标之一。虽然这个系统的运行并不完美，目前也受到国内外学者的质疑，但其运行效果却不容置疑，极大促进了学术出版和学术交流。

在学术传播体系中，"奖励"系统与"惩罚"系统是相伴而生的。因为作者都希望自己的论文被他人引用，但却不一定愿意规范地标注引用他人论文的情况，客观地反映他人的学术贡献。因而，为了保障"奖励"的有效性、权威性和客观性，"惩罚"系统应运而生。这个"惩罚"系统就是近乎苛刻的学术论文出版规范和标准。最典型的就是参考文献的著录规范和标准，由于已经形成了一种学术界和出版界公认的伦理规范和标准，一旦作者没有规范地标引他人成果，就会面临道德惩罚，也会让期刊声誉受损。这种体系不是一朝一夕建立的，而是通过不断演变的出版单位外部规范和内部规范，通过学者、编辑和管理者的社会化逐渐形成的。

　　而数据出版由于是新生事物，目前尚未形成类似论文出版的各种伦理规范和标准，这就使得数据出版物的学术评价机制没有形成，对作者缺少"奖励"机制，导致作者投稿动机不足。另一方面，由于还没有形成相应的伦理规范和标准，"惩罚"功能失效。调查显示，60% 的学者愿意利用他人的数据，但仅有 40% 的学者愿意发表数据。[1] 国内外的调查还显示，只有少部分学者愿意把数据出版物列入文后参考文献。[2, 3] 上述调查结果与学界争相发表论文，在论文写作时小心翼翼，生怕漏引一条文献形成鲜明对比，其原因正是数据出版伦理规范尚未建立，导致无法形成有效"奖惩"机制。

　　这就导致当前的数据出版主要是由上向下推动，而不是自下而上高度统一。目前推进数据出版的除了部分期刊出版单位，主要是带有政府色彩的基金管理机构或者学术机构，如美国的国家基金管理部门要求其资助的研究开放数据，我国的科技部及中科院等部门和机构都在大力推进数据的共享，2014 年，英国生态学会在下属期刊中推行了强制数据存储政策。[4] 而具体到广大的科研工作者，则明显动力不足。

　　（二）数据出版的复杂性导致统一规范和标准短期内难以形成

　　数据与论文不同，论文虽然也有学科的区别，但论文是结构化的数据，科研数据却是非结构化的，种类多样，例如视频、统计数据、图像、计算数据、编码表、计算模型、问卷等等都是数据，这就导致对数据的描述需求也存在学科差异。有的学科数据可能不需要太多附属信息就能再利用，有的学科需要更多说明。如前文所述，数据出版的形态也远比论文出版复杂，有多种形态，涉及多种类型的主体。此外，数据出版与论文出版另一个不同之处是，随着科学研究的"大数据化"，数据出版更需要跨国合作，一些涉及人类、地球的基础数据一个国家根本无法完

1　Smit E, Gruttemeier H . Are Scholarly Publications Ready for The Data Era？ Suggestions for Best Practice Guidelines and Common Standards for the Integration of Data and Publications［J］. New review of information networking, 2011, 16（1）: 54-70.

2　Rumsey S, Loureiro-Koechlin C. The Role of an Entity Registry in Scholarly Communication: Exploring Creative Uses of Research Activity Data［J］. New Review of Academic Librarianship, 2010, 16（sup1）: 17-27.

3　张英杰，彭洁，张新民，等. 科研人员引用科学数据的问卷调查［J］. 中国科技资源导刊，2013，45（1）: 41-46.

4　Norman H. Mandating data archiving: Experiences from the frontline［J］. Learned Publishing, 2014, 27（SPECIALISSUE）: S35-S38.

成，这也增加了数据出版的复杂程度。数据出版的复杂性，导致短期内确实难以形成统一的伦理规范和出版标准。目前，已经有一些相关组织正在推进数据出版以及相关标准的制定，如推动数据共享的 RDA（Research Data Alliance）、推动数据引证的 Data Cite 等组织，美国标准化组织制定了《在线附加于期刊论文材料的推荐惯例》（*Recommended Practices for Online Supplemental Journal Article Materials*），已经有一些可供参考的标准可以用。但还远远不能满足数据出版的需要。对此，亟需理论探索和具体实践。笔者调查了我国的数据出版情况，发现一些数据存储机构的元数据和给出的数据引用模式与国外相比规范性更差，在数据描述信息和出版者所给的引用信息中甚至找不到具体的数据获取方法，给出的链接是数据存储网站而不是数据的链接，也没有 DOI。

（三）数据出版需要哪些规范和标准

目前，至少应该在以下几个方面制定相关规范和标准，至少在一定学科、一定范围应该先制定出下列标准，最后在兼顾多样性和统一性的要求后，形成一国甚至全球统一的数据出版规范和标准。主要包括：

首先，与数据出版有关的伦理规范。制定数据出版的学术伦理规范是为了保证数据出版的顺利进行。通过出版规范保障数据出版必须保证数据及相关信息的真实性、客观性、可获得性，从而保证数据出版物的价值。为了保证数据出版具备这些因素，可借鉴传统论文的出版模式，制定一套行之有效的"奖惩"机制，如规定对于数据造假者和隐瞒引用数据出版物信息的具体惩罚措施，对于高质量数据出版物的引用应视为对论文的引用，不得在论文写作著录文献时歧视数据和数据出版物。若作者引用数据出版物而不标注，也应视为与引用论文而不标注同等的学术不端行为。只有在传统学术出版伦理中加入数据出版的内容，才能使当前的数据出版进入整个学术传播体系。否则，数据出版更多是数据存储和数据策展，数据的学术价值得不到有效开发。对此，国外学者已经开始探索性研究。[1]

1　Khodjyar V K, Rowlett K A, Lawrence R N. Altmetrics as a means of assessing scholarly output［J］. Learned Publishing, 2014, 27（SPECIALISSUE）: S25-S32.

　　其次，应制定数据出版用稿规范。最迫切的主要有两个方面：其一，评审机制。数据出版评审规范的建立对于提高数据出版质量有重要意义，评审规范的建立需要考虑两方面的因素。一是内部因素，主要指数据出版所出版的数据本身的质量，在评审规范中对数据的质量、规范性、真实性等因素作出具体的衡量标准；二是外部因素，如对评审者的素质要求、评审机制的完善等。还需要研究具体的评审主体，因为数据出版物既涉及文本性信息，又涉及丰富多样的数据信息，传统的学界审稿人不一定能够胜任，对此，是否引入专门的数据评审员是值得深入探讨的问题。总之，如何建立一种有别于论文匿名评审机制的具体数据出版评审机制是数据出版用稿机制的核心。其二，具体用稿机制。与传统论文出版不同，在数据出版中会涉及多个主体之间的合作，主体之间如何配合形成科学用稿机制是另一个值得研究的问题。

　　其三，数据引用规范。现在，国内外一些重要机构在数据出版引用方面的规范一般包括作者（Author）、名称（Title）、版本（Version）、发布机构（Publisher）、发布时间（Publication year）、传播机构（Distributor）、传播时间（Distribution date）、唯一标识符（Unique identifier）、解析网址（Bridge service），并且规定了这些元素的引用格式。随着数据出版的不断发展，这些元素将进一步丰富与细化。但是我国的现状是并没有启动行业甚至国家层面的数据引用规范，现有规范是数据存储机构自己制定，存在不统一、不规范问题。

　　其四，元数据标准。元数据是数据的数据，是对数据及信息资源的描述性基础信息。元数据对于数据出版有重要意义，因为数据是多样的，但是却可以通过统一的元数据标准来结构化、规范化。元数据的意义还在于，只要是数字资源信息都可以有元数据，这就让数据出版物和数字化之后的传统学术出版物——学术期刊、学术著作之间形成同类的结构化数据，使数据出版和期刊、图书在数字环境中形成一定程度的统一标准。2014 年，我国国家标准《科技平台　元数据标准化基本原则与方法》（GB/T30522—2014）开始实施，但是这一标准并非具体的元数据标准，而是元数据标准化的原则和方法。因而，一些数据存储机构制定了自己的数据出版元数据标准，如国家科技基础条件平台建设基础科学数据共享网项目组在借鉴国内外元数据标准研究成果的基础上编写了《元数据参考模型》，其中对元数据的格式、语义、语法、注册、一致性测试和评估完善等方面的内容进行了规定。当务之急，应当在借鉴国内外已有的元数据标准基础上，尽快制定我国统一的数据出版甚至是数字出版的元数据标准。

（原文发表于《中国科技期刊研究》2015 年 8 期，收入本书时做了删改）

新媒体与传媒业实践变革

国外报业数字化先驱媒介融合的进展与挑战
——以《纽约时报》和《卫报》为例

张小强　周晓淇

　　《纽约时报》和《卫报》是美国和英国最有影响力的两家报纸，它们是传统报业进行数字化转型的代表，在数字化转型上做得非常早。2013年《纽约时报》的"雪崩"多媒体报道获得普利策奖，并在全球新闻界引起轰动。2014年，《卫报》获得《英国新闻评论》评出的数字新闻大奖，该报还同时获得年度网站、最佳调查报道、最佳国内/世界新闻网站等多个奖项。这两家报纸进行的媒介融合尝试总是走在最前沿，引发国内外学者的广泛关注。

　　国内研究这两家媒体数字化转型方面的文献不少，但多是站在传统报业转型经验总结的角度。孙发友、董朝[1]从在线收费探索层面指出《纽约时报》"差异化"收费策略是如何实现受众分类并在数字化转型中获得生存的。与《纽约时报》的在线收费模式不同，郑若琪[2]对《卫报》免费加开放型拓展在线广告的商业模式进行了研究。李铁凡[3]分析了《纽约时报》是如何利用社交媒体为其新闻内容生产、新闻传播、开拓市场及维系受众服务的，指出社交媒体和传统媒体处于互补共赢的关系。近年来对《卫报》研究的文章大部分是关于其开放性策略和数据新闻方面的。章戈浩[4]分析了《卫报》是如何利用数据可视化进行新闻叙事，并在实践中提出开放新闻策略以应对新媒体特别是公民新闻的冲击。虽然这些从具体技术层面分析的角度为我国传统报业数字化转型提供了一些经验，但当前的媒介融合环境已经不单单是技术和组织的融合，专业新闻文化和业余用户文化的融合更

1　孙发友，董朝.《纽约时报》在线收费模式［J］.新闻前哨，2012（5）：53-55.

2　郑若琪.英国《卫报》：以开放式新闻构建数字化商业模式［J］.南方电视学刊，2012（3）：112-114.

3　李铁凡.西方报业对社交媒体的运用——以《纽约时报》为例［J］.新闻世界，2014（7）：152-153.

4　章戈浩.作为开放新闻的数据新闻——英国《卫报》的数据新闻实践［J］.新闻记者，2013（6）：7-13.

为重要。系统分析这两个数字化先驱在媒介融合大环境中是如何系统利用用户参与文化以保持用户关注，如何利用融合的新闻呈现方式开创传播新形式的文献还不多。更为重要的是，这些文献介绍经验的同时，往往忽视这两家报纸在媒介融合尝试中面临的各种问题，这些问题对我国新闻媒体正在进行中的媒介融合有更为重要的借鉴意义。

文章对《纽约时报》和《卫报》近年来在数字化转型中的一些实践进行研究，分析二者是如何在媒介融合时代把用户参与文化融入新闻生产和传播过程的，同时也分析两家报纸在转型中遇到的具体问题。

一、新闻生产与传播中的用户参与

在当前媒介融合背景下，内容的生产和传播是一个与用户互动的过程，因而，媒介融合不仅是媒介形态的融合，更是专业文化与用户参与文化的融合。在融合专业文化与用户参与文化方面，这两家报纸都做得比较早。

《卫报》作为较早致力于网络转型的报纸，非常注重用户的参与。该报2006年5月创立了"自由评论"（Commentis Free）版块，联合优秀专栏作家、观察者和其他一些经常撰写博客的评论员、作家成立一个活跃的评论团体。2009年，《卫报》的网站出现数据博客（data blog）版块，将大量的数据汇聚成一个资料库，用户也能参与数据的分析与补充。2012年，《卫报》提出"开放式新闻"的理念，正如其开放平台（Open Plat form）创立宣言里说的，他们"将加快开放其资源来创造更多的机会给应用开发商，无论你想实现更广泛的受众传播，还是让用户更深入地参与到广告活动的创新中，他们都有一系列的服务来成全你的数字野心"。2014年，《卫报》产品经理在阿姆斯特丹世界图书馆博览会的平板及应用出版峰会上概述了他们在开发一系列适用于平板电脑和智能手机的App的过程中让员工和读者提供反馈的实践。作为一个老牌报纸，《卫报》在新媒体行业的冲击下不但没有被击垮，反而积极在新的传播模式中寻找出路，由此巩固了其在英国甚至世界媒体行业中的地位。他们取得这些成功的有效方法就是坚持在媒介融合中创新，利用用户参与提升与用户文化的融合度。

《卫报》融合用户参与文化的实践是全面的，让用户成为真正的新闻参与者，不仅仅停留在信息接收和新闻来源提供的传统层面。对于一个新闻事件，开放地接受受众的评论，并把有讨论价值的评论刊登在其网页上，受众思想碰撞的火花构成了新闻的一部分，其他用户又可以就有价值的评论进行讨论，这些受众互动产生的内容就是时下被业界热议的用户产生内容（UGC）。对于用户产生的内容，《卫报》在使用上也比较注重内容的真实性，"读者编辑部"会对这些内容进行筛选和更正，任何一位读者都有权利对这些内容进行错误纠正，只需向更正和澄清专栏（Corrections and Clarifications Column）的编辑反馈。

《纽约时报》的网站自成立起就在新闻业界产生广泛影响力，成为美国几大新闻网站之一，其网站的特色就在于新闻下方严肃认真的讨论。为了更好地与用户参与文化融合，该报于 2008 年成立了自己的社交网站 Times People，允许网站的注册用户向其他成员推荐文章，并和 Facebook 这类社交网站联合起来，希望通过社交网站搜集更多的用户信息，并通过这些信息实现其广告和集团业务的收益。此外，《纽约时报》还鼓励自己的员工以博客等各种网络形式建立自己的品牌，吸引用户关注。2012 年，《纽约时报》开始在免费信息平台 Flipboard 上架他们的内容，首次允许用户通过第三方阅读平台获得其内容，目的是实现平面媒体和移动设备的联合，满足用户在其他设备上获得阅读体验的需求。近年来，移动客户端的崛起也迫使《纽约时报》开始和 iPad 等合作，扩展多元化渠道传播高质量的内容。

总之，《纽约时报》的做法就是紧跟用户，用户在哪个平台，他们就把内容做到哪个平台。在用户参与文化的利用上，《卫报》比《纽约时报》走得更远，前者总是有一些非常前卫的做法，让用户深度参与到新闻的生产中，进行一些颠覆性尝试。而《纽约时报》则相对保守，把自己定位为专业内容提供者，对用户参与文化的利用，主要目的不是探索新的新闻生产方式，而是通过经营用户扩大内容在网络上的传播范围。

二者的区别体现在对众包新闻的态度上。众包新闻脱胎于 20 世纪 90 年代美国的"公民新闻"，根植于把受众置于新闻报道核心地位的新闻报道理念，发轫于当下自媒体时代人人都是发言人的新闻准入门槛逐步降低的大背景中。[1] 众包内容对于新闻媒体来说存在两方面的价值，一方面，通过受众参与的过程加强媒

---

1 滕瀚 . 众包新闻：未来新闻报道模式中的一匹黑马［J］. 传媒观察，2014（8）：8-10.

体与用户间的联系，有利于用户忠诚度的培养；另一方面，在一些大型多媒体报道中，新闻材料众多，资料的搜集整理如果仅仅依靠记者，其效率是很低的，通过新媒体平台用户的参与，可以汇聚大众的资源和智慧完善报道。2013 年，《卫报》推出 Guardian Witness，鼓励用户充当记者，上传当地新闻照片，从中选出值得报道的新闻予以推送。2014 年，《卫报》又发起邀请用户参与关于"第一次世界大战多媒体项目"的众包翻译。这个多媒体项目包括音频、视频、图片和一些互动元素，旨在阐述战争如何扩张，战争对不同地区的士兵和公民产生的影响以及战争是如何改变世界地图的。《卫报》邀请世界各地用户把这些信息翻译成英语、法语、德语、意大利语、北印度语、阿拉伯语等多种语言。《卫报》多媒体编辑弗朗西斯卡·帕内塔在阐述此次众包翻译的动机时强调，"作为一个全球性的报纸，《卫报》必须放眼于全球视野才能适应受众的需求"。这项计划被公布的当天，《卫报》收到了来自印度尼西亚、巴西、俄罗斯等国家对此项目感兴趣的个人或组织的回应，他们纷纷表示愿意参与翻译。由于参与用户当中既有专业人士也有业余人士，《卫报》会根据情况组织专业的校对小组对这些材料进行核实和修改。

二、融合式的新闻呈现方式

新媒体时代，信息极度丰富，传播形式多样，受众也逐渐形成"泛阅读"习惯，对于新闻媒体来说，如何把有用的信息巧妙地呈现出来并让受众接受是一个难题。因而，信息可视化开始运用在新闻报道中，即"用创建图形、图像或动画，以便交流沟通讯息的技术和方法"。这种互动的报道方式，可以使用户在消费新闻信息时，有更强的参与感和不一样的多媒体互动体验。《纽约时报》和《卫报》都推出了一系列信息可视化的报道，获得非常好的社会反响。

2012 年 12 月 20 日，《纽约时报》网站发表了一篇题为《雪崩》（Snow Fall）的关于美国华盛顿州喀斯喀特山脉雪崩事件的专题报道。《雪崩》完美融合了新闻报道与多媒体交互技术，用图片、文字、视频和 3D 模拟动画等描述了发生在华盛顿州喀斯喀特山脉一次惊心动魄的大灾难。该专题报道一经发表，就引起巨大反响。此后 6 天，关于这篇报道的留言超过 350 万条，访问者超过 290 万，其中有 1/3 的访问者是《纽约时报》的新增读者，他们大多是社交网站分享链接带来的读者。新媒体时代，高品质的内容在网络迅速传播，专业新闻媒体可以通过网络上可视化融合报道重获受众的青睐。除了《雪崩》报道，《纽约时报》在报道"伊拉克战争""美国大选"等事件时都运用了信息可视化方法，通过互动图像把信息清晰地呈现在用户面前。

而《卫报》近年来走的是"数据可视化"的路线，把数据新闻和"可视化"相结合，制作出了不同于传统数据呈现的数据新闻产品。《卫报》在 2010 年利用维基解密数据和谷歌地图提供的免费软件制作了关于"伊拉克战争"人员伤亡情况的一幅图，把"伊拉克战争"期间死亡的 39.1 万人通过一个个小红点在地图上以坐标形式显示出来，再结合 Flash 动画技术呈现。接着又把 2004 年到 2009 年巴格达的伤亡人数通过 6 张坐标地图分别按年份展示出来，读者可以从这 6 张地图中清晰地感受到战争造成的人员伤亡是如何随着时间的推移持续增加的。摒弃了以往复杂数据和表格式呈现方式，这种把数据"可视化"的故事表达方法，把战争带来的惨重伤亡直观地展示出来，比文字更有说服力，比数据更有感染力。

2012 年 1 月 5 日，《卫报》在其网站上发布了一条题为"中东抗议互动时间轴"的可视化图形。图形的横轴代表 17 个国家，延伸的纵轴代表时间 2010 年 12 月到 2011 年 12 月，不同颜色的点代表不同的新闻事件——绿色表示群众抗议活动，黄色表示政治事件，红色表示政权更替情况，蓝色表示国际反应。网民可以通过拖动图形上方的时间标尺选择任意时间发生在各国的有关新闻，同时点击代表每个新闻事件的点就能跳转到相关新闻的完整版面。传统新闻呈现方式很难将一个时间跨度如此之长、波及国家如此众多、影响范围如此之大的新闻事件在一条新闻中完整呈现，而如今的多媒体技术却能做到，宏观上让受众通过可视化图形了解到阿拉伯之春对中东国家造成的影响。

两家报纸的信息可视化实践，都投入了大量的人力和物力，建立了有程序员加入的数据团队，这对于缺少技术实力的其他报纸来说，似乎不具备可复制性。一项对 2006 年《纽约时报》和《卫报》关于"伊拉克战争"的可视化报道对比显示，《纽约时报》的可视化形式要明显简单很多。分析其原因，就在于数据团队要为当时即将开始的美国中期选举做准备，对伊拉克报道的投入自然减少。这说明，即使《纽约时报》这样的报业巨头，也很难保证同时进行多场可视化报道。

三、对社交媒体的利用

根据网络流量分析公司康姆斯科公司 2014 年 8 月进行的调查，80% 的美国成年网民访问数字新闻。美国皮尤中心 2013 年 11 月发布报告显示，64% 的美国成年人使用 Facebook，其中近 30% 的使用者通过社交媒体获取新闻。Facebook、You Tube 等社交网站都开始把提供新闻服务作为自身发展的重要环节。传统报业机构需要利用社交网站提供的平台与那些年轻的、倾向于社交网站的读者们建立联系。对社交媒体的利用，既是为了融合用户参与文化，也是为了扩大自身影响的无奈之举。因为利用 Google 提供的流量分析工具进行的调查显示，不论是 BuzzFeed 这样的新兴网络新闻机构还是《纽约时报》这样的传统新闻机构，其网站访问流量的大部分都来自 Facebook 等社交媒体，在这种情况下，任何机构都不可能忽视社交媒体。

2009 年，《纽约时报》任命了首位"社交媒体编辑"，着手负责《纽约时报》在 Twitter、Facebook 两大社交媒体上的传播。社交媒体编辑的主要任务是帮助记者、编辑们利用社交媒体获得消息源，追踪热门事件，引导用户参与讨论。为了提升报道质量，增强用户黏性，《纽约时报》在 2010 年还提出记者必须学会如何通过社交网络建立与读者的联系。2011 年，《纽约时报》开始实行线上收费制度——"付费墙"（paywalls），为了弥补线上收费所带来的用户流失，随后他们通过在 Twitter 上建立账号发布一些文章链接的方式保持与老用户的联系。社交媒体能为新闻媒体带来更多的受众，老用户把自己感兴趣的新闻通过社交网站分享，让其他原本会错过新闻的人看到这些内容，从而扩宽受众群。截至 2014 年 12 月 23 日，《纽约时报》在 Twitter 发布了 16 万条推文，其粉丝量更是高达 1400 多万。《卫报》的 Twitter 账号共发布了 10.3 万条推文，其粉丝已超过 300 万。2014 年，《纽约时报》还成立了专门的用户部门，以更好地与用户在社交媒体上互动，扩大该报影响力。

从伦敦地铁爆炸新闻案例中，《卫报》开始认识到社交网站在突发性事件报道中的重要作用，因而也开始重视对社交媒体的运用。该报主张通过社交媒体和受众保持密切联系。《卫报》让记者把自己的个人网站和博客上的文章链接到

Twitter 和 Facebook 等社交网站账号上以吸引粉丝。网民可以很方便地阅读到专业记者们的文章并进行评论，记者可以通过这些平台与网民交流，了解受众需求的同时也能向受众寻求信息上的帮助。如今，《卫报》在 Twitter 上的粉丝量已经远远超过其订阅用户，这些粉丝给他们网站带来的流量成为《卫报》品牌推广中的无形财富。2009 年，《卫报》获得了 G20 会议期间一个警察殴打报贩的视频，并将该视频上传到自己的网站，然后由自己的新闻工作者分享到 Twitter 上。很快，该视频通过社交媒体形成了病毒性传播，在网络上形成了巨大影响。

四、媒介融合面临的几大挑战

虽然《纽约时报》和《卫报》通过上述几项措施进行了媒介融合的各种实践，也在国内外获得广泛影响力，然而他们也同样面临挑战，这些挑战可以说是国内外报业进行数字化转型、媒介融合都必须面对的普遍问题。

（一）报纸的印刷版：还不能完全甩掉的包袱

随着数字化浪潮的兴起，受网络化的冲击，传统报纸的印刷版发行量不断萎缩，不少报纸开始停止印刷版的发行，只做数字版。2009 年 3 月，《西雅图邮报》停止印刷版发行，随后《新闻周刊》和《美国新闻与世界报道》等杂志也选择放弃印刷版。2013 年 9 月，被称为"全球最古老报纸"的《劳埃德船舶日报》也宣布停止印刷版，全面数字化。2014 年 3 月，《新闻周刊》印刷版又重新在美国和欧洲发行。在转型中是否要放弃印刷媒体已经成为传统报业新时期面临的重大抉择。

虽然印刷版总的来说并不盈利，但《纽约时报》还未到放弃印刷版的时候，印刷版要消耗大量成本，但却能带来核心读者群，如何把这些读者群顺利转向数字版需要一个过程。印刷版的广告收益一直是《纽约时报》的重要收入来源，这些收益在《纽约时报》全部实现数字化之后能否保持也是一个未知数。根据《纽约时报》的内部报告，该报编辑部每年的运营成本大概在 2 亿美元，除去报纸，在编辑部以外的运营大概要耗费 14 亿美元，而印刷版耗费的成本不到一半。即使《纽约时报》节约了所有的印刷成本，他们仍然要在技术人员、广告营销、商业管理等其他方面花费大量资金。如果《纽约时报》放弃印刷版，可以把年运营成本降至 7 亿美元。如果纸质版停止发行，假设有 1/3 到 1/2 的报纸读者愿意转向数字版，将增加 7800 万至 1.17 亿美元的收入，即便乐观地估计 1/5 的广告商愿意转投数字版，将会增加 1 亿美元的广告收入，而《纽约时报》单在数字广告和订阅上的年收入仅为 4 亿美元左右，这样测算的 6 亿美元的总收入与上述运营成本相比，仍然会面临 1.5 亿美元左右的亏损。因而，目前印刷版虽然不挣钱，但甩掉印刷版《纽约时报》损失更大。这反映了很多传统媒体的共性问题，印刷版带来亏损，但没有印刷版经营也不见得能够好转。

另据《卫报》2014 年 8 月 19 日的一篇报道称，研究显示"电子阅读效果不如纸质书""纸质书读者在移情、专注、叙述连贯性等方面强于电子书读者"。即使现在报刊电子阅读盛行，但读者碎片化的阅读习惯很难达到以往媒体对重要新闻所期望的传播效果。报纸纸质版是传统媒体的包袱，但也恰恰是传统媒体的优势所在。在新型网络新闻机构的竞争中，《纽约时报》和《卫报》都无法和BuzzFeed 等比用户的访问量，但在影响力和传播效果方面却远远领先。

（二）盈利压力：影响力无法完全转化为盈利能力

虽然在数字转型道路中两家媒体都取得了各自的成果，但都面临着如何把影响力转化为盈利的问题，传统报业经历着有史以来最剧烈的转型阵痛。

《纽约时报》2014 年第三季度的财务报表显示其营收为 3.647 亿美元，比2013 年同期增长 0.8%，但依然有 900 万美元的亏损，大约占总营收的 2.5%，这些损失主要来自裁员费用和新产品的投入。《卫报》去年也遭受了 5200 万美元的损失，但这个数字已经与前年的 5800 万美元相比有所改善了。与《纽约时报》相比，《卫报》的盈利压力相对较小，因为《卫报》隶属的整个集团盈利状况良好，有足够的资金弥补其报纸运营造成的财政赤字，这也是《纽约时报》急于推出付费墙项目而《卫报》并没有推进的原因，反而更乐于尝试新的报道模式。

一方面，资本结构不同决定了两者盈利压力的不同，也导致两家报纸采取了完全不同的商业模式。《纽约时报》2011 年推出"付费墙"，随后数字盈利持续增长，但增幅却不稳定，加上印刷收入的逐年下滑，新技术和新人才的引进等花费让其收支难以平衡。虽然到 2013 年，《纽约时报》的付费墙收入首次超过该报的数字广告收入。但 2014 年的统计却显示，付费墙收入的增长变得非常缓慢，前景不容乐观。不同于《纽约时报》的在线收费，《卫报》的数字收入主要来源于数字广告，在线 App 和移动网络、约会网站带来的收入也是它数字收入持续增长的因素，《卫报》的高层也逐渐认识到"需要直接从读者那儿获得利润"。

另一方面，新兴新闻网站提供免费内容使传统报业线上收费策略受阻，在网络读者数量方面，《赫芬顿邮报》和 BuzzFeed 的用户数量均高于《纽约时报》。《纽约时报》在一份内部报告中称："在读者流量方面，《赫芬顿邮报》多年前就超越我们，BuzzFeed 也于 2013 年超越我们。"《赫芬顿邮报》为了获得受众的点击量，提出了"SEO"（搜索引擎优化）策略，一部分人从事传统的采编业务，另一部分人则坐在编辑室里，时刻紧盯谷歌等搜索引擎和社交媒体网站，看哪些搜索关键词最受关注，然后根据这些关键词撰写、发布新闻故事。新兴新闻网站在与用户的互动和对新技术的接收方面要比传统报纸更有优势，这些冲击对于传统报业来说是不小的挑战。

更为关键的是，《纽约时报》和《卫报》秉持新闻专业主义，很少传播病毒性内容，但 BuzzFeed 等新兴网络新闻机构却充分利用用户产生的病毒性内容（即无新闻价值，但容易引起用户转发的内容，如宠物图片、搞笑内容）来吸引用户。统计显示，BuzzFeed 上有 2170 条有关猫和狗的内容，却总共获得 2.91 亿次的浏览量。传统大报无法传播同样的病毒性内容，但是在媒介融合的环境中，新闻性内容却要和病毒性内容形成竞争，数字化转型的传统报纸也要和新兴网络媒体竞争。这就使得传统报纸无法轻松获得访问量，也很难将访问量转化为盈利。

（三）新闻工作者的旧观念需要克服

第一，传统报纸媒体的员工需要克服对社交媒体的偏见。《纽约时报》的很多记者面对是否要积极利用社交媒体等新技术为新闻采编活动服务的问题存在着分歧。2014 年，BuzzFeed 首次曝光了《纽约时报》的内部分歧，引起业界震动。很多老牌记者认为把时间花在社交网站上还不如把时间用在做新闻上，Twitter 上 140 个字的文章在很多专业记者看来算不上真正有价值的新闻。第二，需要克服整个新闻界排斥程序员的心态。调查显示，不少新闻工作者认为新闻专业主义意味着存在一个新闻共同体，主要包括受过新闻专业训练的新闻记者和编辑们。但是数据新闻等新的尝试直接把程序员招进新闻机构从事新闻报道活动，国外很多新闻工作者并不认可这些程序员的新闻工作者地位，这种意识必然会影响到数字技术人员和新闻工作者的团队合作。第三，对创新的报道方式存在争议。《卫报》进行的不要把关人、直接由用户挖掘新闻的众包式新报道模式，不少新闻界人士并不认可。第四，新闻工作者在使用社交媒体的过程中也容易失去规范，存在管理上的困难。虽然国外不少新闻机构制定了社交媒体规范，但这些规范也存在争议。[1]

（四）对社交媒体平台的过度依赖

与传统媒介—受众关系不同，网络中阅读新闻成了社交、搜索、游戏等活动的附属行为。统计显示，《纽约时报》和《卫报》的新闻客户端获得的访问量远不及 BuzzFeed 等传播新闻又传播病毒性内容的新兴客户端。而不管是老牌新闻机构还是新兴新闻机构，其网络流量大部分来自社交媒体。这令传统新闻机构处于两难境地，如果他们在社交媒体上传播病毒性内容，会影响自身专业形象，如果仅传播新闻内容，会流失部分用户，使得传统新闻媒体在转型过程中不得不过度依赖于社交媒体平台，因为只有通过用户在社交媒体中的社会网络传播新闻，才能在吸引用户和保持专业性之间保持平衡。

然而，由于新闻内容的社交功能非常弱，不管是《卫报》还是《纽约时报》都无法像 Facebook 和 Twitter 一样长期吸引用户的注意力，只能作为上述社交媒体平台的一个机构用户。这两家传统报业巨头的命运实质上被社交媒体平台运营商掌控，一旦运营商改变策略，将会影响他们。2015 年 3 月，Facebook 宣布将不再提供新闻内容的外部链接，转而把新闻机构的内容集成在自己的平台内部，这样做虽然是为了提升用户体验（据说用户可以节约 1 秒多的等待时间），但长期看，这使得新闻机构成为社交媒体平台的内容提供者，而社交媒体平台则凭借自己能够聚合众多新闻机构的优势又与新闻机构形成竞争。《纽约时报》是与Facebook 合作的首批新闻机构之一，但这样做的前景并不乐观。

五、结语

本文梳理了《纽约时报》和《卫报》在数字化转型过程中实施媒介融合的一些具体做法。这两大报纸的经验虽然值得借鉴，但新闻报道形式的创新、用户参

---

1 张小强. 传统新闻机构对社交媒体的控制及其影响：基于对国外 30 家机构内部规范的分析［J］. 国际新闻界，2014，36（12）：149-164.

与的融入、社交媒体的利用等具体措施都需要投入大量的资金、技术和人力，还需要内部管理的变革与之相适应。这是国内新闻媒体在采取类似措施时需要注意的。不少实力相对弱小的新闻媒体如何进行数字化转型，如何进行媒介融合，更需要谨慎行事。这两大报业数字化先驱在转型中面临的挑战具有普遍性，更需要国内传统媒体和管理部门警惕。

国外两大报业数字化先驱投入和努力巨大，依然面临各种挑战，而且上述挑战带来的问题短期内并无解决的可能。虽然离本文初次发表已过去8年，《纽约时报》和《卫报》在使用VR等新技术上继续探索，经营也有新的发展，但本文所指出的根本问题并未改变。这说明在当前的网络传播环境下，传统新闻媒体只能努力扩大自己的社会影响力，但要通过影响力获得经济上的盈利是非常困难的。在当前媒介融合战略和市场化改革并进的态势下，国家应给予数字化转型中的新闻传媒机构更多的经济扶持政策，以社会效益为主来评价媒介融合和体制改革的实施效果。

（原文发表于《科技与出版》2015年8期，收入本书时做了删改）

产消融合时代视频网站的 UGC 激励机制研究

张小强　杜佳汇

1980 年，阿尔文·托夫勒在著作《第三次浪潮中》中，将 Producer 和 Consumer 两个词合二为一，创造了新词 Prosumer（产消者），预言生产者和消费者的角色将变得模糊，两者将融合。[1] 该预言在 Web2.0 时代变为现实，传统的受众（信息消费者）被赋予了信息生产和传播的功能，向产消者转型，产消融合时代来临。越来越多的学者们倾向于使用"用户"的概念来定义产消者们的身份。很多文献分析了用户文化与专业文化的差异、作为产消者的积极性和主动性。但研究网络媒体机构如何与用户互动，如何有策略地让产消者为其经营所用的文献还不多。事实上，产消者们表演的舞台是由各种网络平台提供的，在当前的网络环境下，不仅用户积极主动，作为专门传播机构的网络平台也更为积极，他们通过对用户产生内容的各种激励，把用户文化融合到自己的机构专业文化之中。当前各种网络平台呈现的正是一种专业文化与用户文化的融合。因而，研究网络平台如何激励 UGC（用户产生内容，User Generated Content）有助于理解网络平台经营者是如何与用户在内容生产方面互动并把这种互动融入其商业目标的。本文以优酷视频创收平台为例，分析视频类网站的经营者们如何设计 UGC 激励机制，激励用户生产高质量的原创内容，尝试弥补学者研究用户参与方面的不足。

一、研究背景

UGC 虽然是 Web2.0 时代内容生产的主流方式，用户生产内容数量的多少和质量的高低关乎各种商业应用能否成功，但用户生产的内容大多免费提供给公众，就不可避免地产生"搭便车"行为，导致极少数人自愿生产的内容供大多数人免费使用，长此以往，谁还会成为自愿的贡献者？这种不均衡性已得到不少研究验

1　Toffler A. The Third Wave［M］. London: Pan Books,1980: 281-283.

证。Jakob Nielsen 提出了用户内容生产的 90-9-1 法则，即在绝大多数依赖用户生产内容的网络社群里，90% 的用户并不会参与到内容生产环节，他们只是单纯的看客；9% 的用户会不定期地为社群提供 10% 的内容；1% 的用户包揽该社群 90% 的内容生产。[1] Meeyoung Cha 等学者验证了 YouTube 网站用户生产内容过程中的帕累托法则，即极少的用户为 YouTube 贡献了大量内容，而绝大多数用户只生产了很小一部分。研究者们还发现，在用户生产的这些内容中，最受欢迎排行榜前 10% 的视频占据了总浏览量的 80%，剩下 90% 的用户生产的内容几乎无人问津。[2]

如果 UGC 平台的提供者任上述现象发展，必然影响自身经营。因而，如何激励新媒体环境下用户进行高质量的内容生产是其发展中面临的重要问题。对国内视频网站而言，开始多以 UGC 起家。后来由于用户上传的盗版影视作品让平台也承担间接侵权责任，视频网站开始引入 PGC（专业生产内容，Professional Generated Content），包括引进正版内容、播出自制内容等具体策略，借以解决版权纠纷并提高整个平台的内容质量，吸引用户。然而 PGC 只能解决用户作为"观众"的参与程度，却无法解决用户作为"生产者"的参与程度。用户在生产内容上的参与程度越高，就会对平台越忠诚。

另一方面，UGC 是视频网站开发 PGC 的基础。尽管目前火爆网络的各大原创视频大多已脱离 UGC 行列，由专业内容生产团队制作，视频网站推广，但这些 PGC 大多由早期的 UGC 进化而成，属于 UGC 中的高质量内容。广泛传播的 PGC 是以 UGC 呈现的用户文化为基础的。PGC 项目在商业上取得的成功令业界侧目，有人提出视频网站应该抛弃 UGC 战略，转战 PGC。在笔者看来，其实这些 PGC 大多是视频网站从众多的 UGC 资源中挖掘出来的，倘若彻底抛弃 UGC 来谈 PGC 的发展，恰恰是断了 PGC 的来源。因此，笔者认为，如何吸引用户参与到内容生产与传播的队伍中来仍是现阶段视频网站们亟需解决的难题。

视频网站同样具备社交媒体、平台的显著特性，因此影响视频网站用户内容生产的因素与虚拟社区、社交媒体等类似。前人有关虚拟在线社区、社交媒体等

---

1 Nielsen J. The 90-9-1 Rule for Participation Inequality in Social Media and Online Communities[EB/OL][2006-10-08].

2 Cha M, Kwak H, Rodriguez P, et al. I tube, You tube, Everybody Tubes: Analyzing the World's Largest User Generated Content Video System [J] .ACM IMC, 2007（10）: 1-14.

用户行为的研究已较为成熟，笔者对前人有关博客创作动机、虚拟社区知识共享行为等研究成果的梳理发现，用户内容生产的影响因素大致分为两个方面，即个人因素和环境因素，如表1所示。

表1 影响用户内容生产的因素

类型	层面	具体因素
个人	动机层面	兴趣爱好、助人、奖励/回报、形象/声誉、拓展关系
	能力层面	自我效能感（专业知识、经验经历）
	人口统计学特点	职业、年龄、性别
环境	技术层面	平台简单、易用、有用、对隐私安全的保护
	情感层面	社区氛围、社区向心力、社区认同感和归属感

下文分析优酷主要使用的动机层面、能力层面和环境情感层面的具体激励机制。

二、动机层面：以经济激励为主

皮尤研究中心一份针对233位博客作者的电话访谈报告显示，获得经济回报是影响博客作者创作的主要因素之一。对于优酷这样的商业平台来说，最直接有效、好操作的就要数经济回报了。优酷推出创收平台的主要目的是通过广告分成、粉丝赞助等多种经济回报方式，刺激用户积极进行内容生产。

很多视频网站早前都曾推出过视频分成计划，但由于准入门槛过低，对用户上传视频没有原创要求，导致很多视频质量低、抄袭严重，最终都不了了之。优酷创收平台为了解决上述问题，设置了较高的加入门槛。用户加入的首要条件是上传原创或授权视频。笔者在自频道论坛上调查发现，大多数申请被拒绝加入的用户都卡在了原创这一要求上。为此，论坛版主发布公告贴，讲述原创视频的要求、如何提高原创审核通过率以及授权视频需要提交的书面材料。此外，申请加入平台的用户还必须满足自频道道长等级7级以上。按照优酷官方说明，道长7级要求连续半年内用户频道里的视频平均每天播放时长在250~800个小时。

用户表示这个准入门槛的确比较高，有用户表示："平台刚成立时，准入门槛是视频播放量达到100万，后来曾一度降到15万，去年11月份突然提升至道长等级 7 级。我算了一下，按照我一个视频平均 5 分钟的时长，一天必须要有 3000 个播放量才能达到道长 7 级的最低标准。我已经加入创收平台一年多了，也就最近一个月才升至道长 7 级。这对新用户来说门槛提高幅度还是挺大的。"[1] 还有用户认为："道长等级 7 级好难，比之前一百万播放量还难，看来还要再努力一年。"[2]

优酷提升了加入门槛后，从用户的反馈情况看，大部分人表示支持，认为此举保证了原创视频的质量，也给了他们加入平台的更多动力。

当然，优酷没有完全关闭部分优质用户进入创收平台的大门。对于那些自认为作品优秀但级别不够的用户，可以通过绿色通道申请提前加入创收平台。申请绿色通道的用户被要求在自频道论坛的指定版块发帖阐述自己的理由，由优酷官方予以审核。每天该版块都会有 3~4 个新帖子申请绿色通道，优酷官方会定期公示通过审核的名单。调查发现，这些通过审核的用户大部分不是一次通过，都是经过几次申请、修改，再申请才能成功。

加入优酷创收平台后，用户可以参与平台提供的各项创收服务。同其他视频网站一样，优酷创收平台也将广告分成作为主要的创收工具，但并不完全依赖于此，同时也推出了边看边买、粉丝赞助等多种用户创收工具。据优酷创收平台 2014 年的数据显示，在全新的分成模式下，优酷全年共为原创用户提供 3280 万分成，其中"big 笑工坊"以 126 万元收入成为年度分成最高的个人用户。[3] 优酷推出创收平台以来，捧红了不少月入数万元的个人用户，未来的目标是将月入数万元的用户人数扩大至万人以上。通过这种高额度的经济刺激，挖掘有潜力的用户升级成为专业内容生产者，为优酷未来在 PGC 领域的发展储存实力。按照优酷官方说明，广告分成是将原创作品产生的广告收入的 30% 返还给用户，这一直是原创用户们获得经济回报的最主要来源，尤其是对于普通个人用户而言。因为他们与拥有固定粉丝基础的明星用户不同，很难通过粉丝送礼、边看边买等与粉丝经济挂钩的创收服务获利。当然，对普通用户而言，获得经济回报也并不是

1　来自对平台用户的采访笔记。
2　来自对平台用户的采访笔记。
3　优酷创收平台数据公布［N/OL］. 环球网科技（2015-03-18）［2022-06-22］.

他们制作视频的主要动力。如一位加入创收平台一年多的女性用户，利用业余时间录制电脑教程类视频，初衷是分享知识，帮助他人。现在因为创收平台，每天能获得的广告分成十几元，"算是一个小小的鼓励，最主要的是给予我成就感，让我能坚持做下去"。下图为该用户某段时间内的视频播放量和收支统计，"实际收入会比官方给出的估算收入低 15%~20%，这主要跟实际投放的广告类型有关"[1]。（图 1）

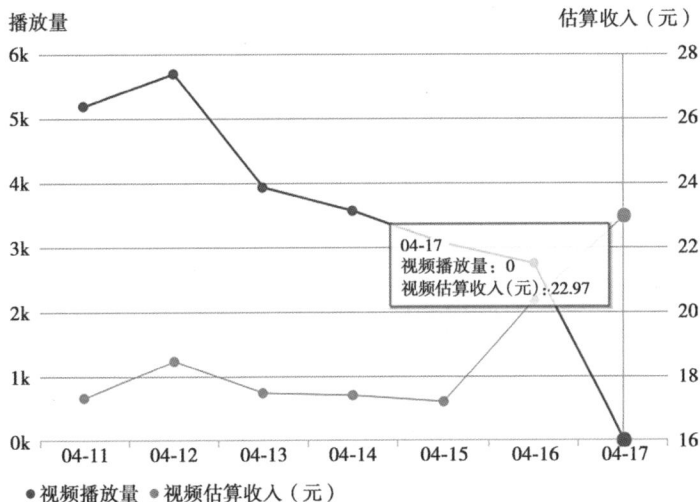

图 1　某用户视频播放量和收支统计

粉丝赞助、边看边买等与粉丝经济捆绑的创收服务主要的受益者是那些已经拥有固定粉丝群体的明星用户或团队用户们，如"暴走漫画""big 笑工坊"等。这些用户大多在优酷经营多年，每周固定更新视频，品牌效应已经形成，基本上脱离 UGC 行列，成立 PGC 团队或工作室，全职进行视频制作。粉丝赞助和直播打赏类似，粉丝通过送优豆（1 优豆 =1 元）的方式表达对视频作者的喜爱和支持，优酷按照 70% 的比例返还给用户。除了获得经济回报，粉丝赞助更起到了原创作者与粉丝们沟通、互动的作用。原创作者们经常会给赞助粉丝们相应的奖励，直接实现了对粉丝的管理和激励，培养了高黏度、高互动性的粉丝群体。边看边买则是优酷对接阿里大平台后试水视频电商的主要举措。原创作者们可以为自己的视频选择匹配的商家和商品，进而获得商品售卖的提成收入。边看边买产品广

1　来自对平台用户的采访笔记。

告会出现在视频画面的右下角，不会像硬插广告那样引起观众的反感，也为原创作者们提供了充足、稳定的流量变现需求。

通过上述多种方式相结合的经济回报制度，优酷较好地实现了对用户的经济激励。然而，有关用户内容生产动机层面的研究显示，获得经济回报仅是用户众多动机之一。布兰查德等学者通过类比实体社区，提出用户自身的兴趣爱好是促使其参与虚拟社区分享行为的最重要因素。[1] 其次，李等学者通过对 104 位虚拟知识社区的活跃者的调查发现，享受帮助他人的快乐是用户们积极进行知识分享的主要原因。[2] 余[3]等学者和李志宏[4]等学者通过对不同样本的调查，发现利他心理极大影响了用户的在线知识分享行为。赵越岷等人也指出强烈的互惠感能够促使人们在虚拟社区中共享信息。[5] 此外，树立形象，赢得声誉和面子以及拓展社会关系网络都是经过学者们验证的影响用户内容生产的主要动机。且对于大部分普通用户而言，通过生产内容获得经济回报既需要投入大量的精力，还需要相当长时间的积累才能达到优酷创收平台的准入门槛，在实际运作中很难实现。这部分用户的内容生产动机主要集中在兴趣爱好，树立形象、声誉以及拓展自身社会关系网络等方面。

上文所述的那位女性用户，其分享动机不是经济回报而是一种成就感。优酷目前在用户动机层面的激励措施局限在经济回报，其他方面的开发非常少，基本处于一种自然状态。尽管视频下的点赞、评论等功能以及为用户设置道长等级的做法一定程度上能够满足用户提升形象和声誉的心理动机，但这些措施还停留在视频平台的基本功能层面。事实上，只有将经济回报与巩固用户的兴趣爱好，帮助用户了解其作品的传播和反馈情况等手段结合起来，才能真正把握住用户身份的转换，在动机层面上激励用户参与。

1　Blanchard A L, Markus M L. The Experienced "Sense" of a Virtual Community: Characteristics and Processes [J].The Data Base for Advances in Information System, 2004, 35（1）: 65-79.

2　Lee, Matthew K O, Cheung, et al. Understanding customer knowledge sharing in web-based discussion boards: An exploratory study [J]. Internet Research, 2006, 16（3）: 289-303.

3　Yu T K, Lu L C, Liu T F, Exploring factors that in fluence knowledge sharing behavior via weblogs [J]. Computers in Human Behavior, 2010, 26（1）: 32-41.

4　李志宏, 李敏霞, 何济乐. 虚拟社区成员知识共享意愿影响因素的实证研究[J]. 图书情报工作, 2009, 53（12）: 53-56.

5　赵越岷, 李梦俊, 陈华平. 虚拟社区中消费者信息共享行为影响因素的实证研究[J]. 管理学报, 2010, 7（10）: 1490-1494, 1501.

笔者认为，优酷过于注重经济回报来刺激用户产生内容的原因，一是在于这种激励方式比较容易通过播放量等指标识别出商业价值较高的视频，而其他方面动机的激励则无法识别视频商业价值的高低，因为用户口碑和用户愿意付费并不完全等同。同时，网络视频更具娱乐性而不是知识分享，有学者指出，传统电视节目类型多样，而各大视频网站推出的视频则集中在综艺娱乐方面，带有强烈的网络综艺特色。[1] 因而，其分享动机也与知识分享社区不完全相同。而优酷自频道社区的维护则较好地使用了经济回报以外的激励方式，正是因为社区分享的是视频创作等知识性内容，优酷则较好地利用了上述学者提出的一些动机，笔者将在下文介绍。

三、能力层面：提升自我效能感

能力层面影响因素的研究主要强调自我效能感对用户内容生产行为的影响，即用户判断自己是否有能力为他人提供有价值的信息。自我效能感的高低与用户的专业知识、经验经历有直接关系。现有研究中，既有学者如赵越岷等验证自我效能感对用户信息共享意愿有着正向影响[2]，也有李等学者的反向研究，发现知识自我效能感的缺失是用户不愿意参加知识分享行为的最主要原因[3]。

用户上传的视频极易淹没在优酷成千上万的视频中，无人问津。长此以往，用户进行内容生产的其他心理动机得不到满足，自我效能感也在慢慢降低，势必会影响到内容生产的积极性。优酷创收平台为用户提供多种推广营销特权和定期教学，对于帮助用户树立品牌形象，提升自我效能感有一定的作用。

技术渠道方面，优酷通过算法技术，在相同类别视频的相关推荐中会优先推荐加入创收平台的用户视频，为原创用户提供更多的展示机会，协助其进行推广传播，提升用户知名度。对于内容新颖并在优酷平台上独家首发的原创作品，将获得频道和首页的推广支持。一位用户在论坛中指出：

我曾经有两个视频同时获得首页推荐，点击量一下翻了几番。之前去各大论坛推广自己的视频，努力顶贴，想靠站外流量来维持播放量，收效甚微，当时根

1　李翔. 视频网站自制节目的内容特色与生存之道 [J]. 当代传播，2014（1）：82-84.

2　赵越岷，李梦俊，陈华平. 虚拟社区中消费者信息共享行为影响因素的实证研究 [J]. 管理学报，2010，7（10）：1490-1494，1501.

3　Lee, Matthew K O, Cheung, et al. Understanding customer knowledge sharing in web-based discussion boards: An exploratory study. [J]. Internet Research, 2006, 16（3）: 289-303.

本没有心情再继续做下去。直到我的视频上了优酷首页推荐，点击量一下就上去了。

原创用户还享受搜索直达特权，在对应的关键词下，该视频和频道将会在搜索结果第一位显示，从而获得更高的播放量。推广营销的同时，也要积极保护用户的原创版权。若在优酷土豆站内发现侵权视频，用户可以通过平台上的版权举报专属通道举报并屏蔽侵权视频。对于加入广告分成用户的视频被站内转载造成的收益损失，视频认领功能加大了对原创用户权益的保护力度。系统会对上传到优酷的所有视频进行扫描，若发现雷同视频，产生的广告收入将会计算给原作者。为了帮助用户了解粉丝的收视习惯和流量来源，创收平台为每位用户提供视频播放期间的各类数据，除了常规的播放量、播放时长、到访人数，后台数据还囊括了视频作者们非常关心的视频播放完成度、播放转粉丝数（多少人次的播放会转化成一个订阅粉丝）、流量来源、地域分布、拖拽点分布（视频中用户直接忽略掉的段落）等翔实数据。利用这些数据，帮助用户们在创作和推广营销过程中做到有的放矢，提升自我效能感。

除了通过技术手段支持原创用户们的推广营销需求，优酷还专门开设了"播客学堂"，定期为用户们提供从器材选取、拍摄技巧到视频剪辑、推广营销的全套教学课程、经验分享、成功用户访谈等，旨在培养用户生产高质量内容的能力。通过这类教程，用户创作视频、推广营销的能力得到提升，自我效能感增强，既巩固了其继续进行内容生产的动力，又为优酷提供了大量优质 UGC 内容，形成良性循环。

虽然目前不少依靠用户生产内容的网站也设置了培养用户内容生产能力的版块，但大多流于表面，缺乏后续跟进以及跟用户的有效互动。优酷的"播客学堂"经过两年多的发展，已经摸索出一套成熟的模式，以发帖的形式在自频道社区定期更新，初具规模。为了保持稳定更新，优酷采取了向用户有偿征稿的形式，邀请用户分享制作视频或是推广传播中的技巧、经验。这些由用户编撰的教学贴都是从用户的实战经历中总结出来的，没有干巴巴的说教内容，紧密结合实际案例，配以详细的图文或数据说明。此外，优酷还在播客学堂设置了访谈环节，邀请明星用户、知名 PGC 团队或是"万元户"（月创收万元以上的用户）做客，分享他们的成功经验。在题材选择上，"播客学堂"大多从小处着手，每期分享的主题都非常具体，如"如何在正午的阳光下进行拍摄""对话场景拍摄技巧""贴吧推广经验""后台数据分析"等，避免泛泛而谈。论坛用户通常会在这些帖子后留言，一般是向帖子作者表示感谢，或根据该主题分享自己的经验看法，或提出自己遇到的相关问题请帖子作者进一步解答。如在"常用摄影器材选择与使用"这一期里，作者介绍了镜头、三脚架、滑轨等基本摄影器材的使用方法，有用户赞赏"写得很全面，满满都是干货"。这些互动，真正发挥了"播客学堂"的作用，将实用的技巧、经验传播给用户，帮助其提升视频制作、推广营销的能力。

优酷在提升用户自我效能感方面所采取的措施集中在培训用户的视频制作技术、视频推广能力等技术层面，尚未在专业知识层面对用户进行系统的培训。随着视频产业的深入发展，各大视频网站都逐渐发力 PGC，这对用户生产内容的专业性提出了更高的要求。未来在提升用户自我效能感方面，优酷除了在技术层面对用户进行培训外，如果能够根据专业背景、兴趣爱好对用户进行分类，针对不同用户群体提供相应的专业知识培训，可能会达到更好的效果。

四、环境情感层面：社区建设

影响用户内容生产的外部环境因素研究主要集中在平台的技术水平和社区氛围两个方面。平台的技术水平指平台设计的简单易用和对用户隐私安全的保障，如赵宇翔提出感知易用性、感知有用性及隐私和安全是考核用户生成内容的最关键的技术性原因。[1] 社区氛围指社区文化的建设、社区向心力以及用户的社区认同感和归属感，如赵越岷等人发现，有强烈归属感的社区用户，会认为生产内容是其对社区应尽的责任和义务。[2] Web 2.0 环境下，大量由用户参与内容生产的网络社群应运而生，为用户提供了全新的互动领域，已成为用户生产、获取、交流、共享信息的平台。就构成要素而言，网络社群需要包含整合信息的能力、重视社群成员贡献的内容以及积极的社群组织者，这种看法在学界被广为接受。一个成功的网络社群离不开人际互动和社群参与，这样的网络社群能够增加网站的黏性和用户价值。有学者从网络社群运营与管理的角度考察，提出成功的 Web 2.0 网站要从过去单纯只作为载体、平台的角色转换为用户间、用户与内容间以及内容

1　赵宇翔.社会化媒体中用户生成内容的动因与激励设计研究［D］.南京：南京大学，2011.
2　赵越岷，李梦俊，陈华平.虚拟社区中消费者信息共享行为影响因素的实证研究［J］.管理学报，2010，7（10）：1490-1494，1501.

间的生态圈。[1] 为了维持社群的稳定性，社群管理者还需在社群成员之间建立一种普遍的认同，这种认同主要依靠社区文化来实现。认同感越强，社群成员积极参与内容生产、知识分享等行为的意愿越强烈。

优酷作为一个依靠用户生产内容的视频网站，天然具有网络社群的属性。为了高效利用其庞大的社群资源，运营在线社区、建设社区文化是必然的选择。除了经营好优酷自频道在线社区，优酷还利用该社区开展各类线下活动，将通过网络与用户建立的关系延伸至现实生活中，有效提升了社区向心力和用户的社区认同感，从情感层面上激励用户进行内容生产。

优酷自频道社区经过多年经营，目前已经聚集 50 多万自频道创作者，发展成为一个以视频创作、视频分享、视频教学、视频素材展、自频道疑难解答等为主题的优酷用户社区。除了站长为优酷官方工作人员，几位副站长和各个版块的版主都是由积极活跃的用户担任。社区目前已形成一套完整的激励用户机制，每位用户需要完成社区指定任务以获得等级和积分奖励。如笔者刚加入该社区时，第一个任务是去回复指定的报道帖和大家打招呼，完成该任务后才算正式成为社区的一员，拥有更多的社区权利。社区每月会选出参与社区活动最积极、发帖或回复频率高的用户进行公示并奖励，同样对于恶意违规发言或发表不正当言论的用户，社区会给予删帖、禁言甚至踢出社区的惩罚。总之，优酷建立了一套制度来规范用户在社区的行为，保障了用户的参与环境。

自频道社区主要是为用户提供创作、推广视频的经验技巧以及解决用户在使用优酷各项功能时遇到的问题。据笔者观察，目前除了公告帖、活动征集帖和定期访谈外，其余大部分经验分享帖（包括首页精选贴）都是由用户创作。这些帖子图文并茂，数据翔实，每条帖子下都会有几十条跟帖或继续讨论或感谢作者，可以看出在社区文化的熏陶下，大部分用户已经自发将自己视作社区的一分子，积极利用社区提供的平台与其他用户交流经验，分享心得。"作为副站长，定期逛逛论坛已经成为习惯了。一方面借鉴下其他用户分享的经验技巧，另一方面看看大家提出的问题或建议，帮助解决或向优酷官方反映。"[2]

1　邓胜利 .Web2.0 环境下网络社群理论研究综述［J］.中国图书馆学报，2015，36（5）：90-95.

2　来自对平台用户的采访笔记 .

与创收平台不同，自频道社区的主要功能是分享视频制作知识，更符合前文提到的知识分享型社区的特征，因而优酷较好利用了除经济动机以外的其他用户心理动机，激励用户参与到社区建设中来。社区中的每位成员大多是基于对视频制作的兴趣爱好而加入，优酷通过给他们布置学习任务的方式巩固成员的兴趣爱好，同时定期向成员征集经验帖，宣扬互帮互助的理念，巧妙利用其兴趣爱好和利他心理激励用户积极参与社区活动，为社区贡献自己的经验教训。此外，优酷定期公示奖励对社区有所贡献的成员，设置勋章中心和幸运大转盘，既满足了社区成员渴望树立形象、赢得声誉的心理，也给予了小额物质奖励。

除网站社区外，优酷也充分利用社交媒体来维持与用户的联系。优酷自频道的官方微信公众号也已初具规模。每周推送 2~3 次，目前固定的栏目有"优酷自频道排行榜"，介绍每周粉丝增量、浏览量、分成数额排名第一的自频道；"自频道学院"邀请知名频道主、PGC 团队进行访谈，传授视频制作、推广经验。此外，该公众号还会不定期发布网络视频行业的新闻、优酷线下活动征集令和一些搞笑的网络段子、图片、视频等。优酷积极利用社交媒体为用户服务，将部分论坛里"播客学堂"的内容稍加改编，推送到用户使用量最大的微信平台上，遵循了社交媒体时代内容追随用户的传播规律。发布专业内容的同时还会发布一些生活类、休闲娱乐方面的内容，充分发挥社交类媒体的社交属性，维系用户关系。笔者调查发现，虽然发布的内容阅读量并不高，但优酷自频道微信公众号提供了进入优酷自频道社区手机版的通道，这也符合我国当前网民主要以移动设备上网的趋势。

运营在线社区的同时，优酷还组织开展各类线下活动，将部分线上弱连接转化为线下强链接。自频道学院活动定期举办各类讲座、经验分享会，旨在培训用户内容生产的能力。此外，优酷举办的重大活动会邀请原创用户们参加，如 2016 年 8 月在北京举办的优酷土豆千人盛会，有不少业界高层、PGC 团队、专业人士以及自频道的原创用户们参加。能够受邀参加这样的大会，不仅让原创用户们感觉到了认可和尊重，更为他们提供了相互认识、拓展关系、交流切磋的机会，激励他们为优酷生产更多的优质内容。除了在北京举办的总会，优酷此后还陆续开展了上海分会、广州分会和成都分会，将线下活动的覆盖面进一步扩大。

笔者注意到，参加了这些活动的用户们大多会自发在论坛上传现场视频或发帖讲述心得体会，通过活动认识的其他用户们则会积极跟帖评论，与帖子作者互动。这些活动将用户们通过网络建立的关系延伸至线下，线下的交流又反过来促进线上的互动，最终社区越来越活跃，用户们的积极性也得到极大提高。

五、结论

优酷目前已初步形成以用户为中心的、制度化的 UGC 激励机制，为打造原创用户成长生态系统奠定了基础。然而，上述激励机制仍有许多尚待完善之处。在动机层面，优酷片面注重用户的经济动机，而忽略了诸多非经济动机因素。如未能有效引导、巩固用户基于兴趣爱好或利他心理进行的内容生产，未能为用户提供及时、实用的作品反馈等。在能力层面，优酷通过培训用户的基础视频制作技术，为用户提供宣传营销渠道等方式提升用户的自我效能感，却忽视了对用户专业知识的发掘和培养，不利于未来 PGC 领域的深度发展。此外，还有其他影响用户内容生产的因素，优酷并未充分利用。如优酷没有针对用户的自身特点，按照年龄、性别、职业等因素对用户进行划分，而已有学者研究表明，用户的这些人口统计学特征对用户行为的影响十分明显。在平台技术水平方面，优酷用户自频道后台功能繁杂、上传审核视频耗时长等技术缺陷也会在一定程度上阻碍用户的内容生产积极性。

本文的分析表明，网络服务商有一整套激励和管理机制把用户生产内容的过程控制在其企业体制之内。因而，产消者虽然参与到内容生产过程，但是这个生产活动附属于企业的商业运营，其生产的内容成为企业的"产品"或者为企业的产品提供附加值。对优酷激励用户策略的解读表明，用户生产内容并没有从根本上改变传统生产—消费的结构。用户生产内容改变的是媒介经营的策略，即从以内容生产为核心到以经营用户为核心，如何让用户在生产中消费、在消费中生产成为企业经营的核心手段。内容生产或传播者依然处于核心地位，他们在生产过程中通过与用户互动，利用各种策略把用户生产内容内化于企业经营管理活动之中。

（原文发表于《新闻界》2017 年 3 期，收入本书时做了删改）

广告屏蔽应用对数字传媒业的冲击与应对策略

张小强　黎婷婷

艾瑞咨询的数据显示，2016 年中国网络广告市场规模达到 2093.7 亿元，同比增长了 36.0%，广告主对传统媒体的广告投入逐年下滑。在数字化环境下，媒体通过发布内容获取消费者的注意力，再将消费者的注意力卖给广告主，这种二次销售模式依然是媒体的主要盈利模式。无论是传统媒体转型而来还是诞生于网络时代的内容提供者，它们都面临着缺乏经营用户的能力和资源短缺的短板，这导致他们更加依赖二次销售的模式来盈利。然而，网络广告屏蔽应用的出现，对这一广告模式带来了新的挑战，让原本就经营困难、投入和产出难以平衡的数字传媒业雪上加霜。

一、从 PC 端迅速转向移动端的广告屏蔽应用

在初期，网络广告屏蔽软件主要是针对 PC 端（电脑端）网页广告、悬浮广告和弹窗广告等设计的，其目的在于节省打开网页的时间和流量。随着互联网的发展，各视频网站为了争夺用户的注意力而形成了恶性竞争，通过不断加长的贴片广告、插播广告来弥补自身的运营成本，因而视频贴片广告也成为屏蔽软件的主要屏蔽对象。

根据 Adobe 和 PageFair 的报告显示，2015 年，全球有 1.98 亿人使用了广告拦截应用，比 2014 年上升了 41%。该报告也显示，在 2015 年，广告拦截以 PC 端为主，仅有 1.6% 来自移动端。在国内，几乎所有的主流浏览器都开发了插件或相应功能来满足用户屏蔽网络广告的需求。例如，猎豹、360 浏览器的扩展中心为用户提供了 Adblock Plus、小猪广告杀手、广告终结者等多种屏蔽应用，百度浏览器自带的广告过滤功能可以让用户选择过滤级别，而搜狗浏览器默认拦截弹出广告并提醒用户已拦截广告的数量。

前几年，由于手机操作系统的限制，移动端的广告屏蔽功能难以普及。2015

年，苹果 App Store 上线了广告屏蔽类 App，这些 App 迅速占据了下载榜的前列位置，引起了传媒业的广泛关注。尽管迫于压力，该产品迅速下架，但用户无论在任何地方和时间都不想被广告打扰的态度是很明确的。随着移动端技术和服务的发展，用户花费在移动端上的时间逐渐超过了 PC 端，其对移动端的使用体验要求越来越高。而随着移动广告市场规模的扩大，广告屏蔽也随之向移动端转移，各种 App 中的广告已经成为重点屏蔽对象。

调查数据显示，广告屏蔽软件从 PC 端向移动端转移的速度远远超过了我们的想象。Adobe 和 Page Fair 发布的广告屏蔽应用报告显示，2016 年，全球有 4.19 亿人在智能手机上使用广告屏蔽应用，占全球 19 亿手机用户的 22%，而且移动端广告屏蔽的应用已经增长到 PC 端的两倍。该报告还显示，新兴国家是广告屏蔽应用使用最多的国家和地区。例如，我国以 1.59 亿手机广告屏蔽使用者居全球首位，其次是印度、印尼、巴基斯坦、俄罗斯、沙特等国家。这足以引起我国传媒业的高度重视。根据 CNNIC 的数据显示，截至 2015 年底，中国的手机网民是 6.20 亿，计算出来的屏蔽应用安装率达到 30.6%，这一比例还会随着广告屏蔽应用的普及而进一步提高。

从技术上看，虽然屏蔽浏览器广告依然是智能手机中广告屏蔽的主要手段，但广告屏蔽技术也随着苹果和三星两大厂商的支持而得以快速发展。2015 年 9 月，苹果发布的 iOS9 系统开始支持"内容屏蔽"应用；2016 年 1 月，三星也宣布其安卓系统所有设备都支持内容屏蔽功能。上述两大厂商开放了内容屏蔽应用，意味着第三方公司可以开发专门的广告屏蔽应用。与此同时，些主流移动端浏览器也开始让用户能够自主选择屏蔽功能，如 Chrome 可以让用户选择是否拦截弹出窗口。根据 Adobe 和 PageFair 在 2016 年发布的报告，一些广告屏蔽应用开始被集成在 Facebook 等社交平台或其他 App 内部，有的 App 不仅可以屏蔽第三方广告，还可以屏蔽其他浏览器的广告。

二、广告屏蔽应用对数字传媒业的冲击

广告屏蔽应用的直接影响无疑使发布者的收入减少。PageFair 的广告屏蔽报告显示，2015 年，全球有 218 亿美元的广告收入被屏蔽掉了，2016 年，这一损失将增加到 414 亿美元。早在 2014 年末，Google 就公开表示很多网络广告根本

无人观看，并声称该公司旗下的 Double Click 显示广告平台上有 56.1% 的广告从未被用户看到，广告的平均观看率仅为 50.2%。同样，来自 PageFair 的数据还显示，Google 因为广告屏蔽损失了 10% 的年收入。根据《财富》杂志的报道，苹果宣布拦截广告已经让网络广告商 Criteo 的股价下跌了 7%。可见，广告屏蔽应用已经对整个数字传媒业造成了冲击。

数字传媒业当然不会坐以待毙，它们通常采用法律诉讼的方式进行反击。我国以往的司法案例实践显示，法院会判定针对某一产品开发广告屏蔽应用为不正当竞争。例如，2012 年，优酷以金山公司开发的猎豹浏览器设有"页面广告过滤"功能而构成不正当竞争为由，将金山公司诉至法院，法院一审判决金山公司赔偿 30 万元，并要求猎豹浏览器公开致歉。2013 年，百度起诉 360 浏览器带有广告屏蔽功能，构成不正当竞争，后者同样败诉。2014 年，在北京极科极客科技有限公司因为屏蔽了爱奇艺视频广告的诉讼中，前者同样被法院判定为不正当竞争。但上述判决主要是因为广告屏蔽应用针对某一特定产品，如果广告屏蔽应用并非针对某一个具体产品而开发，甚至不是针对屏蔽广告而开发，那么，被屏蔽方则很难胜诉。因此，上述判决并未阻止我国成为智能手机广告屏蔽应用安装最多的国家。

同时，对于转型中的传统媒体来说，网络广告屏蔽依然影响深远。传统媒体拥抱互联网实现积极转型，但无论是早期的"报网互动"，还是近几年推行的"媒介融合""全媒体战略"，在商业模式的探索上都举步维艰。传统媒体在技术、资金、人才、管理等方面都不具备明显优势，转型尚未成功，旧渠道持续萎缩，用户不愿意付费阅读，广告资源就变成救命稻草，越发被看重。而传统媒体转移到新媒体平台上的网络广告被屏蔽，无疑使这些媒体的处境更加困难。

三、用户安装广告屏蔽应用的主要原因

长期以来，用户在一定程度上认同"免费＋广告"的模式，这也是传媒业所有参与者之间达成的默契。然而，与传统纸媒和电视中的广告不同，网络广告已经超出了传统"广告"的范畴。与传统广告相比，网络广告发生了深刻的变化，这是用户屏蔽的原因。

（1）网络广告对用户产生了侵扰。传统广告与传统媒体的内容是打包在一

起的，存在于一个独立的空间。网络广告则不同，它恰恰是以强制侵入用户私人空间的方式向用户传播的。这些广告严重影响了用户的媒介使用体验，让用户感到直接的滋扰。

（2）消耗用户流量。当前，用户的主要上网渠道是手机移动端，大多数 App 都会让用户选择是否在移动服务商提供流量的前提下观看视频，这主要是基于用户流量有限的考虑。网络广告同样消耗流量，而且很多流量可能是在用户没有注意的情况下消耗的，这也导致用户安装屏蔽应用。虽然调查显示，我国网民对网络广告的接受程度总体较高，仅有 32.7% 的用户对网络广告持明确的反对态度，其中，24.5% 的用户表示，网络广告影响了他们对网站和 App 的选择；8.2% 的用户表示，网络广告直接影响了自身的媒体使用体验。但是，这一调查并未区分 PC 端和移动端，如果该调查基于移动端，这一比例可能会更高。

（3）采集用户数据甚至侵犯用户隐私。通过大数据技术对用户行为数据进行采集和分析，使精准营销成为可能。尽管许多国家的广告行业都不否认精准营销的模式，但是，许多公司却在实际操作时滥用了这一原则。美国移动安全公司 Lookout 在 2012 年发布的报告显示，部分激进网站未经用户允许便搜集用户的电子邮件地址或手机号码，有些网站还会直接安装跟踪应用，并向用户推送广告，这严重侵犯了用户的个人隐私，也成为用户安装广告屏蔽软件的重要原因。

（4）安全问题。一些恶意软件应用会伪装成正常应用，给用户带来安全问题。例如，趋势科技就发现，高人气游戏类 App 的恶意广告软件越来越多，下载后不仅无法正常使用，还会感染设备，发布大量广告。Citizen Lab 在 2017 年 3 月发布的一份报告称：QQ 浏览器的数据收集和传输存在安全隐患，数亿用户的个人信息容易被非法获取。在此之前，Citizen Lab 还发布了两份报告，指出 UC 浏览器和百度浏览器也存在同样漏洞。

四、数字传媒业应对策略

如果广告收入减少，能够实现用户直接付费是一种盈利方式。但事实上，用户的付费意愿并不高。中国新闻出版研究院 2017 年发布的《第 14 次全国国民阅读调查报告》显示，手机阅读群体中有 74.8% 的人只看免费的手机读物，且这一数字近几年呈上升趋势。在这一形势下，笔者认为，从用户角度出发，可以从以下几个方面应对。

（1）根据用户对广告的容忍度选择投放方式和强度。内容对用户的吸引力与其对网络广告的容忍度成正比。因此，可以在做好内容的同时，针对不同类型的内容选择网络广告投放。例如，娱乐性的内容和游戏对用户的吸引力最高，而新闻内容的吸引力较低，用户在阅读娱乐性内容的时候，比阅读新闻内容更能够容忍网络广告。因此，对于新闻性、知识性内容来说，应该减少广告投放，并选择以不打扰用户的方式进行。

（2）主动提供关闭广告的设置。与其让用户安装广告屏蔽应用，不如在内容发布平台上为用户提供关闭广告的选项。这既包括让用户在阅读或观看一部分广告内容时可以关闭广告，也包括在开发设计 App 时，给用户关闭或部分关闭广告的权利。这能够让用户不跳出平台而选择关闭广告，主动权依然在数字媒体手里。笔者认为，部分平台给付费会员直接关闭广告的模式并不好，最优策略是给予其选择权。相对于非付费会员，愿意为内容付费恰恰说明内容对这部分群体吸引力较高，这部分会员对广告的容忍度也相对较高。

（3）从用户体验角度选择内容发布平台。对于自己没有渠道或平台，与其他网络服务商合作发布内容的数字媒体来说，应该慎重考察合作平台。有的平台为了利润，对投放的广告审核不严，严重干扰了用户的正常信息获取，甚至从后台获取用户隐私和数据，针对这些广告，应该使用技术手段进行识别并杜绝。

（4）原生广告。原生广告是指广告风格与页面内容一致，设计形式镶嵌在页面之中，符合用户使用原页面行为习惯的广告。原生广告的最大优势在于它与内容共存，类似于传统印刷媒体中的广告，是打包在一起的，不会干扰用户对正常内容的获取。国外的 Buzzteed 和国内的微信朋友圈都在尝试这种广告模式。自2015 年 1 月，微信推出朋友圈广告以来，腾讯的网络广告收入连续四季度节节攀升，同比增幅均保持在100% 左右，2015 年微信的"朋友圈"广告为腾讯贡献了超过 70 亿元的收入。虽然其本质依然是广告，但原生广告作为网站体验的一部分，其形式更加自律，内容更加精彩，让 Buzzfeed、微信等网络平台实现了盈利，引领了广告推广的新形式。

（5）与广告屏蔽应用开发者合作。我国的现实问题是，与广告屏蔽应用开发者对簿公堂并未减少用户对广告屏蔽应用的安装。既然安装广告屏蔽应用是用户的选择，内容提供者不如与他们合作。因为广告屏蔽应用实现盈利的方式也无非是向用户收费或与内容提供者合作。用户在内容上的支付意愿不高，在广告屏蔽上的支付意愿更低，因为用户觉得消费的是内容而不是广告屏蔽服务。这就使广告屏蔽应用只有与内容提供者合作才能让用户付费。例如，2016 年，国外著名广告屏蔽应用 AdBlock Plus 尝试让用户为访问的网站付费，按照设想，用户可以通过广告屏蔽应用打包付给内容提供者定额的费用，内容提供者将根据访问量得到分红。

此外，内容提供者和屏蔽应用开发者之间的合作还可以通过白名单达成。AdBlock Plus 的白名单中有一些硬性标准，如不追踪用户隐私、不发送弹窗、干净简单等，而符合标准的网络广告可以不被屏蔽。这些标准很大程度上代表着众多用户的标准，这也是它能得到用户下载的原因。内容提供者可以通过申请并同意这些规则而被纳入白名单，以保证调整后的广告能被用户所见。

五、结语

屏蔽网络广告绝不只是用户的选择，背后的利益博弈盘根错节，媒体很难独善其身。业界对此反应普遍悲观，《经济学人》曾刊文指出：如果运营商对此处理缺乏谨慎，就将挑起世界上首次数字贸易大战。这也许有些危言耸听，但该文看到的正是屏蔽网络广告的长期影响。目前，让媒体和广告主坐卧不安的广告屏蔽还停留在个人行为层面，随着网络服务商的加入，这场游戏有可能升级为互联网巨头之间的战争，这仍然是个充满变数的领域。对数字媒体业来说，互联网世界瞬息万变，各方利益难以平衡，用户的诉求该在何种程度上予以满足，数字媒体业该如何在内容和商业模式上转型和创新，才是应对广告屏蔽应用的核心理念所在。

参考文献：

［1］喻国明.镶嵌、创意、内容：移动互联广告的三个关键词——以原生广告的操作路线为例［J］.新闻与写作，2014（3）：48-52.

［2］赵娜.腾讯 2015 年收入破千亿："朋友圈"贡献超 70 亿　未来或现视频广告［N］.每日经济新闻，2016-03-18.

（原文发表于《传媒》2017 年 10 期，收入本书时有删改）

出版技术70年：
从工厂印刷机械化到5G万物传播智能化

张小强　　谢玉佳

"温故而知新"，本文以出版技术为切入点分析我国出版业70年的演进逻辑，从历史观察我国出版业未来的发展路径。参考其他文献以及我国出版技术发展历程[1,2]，按照工业文明阶段（1949—1987年）、工业文明向信息文明过渡（1988—2001年）、信息文明（2002—2015年）和人工智能文明（2016—）四大技术阶段来系统梳理70年出版技术的发展。当然，上述出版技术发展阶段划分不是绝对的，只是大致年份。原因有二：一是时间上技术发展是连续的，不可能依照年份割裂；二是技术和创新的扩散有一个过程，发展不平衡。

一、1949—1987年：围绕印刷的工业文明阶段

（一）1949—1965年：自主研发与引进设备推动印刷自动化

该阶段着力解决的是印刷从半机械化全面向机械化、自动化升级。电力成为印刷的主要动力，但排版没有摆脱手工操作的局面。[3]出版行政管理部门1964年指出："排铸机、无线装订等项目获得初步成功。字模生产已经实现了半机械化。手工续纸的机器改为自动续纸，改进了铅印垫版方法，推行了胶印、平凹版工艺。"但"在创写新字体与字模制造方面，在排字、装订的机械化方面，在彩色凸版的制版方法方面，在印刷机的精密度与效能方面，在大面积彩色版的印刷质量方面，以及在先进工艺方法和塑料等新材料的使用等方面，都需要若干年的刻苦努力才能赶上去"[4]。1955年制定的《出版事业15年远景规划（1953—1967）》明确以

1　万安伦，刘浩冰. 新中国出版70年：主要成就与总体特征［M］.中国出版，2019（14）：27-34

2　匡导球. 中国出版技术的历史变迁［M］.长沙：湖南人民出版社，2009.

3　匡导球. 中国出版技术的历史变迁［M］.长沙：湖南人民出版社，2009.

4　中国新闻出版研究院. 中华人民共和国出版史料［M］.北京：中国书籍出版社，2013.

印刷技术改造为目标。[1]

当时印刷设备落后，效率远远落后于西方。国外使用的电子分色机、电子雕刻机、无粉腐蚀法、传真印刷还未采用，引进国外设备成了必然选择。1964—1965 年，中国印刷代表团和技术小组赴日本和西欧考察，引进 K181 电子刻版机、187 电子分色机、四色胶印机。

引进的同时也自主研发。1958 年，《关于活字及字模规格化的决定》发布，统一了活字和字模规格。1963 年，印刷研究机构设计了新的印刷字体。1964 年，《印刷通用汉字字形表》实施。上述标准化措施提高了印刷效率。设备方面，开始拥有轮转铅印机、四色胶印机，一些工厂在凸印排版技术、凸版制版技术、平版印刷领域进行了革新。1964 年，上海和丰涌铸字机厂试制的字模雕刻机使字模生产走向机械化。1956 年，上海新华印刷厂研制出自动打纸机，通过技术改造把人工给纸改为自动输纸，提高了印速，还实现了中低档凹印机器的自给自足。在出版材料制造技术上也有突破，如亚硫酸盐法制浆技术开始大量应用。技术让书刊印刷效率大大提高，1965 年相对于 1952 年，书刊印刷增长 84%。

出版技术整体上有不小进步，为我国出版管理体制和科研奠定了基础。1956 年，国家建立北京印刷技术研究所（1978 年改名为中国印刷科学技术研究所），在上海印刷公司成立了实验室（1961 年改为印刷技术研究所）。[2] 1963 年 10 月，建立中国印刷公司，组织印刷技术经验交流和协作，制定印刷业的规程标准。还对出版、印刷、发行进行专业分工，提高了出版业的生产效率，奠定了今天的管理体制。

（二）1966—1977 年："光与电"技术取得突破

该阶段后期，我国出版技术开始恢复发展。这一阶段，我国出版业的技术进步核心仍然是印刷技术的自动化和机械化，国家在 1970 年以后非常重视印刷技术的进步。1973 年，中央批准实施了"印刷技术改造"项目，以解决制版质量和速度问题，基本实现了印刷的机械化、自动化、联动化。1974 年 8 月，实施"汉字信息处理工程"（简称"748 工程"），发明了世界上最先进的汉字字形信息

1　方厚枢，魏玉山.中国出版通史：中华人民共和国卷［M］.北京：中国书籍出版社，2008.

2　肖东发，杨虎.中国出版史［M］.北京：北京大学出版社，2017.

压缩和高速还原与输出等技术。1979 年 7 月，王选研制的汉字激光照排系统主体工程获得成功，输出第一张报纸样张，1980 年排出第一本样书，1987 年 5 月《经济日报》出版世界上第一张采用激光照排的中文报纸，次年，该报社卖掉铅字。此后，我国出版业真正迈入"光与电"时代。

除了激光照排，这一阶段我国还实现了照相制版技术、胶印技术，装订技术也开始逐步机械化、联动化，印刷效率进一步提高。此外，我国的音像出版也开始起步。从最早的磁带，到 20 世纪 80 年代的录像带，20 世纪 90 年代光盘开始出现。2000 年还没有 DVD 生产线，到 2005 年，DVD 生产线占比达到 25%。虽然后来因为互联网的迅猛发展，光介质逐步退出主流市场，但这也说明当年我国的出版业发展是紧跟世界技术潮流的。[1]

（三）1978—1987 年：以技术促进印刷技术现代化

为满足群众快速增长的文化需求，改革开放后我国出版技术进步也集中在复制环节。原国家出版局《印刷简报》显示，截至 1978 年 7 月，全国共有县以及县以上印刷厂 2183 家，印刷设备 25968 台，但 89% 为较落后的对开机和四开机，全张平台机仅占 10.2%，轮转机占 0.8%。排字全部为手工拣字，手动照排机共有 240 台，也未充分发挥作用。

1978 年，国务院批转国家出版局《关于加强和改进出版工作的报告》，其中提出，尽快改变印刷技术落后、印刷力量不足和经营管理不善的状况，明确了要坚持自力更生的方针，重视和支持技术人员和工人大搞技术革新，同时也要重视引进和学习世界先进技术，以加快我国印刷技术现代化的速度。当年还出台一系列文件，对印刷厂的体制进行了调整，从制度上激发印刷厂创新热情。1978 年后，我国出版技术又开始起步，标志性成果便是激光照排系统的研制成功。

这一阶段成立的出版科研机构有力地推动了印刷技术现代化。1978 年 9 月，国家出版局召开印刷科研工作会议，讨论通过了《全国印刷科学技术发展规划（草案）》。1983 年，《关于加强出版工作的决定》明确提出"要建立出版发行研究所，充实印刷技术研究所，加强出版、印刷、发行的科研工作"。随后，全国各地纷纷建立印刷科研机构。1980 年，全国的印刷科学技术研究所达到 14 个，2000 年

1　肖东发，杨虎. 中国出版史［M］. 北京：北京大学出版社，2017.

达到 17 个。1985 年，经国务院批准，我国第一个专门从事出版科学研究的科研机构——中国出版发行科学研究所成立（1989 年更名为中国出版科学研究所，2010 年更名为中国新闻出版研究院）。

中国印刷技术协会等行业组织相继成立，促进了印刷技术的进步。如 1987 年 11 月，中国印刷技术协会颁发首届"毕昇印刷奖"。1978 年 2 月，在全国科学大会上出版系统共有 18 个项目获奖，获奖项目围绕印刷展开，如"无线装订用胶牢固度试验""电子彩色刻版机（Ⅱ型）"。1985—2000 年，国家新闻出版署共举办 13 次技术进步奖的评选，有 387 项科研成果获奖。到 2000 年，国家各部门不再设立科学技术进步奖。

已经有出版单位开始借助计算机进行信息化管理。1984 年，江西人民出版社就自主研发了一套出版事务微机管理信息系统，包括财务管理、印刷物资管理、资料信息管理、编辑事务管理、图书发行管理六大子系统。

二、1988—2001 年：工业文明向信息文明的过渡阶段

（一）1988—1993 年：中国出版进入现代化

在这一阶段，我国出版技术的开发应用场景开始逐步走出印刷厂，向印前、发行等其他领域拓展。1990 年后，我国书刊出版周期大大缩短，标志着我国出版业进入现代阶段。华光、方正的激光照排系统不仅占领国内市场，也在后来的快速发展中占领了国外市场。

在这一阶段，出版单位特别是报纸出版对信息和数据远程传输的需求日益强烈，在 20 世纪 90 年代初，我国报社开始采用页面描述语言传送报纸版面。1992 年，《人民日报》开始使用卫星传送向全国 22 个城市传送版面，卫星传版系统的采用大大提高了报纸的出版效率。

从 20 世纪 90 年代开始，随着个人计算机开始应用于工作场所，适用于出版单位的计算机软件系统开始应用。1993 年，《青岛晚报》在国内报社中第一次实现编辑工作全部计算机化。数据库出版也开始起步，1989 年，中国科技情报研究所重庆分所数据库研究中心（维普公司前身）成立，同年发布《中文科技期刊篇名数据库》机读产品（软盘版），1992 年，该产品发布光盘版，是我国最早的光盘数据库出版物，1993 年该产品获国家科技进步三等奖。1992 年，专为

数字出版提供技术支持的青苹果数据中心注册成立。

1993 年，互联网已经进入中国，只是没有全功能接入。我国提出推进国民经济信息化任务，当年底成立国家经济信息化联席会议，提出"三金"工程等一批全国重点建设项目[1]，我国从此进入信息高速公路快速建设时期。此后，出版业的信息化成为国民经济信息化的重要组成部分。

（二）1994—2001 年：国家信息化带动出版网络化

1994 年 4 月，我国全功能接入互联网，出版业也从此进入互联网时代。1994 年，《深圳晚报》等多家报社使用网络采编系统，这些系统主要由我国软件开发商提供，如北京紫光新华科技发展公司等。成立于 1999 年的北京玛格泰克科技发展有限公司，致力于为期刊出版单位提供信息化服务。开思出版社管理信息系统等软件提供商开始为出版社提供管理信息系统。

与此同时，我国网络出版也迈出了第一步。1995 年 1 月，国内第一份电子中文期刊《神州学人》发刊。1995 年 4 月，《中国贸易报·电子报》成为第一家在互联网发行的电子日报。报刊的上网热潮随后出现，《人民日报》等 30 余种报纸均在当年发行电子版，《大众摄影》等 20 家期刊也发行电子版。1997 年，上网的报刊数量增加到 100 多种。1995 年，由《人民日报》和默多克新闻集团联合创办的公司开设的 ChinaByte 网，成为原生内容网站。[2] 1998 年，中国学术期刊（光盘版）电子杂志社成立，是我国第一家连续电子出版物出版单位；1999 年，万方数据电子出版社成立，加上早就在 1989 年成立的维普公司，我国学术出版从此走向网络化。

国家对引进先进印刷设备给予优惠措施，对印刷技术改造进行扶持。2001 年，中国印刷机设备器材工业协会揭出印刷技术发展方针为"印前数字网络化、印刷多色高效化、印后多样自动化、器材高质系列化"。计算机直接制版 CTP 开始应用。[3] 印刷技术经过持续发展和改造，取得很多进步。书籍印刷周期缩短到 100 天以内，激光照排、电子分色、照相排版、胶印开始普及，配备汉字处理系统的微机排版

1 孔维军.信息经济与中国的信息化［J］.经济问题探索，1998（12）：55-56.

2 闵大洪.中国网络媒体 20 年［M］.北京：电子工业出版社，2016.

3 乔东亮，李治堂，等.中国印刷业发展研究报告：1998~2020 年的发展与预测［M］.北京：印刷工业出版社，2010.

逐步采用，印刷出版一体化成为趋势。国家继续推动出版技术研究，1994 年，国家投资 1200 万元在北京大学建设电子出版新技术国家工程研究中心。

我国数字出版技术提供商市场格局形成，陆续成立的技术提供企业针对市场需求提出解决方案并不断改进，是来自市场的技术进步推动力量。1994 年，为报纸提供网络出版系统的北京高术科技公司成立。1996 年，开发电子图书的北京书生公司成立。1998 年，龙源数字传媒集团成立。同年，汉王科技股份有限公司成立，后来发展成可提供电纸书的技术提供商。2000 年，万方数据股份有限公司开始提供数字出版技术平台服务。同年，中文在线和北京世纪超星信息技术发展有限责任公司成立。上述企业不断发展壮大，成为国内主要的数字出版技术提供商。

三、2002—2015 年：从数字出版走向融合发展的信息文明阶段

（一）2002—2004 年：出版进一步信息化、自动化

2002—2004 年是数字出版起步的前夕，为数字出版积蓄动能。

一是整个社会信息消费习惯发生改变，网络内容消费逐渐成为用户日常生活的一部分，这为用户在出版内容的消费升级上奠定了基础。如博客、Flash 动画、短信、网络游戏、QQ 的兴起、宽带的普及。

二是出版业在信息化和自动化方面进一步提升，出版活动开始进入数字化阶段。虽然出版的核心还是传统印刷品，但围绕印刷的出版活动，包括印前、印刷、印后、编辑校对等逐步进入信息化模式，市场需求让更多技术公司进入这一市场，彰显了出版信息化的提速。2002 年，北京勤云科技发展有限公司开始为期刊提供信息化服务。2003 年 11 月，黑马校对正式推出 2004 版，并开始在部分中央媒体应用。同时，国外的 CorelDraw、Photoshop 等图形图像软件开始在桌面出版中应用，Adobe 公司的 InDesign 等出版系统开始在国内推广。

三是印刷技术的数字化提升带来新的商业模式。随着数码印刷和超高速打印设备进入市场，POD（按需印刷）模式出现。2002 年，数码印刷装机达到 317 台。2004 年，按需印刷网站出现，普通用户也能印刷自己的"出版"物。网络按需印刷物虽然无法公开流通，但也成为体制内出版的补充。

（二）2005—2010 年：数字出版快速发展

2005 年，数字出版被写入国家规划，数字出版产业链开始形成。2005 年底，在全国 573 家出版社中，40% 有网站，其中 56.75% 已开发或正在开发在线销售系统。中国知网 2005 年收录 8206 种期刊，2009 年互联网期刊达 1.6 万种。2005 年底，中国电子图书种类（21 万种）超过美国，电子书图书馆用户有 1900 家，阅读器销量超过 5 万台。[1] 2008 年，我国网民数量跃居世界第一，手机网民比例增多，网民对数字阅读接受程度增加。数字出版发展环境逐渐成熟促使商业公司加入数字出版产业和技术开发之列。[2] 2008 年 9 月，专注于移动阅读分发平台的掌阅科技股份有限公司成立。

2009 年被称为电子书元年，出版业开始跨界融合，产业融合提速。中国移动推出"手机故事报"，并投资建立阅读基地。出版技术提供商、内容提供商、IT 厂商都开始涉足阅读器。[3] 2010 年，独立阅读器品牌超过 50 种。2009 年电子书阅读器销量约为 50 万台，2010 年翻倍。

新的数字出版创新体系开始形成，国家数字出版基地（9 个）、国家游戏动漫出版产业发展基地（12 个）促进了数字出版发展创新。部分省市成立数字出版产业联合会或联盟促进技术创新。传统出版单位开始从内容提供商向内容服务商转型。

印刷技术进一步发展。喷墨、合版印刷、CTP（脱机直接制版，2008 年设备保有量达 1417 台）、印刷电子、碳平衡成为关键词。2005 年，雅昌企业董事长获"毕昇印刷奖"。2007 年 4 月，专营数字印刷的企业占比 37%。按需出版伴随数码印刷设备（2009 年装机 1410 台）扩散快速增长。2009 年，按需出版企业凤凰数码印务有限公司成立，上海市出台的《扶持数字印刷的指导意见》将按需出版与数字印刷作为国家基地主要板块，中国出版集团公司进军按需印刷领域。当然，印刷业技术装备水平落后等问题还未完全解决[4]，如 CTP 使用率仍低于发达国家。

1　郝振省 .2005~2006 中国数字出版产业年度报告［M］.北京：中国书籍出版社，2007.

2　郝振省 .2007—2008 中国数字出版产业年度报告［M］.北京：中国书籍出版社，2008.

3　郝振省 .2009—2010 中国数字出版产业年度报告［M］.北京：中国书籍出版社，2011.

4　中国印刷科学技术研究所，《印刷技术》杂志社 .2009 中国印刷业年度报告［M］.北京：印刷工业出版社，2009.

国家继续推动出版技术研发。2009 年 4 月，版式技术产业应用联盟成立以解决版式标准问题。2009 年 6 月，列入国家发展规划的重大工程——国家数字复合出版系统工程技术研讨会召开。企业则不断推出新产品。方正发布出版社数字出版系统、喷墨印刷机 EagleJet L1000，紫光推出环保版专业胶片扫描仪。46.5% 的企业选择方正工作流程系统，是国外品牌的 2 倍。

2010 年，我国数字出版收入超过图书出版。当然，还存在出版单位自主研发能力不足，对技术的投入较少，对主要产业的新技术研发缺失等问题。2010 年 8 月，《关于加快我国数字出版产业发展的若干意见》中提出数字化转型和升级、数字出版重点科技工程、版权保护技术研发等重大技术任务。

（三）2011—2015 年：融合出版向纵深发展

2011 年以后，随着两微一端的流行，不仅给出版业转型升级提供了技术和平台，也催生知识服务"大 V"，出版技术发展进一步从封闭研发走向开放利用。出版科技创新体系日趋完善，科技支撑力显著提升。国家出版主管部门实施了国家数字复合出版系统工程等重大科技项目。中国新闻出版研究院承担数字版权保护技术研发工程，形成了工程标准和接口规范、标准体系图、应用系统和服务平台等成果。

数字出版标准建设取得重大进展。拥有了覆盖印刷、出版、发行、信息化、版权的国家级标准化技术委员会，建立研究实施机构 11 个。[1] 新的《新闻出版行业标准化管理办法》实施。电子书内容、手机出版、数字版权保护、数字出版格式、数字发行和印刷、动漫出版、游戏出版、数字出版卫星传播等系列标准出台或立项。

出版业转型升级迎来融合发展时代。2014 年 4 月，《关于推动新闻出版业数字化转型升级的指导意见》发布，将"提升新闻出版企业的技术应用水平"作为主要目标之一，除了支持企业进一步信息化，还重点支持电子书包、个性化推送、知识挖掘和语义分析、选题推荐评估、O2O 内容投送等新技术和系统。2014 年 8 月，《关于推动传统媒体和新兴媒体融合发展的指导意见》发布，明确媒体融合要以先进技术为支撑。传媒业融合发展加速，技术的转型升级明显加快，在

---

1 范军．"十二五"时期中国出版业发展报告［M］．北京：中国书籍出版社，2017.

新闻单位应用的"中央厨房"等先进理念、系统及技术提供商有力地支持了出版业技术升级。

2015年4月，《关于推动传统出版和新兴出版融合发展的指导意见》发布，明确了对大数据、云计算、移动互联网、物联网等新技术的运用，指出发展移动阅读、在线教育、知识服务、电子商务等新业态，把大数据分析、结构化加工制作、资源知识化管理、跨终端呈现工具等作为重点技术突破，并且要建立"用户需求、生产需求、技术需求有机衔接的生产技术体系"。上述文件说明出版业技术发展进入消费端和生产端融合新阶段，从单一渠道变为跨平台、跨界的多渠道传播，从传统意义上的内容生产和发布转变为针对用户的知识和其他服务。

在政策出台前后，云计算等新技术也开始应用于出版业。2011年8月，天津国家数字出版基地云计算中心业务上线；2012年，江苏凤凰集团推出云平台。

新的技术企业和新的出版模式不断涌现。2014年3月，提供融合技术和方案的武汉理工数字传播工程有限公司成立，后来获中国数字出版博览会2017—2018年创新技术奖。2014年，中国企业（英捷特数字出版技术有限公司）首次在国际出版业杰出奖颁奖典礼上获国际出版技术提供商大奖。2014年10月，天朗时代科技有限公司开发的MPR（多媒体印刷读物）出版物系列国家标准获中国标准创新贡献奖二等奖。有声书开始流行，上海证大喜马拉雅网络科技有限公司（2012年成立）与其他企业一起推动有声书在2016年的爆发。互联网企业借助技术和平台涉足出版，如当当网的云阅读平台、京东的京东阅读App，后者还为校园网用户提供电子图书借阅服务。

虽然从2013年开始，互联网对书刊印刷的冲击开始显现，但是"互联网＋"也改变着印刷业。全国有数字印刷设备8792台，印刷业电商平台开始成长，如大恒数码的印刷B2B平台。印刷作为传统内容载体在减少，但总量仍然快速增长，走向小批量、多品种，企业开始用ERP等系统。[1]"互联网＋印刷"让印刷业出现长尾效应。

大数据和人工智能在出版业有了更多落地应用。2012年"今日头条"推出

1　乔东亮、李治堂，等.中国印刷业发展研究报告：1998~2020年的发展与预测［M］.北京：印刷工业出版社，2010.

后的迅速发展，让传媒业认识到算法和大数据的巨大价值。随后，腾讯和新华社等单位的写稿机器人上岗。

四、2016年至今：智能化的人工智能文明阶段

2016年是传播变革集中爆发的一年，被称为VR、网络直播、短视频、知识付费、有声书出版元年。2017年是人工智能和区块链落地元年，是NB-IoT（物联网）商用元年。2019年是5G落地元年。"元年"有时是指新技术或新模式开始火爆流行，有时指应用刚刚开始。经过多年融合发展，我国出版技术再次来到一个大变革的关口。

在技术支持下，出版与公共服务、医疗服务、电子商务、教育、健康等领域跨界融合有各种可能。甚至党建也可以和出版融合：2016年人民出版社开发的App"党员小书包"，2019年1月上线的"学习强国"平台也聚集了大量书刊资源。

出版单位也开始探索利用人工智能等新技术开展新型传播，部分应用走在国际前列。如2017年，《光明日报》、新华网等媒体开始使用聊天机器人与用户互动。2016年，《广州日报》等12家媒体成立VR实验室。2017年国内电商平台销售的AR图书超过276种。

大数据和人工智能在出版业的应用也有新的突破。2016年，人民法院出版社承建的大数据和人工智能平台"法信"上线。2017年，中国人民公安出版社建设的公安专业智能化知识服务平台"中国警察智识数据库"上线。

除了传统出版单位建设新型智能知识服务平台，数字出版企业和技术提供商也开始利用人工智能和大数据开发专业知识服务。如同方知网提供的研究型和大数据学习平台，还在开发问答系统。北大方正针对教育出版开发了智能题库与诊断技术。上述两项技术都获得2016—2017年度数字出版"创新技术"奖。互联网企业也在开发与出版相关的智能化产品，如百度的"百度学术"。科大讯飞借助在语音识别和人工智能方面的技术优势涉足出版。国家版权局也在筹建版权大数据中心，还有企业把区块链技术应用于版权保护。区块链技术提供商开始进入市场，为未来区块链在出版业进一步应用提供了技术储备。

印刷业也进入智能时代。2017年，印刷业逐步以自动、智能、连线的生产设备代替人工劳动，人均产值增幅达14.59%。中国科技出版集团研发了按需印

刷智能化生产平台。2017 年，在出版物印刷中，数字印刷主要是断版印刷和按需印刷，出版印刷骨干企业有 3700 家，其中 440 家有数字印刷机。先进的高速喷墨印刷机富士施乐 1400 和理光 Pro VC60000 首次应用。[1] 2018 年，国家新闻出版署编制的《中国印刷业智能化发展报告》指出印刷智能化是出版业供给侧结构性改革的重要支撑。

主管部门继续利用政策推动创新。2015 年确定了首批 28 家出版单位作为专业数字内容资源知识服务模式试点单位，2018 年 1 月第二批增加 27 家单位，2018 年 3 月第三批增加 55 家单位。2016 年，公布了 20 家融合发展重点实验室和 42 家科技与标准重点实验室。[2] 2018 年 2 月制定了《国家新闻出版产业基地创建工作规范》，提出基本原则之一是"创新发展"。为降低企业技术风险，原国家新闻出版广电总局对数字出版行业技术的供应商做了遴选。2015 年，推出 28 家专业数字内容资源知识服务模式试点单位、32 家试点工作技术支持单位。2016 年推出 67 家数字化转型升级软件技术服务商，加上利用央企数字化转型升级政府采购手段，共推荐 192 家。2016 年发布《新闻出版单位数字化转型升级制度保障体系建设规范》，从制度上降低技术风险。

当然，我国出版业技术应用和发展还不平衡。调查显示，部分出版业从业者没有在工作中使用编校自动化系统。[3] 为此，2017 年 3 月，《关于深化新闻出版业数字化转型升级工作的通知》再次发布，要求进一步开展跨界融合，"鼓励新闻出版企业联合高校、科研院所、技术企业，分类建设不同研究方向的新闻出版业重点实验室"，要求企业加大数字化转型升级的投入。

出版业迎来智能化浪潮，但传统纸质书也是主流。2017 年，国际电子书市场出现了下降趋势，且电子书 70% 由纸质书而来。读者仍倾向于阅读纸质书。出版社虽然借助知识付费热潮推出知识付费类产品或服务，但传统印刷出版物也是价值链的一环。MCN（Multi-Channel Network）模式开始出现，网络平台参与内容生产，用户内容创业将更为容易。

1　黄晓新. 中国印刷业发展报告（2018 版）[M]. 北京：中国书籍出版社，2018.

2　张新新. 吉光片羽：人工智能时代的出版转型 [M]. 北京：清华大学出版社，2019.

3　王关义. 中国出版业转型与升级战略研究报告 [M]. 北京：中国财政经济出版社，2016.

2019 年，我国 5G 落地，如何利用 5G 技术也将是未来较长一个时期出版业技术升级的新课题。

五、出版如何迎接 5G：70 年技术发展启示

70 年来，我国出版技术取得很多突破和成就，技术不断创新是出版业的发展趋势。当前我国出版业技术进步的主要推动力是信息与通信技术的进步，应该重视并启动出版业 5G 的研究和应用。70 年出版技术发展历程给出版业迎接 5G 带来启示。

第一，印刷技术对出版业始终有重要意义。未来 5G 带动物联网的普及应用必将进一步推动印刷的进一步升级，新的印刷业态将出现。

第二，出版技术从内敛封闭走向跨界开放。出版业既要开发新技术，也要适应外部技术环境变化。进入出版业的主体类型将越来越多，中国移动这样的主体将更多进入出版领域。5G 的普及将加快这一趋势，随着数据携带能力增长，未来基于短信或彩信的出版类型可能会升级为重要出版形式，AR/VR 出版将更加普及；超高清视频和互动出版将兴起。

第三，我国出版业已经形成国家与市场合力推动，产、学、研一体的创新体系。发展初期，我国出版业的技术进步主要靠国家和企业推动，学和研力量薄弱。改革开放后，我国虽然有了出版产、学、研体系，但 3 个体系间缺少联系。后来产、学、研合作更为紧密，出现了三者合建的出版技术公司。国家政策对技术有重要推动作用，我国出版业技术突破很多是国家投入解决的。技术公司则代表着市场力量，也参与国家重大科技项目，他们提出的技术更符合出版单位的实际和用户需求。因而，技术落地靠技术公司。迎接 5G，一方面应扶持产、学、研一体化的研究机构，另一方面还应扶持能够开发面向市场应用的新型技术公司或者促进已有一定技术基础的公司向 5G 出版技术提供商转型。

第四，出版业转型升级不仅要重视自然技术，也要重视社会技术。有学者把技术分为 3 个类别：身体技术、社会技术、自然技术。自然技术是改造控制自然的技术；社会技术指人类社会的组织方式等，如制度、出版活动的组织方式。[1]社会技术与自然技术相互影响。我国出版业技术进步不是独立的自然技术进步，

1　吴国盛.技术哲学讲演录［M］.北京：中国人民大学出版社，2016

也伴随着信息化带来的编辑出版规范、出版流程等社会技术的变革，体制改革对技术进步的作用不能忽视。国内生产的电纸书在性能上超过了亚马逊的，但由于社会技术的落后，厂商无法围绕阅读器有效组织用户和内容提供商形成生态体系，必须把出版技术进步和社会性的生产消费组织技术融合。5G时代不仅要加强对自然技术的研发，也要加强研究5G带来的社会技术改变，即5G带来的社会组织方式和商业模式的变革。

第五，5G将推动出版业重回物质时代。早期出版技术的核心是如何将信息固定在出版专有介质——纸张上。随着数字化推进，出版的物质介质变得不再专有，电脑、手机、平板电脑都是多用途工具，出版的物质性常被忽视。出版正在重回物质时代，代表性的就是电纸书（电子书）阅读器销量的不断增长，说明用户不仅重视信息体验，也重视物质体验。有声书的兴起同样证明了声音这种物质载体对于内容变现的重要意义。5G时代，有更多设备接入互联网，阅读场景更加复杂和丰富，万物互联必然带来出版物质性的回归，介质、界面将与内容同等重要。当前各大厂商都在抢占智能音箱和智能家居的市场，争夺的正是未来信息消费的物质入口。如何将信息消费转变为物质消费，如利用物质性的产品制造仪式感和营造氛围将是未来出版技术可以预见的变革方向。

此外，70年技术发展还显示，自主开发的技术更适应我国的市场，也让我们更少受国外影响。因而，5G时代的出版技术也应以自主开发为主。

（原文发表于《科技与出版》2019年9期，收入本书时做了删改）

微信传播指数领先的学术期刊公众号运营调查及启示

张小强　吉　媛　游　滨

　　微信公众平台中的公众号具有快速、动态、实时互动、受众多等特点，为学术期刊的传播提供了新途径。[1] 我国学术期刊逐渐意识到微信公众号的重要性，纷纷加入其中，但在实践中还存在定位不合理、人员和技术受限、内容加工不足等盲点。[2] 针对上述问题，业界学者们给出了很多有益的对策建议：肖骏等人[3]认为以服务为核心，逐步向实现经济效益转型的定位有利于学术期刊微信公众号的健康发展；李仰智[4]认为推送高质量信息、差异化内容能赢得关注者的持续青睐；肖帅[5]运用互联网思维积极探索学术期刊微信公众号运营策略；谢文亮[6]则提出建立一种适合学术期刊的微信公众号服务模式，包括读者互动服务、移动宣传、网络编辑人才的培养等创新模式。

　　上述研究成果说明期刊界在学术期刊微信公众号的运营优化策略上达成了一定共识，但大多研究采用经验总结的方法进行概括说明，缺乏对现有公众号具体案例的详细解读。尽管也有针对政治学中文社会科学引文索引（Chinese Social

1　余溢文，虞蓓蓓，赵惠祥.基于微信平台的学术期刊交流平台构建研究［J］.中国科技期刊研究，2014，25（5）：664-666.

2　刘星星，崔金贵，盛杰，等.学术期刊微信公众平台运营中的优势转化及实践盲点［J］.中国科技期刊研究，2016，27（2）：207-211.

3　肖骏，谢晓红，王淑华.学术期刊微信公众平台定位及其意义——从学术期刊与微信公众平台差异的视角分析［J］.编辑学报，2017，29（3）：275-277.

4　李仰智.高校学术期刊微信公众号建设创新研究［J］.传媒，2017（11）：39-41.

5　肖帅.学术期刊微信公众号运营策略探究［J］.中国出版，2016（3）：29-31.

6　谢文亮.移动互联网时代学术期刊的微信公众号服务模式创新［J］.中国科技期刊研究，2015，26（1）：65-72.

Sciences Citation Index，CSSCI）来源期刊[1]、地学类核心期刊[2]等某类学科期刊公众号或《电力信息与通信技术》[3]等个案的对策分析，但因样本期刊公众号的学科局限和传播效果的有限而削弱了其参考价值。

学术期刊的特殊性决定着其微信公众号的运营有别于报纸传媒和其他自媒体，在问题颇多而经验尚少的情况下，同行借鉴尤为重要。鉴于此，本文以754种 CSSCI（2017—2018）来源期刊（含扩展版）和1229种中国科学引文数据库（Chinese Science Citation Database，CSCD）（2017—2018）来源期刊为基础，利用"清博指数"大数据工具，从已开通微信公众号的期刊中筛选出104个微信传播指数（WeChat Propagation Index，WCI）值排名靠前的学术期刊微信公众号，以这些在微信中传播力领先的学术期刊群，而不是单本期刊，作为样本调查，总结其较为成功的建设步骤与传播策略，以增强研究结论的可适用性，为学术期刊微信公众平台的发展提供更有价值的参考。

一、研究方法与样本的确定

清博大数据是中国新媒体大数据权威平台，旗下的微信传播指数是考虑各维度数据后通过一系列复杂严谨的计算公式推导出的具体指数，具有较高的可信度和权威性，目前已有20000家单位基于其生成的数据发布榜单。[4]学者们已将其应用于微信公众号内容营销[5,6]、发展对策分析等[7,8]研究中。

1 李锋.学术期刊微信公众号的使用现状与改进对策研究——以政治学 CSSCI 来源期刊（含扩展版）为例［J］.湖湘论坛，2017，30（4）：171-176.

2 马新荣，徐书荣，潘静.中国地学类核心期刊微信公众平台的开发现状及发展需求［J］.中国科技期刊研究，2017，28（12）：1148-1153.

3 邹海彬，张京娜，杜宁，等.学术期刊微信公众平台建设与思考［J］.编辑学报，2017（S1）：34-36.

4 万宇，周晓舟.少年儿童图书馆微信公众平台阅读推广传播效果研究——以江浙地区国家一级少年儿童图书馆为例［J］.图书馆工作与研究，2017（10）：110-117.

5 黄国凡，张钰梅.图书馆微信公众号内容营销策略：基于微信传播指数 WCI 的分析［J］.图书馆杂志，2015，34（9）：91-96.

6 黄国凡，张钰梅.图书馆微信公众号内容营销策略：基于微信传播指数 WCI 的分析［J］.图书馆杂志，2015，34（9）：91-96.

7 杨淑娟，刘景景，沈阳.媒体微信公众平台服务发展现状及对策——基于"新媒体指数"大数据平台的分析［J］.新闻与写作，2015（2）：10-14.

8 王波.吉林省高校图书馆微信公众号网络影响力分析及建议［J］.图书馆学研究，2018（6）：27-32，26.

表 1 WCI（V13.0）的权重分布及计算公式

一级指标		二级指标		标准化得分
指标名称	权重 /%	指标名称	权重 /%	
整体传播力 O	30	日均阅读数 R/d	85	$O=85\%\times\ln（R/d+1）+15\%\times\ln（10\times Z/d+1）$
篇均传播力 A	30	篇均阅读 R/n	85	$A=85\%\times\ln（R/n+1）+15\%\times\ln（10\times Z/n+1）$
头条传播力 H	30	头条（日均）阅读数 R_t/d	85	$H=85\%\times\ln（R_t/d+1）+15\%\times\ln（10\times Z_t/d+1）$
		头条（日均）点赞数 Z/d	15	
峰值传播力 P	10	最高阅读数 R_{max}	85	$P=85\%\times\ln（R_{max}+1）+15\%\times\ln（10\times Z_{max}+1）$
		最高点赞数 Z_{max}	15	

注：R 为评估时间段内所有文章的阅读总数；Z 为评估时间段内所有文章的点赞总数；d 为评估时间段所含天数；n 为评估时间段内账号所发文章数；R_t 和 Z_t 为评估时间段内账号所发头条的总阅读数和总点赞数；R_{max} 和 Z_{max} 为评估时间段内账号所发文章的最高阅读数和最高点赞数；$εWCI$ 为评估时段内所评估公众号的 WCI 值。

微信公众号的传播力主要通过文章的阅读量和点赞数体现，WCI（V13.0）从整体传播力、篇均传播力、头条传播力、峰值传播力 4 个维度评价公众号，可以全面反映出公众号的整体传播力和影响力，WCI 指数高的微信公众号在传播效果和用户认同度上均有较好表现。因此，本研究将 WCI 指数作为学术期刊微信公众号传播力排名的依据，筛选出学术期刊界传播力靠前的公众号，使梳理出的传播策略更具借鉴价值。

通过微信"添加朋友"—"添加公众号"的方法依次对 2017 年 CSSCI 来源期刊和 CSCD 来源期刊进行搜索，截至 2017 年 12 月 1 日，754 种 CSSCI 来源期刊中共有 400 种开通了微信公众号，开通率为 53.1%；1229 种 CSCD 来源期刊中共有 694 种开通了微信公众号，开通率为 56.5%。公众号的选择不能用随机样本，因网络环境信息折叠，只有顶部（WCI 高）期刊才有展示意义，部分 WCI 较低的期刊没有形成传播优势。本研究依据 2017 年 11 月的 WCI 指数对已开通微信公众号的学术期刊进行传播力排名，并综合 WCI 的实际意义与样本占比，最终选取 WCI 大于 350 的 42 种 CSSCI 来源期刊微信公众号（占 CSSCI 来源期刊已开通数量的 11%）和 WCI 大于 300 的 62 种 CSCD 来源期刊微信公众号（占 CSCD 来源期刊已开通数量的 9%）作为研究对象。由于《城市规划》《心理学报》《心理科学进展》同属 CSSCI 和 CSCD 来源期刊，其中《心理科学进展》的 WCI 为 310.78，未纳入 CSSCI 来源期刊样本中，因此，本研究将这 3 种期刊公众号均归于样本 CSCD 来源期刊中。依次对这 104 个公众号的自定义菜单、自动回复等基本功能进行测试，并对 2017 年 11 月 1—30 日这一个月内推送的所有文章进行调查，以分析这些期刊的建设经验与传播策略。104 个公众号样本的基本情况见表 2—表 3。

表 2—表 3 显示，从公众号类型看，大多数样本期刊为订阅号，定位于媒体传播；少数为服务号，定位于企业服务。调查发现，服务号的消息展示更直接，且部分服务号推送的消息数量并不比订阅号少，一些服务号可能使用了模板类消息，以突破服务号每周只能推送一次消息的限制。但表 2—表 3 也显示，订阅号类型的公众号 WCI 指数明显高于服务号，这可能是定位不同所致。这些期刊所属学科较为分散，说明各学科学术期刊都有做好公众号运营的可能。绝大多数公众号已认证并开通了自定义菜单，近半数公众号设置了自动回复，说明样本公众号的基本功能大多比较齐全。

表 2　CSSCI 来源期刊微信公众号样本的基本情况

序号	期刊名称 （公众号名称）①	类型②	是否认证	自动回复	一级菜单	二级菜单	WCI③
1	中国行政管理		√	√	√	√	376.31
2	中国翻译	服务号	√	√	×	×	396.25
3	图书情报工作		×	√	√	√	377.29
4	环境保护		√	√	√	×	776.26
5	新闻与写作		√	×	√	√	648.65
6	红楼梦学刊		×	√	√	√	640.83
7	读书（读书杂志）		√	√	√	√	602.51
8	文化纵横		√	×	√	√	588.60
9	探索与争鸣 （探索与争鸣杂志）		√	×	√	√	588.46

续表

序号	期刊名称（公众号名称）①	类型②	是否认证	自动回复	一级菜单	二级菜单	WCI③
10	建筑学报		√	×	√	√	582.13
11	中国教育学刊		√	√	√	√	522.73
12	新闻记者		√	√	√	√	519.25
13	中国书法（中国书法杂志）		√	×	√	√	517.78
14	管理世界（管理世界杂志）		√	×	√	×	489.31
15	装饰（装饰杂志）		√	√	√	√	483.93
16	中国法学（中国法学杂志社）		√	×	√	√	471.05
17	法学研究		×	√	√	×	456.94
18	国际新闻界		√	×	√	√	451.11
19	旅游学刊		√	√	√	√	446.54
20	现代财经		√	√	√	√	444.53
21	中国高等教育		√	√	√	√	444.50
22	美术观察		√	×	×	×	444.35
23	社会学研究（社会学研究杂志）	订阅号	√	√	×	×	435.27
24	南开管理评论		√	×	√	√	431.68
25	当代电影（当代电影杂志）		√	×	√	√	423.92
26	世界历史（世界历史编辑部）		√	×	√	√	419.18
27	红旗文稿		√	√	×	×	416.72
28	党的文献		√	√	×	×	413.98
29	文史哲（文史哲杂志）		√	×	√	√	409.63
30	开放时代（开放时代杂志）		√	√	√	√	401.37
31	思想理论教育导刊		√	×	×	×	398.03
32	中国远程教育（中国远程教育杂志）		√	×	√	√	391.77

续表

序号	期刊名称 （公众号名称）①	类型②	是否 认证	自动 回复	一级 菜单	二级 菜单	WCI③
33	近代史研究		×	×	×	×	379.22
34	文学评论		√	×	×	×	378.55
35	社会（社会杂志）		×	×	√	√	369.05
36	中国工业经济		√	×	√	√	366.22
37	文艺研究		×	√	√	×	365.44
38	戏剧艺术		×	×	×	×	361.45
39	学术月刊		√	×	√	×	360.53
40	高校教育管理		√	√	√	√	357.31
41	南方文坛		×	×	√	√	353.67
42	北京大学教育评论		√	×	√	√	351.82

注：①刊名未加括号的说明该刊微信公众号名称与刊名相同，加注括号的括号内为该刊微信公众号名称，下表同；②微信服务号和订阅号在推送频率、功能提供上均存在不同，而最明显的差别体现在消息接收上，服务号消息直接显示在用户聊天列表中，订阅号消息折叠显示在用户的订阅号文件夹中，本研究依据这一差别区分服务号和订阅号；③WCI为样本期刊公众号2017年11月的WCI值，统计时间截至2017年12月1日15时整。

表3　CSCD来源期刊微信公众号样本的基本情况

序号	期刊名称（公众号名称）	类型	是否 认证	自动 回复	一级 菜单	二级 菜单	WCI
1	中华皮肤科杂志		√	×	√	√	533.41
2	武汉大学学报信息科学版		×	√	√	√	473.90
3	中国公路学报		√	√	√	√	405.23
4	心理学报		√	×	√	√	404.79
5	中国针灸（中国针灸杂志）		√	√	√	√	387.95
6	内燃机学报		√	√	√	√	386.78
7	华西口腔医学杂志	服务号	√	×	√	√	360.55
8	航空学报		√	×	√	√	343.92
9	物理学报		√	×	√	√	341.16
10	电镀与涂饰		×	×	√	√	339.76
11	菌物学报		√	×	√	√	321.54
12	心理科学进展		√	×	√	√	310.78

续表

序号	期刊名称（公众号名称）	类型	是否认证	自动回复	一级菜单	二级菜单	WCI
13	纺织学报		√	√	√	√	300.62
14	中国实用内科杂志		√	√	√	√	997.31
15	中国护理管理		√	√	√	√	873.72
16	中国循环杂志		√	√	√	√	766.47
17	建筑结构		√	√	√	√	735.49
18	中国中药杂志		√	×	√	√	666.94
19	给水排水		√	×	√	√	650.57
20	中国给水排水		√	×	√	√	626.28
21	机械工程学报		√	×	√	√	552.88
22	中国电机工程学报		√	√	√	√	541.94
23	农业环境科学学报（农业环境科学）		√	√	√	√	525.66
24	中国激光		√	√	√	√	521.58
25	中国实用外科杂志		×	×	×	×	519.62
26	环境工程		√	×	√	√	515.58
27	电力系统自动化		√	×	√	√	500.27
28	Journal of Zhejiang University—ScienceB		√	×	√	√	498.56
29	工业水处理		√	√	√	√	495.38
30	南水北调与水利科技		√	×	√	√	487.86
31	中华围产医学杂志		√	√	√	√	472.28
32	中国科学院院刊		√	√	√	√	456.03
33	控制工程（控制工程中文版）		√	√	√	√	453.02
34	中国实用妇科与产科杂志		√	×	√	√	441.56
35	测绘学报		√	×	√	√	439.90
36	城市规划		√	×	√	√	407.99
37	（Biomedicine & Biotechnology）（浙大学报英文版）			√	√	√	405.52

续表

序号	期刊名称（公众号名称）	类型	是否认证	自动回复	一级菜单	二级菜单	WCI
38	高电压技术		√	×	√	√	399.50
39	电网技术		√	×	√	√	394.10
40	中药新药与临床药理（中药新药）		√	×	√	√	393.34
41	中华胃肠外科杂志		√	×	√	√	380.23
42	中华眼视光学与视觉科学杂志		√	×	√	√	373.53
43	中国实用儿科杂志		√	×	×	×	365.72
44	中华结核和呼吸杂志		√	×	√	√	364.55
45	介入放射学杂志		√	×	√	√	359.58
46	Virologica Sinica（中国病毒学英文版）		√	×	√	√	353.52
47	中华内分泌代谢杂志		√	√	√	√	352.35
48	中华耳科学杂志		×	×	√	√	349.63
49	水资源保护		√	×	√	√	348.46
50	Landscape Architecture Frontiers（景观设计学）		×	×	√	√	343.19
51	中华心血管病杂志		√	√	√	√	335.75
52	中国舰船研究		√	√	√	√	334.18
53	中华外科杂志		×	√	×	×	332.85
54	科技导报（北京）（科技导报）		√	√	√	√	332.37
55	中华神经科杂志		√	√	√	√	330.55
56	中医杂志		√	√	√	√	327.22
57	中华糖尿病杂志		√	√	√	√	324.87
58	中华儿科杂志		√	√	√	√	321.52
59	中国人兽共患病学报		√	×	√	√	318.11
60	科学通报		×	√	√	√	314.33
61	储能科学与技术		√	√	√	√	305.35
62	工程塑料应用		√	√	√	√	301.32

二、样本期刊微信公众号建设步骤

目前，CSSCI 来源期刊和 CSCD 来源期刊微信公众平台的开通率均超过 50%，但大量僵尸号的存在反映出不少期刊跟风开通又疏于管理的现状。学术期刊微信公众平台的建设是一个长期积累的过程，通过对 104 个传播效果良好的样本公众号内容和传播情况的观察，本研究认为开通、维护和提升"三步走"策略是我国大多数学术期刊建设微信公众号可以借鉴的经验。

（一）开通：明确定位，挖掘特色

和微信公众号庞大的粉丝基础相比，学术期刊微信公众号的阅读量低、点赞数少、评论留言者寡，这主要是因为学术期刊微信公众平台的定位模糊不清。[1]开通之初，学术期刊就应明确微信公众平台的定位，包括目标受众、平台功能、编辑风格的选择等，进而根据定位选择适宜的传播策略。如《武汉大学学报（信息科学版）》微信公众号定位为"学术｜权威｜科普｜有趣"，传播内容就以期刊论文为主，但又对专业化的论文进行二次加工，将其改写成语言通俗、排版风格活泼、版面色彩丰富，并大量使用表情包、网络用语的科普论文，凸显了其"科普、有趣"的定位。

在明确定位的基础上进行特色化发展是学术期刊微信公众号的生存之道。对于身处信息爆炸、注意力稀缺的网络之中的学术期刊公众号来说，发掘"你无我有"或"你有我优"的特色，方能从同质化的公众号中脱颖而出。本研究的样本期刊具有以下彰显其特色的手段。

（1）特色栏目。每个学科都有其他学科所没有的排他资源，每个期刊也有其他期刊没有的排他性资源，充分利用这些资源，做出差异化的特色内容并非难事。调查显示，12 个样本公众号拥有自己的特色栏目（表 4），内容涉及学术文章、经验分享、资讯集合等，形式包括文字、音频、视频、图片，部分栏目还较为注重社交化、互动化，反映出学术期刊对新媒体特性的积极运用。如"中国护理管理"经验分享栏目推送的文章《科里突然三个护士扎堆怀孕，怎么办？》，因话题与业界联系紧密而激发了读者的参与，2017 年 11 月该推文的总评论数达

1　肖骏，谢晓红，王淑华.学术期刊微信公众平台定位及其意义——从学术期刊与微信公众平台差异的视角分析［J］.编辑学报，2017，29（3）：275-277.

577 条，是所有样本中评论数量最多的推文。从传播效果看，设有特色栏目的期刊 WCI 值较高，均大于 400。可见，特色栏目的设置是凸显公众号特色和期刊策划意识的一个重要手段，既体现了期刊公众号的传播意识，也有助于提升期刊在数字世界里的品牌。

表 4　样本期刊微信公众号的特色栏目

期刊类别	期刊公众号名称（WCI 值）	特色栏目	推送频率	媒介形式	主要内容
CSCD来源期刊	中华皮肤科杂志（533.41）	超级诊断	每周	文字	邀请医院医师分析期刊文章中的案例
	中国护理管理（873.72）	国际视角／经验分享	不定期	文字	刊登澳大利亚知名期刊论文的中英文摘要／业界经验分享
	中国循环杂志（766.47）	专题直播［阜外学院］	每天	视频	视频教学，如通过视频互动研讨疑难病例
	农业环境科学（525.66）	专访	一月两次	文字	围绕一个主题专访学者
	中国激光（521.58）	五分钟光学／光学新闻联播	不定期／每周	视频音频图文／文字	一线专家围绕一个主题分享光学科研动态、科研工作趣事、会议经验等／盘点一周科研和产业热点
	中华围产医学杂志（472.28）	细说写作	每周	文字	编委、作者、读者分享论文撰写的心得
CSSCI来源期刊	新闻与写作（648.65）	记者·故事	不定期	音频／图片	业内优秀记者分享工作故事、工作经验、新闻职业技能
	现代财经（444.53）	早读分享	每天	文字／音频	精选每日行业资讯、财经专题文章、健康资讯
	探索与争鸣杂志（588.46）	一本道专栏	不定期	文字	连载厦门大学黄冠副教授《魔法世界的政治经济学》的精彩章节
	新闻记者（519.25）	增军说媒	不定期	文字	由彭增军教授撰稿，原文陆续连载于《新闻记者》杂志，微信中有改编
	中国法学杂志社（471.05）	一周法学纪事	每周一次	文字	盘点一周热点资讯
	南开管理评论（431.68）	研究分享	每周两次	文字	作者分享写作和投稿的感想

（2）特色界面。将菜单命名特色化，打破常规化的关于我们、推荐阅读、期刊在线等平淡的菜单命名。如"新闻记者"结合期刊特点，将一级菜单命名为传·媒、学·研、文·刊，既体现出浓郁的新闻传播学气息，又简明地总结了传媒动态、学术研究、期刊文录 3 个类别。

（3）特色排版。不少样本公众号的排版风格很有特色，比如"环境工程"的排版将绿色作为主色，小标题、正文边框、突出字体均为绿色，既使页面简洁统一，又符合期刊"环保"的特点。又如"读书"的排版以淡雅素简的边框、精致的插图为特色，清淡的风格与"读书"所需的平心静气相契合。

（4）特色服务。部分样本公众号充分利用期刊自身优势发掘特色服务，如"浙大学报英文版"提供的英文润色服务成为其宣传推广中的亮点。

新媒体最大的特点是信息极度丰富，传播者必须在众多信息中脱颖而出才能迅速引起用户的关注。而微信公众号特别是订阅号折叠在微信里，打开率低一直是公众号发展的瓶颈，克服这一瓶颈只能突出特色。学术期刊是标准化办刊，但公众号却不能标准化，特色化正是去标准化的体现，从小切口出发找寻适合自身期刊定位的特色化发展方向，形成信息过载环境中的特有标签，才能增强公众号辨识度。学术期刊具有较高的辨识度，将公众平台特色和期刊特色有机结合，便能以最小的成本获得最好的效果，本研究的样本期刊都很好地利用了母刊特色来包装公众号。

（二）维护：以用户思维为导向，提高粉丝黏度

社会化媒体时代，人代替信息成为传播的中心，而微信的崛起与发展，更加推动了"以人为本"传播模式的产生与发展[1]，用户思维便根植在"以人为本"的沃土中。尽管学术期刊的受众相对小众化，但站在用户的角度思考问题，这既是为期刊的影响力提升也是为后期可能出现的商业化运营建立基础。

1. 完善功能，优化服务

用户思维的目的是让用户能快速获取所需要的知识，学术期刊的受众更精准，

---

1 耿蕊，陈倩.人文社科类学术期刊微信平台建设的几点思考——以新闻传播学期刊微信公众号为例［J］.中国出版，2017（12）：21-25.

需求相对集中，两项关于科研人员对学术期刊微信公众平台需求的调研均显示，论文推荐、最新录用、期刊目次、稿件查询、投稿须知等是用户需求较高的服务。[1,2] 前 3 项内容可通过文章推送实现，其他服务的提供则依赖于自定义菜单的设置和关键词回复功能的使用。

样本公众号中，59 个 CSCD 来源期刊公众号和 28 个 CSSCI 来源期刊公众号全部开通了一级菜单和二级菜单，且 59% 的 CSCD 来源期刊公众号将二级菜单数量设置为 11~15 个，可见重视微信公众平台建设的学术期刊也很重视自定义菜单的运用。由表 5 可知，样本公众号提供了联系信息、投稿须知、在线订阅等多项功能 74% 的 CSCD 来源期刊的样本公众号支持稿件查询 37% 支持论文在线阅读或 PDF 下载，其中 14 个还使用了微直播、微论坛、兴趣部落等小程序。此外，34 个 CSCD 来源期刊公众号和 21 个 CSSCI 来源期刊公众号将菜单直接链接至期刊官方网站或微博，"电镀与涂饰"等 4 个公众号还将微信平台与其 App 对接，方便用户跨平台操作。

但在调查中也发现，样本公众号的信息检索功能还不够完善，仅有 8 个公众号使用了"新榜号内搜"的功能，以方便用户搜索文章。部分公众号的菜单设置形同虚设；近一半的样本公众号具有自动回复的功能，但部分公众号的回复内容与问题不相关，对自动回复功能的重视度不高。

表 5　样本期刊公众号的功能开通情况

期刊来源	联系信息		稿件查询		投稿须知		期刊订阅		PDF 全文下载		在线阅读		小程序	
	数量/个	占比/%	数量/个	占比/%	数量/个	占比/%	数量/个	占比/%	数量/个	占比/%	数量/个	占比/%	数量/个	占比/%
CSCD	38	61.3	46	74.2	26	41.9	26	41.9	15	24.2	8	12.9	14	22.6
CSSCI	20	47.6	7	16.2	18	42.9	16	38.1	1	2.4	0	0.0	3	7.1
合计	58	55.8	53	50.9	44	42.3	42	40.4	16	15.4	8	7.7	17	16.3

1　冀芳，王召露，张夏恒.人文社科类学术期刊微信公众平台的发展——基于 533 种 CSSCI（2014—2015）来源期刊与 607 份问卷的调研数据［J］.科技与出版，2016（11）：75-81.

2　马马勇，赵文义，孙守增.学术期刊对微信公众平台的功能选择分析［J］.科技与出版，2014（9）：77-81.

信息检索的不便会降低用户体验，互动的缺乏同样如此。部分样本公众号就存在这一问题。虽然全部样本公众号均开通了留言评论功能，但有 29 个公众号当月留言数为 0，34 个公众号虽有留言，但留言回复均为 0，仅 13 个 CSCD 来源期刊公众号、3 个 CSSCI 来源期刊公众号的留言回复率超过 30%。

2. 文本的新媒体化

新媒体环境改变着用户阅读习惯，要有效利用新媒体服务于受众，就要以贴合新媒体用户习惯的方式进行传播。

期刊论文是学术期刊推送的主要内容，但纸刊论文的简单搬运是目前多数学术期刊公众号的通病，事实上适当的二次加工能为优质学术内容的传播锦上添花。此外，"酒香也怕巷子深"，微信公众号信息折叠次数较多，如果标题不能吸引用户点开阅读和转发，文章的阅读量就会非常低。如何使标题生动活泼、接地气地反映出科学客观的传播内容是运营微信公众号的必修课。样本公众号在正文的二次加工和小标题的修饰上有较好的实践经验，本研究将在第三部分详细介绍。

同时，排版也要注重简洁美观，可适当运用边框、小标题序号、分割线、贴纸等工具，但需警惕过犹不及，特别是色彩的使用不宜过多过杂，喧宾夺主，这是因为学术期刊公众号的读者对象以学者为主。对重点内容可以加粗字体、改变字体颜色等方式突出显示，文风活泼的文章还可居中排列。

新媒体手段的使用可更为灵活。样本公众号最常用的多媒体是图片和超链接，但事实上，很多学术期刊都与多样化媒介手段有着契合点，如建筑设计类期刊可使用 H5 或动图来呈现立体设计图，影视类期刊可插入影视剧视频，文化类期刊可借鉴有声书的方式通过音频更生动地传达文字等。

3. 微信群聚合社区

传统期刊受平台的限制，将作者、编者、审稿专家、读者等隔离，而新媒体的出现打破了这一障碍，使学术期刊多位一体的服务格局成为可能。但如何让不同群体各归其位，真正实现各群体内部的交流？学术期刊可发挥中间人作用，通过微信交流群、QQ 群、微论坛等方式聚合相关人群。交流群能及时解决作者写作投稿或专家审稿过程中的问题，也方便学者们对学术问题、热点话题进行探讨与交流。

4个样本公众号开通了微论坛，但除"中国护理管理"的护士社区栏目话题较丰富外，其他论坛的活跃度并不高。目前，建立交流群的学术期刊也不多，仅5种样本期刊开通了QQ群；微信群以"浙大学报英文版"为代表，该刊按照学科分类建立了作者社群、论文写作群及科研项目讨论群，并由专人运营管理这些微信群。

（三）提升：促进分享式传播，扩大平台影响力

微信公众号对学术期刊的最大益处便是影响力的提升，而影响力提升的基础是知晓人数的增多，就强关系传播的微信来说，朋友圈的裂变式传播是最好的方法。部分样本公众号便深谙促进微信分享式传播的规则。

（1）精选传播内容，提供实用性强的文章和用户关注的资讯。2017年11月14日，《2017成人高血压预防、检测、评估和管理指南》正式颁布，当天"中国循环杂志"和"中国实用内科杂志"就分别发布资讯《美国高血压指南五"大变动"：≥130/80诊断高血压，降压目标130/80，65岁以上也有小于130/80》和《≥130/80诊断为高血压！刚刚，高血压被重新定义！》，阅读量均超过10万。

除抓取新鲜资讯外，结合时事热点推出短评、互动话题以借势传播，也是打造高阅读量文章的法宝。如2017年11月"实习护士配药时玩直播"登上微博热搜，"中国护理管理"随即推送文章《实习护士直播配药，你怎么看？》，既有最新资讯的传达，又结合专业特点对相关人员的职责进行了解读，成功引发话题讨论。这条推文获得了42051次阅读量和96条留言，成为当月该号留言数最多的文章。

（2）学术会议、活动策划同样能吸引用户的关注，为公众号聚集新用户。如"中国护理管理"策划的晒年终总结活动，"心理学报"举行的年度优秀论文评选。把握住每一次吸引用户的机会，便能实现粉丝数的飞跃，打牢影响力提升的地基。

"众人拾柴火焰高"，学术期刊在自身努力的同时，还可抱团取暖和其他期刊结为微信盟友，互推公众号二维码、文章、活动通知等。如中国物理学会就以《物理学报》为龙头，构建了中国物理学会期刊网和微信公众平台，吸纳了28种相关期刊加盟，加盟期刊之间信息可以相互推送。[1]这样的群体行动在促进学术知识交流的同时，也提升了学术期刊的整体影响力。

三、学术期刊微信公众平台内容生产策略

对样本公众号2017年11月内推送文章的调查发现，当月104个公众号共推送消息1583次，发布图文消息2812条。从表6可以看出，样本公众号推送较为频繁的14个CSSCI来源期刊和21个CSCD来源期刊的公众号月推送次数超过20次，样本CSCD来源期刊公众号的推送条数比CSSCI来源期刊多，有2个公众号的推送条数超过90条。

表6 2017年11月样本公众号的推送情况

期刊来源	公众号数量／个							
	推送次数／次				推送条数／条			
	1-4	5-10	11-20	21-31	3-30	31-60	61-90	＞90
CSCD	14	8	19	21	39	15	6	2
CSSCI	6	9	13	14	33	7	2	0
总计	20	17	32	35	72	22	8	2

两类样本期刊公众号2017年11月文章的篇均阅读数主要分布在1000~3000，最高阅读量集中在低于5000的区间。但有4个CSCD来源期刊样本公众号最高阅读量大于3万，有2篇文章甚至超过10万。（图1）

1 吕冬梅、杨驰,陈玲,等.科技期刊的微信创新定位与公众号的运营——以《中国中药杂志》微信公众号为例[J].科技与出版, 2016（6）：16-19.

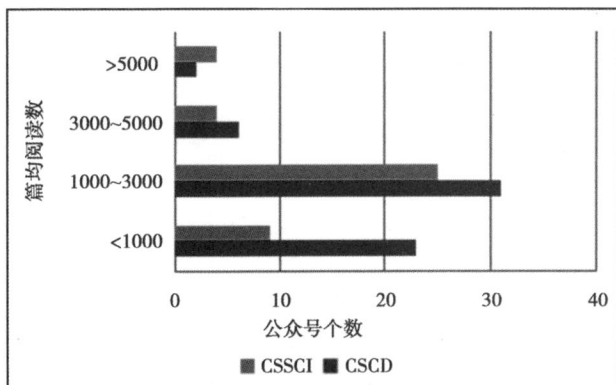

a.篇均阅读数

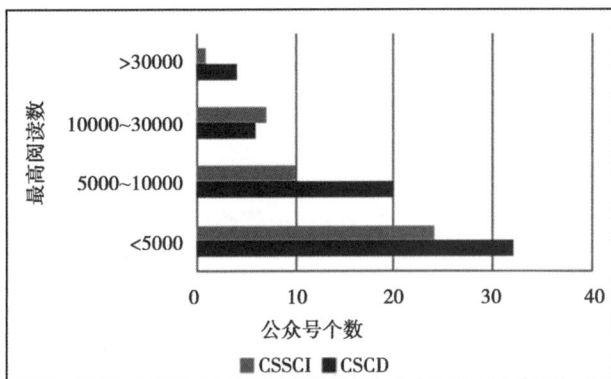

b.最高阅读数分布

图1 2017年11月样本公众号

104个样本公众号阅读数和点赞数的综合排名均位于全部CSCD来源期刊和CSSCI来源期刊的前列，除了上述的运营和服务外，与这些公众号的内容生产策略也密不可分，持续的内容输出是公众号良性发展的基础。通过分析传播力领先期刊公众号1个月内的传播情况发现，根据各自定位的不同，其所服务的目标受众也有差别，需因地制宜，不能盲目借鉴，具体来说可采取以下4种策略。

（一）风格化：学术文章的高级搬运工

此策略主要适用于目标受众为期刊作者、读者等专业相关用户的期刊公众号。

34种样本CSSCI来源期刊和36种样本CSCD来源期刊主要围绕母刊做文章，且28种CSSCI来源期刊更倾向于重点推送母刊文章而极少推送其他期刊文章，可见目前许多学术期刊对微信公众平台的利用仍根植于母刊学术论文资源。但不同于只换平台不动内容的初级搬运，这些学术期刊微信号中的佼佼者有着自己的一套高级搬运方法。

（1）母刊内容的二次加工。对标题进行适当改动。相比于多数期刊直接使用文章标题，运用疑问句、感叹句、拟人等修辞手法修饰标题，或通过反问、疑问来制造悬念显然更贴合社交媒体的传播规律。如"中国中药杂志"以推文《中药马兜铃，我到底有没有错 | 专家权威解读》来推介期刊论文《马兜铃酸的毒性研究及思考》，既突出了文章类型，又用拟人化增添了趣味性。此外，提炼或摘选文章主体部分，同时为需要获取全文的用户提供链接，这可以通过点击标题、阅读原文、回复关键词来实现。又如"电力系统自动化"的精彩论文推荐栏目就摘录文章部分内容，而将全文用"阅读原文"链接至期刊官方网站。

（2）母刊内容的多向延伸。微信公众号不受容量限制的特点为挖掘期刊论文以外的信息提供了平台，公众号文章的形式也不再拘泥于"作者 + 文章"的固定式样：在正文之前加入导读，包括介绍选题背景、推荐文章亮点内容、充实作者介绍。文章之后加入作者的研究心得、投稿心得。比如除单篇推送外，"当代电影"还采用专题形式推送本刊论文，"中国书法"则采用目次加导读的形式对当期文章内容做简要提示。上述策略都使公众号不仅传播了母刊学术信息，还对这些学术信息做了延伸，使读者通过公众号接触到在期刊上看不到的信息。

除不受容量限制，公众号灵活的特点也使文章不受期刊卷期的局限，既可以提前于纸质期刊推送文章，也可以推送过刊文章或其他中文期刊、外文期刊的文章。部分样本期刊采用上述策略。

（二）大众化：科普知识的传播者

此策略适用于目标受众以无专业背景的普通用户为主，与日常生活相关性高的学术期刊公众号。此策略以《中国中药杂志》《中国实用内科杂志》《中药新药与临床药理》和《中华耳科学杂志》4 种医学类期刊的公众号为代表。它们独辟蹊径，不依靠母刊资源传播学术文章，而以易于理解、接受和参与的方式向普通大众传播科普知识。

如"中国实用内科杂志"以"实至名归、用者为尚"为宣传语，致力于从各类公众号中精选实用的医学知识；"中国中药杂志"则把公众号内容定位于"传播靠谱、有趣的中医药知识、文化养生内容"，文章涉及知识普及、经验分享、生活小妙招，但都与中医中药紧密结合，加之文章语言、排版方式贴合新媒体语境，多次使用表情包、动图，且在文章评论区积极与用户互动，被粉丝贴上了"逗逼、接地气、文艺、有活力"等标签，形成了很高的辨识度。[1] 如"怕冷？给你三副苦寒药！"以名医李中梓的故事普及了"怕冷"的中医诊断，"中药冷知识"系列专题通过漫画和风趣幽默的文字展现中药知识。

目前，自媒体多如牛毛，各类知识普及鱼龙混杂，特别在朋友圈这一强联系的社交圈中，与公众健康相关的谣言滋生速度快、流传范围广，亟待权威的声音说明真相，医学类学术期刊微信公众号利用其权威身份和学科特有资源传播医学科普知识便有了发展的空间。

其实，每种学术期刊都是知识的存储和传播者，这些知识虽然是以匿名评审为特点的学术知识，经过包装也可以成为向社会大众普及的科普知识，在这一点上我国的学术期刊还有很大的开发空间。学术期刊的数字化转型，也应包括通过新媒体拓展学术期刊学术传播之外的大众传播功能。在新媒体时代，健康、医学、科技、社会、历史等各类伪知识甚至谣言层出不穷，通过用户的社交网络渗透到网络空间的各个角落，学术期刊作为传播上述知识的专业机构，可担负起在网络中进行知识科普的社会责任。这是提升期刊社会认知度和品牌的一个可行方法。

（三）新闻化：行业资讯的传声筒

此策略适用于以资讯传播作为特色的订阅号和推送次数较少的服务号。样本公众号中，6 个 CSCD 来源期刊的服务号和 2 个 CSSCI 来源期刊的服务号，2 个 CSCD 来源期刊的订阅号和 3 个 CSSCI 来源期刊的订阅号采用此策略。

相比于订阅号，服务号的服务功能更强大，但在内容传播上，服务号每月只能推送 4 次，这就要求其推送的消息有足够的信息量，才能吸引用户点击阅读，提供行业动态、会议动态等有价值的资讯是明智的选择。但服务号推送次数的局限与不稳当的推送也可能带来用户关注的不稳定，如 2017 年 11 月"图书情报工作"推送的 4 条资讯中，最高阅读量和最低阅读量就相差 4757 次。

订阅号对资讯的处理更加多样。如"环境保护"在传递资讯的同时还加入了

---

1 吕冬梅，杨驰，陈玲，等.科技期刊的微信创新定位与公众号的运营——以《中国中药杂志》微信公众号为例［J］.科技与出版，2016：16-19.

专家解读；"现代财经"则将资讯传播做成每天凌晨推送的固定栏目早读分享，整理国内外财经类门户网站相关资讯，转载 1 篇专题文章，并加上编辑评论，为读者研究选题提供参考，形成了"既有时事热点，又有学术思考；既有短新闻的浅阅读，又有专题文章的深阅读"的模式。

新闻内容的推送结合社会热点，容易引起学术群体之外的大众关注学术期刊，是一种可行性较高的策略。笔者在带领团队运营公众号时发现，新闻热点和行业热点由于时效性非常强，对公众号的运营团队提出了非常高的要求。学术期刊不同于新闻业中的报纸和电视，后者的整个文化和管理体制就是为适应新闻加工的；而学术期刊的日常则是围绕着细致入微的编辑加工工作，论文虽有时效性要求，但其周期较长。新闻资讯又与期刊论文的关联度较低，这就会给学术期刊编辑兼职做运营者的公众号运营增加更多负担，这也是样本公众号中采用这一单一策略来生产内容的期刊较少的原因。

（四）多元化：综合内容的集成体

此策略适用于目标受众宽泛、推送频繁、推送消息数量较多的学术期刊公众号。

不同群体的目标用户对内容的需求不一，要囊括学界、业界甚至无专业知识的普通用户，便需多次、多条推送，推送的消息基数大，才有创造多元化内容的空间与满足多类受众需求的可能。样本中 2 个 CSSCI 来源期刊订阅号、14 个 CSCD 来源期刊订阅号和 1 个 CSSCI 来源期刊服务号采用此策略。

以"中国循环杂志"为例，其擅长从外国媒体、会议、期刊等多种来源搜集整合资料，2017 年 11 月共推送 24 次，推送消息 150 条，内容涵盖此刊和其他期刊论文、国内外资讯、会议讲话、知识普及等，涉及面广、篇幅短小、内容精炼。

但传播多元内容的公众号应注意做好归类，可采用小括号、竖线等形式，以避免因内容类型多而显得杂乱。然而，在实践中，很难做到多栏目同放异彩，研究显示，图文消息的发布次序对日均阅读量有显著差异，发布位置越靠后，其传播效果越差。[1] 所以，如何提高各类信息的阅读量，而不出现头重脚轻的情况是

1　王福军, 冷怀明, 郭建秀, 等. 互联网背景下科技期刊的媒体融合路径［J］. 编辑学报, 2016, 28（1）：11-14.

值得探索的另一问题。

表 7 反映了两类学术期刊微信公众号所采取的传播策略存在差异，CSSCI 来源期刊更偏好推送学术文章，CSCD 来源期刊对其他来源文章和资讯动态等多元化内容的运用则更为灵活，这一定程度上与其高频次、多条数的推送密不可分。

表 7 也显示了 51 个样本期刊公众号仅推送母刊论文并获得了不错的传播效果，其中有 21 种为 2017 年该学科内影响力指数排名前两位的期刊，

《物理学报》等 6 种期刊为 "2017 中国最具国际影响力学术期刊"，《装饰》等 8 种期刊为 "2017 中国国际影响力优秀学术期刊"。这说明期刊自带的影响力会提升期刊公众号的传播力，但同时也说明部分学术影响力不错的期刊在运营公众号时仅简单搬运母刊内容，没有传播策略，这样做其实只是利用新媒体简单消费母刊品牌，而不是利用新媒体进一步打造母刊品牌。

表 7　样本微信公众号的传播策略选择

期刊类别	公众号数量 / 个												
	学术文章的高级搬运工						科普知识的传播者		新闻资讯的传声筒		多元内容的集成体	
	母刊文章	母刊文章＋其他期刊文章	母刊文章＋会议报告	微信征稿文章	总计							
					数量/个	占比/%	数量/个	占比/%	数量/个	占比/%	数量/个	占比/%
CSCD	23	7	6	0	36	58.1	4	6.4	8	12.9	14	22.6
CSSCI	28	3	2	1	34	81.0	0	0.0	5	11.9	3	7.1
总计	51	10	8	1	70	67.3	4	3.9	3	12.5	17	16.3

以上 4 项传播策略因学术期刊微信公众号的定位、目标用户和传播现状而有所不同，对所有类型的学术期刊微信公众号来说，创建特色栏目和借势传播则是创造高传播力的共通秘诀。

四、结语

数字时代，我国大多数学术期刊的主要精力依然在纸质期刊的出版，而把传播交给了中国知网等数字出版商。微信公众平台门槛低、自由度大、互动性强等特点为学术期刊的新媒体传播提供了机会。本研究的调查显示，只要在母刊学术影响力基础上稍作拓展延伸，大多数期刊具有运营好微信公众号等新媒体的基础。

调查也显示，在这些传播力领先的学术期刊群公众号传播的不断探索中，部分期刊形成了独特的传播策略，也逐渐学会了使用新媒体叙事和新媒体运营，取得了一定的成效。

本研究通过对 104 个传播力较强的学术期刊微信公众号的调研，总结出以母刊为支撑作为学术文章的高级搬运工、综合内容的集成体，脱离母刊做科普知识的传播者、行业资讯的传声筒 4 种传播策略，而每一种传播策略都是围绕公众号的定位和目标用户展开的。微信公众号从开通、运营，到具有一定的传播效果是一个不断积累、修正的过程，本研究归纳的"三步走"建设策略可为学术期刊微信公众平台的传播实践提供参考借鉴。但在调研中也发现，这些传播力领先的学术期刊公众号中有 32 个公众号的平均阅读量低于 1000，部分公众号传播的主要内容并非其阅读量最高的内容，同一公众号的文章阅读量相差较大，说明部分学术期刊微信公众号的传播效果并不稳定。

从本研究样本总体来看，样本期刊群在微信公众平台里的影响力比较弱，和非期刊的其他媒体或自媒体相比，WCI 值整体上并不高。这也再次显示，与报业等传统媒体的转型相比，学术期刊与新媒体的融合相对缓慢，学术期刊微信公众号的服务效果与传播效果还有待提升。究其原因，一是充分运用本研究所归纳传播策略的期刊还不多；二是正如本研究所指出的，这些传播力领先的学术期刊公众号无论在运营还是在内容生产方面都还有很大的提升空间。

因而，期刊在运营微信公众号时可根据自身情况，借鉴本研究调查获得的传播力领先的学术期刊公众号具体经验，但也应注意避免这些期刊在运营中存在的各种问题。

（原文发表于《中国科技期刊研究》2018 年 6 期，收入本书时做了删改）

数字环境中国报纸市场发展分析
——基于原广电总局 2005—2015 年统计数据

张小强　吉　媛　游　滨

数字技术的快速发展为新闻出版注入了新的活力，自 2005 年"数字出版"概念被广泛认可以来，数字出版在新闻出版产业中的比重逐年上升。2014 年，《关于推动传统媒体和新兴媒体融合发展的指导意见》出台，媒体融合发展战略首次上升至国家层面，此后，传统媒体与新兴媒体的融合不断推进。相对于图书和期刊的知识属性，报纸偏重于新闻属性，时效性要求最高，这使报纸印刷版成为最易受到数字化冲击的出版物类型。面对数字环境的冲击，报纸市场到底受到多大程度的影响，哪些指标受到影响，是传统报业应对数字化挑战时亟待明晰的问题。在此背景下，本文深度解读 2005 年至 2015 年中国报纸市场的发展情况具有重要意义，既能使报纸从业者准确了解报业市场的发展轨迹，又能使报纸出版经营者整体把握数字化环境下报纸市场的变化趋势，作出科学决策。

本文数据主要来源于原国家新闻出版广电总局网站发布的《全国新闻出版业基本情况》（2005—2015）和《新闻出版产业分析报告》（2009—2015），同时参考了中国新闻出版研究院发布的《中国数字出版产业年度报告》（2005—2015）。

一、报纸出版市场总体变化趋势

数字化技术的发展改变着国民阅读方式与阅读习惯，根据《全国国民阅读调查报告》，自 2007 年针对我国成年国民开展报纸阅读率调查以来，报纸阅读率整体呈下降趋势，而自 2008 年开始对成年国民的数字化阅读方式接触率进行调查以来，数字化阅读方式接触率连续七年持续上升，至 2015 年已达 64.0%。[1]

1　田菲. 我国国民阅读发展趋势研究——基于 1999—2015 全国国民阅读调查数据分析［J］. 出版发行研究，2016（5）：5-9.

数字化阅读的普及对报纸出版产业造成的冲击也逐渐显现。据《新闻出版产业分析报告》（2009—2015），2009 年至 2012 年，报纸出版产业与数字出版产业的总体经济规模排名始终位于第四位和第三位，2013 年报纸出版的综合排名从第四位降至第五位，而数字出版则在 2014 年跃居行业第二。

（一）报纸总品种趋于平稳

2005 年至 2015 年，国内报纸总品种略有减少但总体趋于平稳。2005 年至 2008 年，报纸种数从 1931 种平稳增长至 1943 种，之后两年在波动中稍有减少。而从 2011 年开始，报纸种数便逐年减少，2015 年较 2010 年累计减少 33 个品种，这也从侧面反映出 2011 年推进的非时政类报刊出版单位体制改革以及报刊结构调整工作取得一定成效。当前社会上有一种"报纸消亡论"论调，一旦有报纸停刊，这种论调就会被放大。本文的统计数据显示，我国报纸种数 11 年间总体是稳定的，虽略有下降，但并未大规模减少。因而，报纸仍然会长期存在。

（二）报纸印刷出现下滑趋势

如图 1 所示，在报纸印刷出版中，平均期印数、总印数、总印张都经历了先增后减的过程。2013 年，报纸平均期印数和总印张达到峰值，总印张则在 2011 年达到峰值。而 2010 年开始，智能手机和移动互联网开始逐步普及，2011 年新浪微博注册用户超过 2 亿，2012 年腾讯微信用户数量超过 2 亿，伴随"两微"的快速发展，各种新闻客户端也不断被投入市场。"两微一端"渠道都能够让用户获得新闻，因此报纸的发行量受到冲击是必然的。图 1 显示报纸的萎缩时间正是伴随着"两微一端"的兴起。

2005 年至 2013 年，报纸平均期印数和总印数稳中增长，仅在 2009 年出现负增长，说明这 8 年里报纸的每期印数有所增长；而到了 2014 年和 2015 年，平均期印数和总印数均急剧下滑，标志着每期印数的减少。（图 2）

总印张的降势出现得更早，从 2012 年开始，报纸总印张便逐年减少，且降速不断增大。总印张与报纸所刊信息量和广告量密切相关，2008 年报纸总印张增速最大，与汶川地震、北京奥运会等重大事件引起的报纸扩版或推出特刊不无关系，而近几年报纸总印张急剧下降则反映出报纸广告市场的萎缩。此外，数字媒体的冲击或许是报纸总印张下降的主要原因。单份报纸平均印张数的变化趋势

与总印张相同，均以 2011 年为拐点，说明在平均期印数较为稳定的情况下，几年来报纸正在逐渐变薄。（图 3）

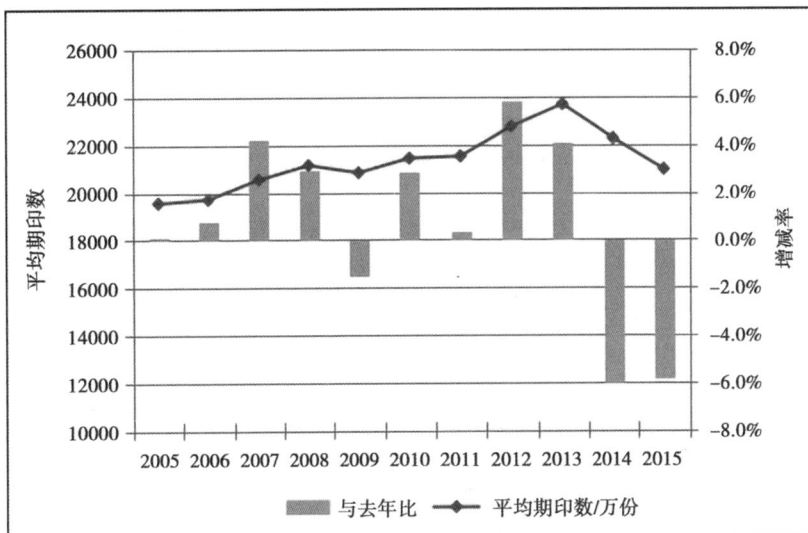

图 1　报纸平均期印数及增减率

数据来源：《全国新闻出版业基本情况》（2005—2015）（除特别标注外，本文数据均来源于此）。

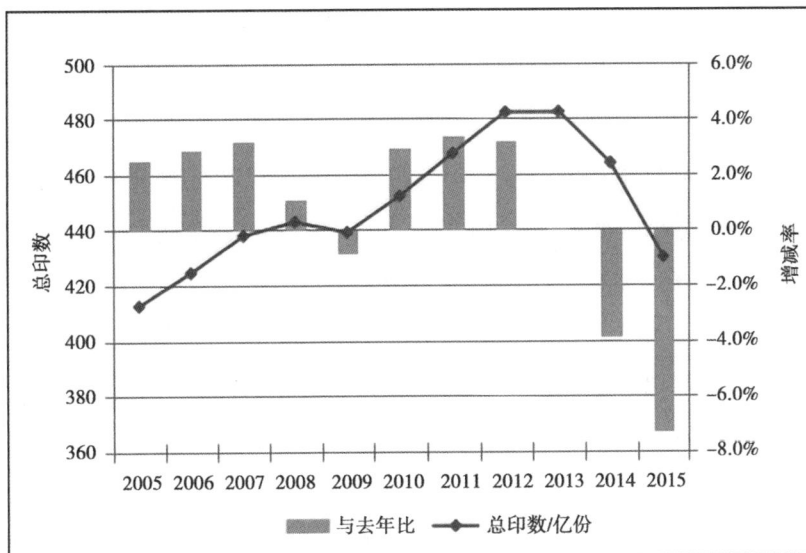

图 2　报纸总印数及增减率

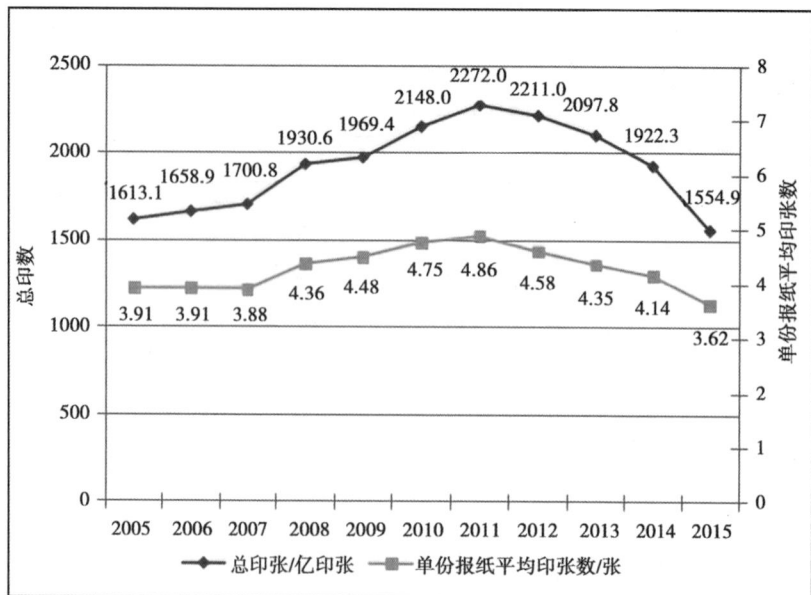

图3 报纸总印张与单份报纸平均印张数

单份报纸平均印张数数据来源：以《全国新闻出版业基本情况》（2005—2015）统计数据为基础，根据"单份报纸平均印张数＝总印张／总印数"计算所得。

从报纸印刷的各项指标变化可以看出，2014年和2015年报纸印刷市场出现整体下滑：平均期印数在2014年、2015年分别下降6.04%、5.82%，总印数分别下降3.84%、7.29%，总印张分别下降8.37%、19.11%，2015年也因此成为报纸总印张、总印数降速最大的一年。这说明自2014年"媒体融合元年"以来，报纸印刷市场的形势日益严峻。

还应注意的是，尽管报纸出版的总印数、总印张始终位于新闻出版产业的第一位，但其占全部新闻出版物的比重已逐渐下降。2009年报纸总印数和总印张的占比分别为80.24%、72.91%，2014年已分别降至79.50%、68.41%，可见报纸印刷出版在新闻出版产业中的地位正在削弱。分析其原因，除了2014年我国出台媒体融合政策推动报业转型做新媒体，另一个重要因素是网民结构发生了变化。根据CNNIC2014年7月发布的第34次《中国互联网络发展状况统计报告》，2014年7月，我国的手机上网比例首次超过PC端上网比例，因为报纸的便携性可以使人们在等车坐车等碎片时间阅读新闻，而手机上网则能够满足这一需求，降低了人们对报纸的需求。因而，报纸印数和印张的下滑不可逆转。

（三）报纸定价总金额上涨利润总额却急剧下降

2005 年至 2012 年，报纸定价总金额连续 9 年持续增长，2013 年和 2014 年定价总金额仍在增长，但增幅急剧放缓，2015 年则首次出现负增长。但这并不代表报纸定价出现颓势，因为从单份报纸的平均定价来看，全国报纸单价连续十年持续上涨，2005 年单份报纸平均定价为 0.63 元，到 2015 年该数值为 1.01 元。据媒体报道，受国际木浆、废纸等造纸原料价格波动、市场供求关系及国际宏观形势影响，2007 年至 2012 年以来我国新闻纸价格波动幅度较大。另外在生产领域，作为高能耗的造纸产业，煤、电、运输价格大幅上涨，使造纸成本随之加大。因此在物价整体上涨的情况下，报刊价格上调属于正常现象。[1]

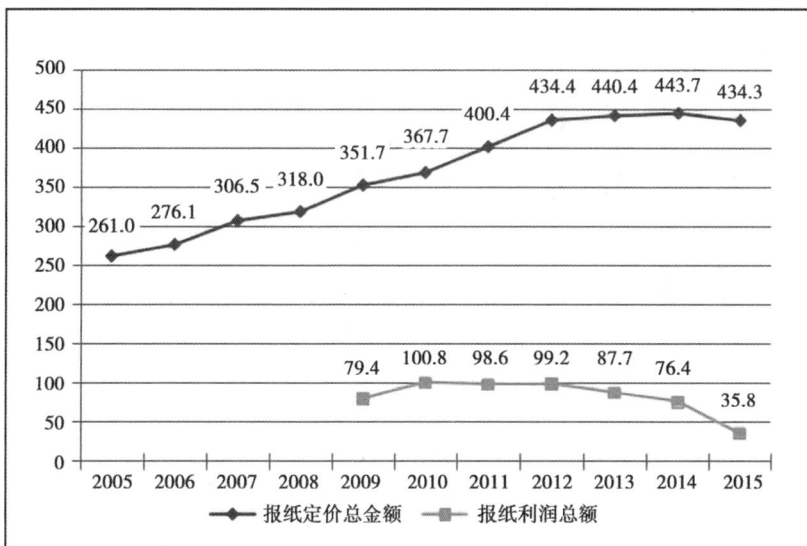

图 4　报纸定价总金额与利润总额（单位：亿元）

报纸出版利润总额数据来源：《新闻出版产业分析报告》（2009—2015）

尽管报纸定价持续上涨，但从 2013 年开始，报纸出版的利润总额却出现下滑趋势，且降速不断加快。2015 年报纸利润总额 35.77 亿元，较 2014 年已减少53.71%，可以说是断崖式下滑。

据《2015 年新闻出版产业分析报告》，2014 年 46 家报刊出版集团主营业务收入与利润总额分别降低 1.0% 与 16.0%，报业集团中有 17 家出现亏损，较 2013年增加 2 家；2015 年 43 家报业集团主营业务收入与利润总额分别降低 6.9% 和

1　赵彦华. 从报纸出版发展指数看报业的发展空间［J］. 传媒，2013（1）：73-75.

45.1%，其中 31 家报业集团营业利润出现亏损，较 2014 年增加 14 家。这表明传统报业经营困难加剧，报纸出版形势日益严峻。

（四）报纸出版物销售不断波动

2005 年至 2009 年，报纸出版物销售数量从 0.86 亿份增加到 1.24 亿份，销售金额则从 1.72 亿元增长至 2.82 亿元。但这一变化并非稳步增长，而呈现出波动的折线变化，显示出报纸市场的极不稳定。报纸出版物销售占全国出版物总销售的比例一直较小，其不断波动的走势也与出版物总销售节节攀升形成反差。（图 5、图 6）

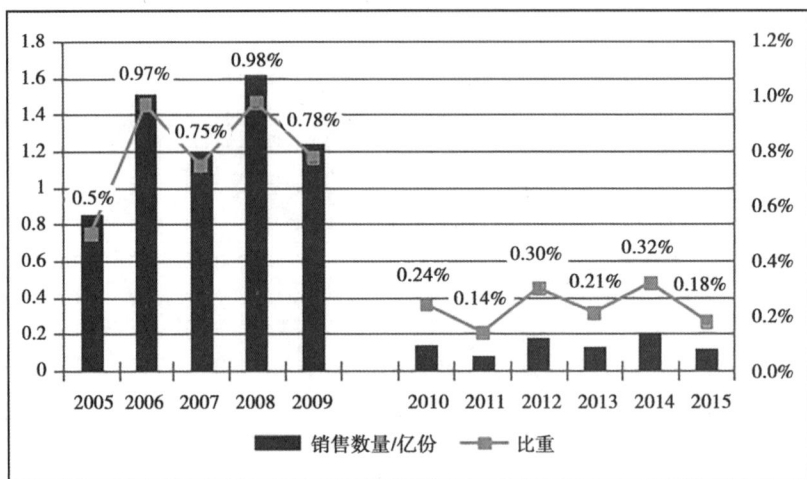

图 5　报纸出版物销售数量及占全国出版物销售数量的比重

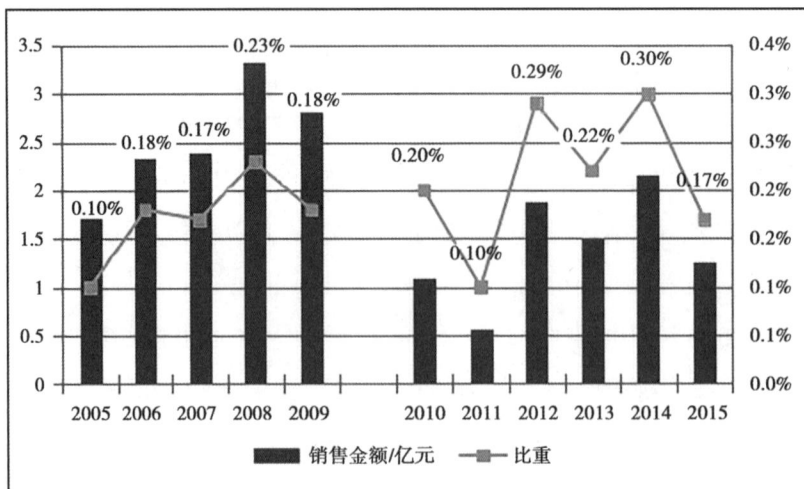

图 6　报纸出版物销售金额及占全国出版物销售金额的比重

二、报纸出版细分市场变化趋势

（一）各级报纸：省级报纸形势严峻 全国性报纸势头良好

报纸根据地域层级划分为全国性报纸、省级报纸、地市级报纸、县级报纸四类。在数字环境的冲击下，省级报纸出版形势不容乐观，各项指标均呈降势；地市级报纸的品种比重及印刷比重虽有所上升，但近三年来出版数量不断降低；相比之下，全国性报纸和县级报纸虽有所波动，但总体发展态势良好。

2005年至2015年，各级报纸品种及品种占比趋于稳定，全国性报纸和县级报纸分别在220种和19种附近波动，省级报纸有小幅下降，从815种减少到787种，地市级报纸略有增长，由877种增至882种。全国性报纸、省级报纸、地市级报纸、县级报纸占报纸总品种的比重均值分别为11.5%、42%、45.6%、0.9%，可见我国报纸市场从层级来看呈现两头小、中间粗的枣核型形态。

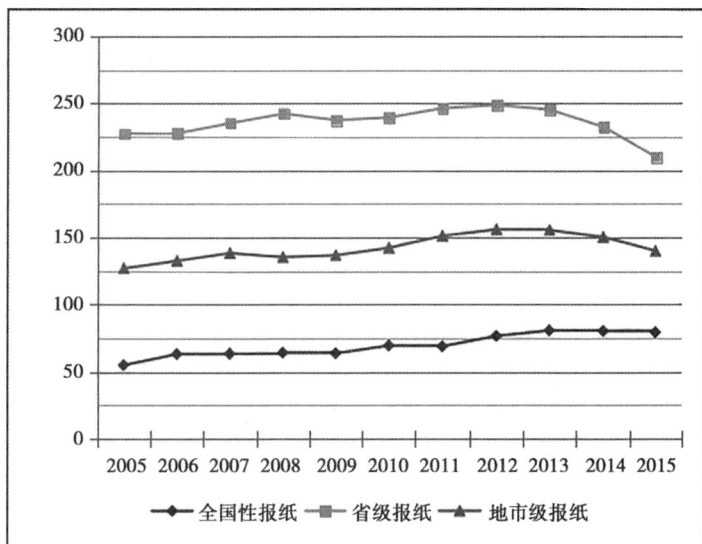

图7　全国性报纸、省级报纸和地市级报纸总印数（单位：亿份）

这样的层级形态也反映在印刷指标上，无论是平均期印数、总印数还是总印张，省级报纸和地市级报纸都占据了大半江山，且省级报纸的平均期印数始终在万万份之上波动。在我国，极具竞争力的都市报多属省报，因此不难解释省级报纸的读者群远远大于其他级报纸。而在2014年和2015年，各级报纸的平均期印数均连续两年下降，说明传统报纸的受众面正在减小。（图7）

从出版数量来看，2005 年至 2013 年全国性报纸的总印数稳中有增，其中 2006 年、2010 年、2013 年涨幅较大，2014 年和 2015 年出现小幅下滑；省级报纸和地市级报纸的总印数则在 2012 年达到峰值后连续三年下滑，且降速逐年增加，特别是省级报纸，在经历了 2015 年的大幅下滑后，其总印数已低于 2005 年。相比之下，县级报纸自 2005 年持续增长至 2010 年后，虽历经两年下滑，但 2013 年至 2015 年已基本保持 0.83 亿份的出版数量。（图 8、图 9）

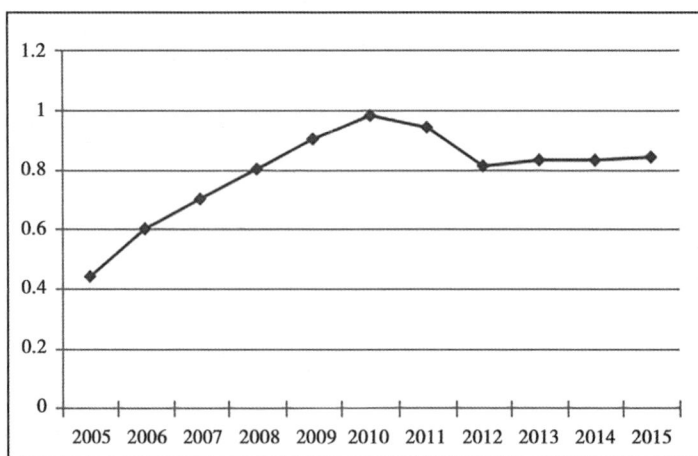

图 8　县级报纸总印数（单位：亿份）

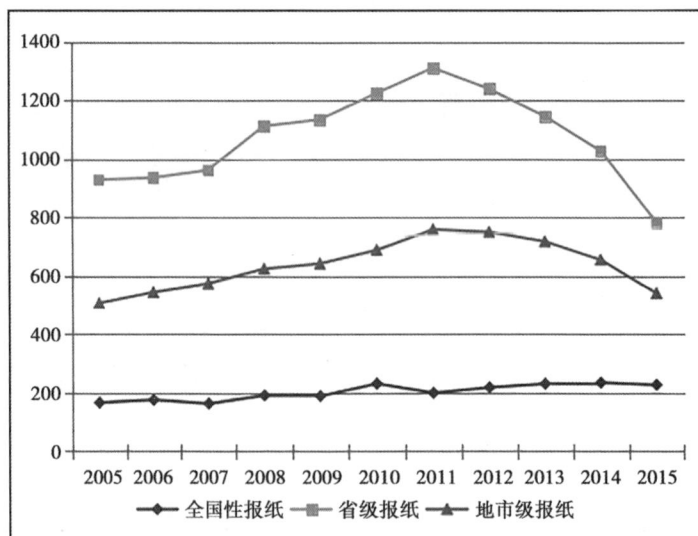

图 9　全国性报纸、省级报纸和地市级报纸总印张（单位：亿印张）

省级报纸和地市级报纸的总印张在持续增长至 2011 年后便逐年下滑，且变化率由一位数上升为两位数。全国性报纸的总印张在波动中逐渐增长；县级报纸则在前 5 年里经历了两次高速增长，之后连续两年急剧下滑，又在波动中有所回升，2015 年，县级报纸成为各级报纸中总印张和总印数唯一实现正增长的报纸。（图 10）

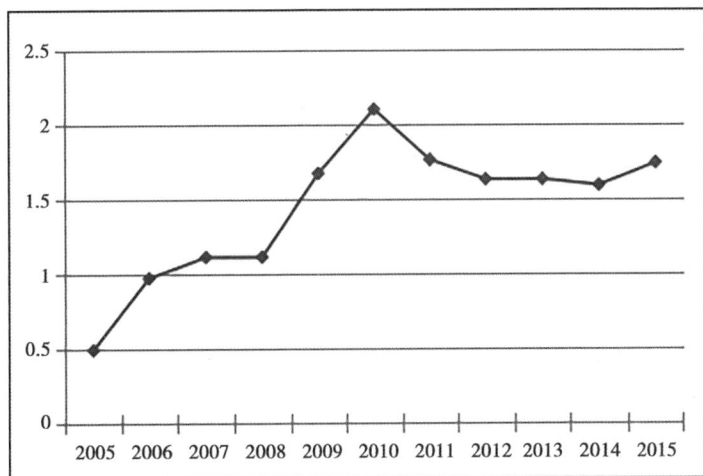

图 10 县级报纸总印张（单位：亿印张）

从以上指标变化可以看到，数字环境下，省级报纸受到的冲击大于其他类型报纸。其总印数占比从 2009 年开始连续 7 年减少，2015 年所占比重首次跌至 50% 之下，总印张占比也自 2011 年之后急剧下滑，尤其在 2014 年，总印张比重同比下降 4.6 个百分点，尽管 2015 年又略有回升，但仍处于 50% 的边缘。相比之下，全国性报纸的发展势头良好，其总印数占比自 2011 年逐年上升，逼近 20%，总印张占比经过 2011 年的骤然下滑后已逐年稳步回升，增长趋势明显。地市级报纸和县级报纸的比重则在稳中稍有增长。

从出版总期数来看，地市级报纸总期数较为稳定，全国性报纸和县级报纸总期数稳中增长，省级报纸总期数则逐渐下降，已成为各级报纸中出版总期数最少的报纸。（图 11）

单份报纸的平均印张数反映着报纸的厚薄，十年里，县级报纸成为唯一变厚的报纸，全国性报纸在波动中保持平稳，省级报纸与地市级报纸则在增长至 2011 年后便逐年减少，说明省级报纸和地市级报纸正在变薄。（图 12）

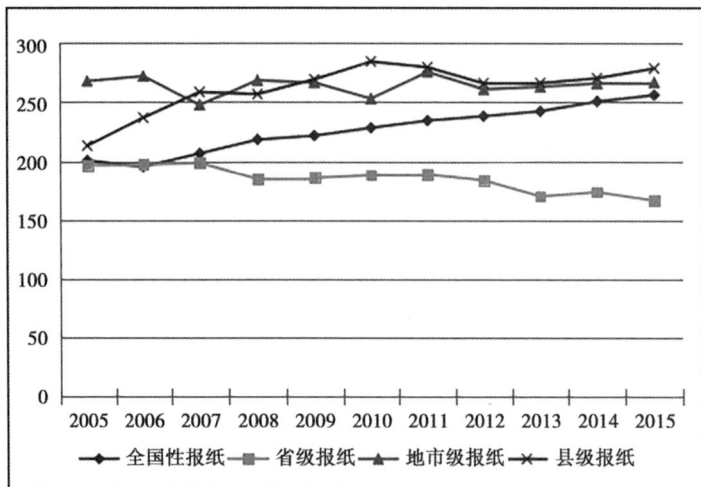

图 11   各级报纸出版总期数

数据来源：以《全国新闻出版业基本情况》（2005—2015）统计数据为基础，根据"出版总期数＝总印数／平均期印数"计算所得。

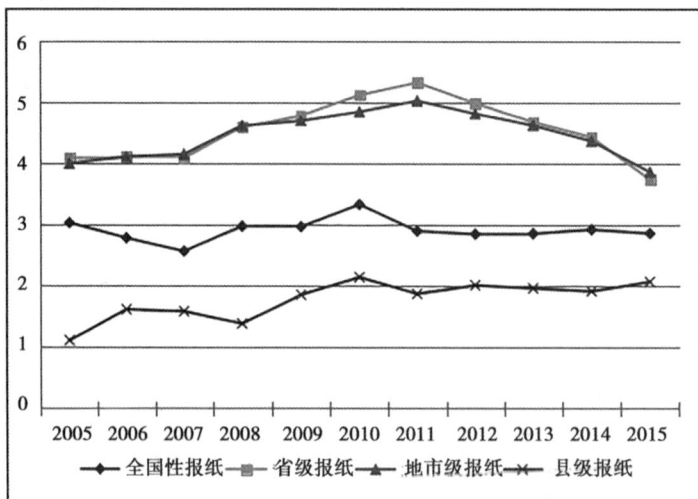

图 12   各级报纸单份报纸平均印张数

数据来源：以《全国新闻出版业基本情况》（2005—2015）统计数据为基础，根据"单份报纸平均印张数＝总印张／总印数"计算所得。

（二）各类报纸：专业化细分化趋势加快

报纸根据内容划分为综合报纸和专业报纸两大类。2005 年至 2014 年，尽管专业报纸的种数始终高于综合报纸，但二者差距已从 313 种缩减至 266 种。尤其在 2011 年至 2014 年，综合报纸种数及种数占比逐年增加，专业报纸则逐年减少，二者差距不断缩小。

在出版数量上，专业报纸的平均期印数从 2006 年开始超过综合报纸迅速增长，说明专业报纸的受众面已超过综合报纸。综合报纸的平均期印数在 2006 年急剧下降之后，虽在波动中有所回升，但已难以达到万万份的数值；专业报纸则在 2005 年到 2008 年，2011 年到 2013 年经历了两次快速增长期。（图 13）

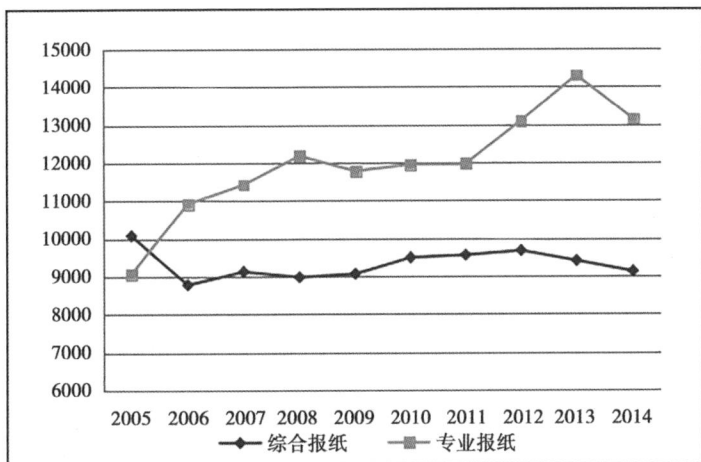

图 13　各类报纸平均期印数变化（单位：万份）

在平均期印数低于专业报纸的情况下，综合报纸的总印数却始终大于专业报纸，说明综合报纸的出版期数远大于专业报纸。具体来看，综合报纸的总印数在 2009 年之前变化不大，而在 2010 年和 2011 年连续两年大幅攀升，2012 年增幅放缓，之后两年急剧下滑。而专业报纸的总印数主要经历了两次波动——2005 年到 2008 年之间有较大增长；2011 年到 2014 年先增后减。9 年里专业报纸总印数的增幅大于综合报纸，也得益于 2005 年至 2008 年的快速增长。

从比例来看，综合报纸与专业报纸的总印数之比呈波形缩小趋势。2005 年，二者总印数之比为 2.83：1，2006 年减小到 2.28：1，之后在波动中逐渐缩减，2014 年二者之比为 2.03：1。（图 14）

综合报纸的总印张自 2006 年连续 5 年快速增长，2011 年达到高峰后开始逐年下滑。与综合报纸先增后减的趋势不同，专业报纸的总印张在波动中渐增，在经历了 2010 年至 2013 年的连续增长后，专业报纸总印张在 2014 年大幅下滑，同比减少 10.72 个百分点。综合报纸和专业报纸总印张的占比变化不大，分别在 82.6% 和 17.4% 附近浮动。

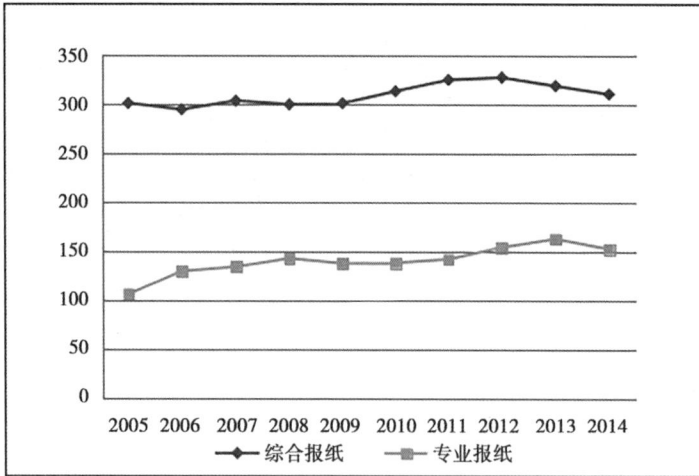

图 14　各类报纸总印数变化（单位：亿份）

综合报纸的每份平均印张数始终大于 4.5 张，而专业报纸不超过 3 张，说明综合报纸的厚度一直大于专业报纸。2007 年到 2011 年，综合报纸厚度增长较快，专业报纸则处于不断波动的状态。从 2011 年开始，两类报纸平均印张数均不断减少，表明两类报纸都在逐渐变薄。（图 15）

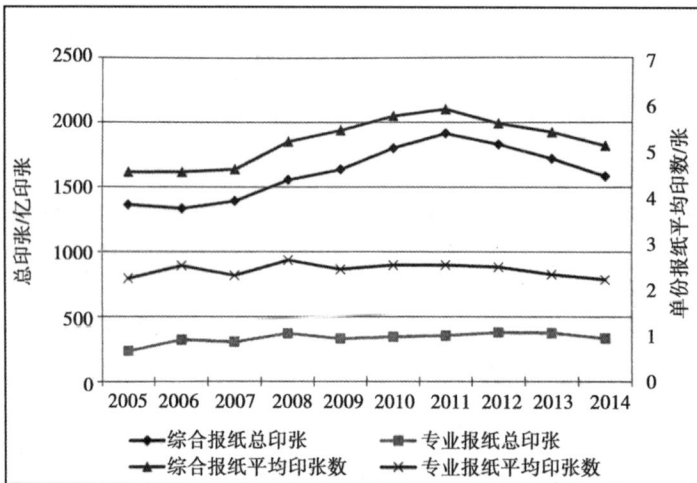

图 15　各类报纸总印张及平均印张数变化

单份报纸平均印张数数据来源：以《全国新闻出版业基本情况》（2005—2015）统计数据为基础，根据"单份报纸平均印张数 = 总印张 / 总印数"计算所得。

在市场经济条件下，受众已经专业化、分众化、对象化，这就要求媒体也必须是专业化、分众化、对象化的。[1]无论是从专业报纸平均期印数的增长还是从综合报纸与专业报纸比例的缩小，都可以看出专业报纸的优势在细分化市场中逐渐凸显。这说明，提供垂直内容的专业报纸在数字环境更有可能在市场有所突破，加快报纸的专业化、服务化转型可能是报业应对数字化冲击的一个重要手段。

报纸产品结构的调整也体现在 2015 年报纸内容的划分上。2015 年，报纸在综合、专业两类的基础上增加了生活服务、读者对象、文摘三类，在这三类中，生活服务类报纸的种数、平均期印数和总印张最大，读者对象类报纸总印数最大。就单份报纸平均印张数来看，生活服务类报纸为 3.6 张，比读者对象类报纸的两倍、文摘报纸的三倍更多，说明生活服务类报纸较厚，信息刊载量较大。

三、转型困境：数字出版与报纸出版的比较

我国首个数字出版产业年度报告指出，2005 年至 2006 年是我国数字产业飞速发展并出现重大转折的年度，是"数字出版"概念被业内广泛认可的年度。[2]据新闻出版总署《关于加快我国数字出版产业发展的若干意见》，数字出版指"利用数字技术进行内容编辑加工，并通过网络传播数字内容产品的一种新型出版方式"，其主要特征为内容生产数字化、管理过程数字化、产品形态数字化和传播渠道网络化。[3]目前，数字出版的产品形态主要包括电子图书、数字报纸、互联网期刊、网络动漫、网络游戏、博客、在线音乐、手机出版物等。

自 2005 年以来，数字出版产业发展势头强劲，营业收入逐年攀升，至 2015 年数字出版已实现营业收入 4403.85 亿元，占新闻出版产业总收入的比重也从 2009 年的 7.7% 持续提高到 2015 年的 20.3%。

与数字出版产业的迅猛发展形成鲜明对比，报纸出版营业收入在 2012 年达到最高值 852.32 亿元后便逐年下降，2015 年的营业收入已回到与 2009 年的同一水平线。报纸出版营业收入占新闻出版产业总收入的比重则从 2009 年的 6.1% 逐年下降至 2015 年的 2.89%。

值得关注的是，尽管从 2005 年开始我国互联网产业一直快速发展，但 2005

1　晋雅芬.从数据解读中国报刊发展趋势［N］.中国新闻出版报，2009-09-01（5）.

2　郝振省.2005~2006 中国数字出版产业年度报告系［M］.北京：中国书籍出版社，2005.

3　郝振省.2010—2011 年中国数字出版年度报告（摘要）［N］.出版参考，2011（21）：9-10.

年到 2012 年，报纸印刷数量与营业收入仍在小范围内波动，而 2013 年却成为报纸利润总额、营业总收入下滑的拐点。一方面，2013 年是传统新闻出版业数字化转型升级之年，对报业来说，历经新闻网站、电子版、二维码、报网互动、手机报、客户端、全媒体化等多个阶段，2013 年到了报业转型的关键点。据统计，截至 2013 年底，全国核心党报及 40 多家报业集团所属的报刊几乎都已经完成了数字报刊出版，从 2013 年整体情况分析，全国上千种报纸开展数字报纸及新媒体业务超过 90%。[1]

另一方面，微信公众号、新闻客户端等新型资讯获取方式在 2013 年的迅猛发展也冲击着传统报业。根据中国互联网信息中心（CNNIC）发布的《中国互联网络发展状况统计报告》，2012 年手机端新闻类应用的使用率达 67.6%，2013 年增长至 73.3%。艾媒咨询的数据也显示，2013 年底中国手机新闻客户端用户规模达到 3.44 亿，同比增长 48.3%，手机新闻客户端在中国手机网民中的渗透率达到 60.4%。艾媒咨询分析认为，经过各大新闻客户端一年的推广普及，手机新闻客户端用户渗透率已较高，用户规模进入稳定发展阶段。[2] 人民网发布的《2013 中国报刊移动传播指数报告》则显示，在报告统计的 150 家报纸中，149 家开通了新浪认证微博，137 家开通腾讯认证微博，121 家拥有微信认证公众账号。加之 2014 年以来，媒体融合上升为国家战略，"两微一端"成为媒介融合的主流产品，并逐渐向"三微一端"迈进。[3] 在传统出版数字化转型升级与自媒体崛起的背景下，传统报业自 2013 年开始颓势明显便不难解释。这既有被动地受到冲击，也有主动缩减传统印刷报纸而进军融合新闻业的战略选择。

自 2009 年数字出版以 799.4 亿元的营业收入在总产值上首次超过了传统书报刊出版之后，数字出版与报纸出版营业收入的差距逐年增大，差值已由三位数扩大到四位数。2015 年，数字出版产业对全行业营业收入增长贡献率为 60.2%，增长速度和增长贡献率在新闻出版各产业类别中均位于第一，而报纸出版产业的增长速度与增长贡献率则均位于全行业最后一位。（图 16）

1 张立 . 2013~2014 中国数字出版产业年度报告［M］. 北京：中国书籍出版社，2014：55-56.
2 2013 年中国手机新闻客户端市场研究报告［EB/OL］. 艾媒网 .（2014-03-03）［2022-04-03］.
3 魏玉山 . 2014—2016 中国媒体融合创新报告［J］. 传媒，2016（17）：9-13.

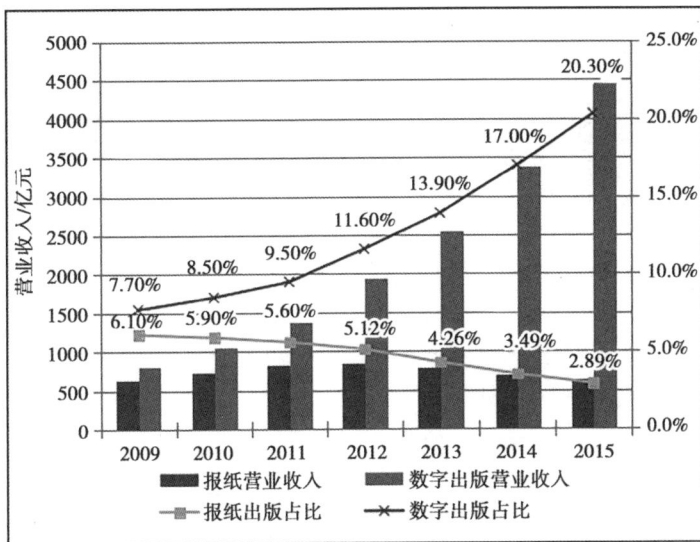

图 16　报纸出版与数字出版营业收入增长情况

数字出版营业收入数据来源：《中国数字出版产业年度报告》（2005-2015）。

报纸出版营业收入数据来源：《新闻出版产业分析报告》（2009-2015）。

在数字出版行业中，互联网广告、手机出版和网络游戏三类连续十年占据数字出版收入榜前三位，成为拉动数字出版产业收入的主力军。与之相比，数字报纸产业收入占比较小，以 2015 年为例，互联网期刊、电子书、数字报纸的总收入为 74.45 亿元，占数字出版总产值的 1.69%，而其中，数字报纸产业收入仅为 9.6 亿元。这说明以手机出版、网络游戏为代表的娱乐化产品在数字出版产业中占据相当比重，而包括报纸在内的传统出版物的数字化转型尚比较困难，还有很大增长空间。

值得注意的是，2012 年数字报纸产业收入达到最大值 15.9 亿元，同年电子书、数字期刊、数字报纸的营业收入增长 52.6%，超过数字出版整体增长速度 40.47%。但在 2012 年后，数字报纸产业收入连续三年减少，与报纸出版营业收入的变化趋势相同。因此，尽管传统出版数字化转型的效果有所显现，但经历了 6 年高速增长期之后的数字报纸产业明显出现疲软之势，与数字出版产业整体的节节攀升并不同步。这说明，报纸的数字化转型不能仅仅依靠报纸内容的数字化，必须走跨界融合之路。（图 17）

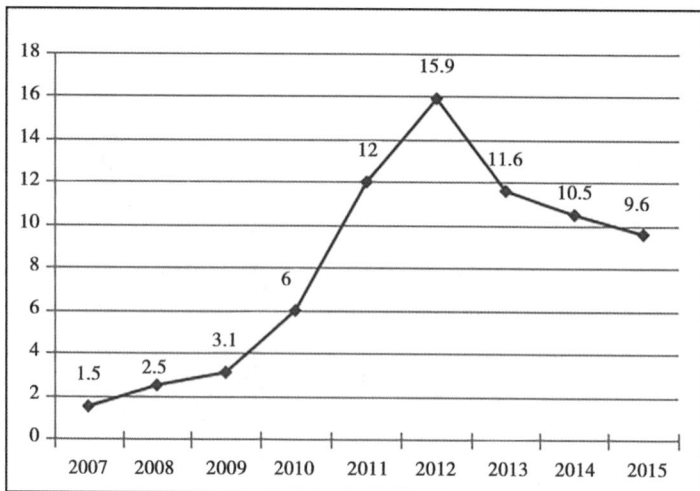

图 17　数字报纸产业收入（不含手机报）（单位：亿元）

数据来源：《中国数字出版产业年度报告》（2005—2015）。

四、结论

本文调查表明，数字环境对传统报纸出版市场的冲击已日益凸显。2013 年，报纸出版总体经济规模综合排名从第 4 名下降到第 5 名，几年来未再上升。而在 2014 年和 2015 年，报纸印刷市场更出现全面下滑，报纸总印数、总印张占全部新闻出版物的比重也在逐年下降。尽管报纸定价逐年上涨，但利润总额却自 2013 年急剧下滑，营业利润出现亏损的报业集团数量也不断增加。

另一个值得关注的现象是，尽管从 2005 年开始我国的互联网产业一直快速发展，但直到 2013 年报业颓势才显著出现。这一方面与 2013 年作为传统新闻出版业数字化转型升级之年密切相关，另一方面，微信公众号、新闻客户端等新型资讯获取方式也恰好在 2013 年左右开始火爆起来，虽然博客和微博在 2013 年均有下滑表现，但另一种新形态的博客——各类自媒体账号也在 2013 年开始大"火"[1]，这都对报纸形成了强劲的冲击。特别是自媒体账号不同于微博，其内容深度足以与报纸内容形成竞争，而其免费且便利的获取方式又远胜于报纸。

面对数字环境的冲击，报纸开始出现分化。专业报纸的优势逐渐凸显，省级报纸所受冲击较大，其出版数量及占比降势明显，全国性报纸和县级报纸反而保

1　张立主 .2013~2014 中国数字出版产业年度报告［M］北京：中国书籍出版社，2014：155.

持着良好的发展态势。这说明，当前报业的发展可以进行合并调整以做大走全国化路线，要么进一步缩小走地方化路线。

值得注意的是，数字报纸产业虽大有起色，营业收入从 2007 年快速增长至 2012 年，但自 2012 年之后便连续三年急剧下降，这说明，报纸面临的不仅仅是数字化与否的问题，其内容及内容在数字环境的传播方式整体上都受到较大冲击。这就导致一些报纸在转型中为了获得用户或者基于盈利考虑，开始做服务而放弃传统的新闻内容，主打社区性质内容并涉足电子商务等领域。北京青年报社区生活移动互联平台便是其中一例，这一 2013 年创办的社区传媒已发展为拥有线下媒体、社区驿站，以及线上微信矩阵、手机客户端 OK 家等全媒体社区服务平台，并在 2016 年获得全国媒体融合创新路演第四名。[1] 报业曾经是新闻业的代名词，但在如今数字化的浪潮中，生存困难的传统报业为生存偏离新闻进行转型带来的经营管理和伦理等问题值得进一步研究。

（原文发表于《西南民族大学学报（人文社会科学版）》2018 年 3 期，收入本书时有删改）

---

1 王海晋.北青社区新媒体获全国媒体融合创新路演第四名［N］.中国青年报，2016-09-01（7）.

中国期刊市场数字环境走势分析

张小强　　汪红春　　游　滨

数字技术的发展对期刊的传播过程、传播对象、传播效果带来了不确定性。[1]国外如英国的发行稽核局会定期发布统计数据给出版业和广告业提供参考，我国国家新闻出版广电总局虽然在网站公布了每年的统计数据，但还缺乏分析，使得出版业经营者不能获得决策需要的必要市场分析信息。本文通过综合分析国内期刊市场的相关数据，弥补上述不足。期刊产业是新闻出版业重要的拼图，其发展如何，直接关系到我国出版强国建设的成败。[2]科学和全面的市场分析对国内期刊市场开发具有重要的现实意义，既可为国内期刊市场管理机构制订计划提供科学的参考，又可为期刊市场主体投资、出版、营销提供帮助，促进国内期刊市场健康发展。

一、调查设计和说明

（一）统计数据来源

本文选取了四个主流研究报告，即国家新闻出版广电总局发布的《全国新闻业基本情况》（2005—2015）和《新闻出版产业分析报告》（2010—2015）；中国新闻出版研究院发布的《中国数字出版年度报告》（2005—2015）和《全国国民阅读调查报告》（2005—2015）。4个报告按照新闻出版行业统计制度规范采集整理，在调查研究设计、调查方法、组织实施、质量评估等各个环节做了充分准备和科学的部署，代表了期刊市场统计的最高水平，具有权威性。

（二）数据采集时段

在我国期刊事业发展进程中，2005年对于数字出版和传统期刊具有重要的意义。对于数字出版业来说，2005年是"数字出版"概念被官方和业界认可的

1　李频.中国期刊数字传播转型的认知起点和可能的实践路径［J］.出版发行研究，2016（5）：20-23.

2　陶喜红.中国期刊产业市场结构的特征［J］.国际新闻界，2011，33（3）：70-74，80

一年，也是数字出版产业链、数字出版规模正在形成的年度。[1]从传统期刊业来看，2005 年，《期刊出版管理规定》正式颁布实施，完善了期刊出版许可制度、监管制度和退出机制，标志着期刊市场开始走向规范化。[2]故本文选取 2005—2015 年国内期刊市场变化作为考察时段，可以观察到数字环境期刊市场的发展趋势，从而分析数字时代传统期刊市场受到的具体冲击和影响。

（三）市场分析指标

我国早已处于全球期刊市场化的浪潮中，需要我们正确认识市场规律、运用市场化手段开展期刊生产和销售。[3]市场分析就是通过市场调查，对当前的市场需求、用户状态、竞争对手及环境进行分析研究，为设计目标决策提供依据。[4]为了能够有效反映中国期刊市场化现状，本文主要关注以下三大指标：

市场产品：平均期印数、销售金额、定价总金额、营业收入、利润；

读者需求：阅读率、阅读方式、阅读喜好、期刊平均承受价格；

市场环境：数字出版发展、期刊数字化转型、国家相关政策。

同时，为了直观和深入说明期刊市场发展态势，除了各统计报告中原有的指标，本文还对部分指标做了进一步计算和分析得出了新的指标，例如，期刊平均价格 = 期刊定价总金额 / 期刊总印数，期刊平均印张数 = 期刊总印张数 / 期刊总印数。

二、市场环境分析

市场环境是指影响产品生产和销售的外部因素，全面分析市场环境，是企业开展经营活动的前提。结合市场分析理论和期刊市场环境，本文主要分析数字出版产业、期刊数字化转型和政治环境三个方面对传统期刊市场带来的影响。

（一）数字出版发展迅速

近年来，数字出版产业以内容、技术、平台优势以及广阔的市场前景成为我国新闻出版业重要的发展动力。《中国数字产业年度报告》显示，我国数字出版产业年收入由 2005 年的 200 亿元增长到 2015 年的 4403.85 亿元，增长

1　首个中国数字出版产业年度报告发布［J］.出版发行研究，2007（4）：38.

2　李建臣.《期刊出版管理规定》解读［J］.传媒，2005（11）：15-16.

3　韩淑丽.我国期刊市场化问题研究［J］.东北财经大学学报，2009（6）：108-110.

4　李强.企业市场分析的理论与方法研究——以大连实德为例［D］.阜新：辽宁工程技术大学，2005.

了 4203.85 亿元，其中，2015 年的数字出版产业累计用户规模达到 17.235 亿人（家 / 个）。如图 1 所示，2007 年，数字产业迎来增长高峰期，同比增长 70.62%，2007—2009 年数字产业增长趋势有所减缓，直到 2010 年后，年增长率一直维持在 30% 左右。

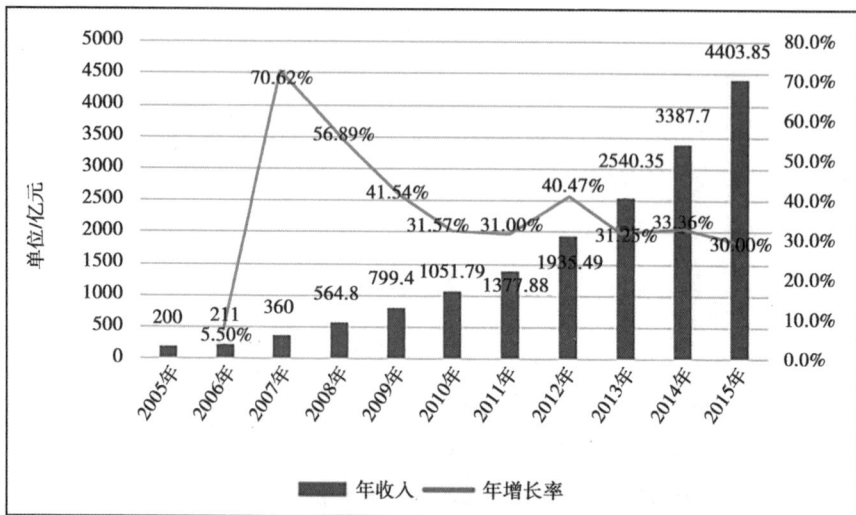

图 1　2005—2015 年我国数字出版产业收入增长趋势

数据来源：《中国数字出版产业年度报告》（2005—2015）

（二）期刊数字化增长势头减缓

期刊数字化发展已经成为期刊业发展的一种趋势。[1] 原新闻出版总署发布的《关于加快我国数字出版产业发展的若干意见》要求，到 2020 年，传统出版单位基本完成数字化转型，其数字化产品和服务的运营份额在总份额中占有明显优势。如图 2 所示，2015 年数字期刊年收入达到 15.85 亿元，相比 2005 年，增加了 10.85 亿元。数字期刊年收入虽然在 2012—2015 年增长态势减缓，但每年依然保持着 10% 以上的增长速度。在取得进步的同时，期刊数字化发展仍然面临着盈利模式不成熟的困境。数字期刊占数字出版产业收入的比重出现了逐年下滑的趋势，由 2005 年的 2.5% 下降到 2015 年的 0.36%。由此可见，期刊数字化虽然保持着增长态势，但是与数字出版总体增长速度相比，增长相对缓慢。

1　王小红 . 数字期刊发展前景及发展趋势研究［D］. 北京：北京印刷学院，2007.

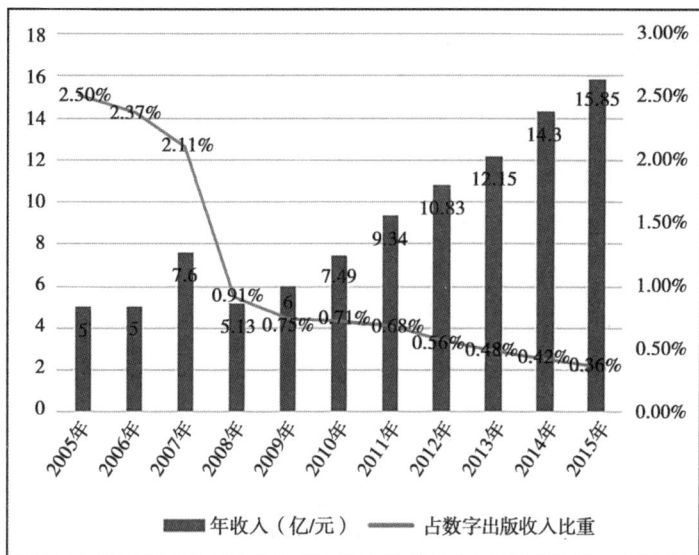

图 2　2005—2015 年我国数字期刊年收入增长趋势

数据来源：《中国数字出版产业年度报告》（2005—2015）

（三）国家政策推动出版产业转型

作为文化产业的重要组成部分，国家高度重视包括期刊在内的出版产业的发展，出台和制定了多项产业政策，运用宏观调控的手段，规范和管理出版市场，推动期刊市场转型。国家推动新闻出版主要措施如表 1 所示。

表 1　2005—2015 年国家出台关于出版产业方面的相关政策

出台政策	出台部门／时间	主要目标
关于进一步推进新闻出版体制改革的指导意见	新闻出版总署 2009/3	建立现代企业制度，推动跨媒体战略重组，培育一批大型骨干出版传媒企业；建立以政府为主导、以公益性单位为主体的新闻出版公共服务体系
关于加快我国数字出版产业发展的若干意见	新闻出版总署 2010/8	在全国形成 8~10 家各具特色、年产值超百亿的国家数字出版基地。到 2020 年，传统出版单位基本完成数字化转型。
中共中央关于深化文化体制改革推动社会主义文化大发展大繁荣若干重大问题的决定	中国共产党十七届中央委员会 2011/10	构建现代化产业体系；形成公有制为主体，多种所有制共同发展的产业格局；扩大文化消费；推动文化产业成为国民支柱性产业

续表

出台政策	出台部门／时间	主要目标
深化新闻出版体制改革实施方案	新闻出版广电总局 2014/10	完善新闻出版管理体制；增强新闻出版单位发展活力；建立健全多层次出版产品和要素市场；推进出版公共服务体系标准化均等化；提高新闻出版开放水平
关于推动传统出版和新兴出版融合发展的指导意见	新闻出版广电总局、财政部 2015/3	推动传统出版和新兴出版的深度融合；力争用3~5年的时间，确立一批示范单位、示范项目、示范基地（园区），打造一批形态多样、手段先进、市场竞争力强的新型出版机构

归纳起来，表1中的主要措施可以归纳为：推进经营性的新闻出版单位建立现代企业制度、加快新闻出版产业结构调整、推动出版产业数字化转型和媒体融合三个方面，为我国期刊市场未来发展指明了方向。

三、期刊市场的数据分析

如表2所示，总体上，我国期刊各项指标在2005—2015年都有了一定程度的发展，为了详细观察期刊每年的变化，本文利用同比增长率的指标反映期刊相对发展速度。[1]

（一）期刊市场呈现先升后降态势

表2 2005—2015我国期刊总体发展状况[2]

年份	种类／种	平均期印数／万册	总印数／亿册	总印张／亿印张	定价总金额／亿元
2005	9468	16286	27.59	125.26	135.5
2006	9468	16435	28.52	136.94	152.23
2007	9468	16697	30.41	157.93	170.93
2008	9549	16767	31.05	157.98	187.42
2009	9851	16457	31.53	166.24	202.35
2010	9884	16349	32.15	181.06	217.69
2011	9849	16880	32.85	192.73	238.43
2012	9867	16767	33.48	196.01	252.68
2013	9877	16453	32.72	194.7	253.35
2014	9966	15661	30.95	183.58	249.38
2015	10014	14628.25	28.78	167.78	242.97

数据来源：《全国新闻出版业基本情况》（2005—2015）

---

1 同比增长率 =（期刊本年指标 – 期刊上年指标）/ 期刊上年指标 ×100%

2 总印数代表各期印数（包括增刊印数）的总和；总印张代表出版期刊的总印张数；定价总金额 = 每份定价 × 总印数

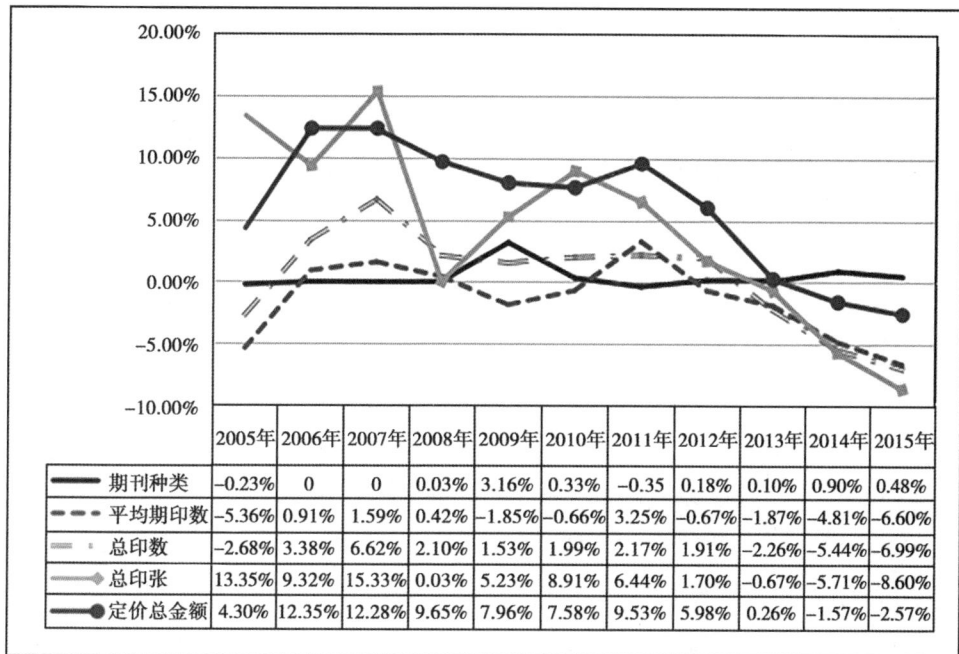

	2005年	2006年	2007年	2008年	2009年	2010年	2011年	2012年	2013年	2014年	2015年
期刊种类	−0.23%	0	0	0.03%	3.16%	0.33%	−0.35	0.18%	0.10%	0.90%	0.48%
平均期印数	−5.36%	0.91%	1.59%	0.42%	−1.85%	−0.66%	3.25%	−0.67%	−1.87%	−4.81%	−6.60%
总印数	−2.68%	3.38%	6.62%	2.10%	1.53%	1.99%	2.17%	1.91%	−2.26%	−5.44%	−6.99%
总印张	13.35%	9.32%	15.33%	0.03%	5.23%	8.91%	6.44%	1.70%	−0.67%	−5.71%	−8.60%
定价总金额	4.30%	12.35%	12.28%	9.65%	7.96%	7.58%	9.53%	5.98%	0.26%	−1.57%	−2.57%

图 3　2005—2015 年我国期刊重要指标同比增长趋势

数据来源：《全国新闻出版业基本情况》（2005—2015）

如图 3 所示，国内期刊发展总体呈现先升后降的趋势，其发展可以分为 2005—2012 年、2013—2015 年两个阶段。在第一阶段，期刊市场呈现稳中略涨的发展态势，并在 2007 年和 2011 年出现增长高峰期。但从 2013 年起，期刊平均期印数、总印数、总印张等 3 项指标由增长转为下降，而且下滑的趋势进一步加剧。期刊种类除了 2009 年（同比增长 3.16%）外，基本上停止增长。期刊平均期印数在 2005 年就出现 5.36% 的降幅，从 2012 年开始，同比分别下降 0.67%、1.87%、4.81%、6.6%，而且降幅逐年扩大；期刊定价总金额增长较为明显，但是在 2014 年之后，也分别出现了 1.57% 和 2.57% 的降幅。

为了能够更加直观地说明国内期刊市场变化，本文对数据进行处理，推导出期刊平均印张数和期刊平均定价，以反映每本期刊的平均厚度和价格的变化趋势。[1] 如图 4 所示，整体来看，我国期刊平均印张数呈现上升趋势，期刊变得越来越厚，2013 年国内期刊平均印张数最高达到 5.95，随后出现缓慢下降。对于

1　期刊平均印张数 = 期刊总印张 / 期刊总印数；期刊平均定价 = 期刊总定价 / 期刊总印数

消费者来说，在期刊定价不变的情况下，从 2014 年起，期刊消费者购买到的期刊产品正在变薄。

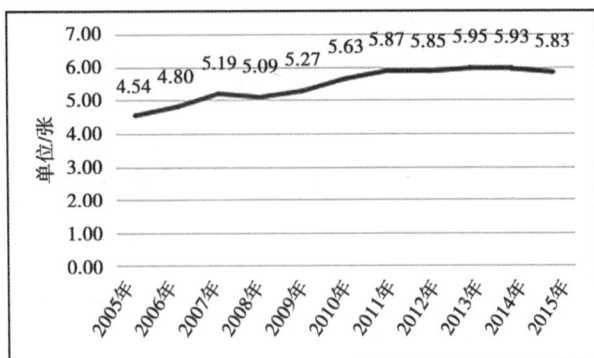

图 4　2005—2015 年我国期刊平均印张数趋势

数据来源：《全国新闻出版业基本情况》（2005—2015）

由图 5 所示，我国期刊平均定价整体处于缓慢增长的态势，由 2005 年的 4.91 元增长到 2015 年的 8.44 元，增长了 3.53 元。由此可以断定，对于消费者来说，未来国内市场期刊将越来越贵，购买期刊将付出更多成本，当然其中也有物价上涨和通货膨胀的因素。

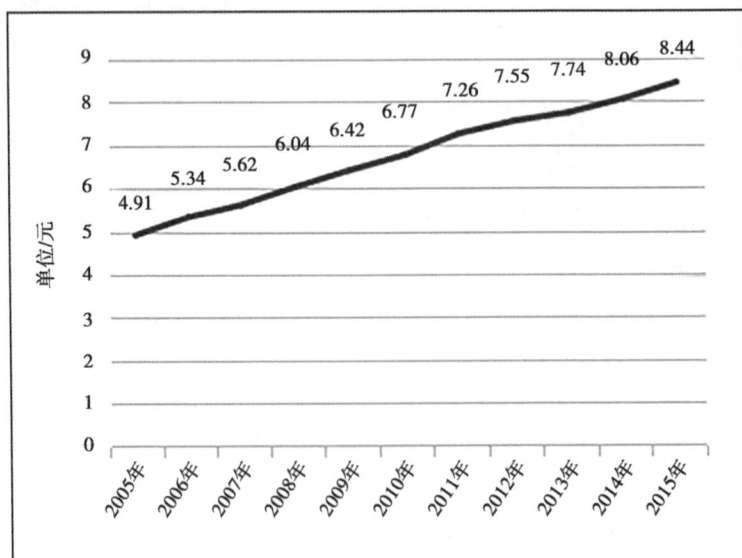

图 5　2005—2015 年我国期刊平均定价趋势

数据来源：《全国新闻出版业基本情况》（2005—2015）

（二）期刊市场内部结构分析

为了更加深入、全面地分析我国传统期刊市场内部结构发展趋势，根据我国期刊市场现状、办刊宗旨、市场定位，结合《全国新闻出版业基本情况》和学界对期刊的统计与分类，本文将国内期刊分为学术类期刊和非学术类期刊。[1]学术类期刊包括哲学和社会科学类、自然科学和技术类、文化和教育类三种；非学术类期刊包括综合类、文学和艺术类、少儿读物类、画刊类、动漫类等五种。

1.各类期刊的种数

我国期刊市场种类日益完善，基本上涵盖了所有学科。2005—2015 年，学术期刊种类一直占期刊种类的 86% 以上，并占据了绝对优势，其中，2008—2015年学术期刊所占比例一直维持在 87% 左右。

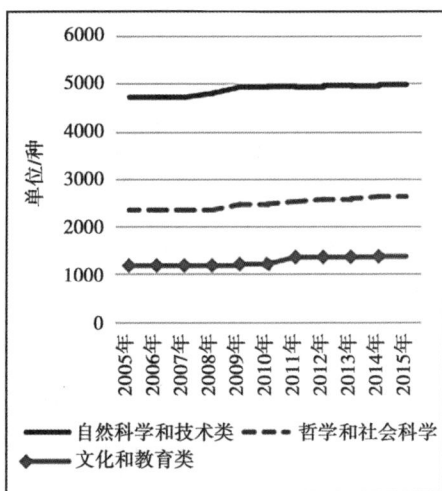

图 6　我国学术期刊种类增长趋势　　图 7　我国非学术类期刊种类增长趋势 [2]

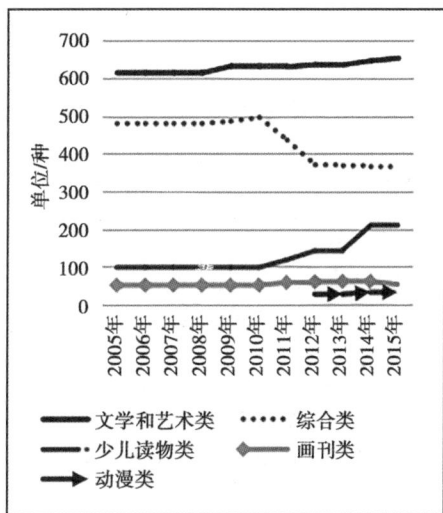

数据来源：《全国新闻出版业基本情况》（2005—2015）

学术类期刊整体上没有发生大的变动。如图 6 所示，文化和教育类期刊变动较为显著，2011 年增长率最高，达到 11.76%，哲学和社会科学类在 2009 年和2011 年增长较快，年增长率为 5% 和 2.03%。

非学术类期刊种类出现了分化。如图 7 所示，少儿读物期刊种类增长较为迅

1　杨志辉，王丽爱，韩健.学术期刊市场发展的态势、不均衡度及组织结构特征［J］.科技与出版，2016（11）：48-53.

2　从 2012 年起，我国新闻出版统计部门开始统计动漫类期刊数据，该期刊 2012 年前统计数据缺失。

速，2011—2014 年为增长高峰时段，同比增长分别为 20.41%、20.34%、1.41%、45.14%。综合类期刊由 2005 年 479 种下降到 2015 年 366 种，减少了 113 种，说明综合类期刊的市场发生了巨大变化，有大量期刊转变类型或退出市场。

2. 各类期刊平均期印数

平均期印数是反映期刊每次发行数量的指标，间接说明期刊的发行量和读者数量群。学术类期刊一直占据期刊平均期印数的 70% 以上，其中 2011 年为最高，达到 76.83%。

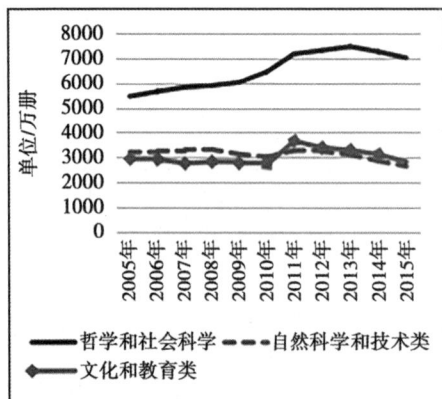

图 8　我国学术类期刊平均期印数　　　图 9　我国非学术类期刊平均期印数
　　　　　增长趋势　　　　　　　　　　　　　　　　增长趋势

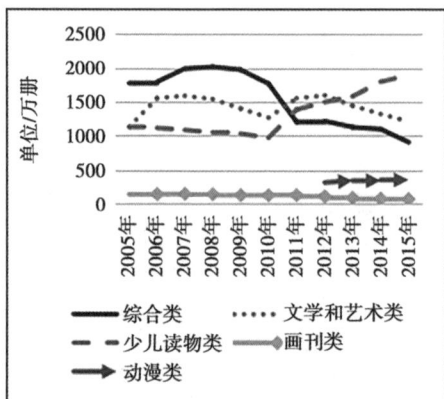

数据来源：《全国新闻出版业基本情况》（2005—2015）

如图 8 所示，在学术类期刊中，哲学和社会科学期刊增长趋势较为显著，2010—2011 年增长较为迅速，年增长率分别达到 7.3% 和 11.08%；自然和科学技术类、文化和教育类期刊 2012—2015 年下滑较为明显，前者降幅分别为 1.28%、3.91%、8.40%、7.15%；后者降幅分别为 7.35%、2.99%、5.27%、9.29%。学术类期刊适应数字时代发展，加入了中国知网、万方数据、维普等数字集合发布平台，不少学术期刊的印数不断下降。[1]

如图 9 所示，在非学术类期刊中，期刊平均期印数出现分化。综合类期刊从 2008 年的 2011 万册下降到 2015 年的 912 万册，减少了 1099 万册；文学艺术类期刊在 2011 年出现短暂增长后，也处于下滑趋势，2013—2015 年降幅分

1　张泽青.2014 年中国期刊现象观察［J］.编辑之友，2015（2）：10-13.

别为 9.46%、8.39%、8.20%；画刊类期刊 2015 年平均印数 61 万册，相比 2005 年减少了 86 万册。少儿读物类期刊从 2011 年起，增长迅速，年增长率分别为 42.07%、7.92%、5.76%、13.40%、5.26%；动漫类期刊平均期印数 2012 年到 2015 年增长了 20 万册，只是 2015 年出现 4.65% 的降幅，未来将迎来调整期。这说明在数字环境中，传统综合类和文学艺术类等期刊的市场发生剧烈变动，处于下滑态势。而少儿读物、动漫类期刊则出现增长，对内容的需求不会出现剧烈变动，究其原因，是前者很容易被数字化内容代替，而少儿读物因家长控制儿童使用电子产品，使得儿童更多阅读印刷读物。动漫类期刊的主要读者同样是青少年群体，使用手机等工具的时间被家长限制。而且动漫类期刊以图形为主，印刷版的阅读体验更佳。

3. 各类期刊的总印数

2005—2015 年，学术类期刊占据了国内期刊总印数的 66% 以上，其中 2010 年和 2012 年，学术类期刊 266098 万册和 268925 万册，比重分别达到了 70.8% 和 72.5%。

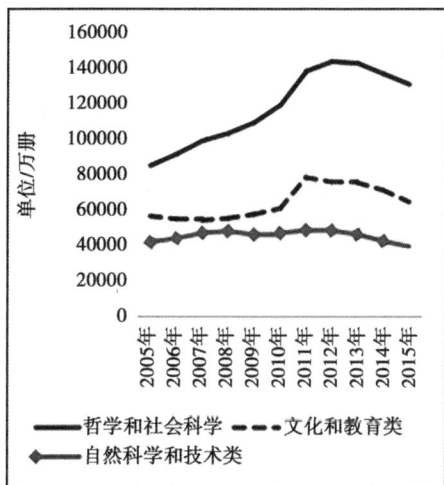

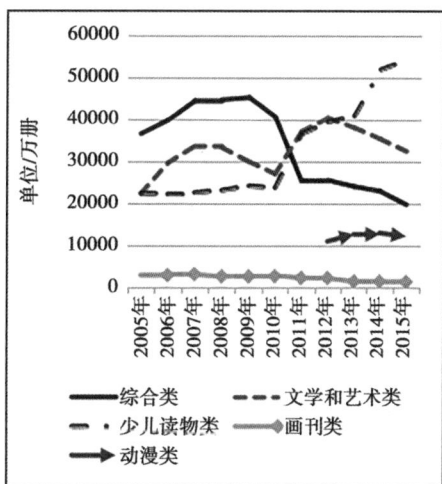

图 10 我国学术类期刊总印数增长趋势　图 11 我国非学术类期刊总印数增长趋势

数据来源：《全国新闻出版业基本情况》（2005—2015）

如图 10 所示，学术类期刊总印数整体上处于先升后降的态势，其中：

文化教育类期刊，2005 年和 2011 年同比增长了 23.68% 和 28.69%。哲学、社会科学类期刊 2006—2012 年一直处于增长态势，2011 年同比增长达到峰值

（16.12%），增幅较为明显。2012年，学术类期刊总印数开始下滑，自然科学、技术类和文化教育类下滑较为明显，2014—2015年两类期刊分别下降了8.11%、7.13%、5.65%和9.21%。

如图11所示，非学术类期刊总印数的发展出现分化趋势，其中，少儿读物类总印张数增长较为明显，其中2011年和2014年分别增长了53.93%和27.08%。画刊类期刊出现了下滑，2011年、2013年和2015年同比下降了22.24%、36.63%、20.66%。综合类期刊降幅也较为明显，2011年和2015年降幅达到了37.49%和13.97%。

上述结果与对平均期印数的分析结果一致。

4.各类期刊的总印张数

2005—2015年，学术类期刊占据了国内期刊总印张数的68%以上，其中2010年和2011年，学术类期刊总印张数分别为13705491千张和15912520千张，比重达到了75.7%和78.03%。

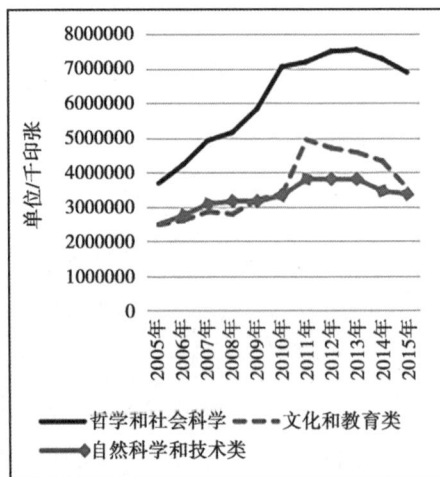

图12　我国学术类期刊总印张数
　　　　增长趋势

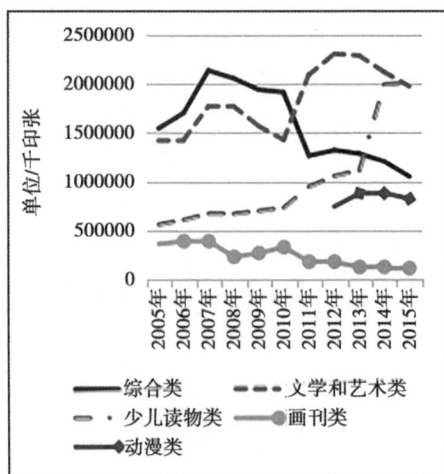

图13　我国非学术类刊总印张数
　　　　增长趋势

数据来源：《全国新闻出版业基本情况》（2005—2015）

如图12所示，学术类期刊总印张数经历了先升后降的波动过程，文化教育类期刊在2005年和2011年同比增长了45.75%和47.12%。哲学、社会科学类期刊2006—2013年一直处于增长态势，其中2010年同比增长20.86%。从2012年起，自然科学、技术类和文化教育类下滑较为明显，2014年和2015年两类期刊分别下降了 9.28%、2.58%、5.47% 和 18.30%。

如图 13 所示，非学术类期刊的总印张数也出现了分化：

少儿读物类期刊总印张数增长较为明显，2009—2015 年一直处于增长态势，其中 2011 年和 2014 年分别增长了 29.24% 和 79.38%。画刊类期刊从 2011 年开始出现下滑，2011 年和 2013 年同比下降了 45.75% 和 28.97%。综合类期刊从 2013 年起，一直处于下降状态，同比下降了 2.72%、6.31% 和 12.99%。

总印张数与上述期刊的平均期印数的变化趋势基本吻合。

（三）期刊销售增长乏力

《全国新闻出版业基本情况》（2005—2015）对于期刊销售市场统计分为销售和零售两个阶段：2005—2009 年统计期刊销售情况；2010—2015 年统计期刊零售情况。因此，本文从以上两个阶段分析和说明国内期刊销售情况。

1. 2005—2009 年国内期刊销售情况

如图 14 所示，国内期刊销售数量增长乏力，甚至经常处于下滑状态，早在 2006 年期刊销售量就出现了下降的情况，降幅为 16.86%，2009 年降幅达到了 39.47%，占出版物销售数量比重由 2005 年的 2% 下降到了 2009 年的 1.16%。国内期刊销售金额同样处于增长乏力状态，2005 年销售金额增长最为显著，同比增长 52.13%，但是，2009 年同比下降 16.05%；占出版物销售金额也一直处于下滑状况，由 2005 年的 1.8% 下降到 1.4%。

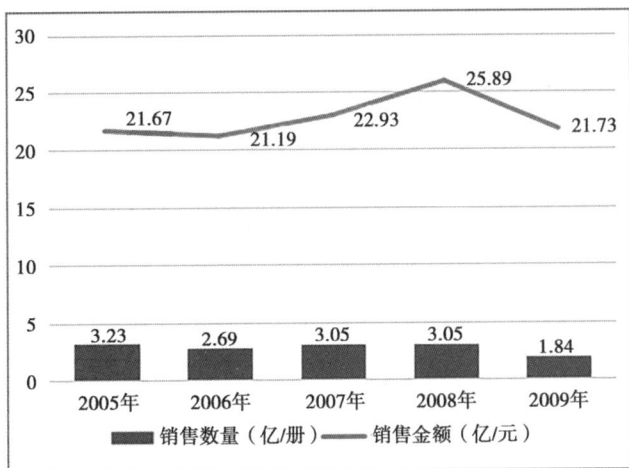

图 14　2005—2009 期刊出版物销售统计

数据来源：《全国新闻出版业基本情况》（2005—2009）

2.2010—2015 年国内期刊零售情况

如图 15 所示，国内期刊零售数量处于波动状况，2011 年、2013 年和 2014 年出现了下滑，而 2015 年增长率达到 55.56%。国内期刊零售显示出波动上扬的状态，2010 年和 2011 年出现了较大幅度波动，2010 年下滑了 57.18%，2011 年增长率为 164.64%。

如图 16 所示，期刊市场营业收入和利润总额在 2010—2013 年阶段一直处于上升状况，而在 2014—2015 年出现下滑状态。《2015 年新闻出版产业分析报告》显示，期刊出版占新闻出版行业营业收入增长额的 −0.65%，排名倒数第二。

3. 期刊版权登记情况

版权合同登记制度是证明版权存在的重要证据和保护版权的重要途径，如图 17 显示，期刊版权合同登记由 2005 年的 746 份降低到 2015 年的 121 份，占出版物版权合同登记比重由 2005 年的 6.92% 下降到 2015 年的 0.64%。调查各类期刊网站发现，学术期刊都要与作者签订版权合同，但这些合同并未登记，其原因可能在于合同登记成本较高、耗时，而登记产生的收益短期内并不能显现，期刊出于成本与收益的理性考虑自然不会去登记。

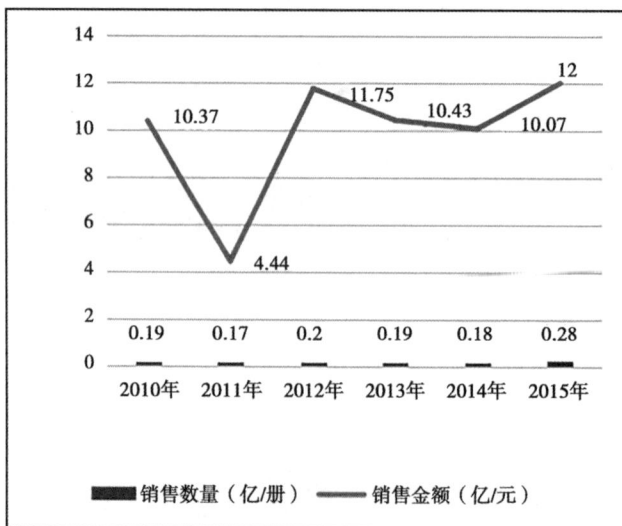

图 15　2010—2015 国内期刊出版物零售统计

数据来源：《全国新闻出版业基本情况》（2010—2015）

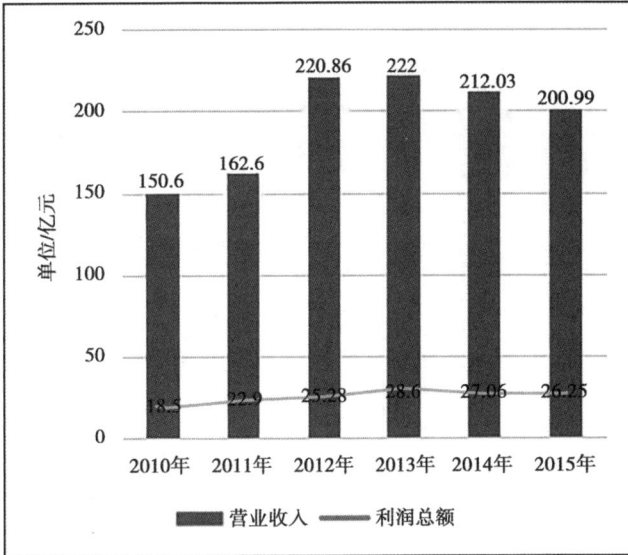

图 16　2010—2015 国内期刊营业收入和利润总额趋势

数据来源：《新闻出版产业分析报告》（2010—2015）

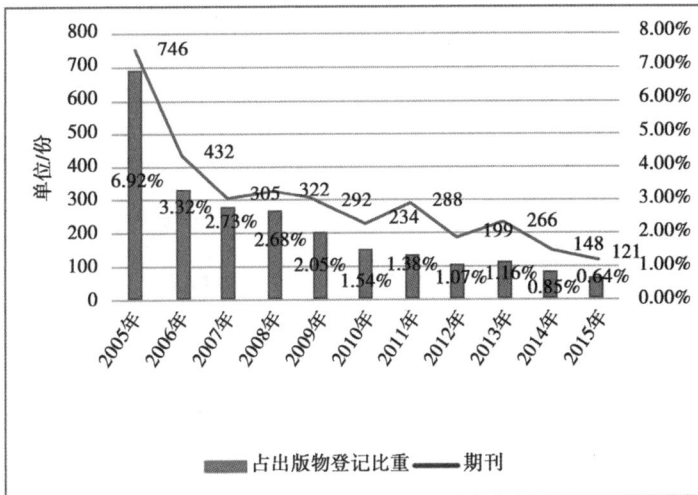

图 17　我国期刊版权合同登记趋势

数据来源：《全国新闻出版业基本情况》（2005—2015）

四、期刊读者需求分析

《2008年全国国民阅读调查报告》分析，我国国民偏爱阅读文化娱乐（45.9%）、文学艺术（35%）、时尚消费（26.9%）、家居生活（39.7%）、新闻时政（23.6%）等类型期刊。如图18所示，没有时间、对期刊内容不感兴趣、使用其他媒介代替期刊功能成为国民不阅读期刊的重要原因。随着数字化进程加快和期刊市场结构调整，期刊读者需求依然未能得到满足，导致期刊阅读率出现不同程度下滑。

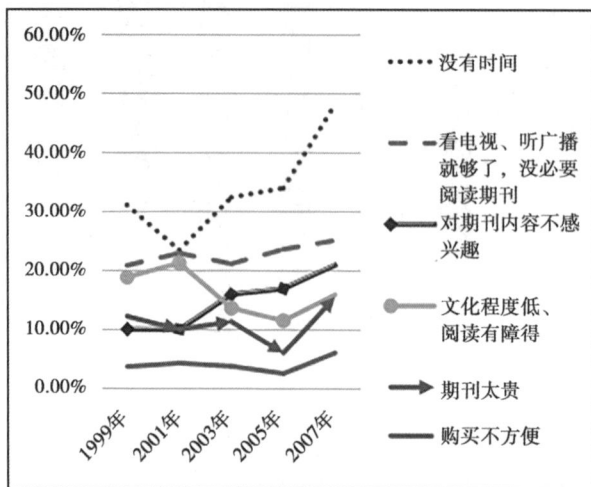

图 18　我国国民放弃阅读期刊变化趋势

数据来源：《2008 年全国国民阅读调查报告》

（一）阅读选择多元化影响期刊阅读时间

我们正处于全民阅读、多元化阅读、媒介融合的新阅读时代。[1] 如图 19 所示，国民综合阅读率由 2008 年的 69.7% 增长到 2015 年的 79.6%，数字阅读接触率由 2008 年的 24.5% 增长到 2015 年的 64%，在读者精力有限的情况下，数字阅读的多元化正在瓜分着读者阅读期刊的时间和机会。

（二）用户阅读习惯改变，期刊阅读率下降

在数字环境下，国民阅读习惯发生了变化，出现了阅读媒体新兴化、阅读取向社会化、阅读内容浅层化、阅读目的功利化等新特点。[2] 在数字出版的冲击下，国民阅读期刊的数量、频率都有所下降，如图 20 所示，从 2008 年到 2015 年，国民期刊阅读数减少了 3.29（份 / 期），国民期刊阅读率下降了 15.5%。令人担忧的是，电子期刊阅读率下降幅度达到 7%，这一趋势为期刊数字转型带来新问题和挑战。

1　聂震宁 . 国民阅读的状况与全民阅读的意义［J］. 现代出版，2015（1）：5-10.

2　屈明颖 . 数字阅读拐点及阅读趋势变迁问题研究——以历年"全国国民阅读调查"内容变化、数据分析为视角［J］. 出版广角，2016（23）：10-13，17.

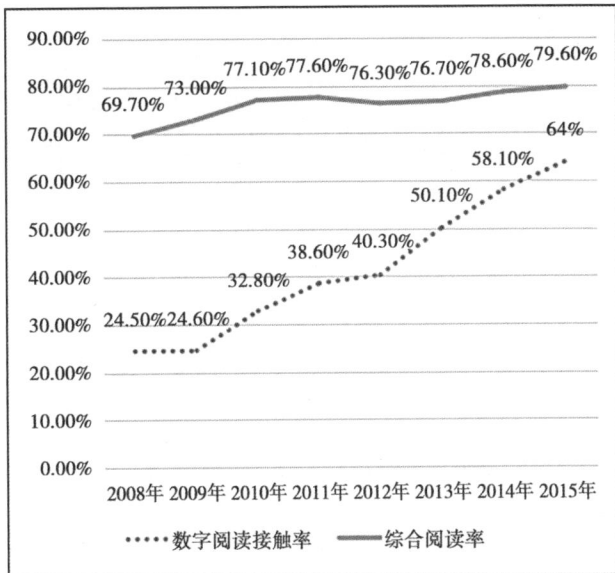

图 19　2008—2015 国民综合阅读和数字阅读走势

数据来源：《全国国民阅读调查报告》（2008—2015）

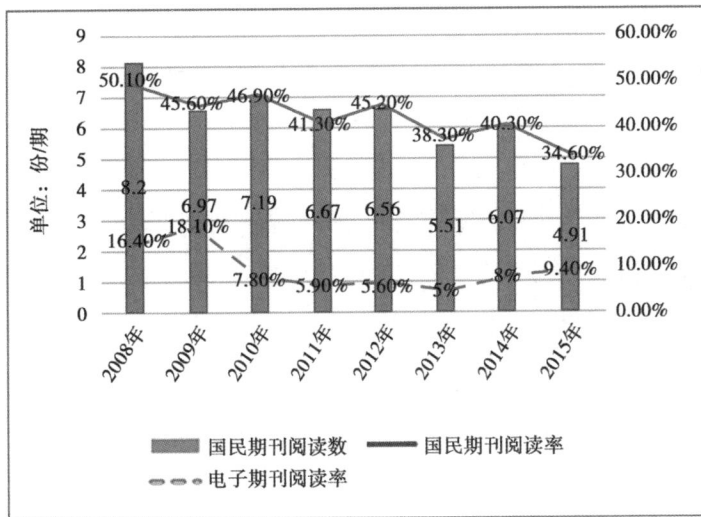

图 20　2008—2015 年国民期刊阅读指数

数据来源：《全国国民阅读调查报告》（2008—2015）

（三）期刊平均定价与读者承受价格差距拉大

如图 21 所示，国内期刊读者对期刊承受价格主要在 6 元上下浮动。而期刊平均定价则缓慢增长，在 2015 年已达到 8.44 元，期刊平均定价与读者承受价格差距越来越大。这一变化让期刊销售受到不小的影响。

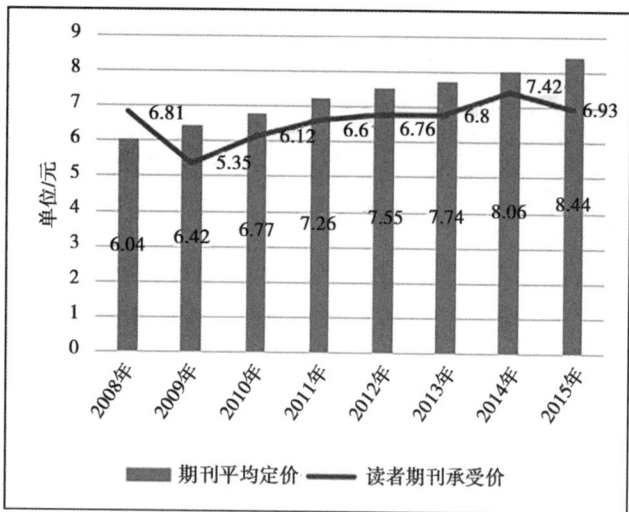

图 21　2008—2015 读者期刊承受价与期刊平均定价走势

数据来源：《全国新闻业基本情况》（2008—2015）、《全国国民阅读调查报告》（2008—2015）

五、结语

通过以上分析，我们发现 2005—2015 年我国期刊市场经历了略微上涨和有所下滑两个发展阶段，2005—2012 年，期刊市场维持稳定而略微上涨的态势，从 2013 年后，期刊平均期印数、总印数、总印张数、营业收入、利润总额均出现了下降，期刊价格上涨加快了读者群流失，传统期刊市场面临严峻挑战。通过对比发现，学术类期刊受到数字环境冲击的影响要小于非学术类期刊。其原因在于学术期刊大多数有办刊经费来源和收取版面费，并不依赖出版发行，其到达读者的主要方式也是经过 CNKI 等数据库。因此，学术期刊和非学术期刊的发展策略要根据自身的定位、实力和资源有所不同。学术类期刊需要转变传播方式，调整办刊模式，加强与网络平台合作，增强在网络环境中的影响力和竞争力非学术类期刊，特别是经营类期刊需要利用国家出台的政策红利，抓住发展契机，整合资源、强强联合，打造一批实力雄厚的出版集团，增强市场的活力和竞争力。对非学术类期刊市场而言，少儿读物类和动漫类期刊在逆市增长，说明这两类期刊受到数字化冲击比较小，显示经营类期刊在数字化环境中依然具有巨大的发展潜力。因此，加快市场内部结构调整，继续专业化发展是未来期刊市场的发展方向。

随着数字化浪潮和数字出版的高速增长，传统期刊数字化转型仍然不容乐观，数字期刊营业收入占数字出版产业营业收入的比重越来越低，增长速度较慢，远没有跟上数字出版迅猛增长的态势，更为严峻的是，数字期刊阅读率一直处于下滑态势。传统期刊数字化转型期刊需要调整战略，创新内容生产和服务，适应数字生态环境，特别是顺应移动化、社交化、互动化的阅读趋势。应强化服务意识和市场意识，满足国民期刊阅读新需求，开发数字化时代全新的期刊产品。

（原文发表于《西南民族大学学报（人文社会科学版）》2019 年 3 期，收入本书时做了删改）

独家数字出版与期刊影响因子关系的实证分析

张小强　　史春丽

为提升数据资源的价值，中国知网（CNKI）和万方两家大型学术文献数据库以提高分成方式与科技期刊签署独家（全文）使用协议，使科技期刊面临扩大传播范围与增加经济收益的选择。尚未与数据库签署独家协议的期刊需要决定是否签订，已经签订独家协议的期刊面临合同到期是否续签的问题；因而，分析独家数字出版对科技期刊传播的具体影响有重要现实意义。

目前已有文献进行了上述研究。方红玲[1]分析了2006—2009年间独家于不同数据库及非独家的医学期刊的指标变化，发现非独家和独家加入CNKI的医学期刊影响因子有提高，独家加入万方的医学期刊影响因子明显下降，所有期刊的扩散因子均有下降。栾嘉等人[2]对独家于不同数据库及非独家的医学期刊2007—2011年间的影响因子和总被引频次进行了对比分析，发现所有期刊的总被引频次都是上升的，独家授权CNKI和非独家的医学期刊影响因子呈上升趋势，但独家授权万方数据的9种期刊的影响因子呈下降趋势。从样本选择上看，上述文献主要分析的是医学类期刊，结论并不一定具有普遍性。从研究方法看，要么样本数量较少且只观察了样本期刊影响因子随年份的变化情况[3]，要么仅仅将样本分组后观察不同组别平均值的变化和统计参数[4]。上述方法未考虑影响因子的总体变化趋势，因为存在这种情况：独家出版未改变影响因子总体变化趋势，但可能抑制其上升或加速其下降；而上述方法忽略了这种情况，只有在独家出版导致影响因子变化趋势反转的情况下才可能用上述方法观测到独家出版的影响。

1　方红玲.我国医学期刊加入不同全文数据库前后文献计量学指标的变化[J].中国科技期刊研究，2012，23（1）：80-83.

2　栾嘉，冷怀明.网络传播独家授权对医学期刊计量指标的影响［J］.科技与出版，2012（5）：68-70.

3　栾嘉，冷怀明.网络传播独家授权对医学期刊计量指标的影响［J］.科技与出版，2012（5）：68-70.

4　方红玲.我国医学期刊加入不同全文数据库前后文献计量学指标的变化[J].中国科技期刊研究，2012，23（1）：80-83.

本文采集较大的样本量，并引入虚拟变量代表样本期刊是否独家，进行相关分析和回归分析来观察独家授权对科技期刊影响因子的影响。

一、对象和方法

（一）样本选择

本研究以《中文核心期刊要目总览》[1]作为期刊分类依据，影响因子数据采集自中国科学引文数据库（CSCD，sdb.csdl.ac.cn）。

第一步是选择期刊样本群。《中文核心期刊要目总览》将期刊按学科分为7类：哲学、社会学、政治、法律，经济，文化、教育、历史，自然科学，医药、卫生，农业科学，工业技术。

本文仅研究科技期刊，排除社会科学类期刊后剩下医学、自然科学、农业科学和工业技术4大类。分析期刊名单，发现农业类期刊相对于其他期刊而言专业性较强，而且种类较少（仅有100多种，最终能够获得的有效样本数更少），不便与其他类别期刊进行分组比较。

为了观察综合性与专业性期刊的区别，选择综合性期刊与专业性期刊载文有较大范围重合的期刊类别。自然科学类中的综合性科技期刊种类多，且期刊载文范围基本涵盖了自然科学和工业技术中的专业期刊载文范围，便于样本组之间相互比较。医学期刊因独家于万方数据库的期刊较多，为观察万方数据库独家出版的影响和与其他文献结果进行比较，将医学类期刊纳入样本组。

最终，本次研究从自然科学、工业技术和医学3大类期刊中选取样本，从学科上看涵盖了数学、物理、化学、力学、地学、生物学等理科门类和机械、矿业、自动化、电工、金属等工科门类的期刊，也包括医学各学科期刊，从数量上看种类较多，是我国科技期刊的主体，使本研究的结论具有代表性。

由于从公开渠道未获得CNKI2008年独家期刊的名单，这里以2010年4月的独家期刊名单866种作为独家期刊与非独家期刊的分组依据。根据公开资料，2008年CNKI独家期刊为653种，2009年为720种。在以上名单的基础上，逐个在CNKI和万方数据库中检索期刊2006—2012年的全文获取情况，以实际检索为依据记录具体独家出版年份。

1　朱强，戴龙基，蔡蓉华.中文核心期刊要目总览：2008年版［M］.北京：北京大学出版社，2008.

通过上述方法获得独家期刊和非独家期刊名单后，查询 CSCD 网络数据库，剔除部分指标不全的期刊和未连续被 CSCD 收录的期刊，获得 CNKI2009 年开始独家出版的自然科学综合性期刊 17 种，非独家综合性期刊 18 种，2010 年开始独家出版的自然科学和工业技术专业期刊 18 种，非独家专业期刊 55 种。

万方数据库于 2008 年与中华医学会签订了 100 多种医学期刊的独家出版协议，经检索 2 家数据库的获取情况，获得 2007 年万方独家出版医学期刊 12 种，2008 年万方独家出版医学期刊 30 种，非独家出版的医学期刊 23 种。

在 CSCD 数据库中采集了上述 108 种科技和 65 种医学期刊 2006—2012 年的影响因子作为分析的原始数据。

（二）影响因子平均值观察

为了与相关文献的结果作对比，也为了观察 6 组期刊的影响因子总体变化情况，计算了 6 组期刊 2006—2012 年影响因子平均值的变化，结果见图 1（非医学期刊）和图 2（医学期刊）。

从图 1 中 4 条折线的变化趋势可以看出：4 组自然科学和工业技术类期刊影响因子的总体变化趋势是一致的，2006—2012 年呈上升趋势，独家加入 CNKI 后仅观察影响因子数值的变化，也呈上升趋势，与其他文献结果一致。2 组独家期刊和 2 组非独家期刊影响因子的总体变化趋势也基本一致，仅从平均值看不出变化趋势的不同。从变化幅度看，专业期刊影响因子变化剧烈一些，综合期刊相对平缓。

将独家期刊和非独家期刊在独家前后的影响因子平均值之间的差值用灰色阴影表示。对比图 1 中浅色阴影和深色阴影的形状及变化趋势，发现无论是专业期刊（2010 年独家前后 2 年）还是综合性期刊（2009 年独家前后 3 年）在独家后影响因子与非独家期刊的差距均有拉大的趋势；但是，仅从图 1 还无法判断专业期刊和综合期刊哪一组的变化更加明显，也无法判断这一趋势是影响因子的本来走势，还是受到期刊独家出版的影响，需进一步分析。

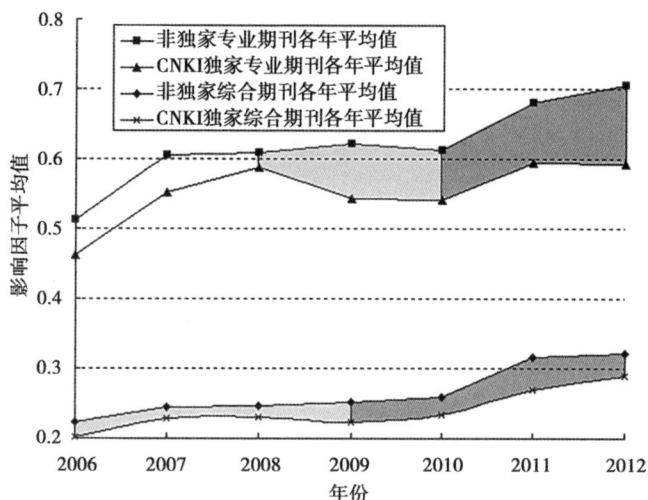

图 1　2006—2012 年自然科学和工业技术类期刊影响因子平均值变化曲线

图 2 显示的是医学期刊影响因子的平均值变化情况。可以看出：万方数据库独家出版的医学期刊和非独家出版的医学期刊影响因子变化趋势有较为明显的差异。总体看，非独家医学期刊变化较为平缓且呈总体上升态势，但独家出版的 2 组医学期刊却呈 U 形变化。

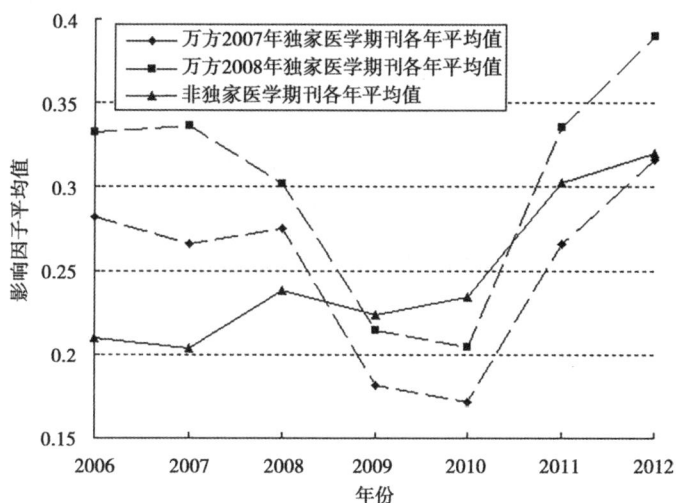

图 2　2006—2012 年医学期刊影响因子平均值变化曲线

值得注意的是，2008 年独家的期刊影响因子变化与其他文献是一致的，即独家后（2008 年）连续 2 年影响因子都下降；但 2007 年万方独家出版的医学期刊却在独家后平均影响因子微弱上升，且 2 组独家出版的期刊在 2010 年后影响因子的上升幅度均超过了非独家出版的期刊。这说明，仅从影响因子平均值变化情况看，同样不能断定影响因子的降低究竟是独家出版的影响，还是这一批期刊影响因子受其他因素影响发生下降，也需进一步分析。

对比图 2 和图 1 发现，非独家医学期刊影响因子的变化趋势更接近自然科学和工业技术类的变化趋势。

（三）相关分析

为了分析影响因子与 CNKI 独家出版之间的关系，引入虚拟变量表示期刊是否独家出版，若是取值为 1，否则取值为 0。

为了观察大样本的情况和产生对照结果，将自然科学类期刊样本分为 3 个组：综合期刊组、样本数 $n=35$、含 2009 年 17 种期刊独家出版；专业期刊组、$n=73$、含 2010 年 18 种期刊独家出版；全部期刊组、$n=108$、含上述 2 组中的独家出版期刊。因此，综合期刊组和专业期刊组分别产生一个取值为 0 或 1 的虚拟变量代表是否独家出版，全部期刊组因为 2009 年和 2010 年独家期刊数目不同，产生 2 个虚拟变量：一个代表 2009 年，另一个代表 2010 年期刊的独家出版情况。

因为变量中的虚拟变量为二值变量，不是连续变量，所以应用点二系列相关方法来分析独家后各年影响因子与是否独家之间的相关系数。[1] 其原理是，将二分变量视为连续变量，求其与连续变量的皮尔逊（Pearson）相关系数（具体计算公式见文献[2]）。通过 SPSS 软件计算得出上述 3 个组的点二系列相关系数及相伴概率，如表 1 所示。相伴概率为统计学上的显著性指标，值越大则越不显著。根据情况一般要求小于 0.1、0.05 或 0.001（称为置信度）。

从表 1 可以看出，3 组样本独家后各年影响因子与独家出版虚拟变量均呈负相关，但综合期刊组和专业期刊组的相伴概率值均大于 0.1，相关性不够显著。将综合期刊组和专业期刊组合并后，独家后各年的影响因子与是否独家虚拟变量也呈负相关，且显著性明显提高。

1　邱皓政. 量化研究与统计分析［M］. 重庆：重庆大学出版社，2013：227.
2　邱皓政. 量化研究与统计分析［M］. 重庆：重庆大学出版社，2013：227.

表1 自然科学和工业技术类期刊 CNKI 独家后各年影响因子与是否独家的相关系数

分组（期刊数）	独家年份	统计年份	相关系数	相伴概率
综合组（35）	2009	2010	−0.143	0.412
		2011	−0.206	0.235
		2012	−0.162	0.352
专业组（73）	2010	2011	−0.114	0.335
		2012	−0.089	0.454
全部期刊组（108）	2009	2010	−0.284	0.003
		2011	−0.301	0.002
		2012	−0.295	0.002
	2010	2011	−0.185	0.055
		2012	−0.197	0.041

表1自然科学和工业技术类期刊 CNKI 独家后各年影响因子与是否独家的相关系数在0.1的置信度下全部期刊组中独家后各年的影响因子与是否独家都存在负相关（全部小于0.1），在0.05的置信度下仅有2011年影响因子与是否独家的相关性不够显著（0.055 > 0.05）；因此，从整体上看，CNKI 是否独家与期刊的影响因子之间存在负相关性。

对于医学期刊组，将数据分为2组：2007年独家医学期刊组（$n=45$），包括12种2007年万方独家出版期刊和23种非独家医学期刊；2008年独家期刊组（$n=53$），包含30种2008年万方独家出版的医学期刊和非独家医学期刊。由于医学期刊较为特殊，独家种类大于非独家种类，为了观察医学期刊与其他期刊影响因子变化的相关性，增加一组数据——将2008年独家医学期刊组中加入其他类别的非独家期刊样本（因2007年独家期刊样本过少，故舍去），获得一组样本数 $n=126$ 的数据。结果如表2所示。

表2　医学期刊万方独家数字出版后各年影响因子与是否独家的相关系数

分组（期刊数）	独家年份	统计年份	相关系数	相伴概率
医学期刊组（45）	2007	2008	0.128	0.465
		2009	−0.167	0.338
		2010	−0.233	0.179
		2011	−0.164	0.348
		2012	−0.019	0.915
医学期刊组（53）	2008	2009	−0.038	0.786
		2010	−0.116	0.408
		2011	0.124	0.376
		2012	−0.223	0.108
混合期刊组（126）	2008	2009	−0.270	0.002
		2010	−0.304	0.001
		2011	−0.222	0.013
		2012	−0.180	0.044

从表2可以看出：对于万方独家出版的医学期刊，当样本数较少时，相关性同样不够显著；但与 CNKI 独家期刊组数据（表1）不同的是，其中2007年万方独家医学期刊组2008年的影响因子与万方独家出版呈正相关，2008年万方独家医学期刊组2011年、2012年，这2年的影响因子也与是否独家呈正相关。由于相伴概率值非常高，未通过显著性检验，这一结果表明在医学期刊组中可能有其他因素的作用效果超过了独家出版。

分析非独家期刊发现，未在万方数据库独家出版的期刊大多为综合性医学高校学报，而独家期刊样本均来自中华医学会主办的专业期刊，后者的影响力本身就大于前者，有可能导致独家期刊组影响因子增长超过非独家期刊组的情况。

当在样本中增加其他学科的非独家期刊后发现，在样本数增加的情况下，相关系数的统计学显著性明显增强，全部相关系数均能够通过0.05的置信度检验，而且相关系数均为负值。可以认为，万方独家出版与期刊的影响因子之间也存在负相关性。

上面的分析说明，当把独家出版的期刊放入一个大的样本组中分析时，无论是 CNKI 还是万方独家出版，影响因子与是否独家出版之间均存在显著的负相关性。将相关分析结果与图1和图2对比发现，虽然部分独家期刊组影响因子平均值在独家后呈上升趋势，部分非独家期刊组在独家年份后影响因子下降，但影响因子与是否独家的相关系数依然为负值。这说明独家期刊组和大量的非独家期刊进行大样本统计比较时，其下降趋势更快而上升趋势更慢，存在着独家出版导致上述变化的可能性。下面通过回归分析进一步验证。

（四）回归分析

因为上述自然科学全部期刊组和混合了医学与非医学的期刊组影响因子同是否独家虚拟变量之间存在显著相关性，所以用这2组样本来做回归分析。选择回归方程之前，先绘制各年影响因子之间的矩阵散点图（限于篇幅，本文未给出），发现当年影响因子与前一年影响因子之间呈现强烈的线性关系，随着相隔年份增加线性关系减弱，但总体看各年影响因子之间具有线性关系；因此，选择线性回归观察独家出版对影响因子的影响。

影响因子计算的方式是，期刊前2年发表论文在当年的引用次数除以前2年发表论文总数。假设独家出版对影响因子产生负的影响，独家当年和独家后2年的影响因子之间最容易观察到，加上年份越近影响因子之间的线性相关越强；故将独家后2年的影响因子分别作为因变量，独家当年的影响因子与是否独家虚拟变量作为自变量来进行回归分析。

在SPSS中将全部自然科学类期刊数据合并在一起，将2009年期刊是否独家的数据用虚拟变量D2009表示，2010年是否独家用D2010表示，各年的影响因子分别表示为IF2012，IF2011，…，以此类推。利用SPSS软件获得的回归分析结果如表3所示。这些方程的整体模型方差参数 F 值均较大，相伴概率均小于0.001，拟合程度较好，从整体上看模型都是显著的。

表3　自然科学类期刊回归分析结果（ n =108）

因变量	连续自变量及系数（相伴概率）		虚拟自变量及系数（相伴概率）		常数项（相伴概率）拟合度 R2	
IF2010	0.784（0.000）	IF2009	−0.052（0.32）	D2009	0.111（0.001）	0.754
IF2011	0.649（0.000）	IF2009	−0.121（0.11）	D2009	0.246（0.000）	0.525
IF2011	0.896（0.000）	IF2010	−0.034（0.396）	D2010	0.12（0.001）	0.768
IF2012	0.878（0.000）	IF2010	−0.048（0.275）	D2010	0.15（0.000）	0.728

注：0.000表示小于0.0001。

从表3可以看出：虚拟变量前的系数均为负数，而且独家后2年的绝对值大于独家1年后的绝对值；但是，所有虚拟变量系数的相伴概率均大于0.1，未达到显著性水平。这说明上述系数产生的方程不能用来预测，但也不能排除CNKI独家出版对影响因子的降低效果。

从上述虚拟变量前的系数可知，CNKI独家出版后导致影响因子降低，最低为0.034，最高为0.121。鉴于我国期刊的影响因子较低，如图1所示专业期刊2012年影响因子平均值也仅在0.7左右，那么即使只是存在可能性，科技期刊也不能忽视这一因素。

表4　混合期刊组回归分析结果（n=126）

因变量	连续自变量及系数 （相伴概率）		虚拟自变量及系数 （相伴概率）		常数项 （相伴概率）	拟合度 R2
IF2009	0.872（0.000）	IF2009	−0.112（0.001）	D2008	0.063（0.009）	0.828
IF2010	0.633（0.000）	IF2009	−0.157（0.002）	D2008	0.17（0.000）	0.56

注：0.000表示小于0.0001。

对于包含万方独家出版医学期刊和非独家出版期刊的混合期刊组，回归方程的整体模型方差参数 F 值也较大，相伴概率均小于0.001，整体拟合程度较好，模型是显著的。从各个变量的显著性来看，虚拟变量的相伴概率均小于0.01，能够通过显著性检验，而且独家后2年的虚拟变量系数绝对值要大于独家1年后，显示时间越长则影响越大。这一回归结果表明，对于万方独家出版的医学期刊，可以认为独家出版引起影响因子降低，在独家出版后1年2年引起的整体降低数值分别为0.112和0.157，从数值来看，独家出版的影响非常大。

二、讨论

（一）定性分析

从图书馆对 CNKI、万方与维普3家数据库的订购情况看，CNKI 占据了学术文献数字出版的大部分市场份额，但也有少量图书馆未订购 CNKI。[1] 从用户使用习惯看，图书馆电子资源是读者查阅文献的主要方式，90% 以上的读者以此获取

1　张靖.河南省高校及公共图书馆电子资源调查分析［J］.图书馆界，2012（4）：12-16.
　　孙晓明.天津市高校图书馆联盟电子资源建设调查分析［J］.图书馆工作与研究，2008（3）：15-19.
　　李云芝，熊松韫，张贝.云南省高校图书馆电子资源建设调查与分析［J］.图书建设，2009（3）：23-29.
　　曹君，张小梅.我国高校图书馆电子资源建设调查与分析［J］.科技情报开发与经济，2009，19（23）：3-5，8.

相关文献。[1]虽然少量读者会使用期刊的自出版或纸质期刊来获取文献，但这部分传播对期刊传播指标的影响较小。图书馆界所做的问卷调查和统计分析表明，大数据库中，读者使用 CNKI 最多（62.5%~87%），其次为万方（26%~38%），再次为维普（10%~25%）。[2]虽然部分用户会同时使用 3 种数据库检索文献，但更多的用户只习惯使用其中的一种；因此，科技期刊独家授权给任何出版商都必然缩小其传播范围，独家出版对影响因子如果有影响的话必然是负面的。

（二）对本文结果的分析

本文的相关分析表明，独家出版带来影响因子降低存在相当大的可能性，而且这一降低并不必然表现出影响因子的简单上升或下降，而是抑制其上升或加速其下降。就本文的样本所做的分析而言，从统计学上还不能下一个独家授权给 CNKI 数字出版必然对影响因子产生负面影响的结论。这可能是以下 2 个原因造成的。

其一，CNKI 本身传播范围较大，因此减弱了独家出版带来的负面影响，导致观察出有统计学意义的结果更为困难。万方数据库的市场份额明显低于 CNKI，因而对包含万方独家出版的期刊组进行回归分析时，结果通过了显著性检验，而 CNKI 期刊组则没有。

其二，影响因子的影响因素非常复杂，本文的研究未将其他因素包含进来，若能排除其他因素的影响来观察独家出版的影响，结果会更为明显。如果要从计量学上进一步观察独家出版对影响因子的负面影响，还需要扩大样本量和增加变量的数量。可以通过大规模的问卷调查来获得影响因子的其他影响因素，如期刊的"口碑"、学科、期刊的自出版情况等，并将这些因素转化为变量后进行多变量分析或采用结构模型分析。

三、结束语

上述分析表明独家出版确实与影响因子之间呈现出负的相关性。回归分析表

1 杨毅，邵敏，李京花，等.电子资源建设与利用的读者调查——由读者调查结果分析读者利用电子资源的方式与倾向［J］.大学图书馆学报，2006（6）：39-48，60.

2 刘春红.高校图书馆网络电子资源利用现状调查与对策研究——以东北电力大学图书馆为例［J］.东北电力大学学报（社会科学版），2009，29（5）：79-83.
易华通.高校学生使用中文全文数据库资源调查分析［J］.科技情报开发与经济，2008，18（13）：89-90.
肖景.大学图书馆数据库使用的读者调查与分析——以华中师范大学图书馆为例［J］.四川图书馆学报，2010（6）：53-56.

明：独家授权给万方数字出版确实导致影响因子下降；独家授权给 CNKI 虽然也带来影响因子下降，但结果未达到统计学上的显著性。

期刊需要足够重视独家出版对影响因子的影响，这是因为：①虽然有部分结果未通过显著性检验，但并未从统计学上排除独家出版的负面影响，而且相关性分析表明这种可能性非常高。②回归分析系数值显示，独家出版对影响因子的影响是非常大的，说明独家出版给期刊带来影响因子下降的风险非常大。③期刊影响因子（CSCD 数据）反映的只是读者阅读了期刊论文后撰写论文并发表在 CSCD 收录期刊上，而且恰好要在影响因子的计算周期内发表出来；因此，期刊传播范围缩小最终反映在影响因子上会被大大缩小，因为下载并阅读了期刊论文的读者未必会撰写论文发表，而发表的论文也有很多是在 CSCD 期刊之外或者发表时间在影响因子统计周期之外。在这种情况下，期刊要更加慎重地对待影响因子的变化，因为影响因子的微弱变化反映的是期刊传播效果的剧烈变化。

笔者认为，从本文的分析结果看，期刊不能抱着与 CNKI 这样的大数据库签订独家出版协议不会影响影响因子的侥幸心态。从出版实践看，期刊编辑部的做法本身就有矛盾：很多期刊一方面与网络服务商签订独家出版协议，另一方面又花费大量人力物力进行自出版、开放存取，甚至利用微信、微博等新媒体向读者推送论文；但是，科技期刊的主要读者群其实是数据库用户，某数据库独家出版带来的传播范围缩小不见得能够通过自出版或新媒体推送弥补回来，而且独家出版后再进行自出版或推送还存在版权纠纷的可能，因此，独家出版不仅导致传播范围缩小而对影响因子产生负面影响，还带来其他风险。这样，科技期刊应慎重考虑是否与出版商签订独家数字出版协议。

（原文发表于《编辑学报》2014 年 3 期，收入本书时有删改）

期刊下载频次与被引频次及影响因子相关性——以中国知网 CSCD 与 CHSSCD 刊物为样本的计量分析

张小强

一、文献回顾与问题的提出

从常理推断，论文的下载频次会对被引频次产生正的影响，推及影响因子也应如此，笔者却常听到有同仁说刊物全文上网但被引频次或影响因子却下降了。查阅相关文献，发现这样的观点并非个案。

赵大良通过对《西安交通大学学报》等刊物的分析，得出某些刊物的网络下载率与引用负相关的观察结论，并指出网络传播影响力有限。[1] 杜秀杰等以《西安交通大学学报》部分期数为样本计算了简单线性相关系数，指出发表时间和稿件学术水平是影响稿件被引用的两大核心要素，网络的作用在逐步降低。[2] 丁佐奇等以《中国天然药物》和《中国药科大学学报》上被引和被下载频次最高的20 篇论文为样本，分析了被引频次与下载频次的相关性，指出单篇论文的被引频次与下载频次的相关性较差，用先期的下载次数对后期的被引次数进行预测行不通。[3] 万锦堃等研究了文献的下载频次和被引频次的分布，对比了它们的集中系数，发现网络下载频次、影响因子和即年指标与引证报告中的被引频次、影响因子和即年指标不完全一致，即少量期刊被引频次与下载频次背离，部分期刊一致性较好，还有期刊一致性一般，并建议在期刊评价中增加网络下载指标。[4]

上述文献都从不同程度上否认了下载频次与被引频次的高度一致性，其他学

1 赵大良.不可思议的现象：网络传播与被引频次的关联分析［EB/OL］.（2009-01-11）［2011-01-12］.

2 杜秀杰，赵大良，葛赵青，等.学术论文的下载频率与被引频率的相关性分析［J］.编辑学报，2009，21（6）：551-553.

3 丁佐奇，郑晓南，吴晓明.科技论文被引频次与下载频次的相关性分析［J］.中国科技期刊研究，2010，21（4）：467-470.

4 万锦堃，花平寰，孙秀坤.期刊论文被引用及其 Web 全文下载的文献计量分析［J］.现代图书情报技术，2005（4）：58-62.

者的实证研究则得出了不同的结论。刘筱梅等人以化学领域的 15 种电子期刊为统计分析样本，以期刊下载量为自变量，引用量为因变量进行线性相关分析。利用 Pearson 相关系数公式计算证明了下载行为与引用行为存在正向相关关系。[1] 刘雪立通过对 5 种综合性眼科杂志论文下载与引用关系的统计分析，发现论文下载量和被引量呈高度正相关，在分析的 1622 篇论文中有 3.08% 的论文出现了量引背离现象。[2] 庞景安通过选取《中国学术期刊网络计量测试报告》（2004 版）中排名前 100 的期刊为样本，得出总被引频次与总下载频次存在较强的相关关系的结论。[3]

分析上述文献，笔者发现有关研究尚有进一步深入的必要。首先，上述文献中很多文献的结论并不可靠。有的文献选取的样本数过低或样本不具备代表性，有的文献只是运用表格直观分析而未运用统计学方法，有的文献虽应用了统计学方法，但仅停留在对样本的描述上。其次，从方法上看，不同文献之间存在矛盾。例如，虽然文献[4]与文献[5]的结论较为一致，但文献[6]明确指出统计指标不符合正态分布，不宜运用 Pearson 相关系数分析相关性，文献[7]运用 Pearson 相关系数得出结论，但并未对样本是否符合正态分布进行检验。最后，不少文献中未交代样本如何选取以及数据是如何获取的，使结论的可信程度降低。

因此，笔者拟选取更大的样本，在利用统计分析软件对数据进行正态性检验后再进一步检验期刊下载频次与被引频次之间是否具有相关性，并验证期刊网络传播对期刊主要评价指标——影响因子的影响。

1　刘筱梅，张建勇.数字获取资源对科学研究的影响——电子期刊全文下载与引用分析［J］.大学图书馆学报，2009，27（1）：60-63.

2　刘雪立，方红玲，苗媛，等.五种综合性眼科学期刊论文下载量与被引量的关系及部分论文的量引背离现象［J］.中国科技期刊研究，2010，21（5）：629-632.

3　庞景安.中文科技期刊下载计量指标与引用计量指标的比较研究［J］.情报理论与实践，2006，29（1）：44-48.

4　刘筱梅，张建勇.数字获取资源对科学研究的影响——电子期刊全文下载与引用分析［J］.大学图书馆学报，2009，27（1）：60-63.

5　庞景安.中文科技期刊下载计量指标与引用计量指标的比较研究［J］.情报理论与实践，2006，29（1）：44-48.

6　庞景安.中文科技期刊下载计量指标与引用计量指标的比较研究［J］.情报理论与实践，2006，29（1）：44-48.

7　刘筱梅，张建勇.数字获取资源对科学研究的影响——电子期刊全文下载与引用分析［J］.大学图书馆学报，2009，27（1）：60-63.

二、样本的选取与数据采集

在上述关于学术期刊下载频次与被引频次的计量分析中，有选取论文作为样本的，也有选取期刊作为样本的。从统计学角度看，选取期刊数据作为样本更科学。因为与论文相比，期刊具备很多可测度的特征，例如，一本期刊的影响力、读者群与作者群均具备了相互区分的特征。相反，期刊刊载的论文则不具备期刊那样明显的"特质"，不利于建立数学模型进行分析，得出的结论也不一定具备推广到整体的可靠性。笔者选取 CNKI 收录的中国科学引文数据库（CSCD）和中国人文社会科学引文数据库（CHSCD）来源期刊作为样本。因为 CSCD 与 CSCI 在选刊时都采用文献计量学进行了筛选，在自然科学与社会科学刊物上均具备代表性。通过对比 CSCD 与 CHSCD 两组数据，还可同时观察自然科学与社会科学刊物是否有所区别。

利用 CNKI 的"文献出版来源"检索功能，检索时在"期刊收录源"选项中分别选取"中国科学引文数据库"和"中国人文社会科学引文数据库"进行检索，将检索结果导入到 Excel 中完成原始的数据采集。笔者共采集到 1071 个 CSCD 刊物，335 个 CHSCD 刊物。从样本数量看，CNKI 收录的 CSCD 刊物较全，而 CHSCD 刊物有不少未加入 CNKI，但是从统计学角度看 335 个样本已经足够大，还有极个别刊物既属于 CSCD，又属于 CHSCD（如《会计研究》《中国工业经济》），这也不会影响最终统计分析结果。在分析之前去掉了无影响因子数据的刊物，最终分析样本为 1067 种 CSCD 刊物与 334 种 CHSCD 刊物。

三、数据的正态性检验

为了避免前述文献中未检验数据的正态性分布就采用正态性分布数据才能应用的分析方法带来的结论不可靠问题，这里先对数据进行正态性检验。首先使用 SPS 绘出直方图初步判断数据与正态曲线的拟合情况，见图 1。

图 1 为 CSCD 刊物被引频次的直方图，其他 3 组数据的直方图形态与之相似，为节约篇幅而未给出。从图 1 可看出，所采集数据的直方图与正态分布曲线走势有一定的一致性，但纵向及横向均有不同程度的偏离，呈正偏态形状而比正态分布更陡峭。因此，仅从图 1 还不能否定或肯定样本符合正态分布，需进一步检验。进行正态性检验的方法有多种，笔者采用国家标准 GB/T4882—2001 中的方法，

因为该标准中已经对相关方法进行了筛选。其中明确指出卡方检验的结果不可靠，也未推荐使用 K-S（Kolmog-orov-Smirnov）检验。其检验思路是先利用图方法确定是进行有方向检验（知道是正偏态或负偏态）还是无方向检验（无正态分布偏离的信息）。有方向检验用的是峰度和偏度方法，而无方向检验有夏皮洛—威尔克（Shapiro-Wilk）检验和爱泼斯—普利（Eps-Puley）检验。

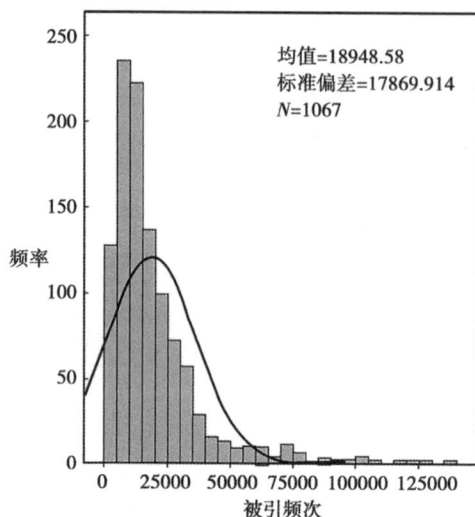

图 1　样本与正态分布曲线的拟合情况

　　概率图是判断下一步进行有方向还是无方向检验的工具，由于仅需定性分析，可利用 SPS 软件绘出 Q-Q 概率图来代替 GB/T4882—2001 中的正态概率图，它们的横坐标均为观测值，所不同的是 Q-Q 概率图纵坐标为期望的正态分布值，而 GB/T4882—2001 中的正态概率图纵坐标为样本数据出现的频率（百分比）。SPS 绘出的图形见图 2（软件所绘制图形的原点不在（0，0）处，笔者做了技术处理）。图 2 为 CSCD 刊物下载频次的正态 Q-Q 图，由于其他 3 组数据的正态 Q-Q 图形态与之相似，而此处仅需定性分析，故为节约篇幅未给出。

　　图 2 中的斜线为观测值与期望正态值相等时的理想情况，若所得曲线与该直线拟合情况较好，说明符合正态分布，反之则说明偏离正态分布。这里主要利用图 2 进一步确认从图 1 中得出的偏离正态分布趋势。图 2 显示，对于偏度而言，变量的高值处比低值处有较大的偏离中心趋势，因此为正偏度。对于峰度而言，从 GB/T4882—2001 中可知，若密度函数具有高峰度，则对于出现频率低于 50 那

部分数据的观测值大于理想的正态分布值（曲线位于斜线右方），而高于 50 那部分数据的观测值小于理想的正态分布值（曲线位于斜线左方）。对应于 Q-Q 正态概率图则应表现为点数密集的曲线部分（出现频次高的数据）应位于斜线的左方，而点数分散的数据应位于斜线的右方（出现频次低的数据）。从图 2 可以看出，样本数据与上述描述符合，说明 4 组数据均具有高峰度。

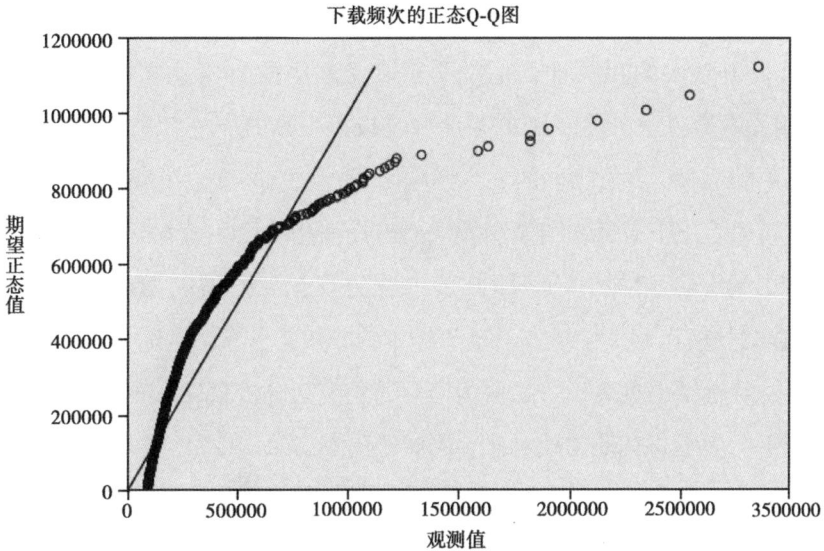

图 2　正态概率图

下面利用峰度和偏度值进行有方向检验，软件计算的峰度与偏度结果见表 1，其中的临界值来自 GB/T4882—2001。从表 1 可知，无论怎样选择显著性的值，根据 4 组数据计算所得的峰度和偏度值均远大于临界值，因此，只能拒绝样本为正态分布的零假设，说明样本不是正态分布。

表 1　峰度与偏度计算结果与临界值

样本类型	样本	峰度	峰度临界值	偏度	偏度临界值
CSCD 刊物	被引频次	8.743	3.37	2.535	0.21
	下载频次	24.335		3.909	
CHSCD 刊物	被引频次	30.603	3.72	4.042	0.12
	下载频次	6.440		1.947	

需要说明的是在进行对数转换后，CSCD 刊物与 CHSCD 刊物的下载频次 Q-Q 正态概率图拟合情况较理想，而下载频次虽然拟合程度增加，但是仍显示了非正态分布的特性。需要分析相关性的两组对应数据中有一组不能转换成正态分布，下面的相关性分析依然不能用对样本有正态性要求的方法。

四、下载频次与被引频次相关性检验

鉴于样本不是正态分布，不能使用常用的 Pearson 相关系数方法来计算下载频次与被引频次的相关性，也说明很多文献中没有检验样本正态性就使用 Pearson 相关系数方法计算二者的相关性是极不可靠的。笔者先从直观的散点图观察二者的相关性，见图 3。图 3 为影响因子、被引频次、下载频次之间的矩阵散点图，可以看出下载频次与被引频次有较高的相关性，随着下载频次的增大，期刊的被引频次明显增加，而且 CSCD 刊物的散点图更集中，说明 CSCD 刊物对于 CHSCD 刊物而言相关性更好。鉴于样本的非正态分布，利用 Spearman 方法计算相关性，计算结果见表 2。SPSS 为国际通用统计分析软件，故省略具体计算公式（下同），为了与其他文献对比，同时给出 Pearson 相关系数。

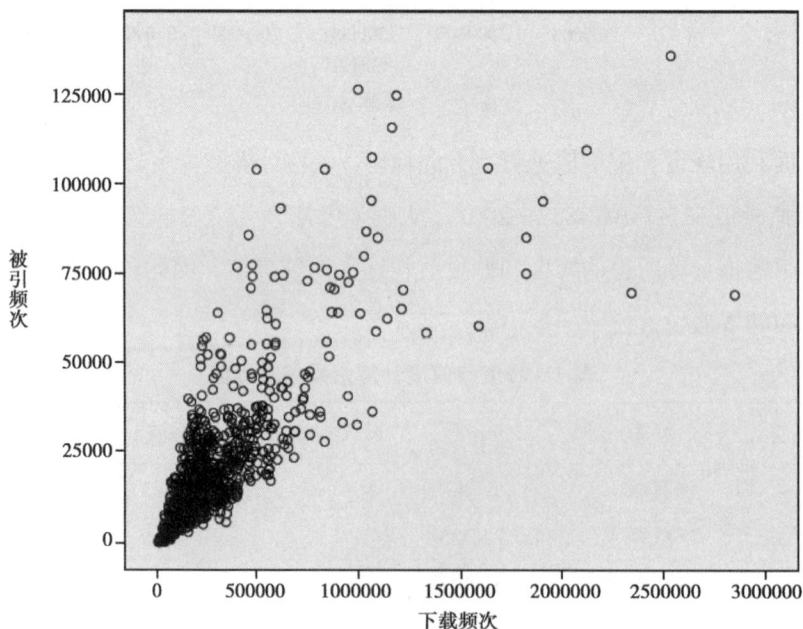

（a）CSCD刊物

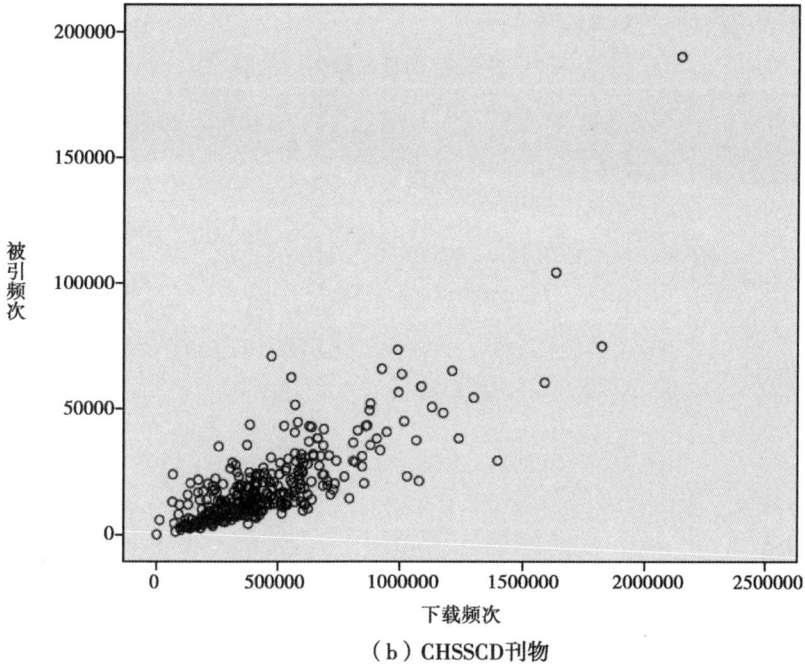

（b）CHSSCD刊物

图3 影响因子、被引频次、下载频次的矩阵散点图

表2 期刊下载频次与被引频次的相关系数

样本	Spearman 相关系数	Pearson 相关系数
CSCD 刊物	0.806	0.790
CHSCD 刊物	0.753	0.796

注：显著性水平均为 0.01。

从表2可看出，对于两类刊物其 Spearman 相关系数均较高，说明下载频次与被引频次具有高度正相关性，而且自然科学刊物的相关性略高于社会科学刊物，与散点图一致。CHSCD 刊物 Pearson 相关系数高于 CSCD 刊物的结果与直观的散点图矛盾，而且 CHSCD 刊物 Pearson 相关系数高于 Spearman 相关系数，表明对于非正态分布的数据而言，运用 Pearson 方法计算得出的相关系数结果可能更"理想"，但这是错误的结论。

上述结果还说明，下载频次与被引频次的关系并非简单的线性关系，很多文献运用线性相关以及回归的方法确定二者的关系是不正确的。笔者利用曲线估计，检验在忽略其他因素的情况下，被引频次与下载频次何种数学曲线模型的拟合度最好，得出的结果见表 3、表 4。

表 3　CSCD 刊物曲线估计结果

方程	判定系数与方差		参数估计值			
	R^2	F	常数 b_0	b_1	b_2	b_3
一元线性 $y=b_0+b_1x$	0.625	1773.653	4792.225	0.054		
二次函数 $y=b_0+b_1x+b_2x^2$	0.664	1052.326	599.706	0.077	-1.536×10^{-8}	
三次函数 $y=b_0+b_1x$ $+b_2x^2+b_3x^3$	0.667	710.853	2073.783	0.065	3.951×10^{-9}	-6.047×10^{-15}
幂函数 $y=b_0xb_1$	0.751	3212.138	0.051	1.024		

注：统计量 F 值的相伴概率 p 均小于 0.001，这里仅给出判定系数较高的曲线拟合结果。

表 4　CHSSCD 刊物曲线估计结果

方程	判定系数与方差		参数估计值			
	R^2	F	常数 b_0	b_1	b_2	b_3
一元线性 $y=b_0+b_1x$	0.632	569.203	-2.898×10^3	0.048		
二次函数 $y=b_0+b_1x+b_2x^2$	0.682	354.570	5 587.278	0.016	2.256×10^{-8}	
三次函数 $y=b_0+b_1x$ $+b_2x2+b_3x^3$	0.701	257.613	-1.953×10^3	0.060	-4.320×10^{-8}	2.405×10^{-14}
幂函数 $y=b_0x^b_1$	0.565	430.188	0.102	0.923		

注：统计量 F 值的相伴概率 p 均小于 0.001，这里仅给出判定系数较高的曲线拟合结果。

从表 3、表 4 可看出，由于统计量 F 值的相伴概率 p 均小于 0.001，从统计学上看，用上述曲线估计下载频次与被引频次的回归关系均可行。对于 CSCD 刊物而言，拟合度最好的曲线是幂函数，其次为三次函数，线性函数次之；对于 CHSCD 刊物而言，拟合度最好的曲线是三次函数，其次为二次函数，线性函数次之。故对于 CSCD 刊物，在忽略其他因素的情况下可认为被引频次与下载频次是幂函数的关系（具体方程和参数见表 3）；对于 CHSCD 刊物而言，可认为被引频次与下载频次之间近似为三次函数的关系（具体方程和参数见表 4）。对比 CSCD 刊物与 CHSCD 刊物的拟合数据，发现二者拟合度较高和较低的曲线基本一致，说明两组数据并无显著差异。

鉴于上文的检验已经排除了被引频次与下载频次之间的简单线性关系，但是这里的线性方程的拟合度依然较好，进一步验证了其他文献中用线性方法估计二者关系的不可靠。至此，虽然不能确定被引频次与下载频次准确的关系方程，笔者认为可以得出二者呈高度正相关而且不是简单线性关系的结论。由于现实情况是论文的引用除了获取论文（方式之一为下载），还受到其他因素，诸如刊物的权威性、作者的写作习惯甚至发表周期等诸多因素的影响，而且这些因素之间还可能相互影响，情况较为复杂，因此用下载频次这一单变量来建立方程考察被引频次受到局限，进一步的研究应该建立结构方程模型，将其他变量引入并考虑变量之间的相互影响。但从检验相关性来看，本文的工作已经足够。

五、下载频次与影响因子相关性检验

相对于被引频次，期刊界及情报学界同仁更为关心的是下载频次对期刊主要评价指标——影响因子的影响，大部分同仁认为网络传播对影响因子有正面影响，但是少数同仁的开放式获取实践以及少数文献却得出了相反的结论。这里综合检验影响因子与被引频次、下载频次的相关性。从图 3 的矩阵散点图可看出影响因子与下载频次、被引频次均呈明显的正相关性。由于散点图只能初步判断，下面进一步计算相关系数，在计算之前依然先对影响因子进行了正态分布检验，发现影响因子也不是呈正态分布的，故用 Spearman 方法计算相关系数，得出的结果如表 5 所示。

表5　Spearman 相关系数

样本	被引频次与下载频次相关系数	影响因子与被引频次相关系数	影响因子与下载频次相关系数
CSCD 刊物	0.806	0.606	0.357
CHSCD 刊物	0.753	0.762	0.361

从表5可知，影响因子与下载频次具有正相关性，但是相关系数要明显低于被引频次与下载频次的相关系数及影响因子与被引频次的相关系数。这也与经验判断一致，因为影响因子的计算具有周期性，在统计周期之外的被引对影响因子并无贡献，故下载频次虽然显著提高了被引频次，但是具体到影响因子时影响力必然减弱。值得注意的是，CSCD 刊物的被引频次与下载频次相关系数明显高于影响因子与被引频次的相关系数，CHSCD 刊物的被引频次与下载频次相关系数和影响因子与被引频次的相关系数非常接近，说明 CSCD 自然科学论文的被引用周期更长，而 CHSCD 社会科学论文的被引用时效性更强。

上述结果还说明了影响因子在评价期刊上的局限，部分文献建议用其他反映网络下载率的评价指标作为影响因子的补充有一定道理。为了进一步分析下载频次与影响因子的关系，笔者利用刊物总下载频次除以刊物的总载文量产生一个新变量——下载率，并利用软件来分析这一变量与影响因子之间相关性及相似程度。若下载率与影响因子具备相似性，说明它也可以作为一个评价刊物的指标。由于样本并非正态分布，检测相似性也不能用 Pearson 方法，而是运用 Cosine 方法，SPSS 计算结果见表6。

表6　下载率与影响因子相关系数与相似性

样本	相关系数（Spearman）	相似性（Cosine 相关）
CSCD 刊物	0.439	0.843
CHSCD 刊物	0.451	0.841

从表6可看出，下载率与下载频次相比和影响因子的相关系数显著提高，而且两类刊物下载率与影响因子这两个变量之间具有高度的相似性，说明下载率可作为评价一种刊物的指标。

六、结束语

笔者所做主要工作和得出的结论如下：

（1）利用 GB/T4882—2001 的方法对 CNKI 中收录的 CSCD 与 CHSCD 刊物被引频次、下载频次等主要统计指标进行了正态性检验，避免了相关文献未进行正态检验便进行分析的错误。结果发现相关指标并非正态分布，不能用简单线性相关系数方法来检验它们之间的相关性。

（2）计算结果表明期刊被引频次与下载频次具有高度的正相关性，下载频次与被引频次之间数学模型曲线拟合的最佳情况，对 CSCD 刊物而言是幂函数，对 CHSCD 刊物而言为三次函数。

（3）下载频次与影响因子也呈正相关，但其相关性要低于下载频次与被引频次，将下载频次除以总载文量后其与影响因子的相关性明显提高。下载频次、被引频次、影响因子之间的相关性数据比较还显示了影响因子作为期刊评价指标的局限性。

（4）利用刊物总下载频次除以刊物的总载文量产生一个新变量后，这一新的指标与刊物影响因子具有统计学上的高度相似性，说明网络传播指标可以作为期刊的评价指标之一。

（5）分析还表明，在下载频次、被引频次和影响因子数据分布与相关性指标上，CSCD 刊物与 CHSCD 刊物之间也即自然科学刊物与社会科学刊物之间的区别并不显著。

上述结论表明，自然科学刊物和社会科学刊物均应该积极开展网络传播，不论是加入网络数据库还是进行开放式获取都能够显著提高刊载论文的被引频次，并进而提高影响因子。在某些特殊情况下出现的下载与被引背离并不具备规律性。当然，本文的局限在于还未精确度量出被引频次、下载频次、影响因子之间的关系，今后的研究方向应该为运用结构方程模型进行进一步的分析，以克服潜在因素的影响。

（原文发表于《情报理论与实践》2011 年 8 期，收入本书时有删改）

新媒体与传媒业治理变革

互联网的网络化治理：
用户权利的契约化与网络中介私权力依赖

张小强

在讨论和解决网络空间传播法相关问题时，管理网络空间传播活动的主体——网络中介这一新的概念开始进入国内外学者以及政府部门、司法界的视野。有关网络中介在人格权或著作权上的法律责任是学界热门话题，也有学者关注到互联网企业或 ICT 企业作为私权力在互联网治理中凸显的失控力量。[1] 还有不少国外学者从合同治理[2]、网络中介法律责任[3]以及网络中介对互联网治理的意义[4]等多方面探讨了网络中介对于互联网治理的理论与实践问题，不仅涉及传统传播法领域的表达自由、隐私权等问题，也涉及传播权利在网络空间的实现问题。我国新闻传播学界的相关研究则多局限于对网络中介具体法律责任的分析或具体权利的制度保障[5]，对网络中介如何影响互联网治理和用户权利的宏观思考还较为缺乏。基于此，本文从来源于用户条款的网络中介私权力视角切入，讨论其如何影响用户权利的实现和相关主体的行为，最后指出网络环境传播法理论和实践的转型方向。

一、网络中介私权力及其来源

（一）网络中介及其资源优势形成的私权力

2011 年，经济合作与发展组织（OECD）将网络中介定义为："在互联网上

1　周辉.变革与选择：私权力视角下的网络治理［M］.北京：北京大学出版社，2016：85-86.

2　Lee A. Bygrave, Internet Governance by Contract［M］. Oxford: Oxford University Press, 2015.

3　Riordan J. The Liability of Internet Intermediaries［M］.Oxford: Oxford University Press, 2016.

4　Kohl U. The rise and rise of online intermediaries in the governance of the Internet and beyond-connectivity intermediaries［J］. International Review of Law, Computers and Technology, 2012, 26（2-3）：185-210.

5　张金玺.美国网络中介者的诽谤责任与免责规范初探——以《通讯端正法》第 230 条及其司法适用为中心［J］.新闻与传播研究，2015，22（1）：70-87，127-128；陈堂发.新媒体涉私内容传播与隐私权理念审视［J］.学术月刊，2014，46（12）：13-21.；刘文杰.从责任避风港到安全保障义务：网络服务提供者的中介人责任研究［M］.北京：中国社会科学出版社，2016：1-3.

聚合或促成第三方当事人之间的交易。他们提供由第三方当事人发起的接入、存储、传输、索引内容与产品及服务，或提供基于互联网的服务给第三方。"并把网络中介分为六大类，包括：互联网接入和服务提供者；数据处理和网站存储提供者，包括域名注册者；互联网搜索引擎和入口；电子商务中介（这些平台不以自己的名义出售商品）；互联网支付系统；参与式网络平台，包括不生产内容的互联网出版和广播平台。这一定义被广泛接受，本文也采用这一定义。上述定义和分类基本涵盖了从应用到内容层面的互联网应用。我国有学者提出"网络中介商"这样的类似概念，其他学者虽然未直接定义网络中介，但使用"网络服务提供者"时，均强调其消极中立的第三方主体中介人地位，其侵权责任，被称为次要侵权责任或间接侵权责任。[1] 近年来，一些学者开始使用"网络中介服务提供者"，或未使用这一提法但关注网络服务提供者的中介人责任。[2] 网络中介这一概念在国内外越来越多地使用，其原因在于传统的网络服务提供商（internet service provider，ISP）、内容服务提供商（internet content provider，ICP），以及《网络安全法》中采用的"网络运营者"等概念无法准确传达出各种网络经营者的"中介人"角色。与网络中介有关的另一个词是网络平台或互联网平台（online platforms，internet platforms），则是从经济学角度的定义。

此外，网络中介也因其市场规模和技术力量而有所区分。用户规模大的中介被称为超级中介，当前的网络空间主要被超级中介控制。相比于普通中介，超级中介与用户互动程度更高，建立的网络更大，更加个性化；从监管角度看，超级中介受政府监管更多，受用户和权利人起诉更多，超级中介对用户的监管也更多；从社会影响看，超级中介介入立法等政治活动的程度更深，在网络社会无处不在，声誉往往毁誉参半。[3]

---

1 李素娟.论网络中介商的民事责任［J］.社会科学，2002（8）：50-53；吴汉东.论网络服务提供者的著作权侵权责任［J］.中国法学，2011（2）：38-47；王迁.新型 P2P 技术对传统版权间接侵权责任理论的挑战——Grokster 案评述［J］.电子知识产权，2004（11）：30-33，48.

2 薛杉.网络中介服务提供者知识产权侵权责任的发展与革新［J］.科技与法律，2015（6）：1134-1152.；刘群.论网络中介服务提供者的合理注意义务［J］.法制与社会，2011（24）：261-262；林智芬，孙占利.论网络中介服务提供者的责任——"QQ 相约自杀"案引发的思考［J］.上海商学院学报，2011，12（6）：33-36，41；刘文杰.从责任避风港到安全保障义务：网络服务提供者的中介人责任研究［M］.北京：中国社会科学出版社，2016：1-3.

3 Ira Steven Nathenson. Super Intermediaries, Code, Human Rights［J］. Intercultural Human Rights Law Review, 2013（8）：9-176.

从社会角度看，资源优势的运用是权力产生、作用的基础，运用这种资源优势的主体是国家或社会公共组织，对应的是公权力，如果是普通私人主体，对应的就是私权力（private power）。这是一种来源于市场或技术的经济性权力，与公权力来源于宪法的政治性权力相对。网络中介特别是超级中介占有技术、平台和信息资源等多种优势，他们因此成为私权力主体。讨论网络治理的很多文献使用了私权力这一概念但并未定义，往往直接把私权力作为与公权力相对的互联网管理者，并指出私权力主体就是大型网络平台或公司。还有很多讨论网络治理的文献没有使用私权力，但使用了"私人治理"（private governance），相当于承认网络中介的私权力。[1]

中介并非网络空间所特有，在线下世界也有中介为人们提供各种活动场所。对传播活动而言，报纸、期刊、图书等出版物要依赖物流、邮递和运输服务、高速公路等中介发行，独立制作的电视节目通过有线电视网络传输给观众，人们可以在公共场所或设施中举办活动或自由交流，人们还可以通过信件或电话与他人直接沟通。私权力也并不特指网络中介，而是指向那些具有资源优势，能够影响公共政策的企业或社会组织。但在网络空间，网络中介的私权力却更为凸显，被称为数字环境的"结构性角色"[2]，其原因在于：

第一，网络中介管理着公共表达与参与平台，决定着信息的流向。传统中介只是信息物理载体的传递者，并不传递信息本身，公共表达依赖于传统新闻媒体。因而，西方把新闻媒体称为独立于行政、司法、立法系统之外的"第四等级"。在网络空间，"网络化个体"（networked individuals）被称为与"第四等级"类似但又独立于其他等级的"第五等级"。网络化个体权力的形成，源于他们相互之间的信息传播以及传播与其他四个等级的相关内容[3]，而其传播活动依赖于搜索引擎、社交媒体等网络中介。即使被称为"第四等级"的传统新闻媒体也越来越依赖网络中介以传播其生产的内容。

1　Tusikov N. Choke points Global Private Regulation on the Internet［M］. Oakland: University of California Press, 2017; Daly A, Private Power, Online Information Flows and EULaw: Mind the Gap［M］. Oxford: Hart Publishing, 2016.

2　Gasser U, Schulz W. Governance of Online Intermediaries: Observations from a Series of National Case Studies［J］. Korea University Law Review, 2015（18）: 79-98.

3　Dutton W, The Fifth Estate Emerging through the Network of Networks［J］. Prometheus, 2007, 27（1）: 1-15.

此外，网络用户公开发布的内容及其传播轨迹还存储于网络中介的服务器，这些内容成为网络中介管理的数据。在对这些内容的管理和利用上，网络中介并不"消极"，他们会根据法律或执法者的要求，甚至用户投诉对内容进行过滤、删除或其他操作。网络中介还会对这些内容进行二次利用产生传播效果，网络中介的算法也影响用户对内容的获取。因此，网络中介事实上成为网络公共领域的直接管理者，是网络空间信息流的把关人。

第二，网络中介管理着用户活动空间与数据，知悉传播主体的行为。网络中介不仅掌握着用户的公共表达渠道，也随着社交媒体和电子商务的兴起掌握着用户的私人社交或交易空间。近年来，网络中介设置的用户注册政策已转变为实名制为主，大多数网络服务都需要用户提供手机号甚至银行卡，有的还要求提供身份证号码。这样做一方面是建立用户个人信用的需要，另一方面也可更准确地定位用户，从而进行商业或其他活动。普通用户的地理位置、手机号码、设备型号、上网痕迹、软件或应用安装情况、IP 地址、行为数据大多被社交媒体中介掌握。而其他中介还掌握着用户的活动轨迹、健康数据等。[1] 掌握用户私人空间和数据不仅让网络中介成为用户隐私权等权利所对应的义务履行对象，也使在涉及侵权、犯罪时用户自力或司法救济、执法时需要网络中介配合。

第三，网络中介对用户网络活动的控制。对于出租柜台等提供活动场所的线下中介而言，经营者虽然直接控制着物理空间，但中介并未掌握消费者个人信息。而网络中介不仅如上文所述掌握着用户各种信息和数据，还通过用户条款以及技术手段形成了对相关账号或服务的控制。表面上看，用户拥有自己的社交媒体账号、云存储空间、电子书等"财产"，然而这些账号或信息财产被网络中介而非用户控制。除了要求用户随时更新或提供更多信息以认证，网络中介还可能随时中断服务，或以自己设置的规则乃至法律原因删除相关内容。

第四，网络中介对国家边界的突破。在网络空间中，网络中介的用户往往分布于世界多个国家。一国即使宣布自己能够对境外的网络用户行使"主权"，但事实上并无管理境外用户的可能，只能阻断连接。网络中介不受国境线的限制，

1　Denardis L, Hackl A M. Internet Governance by Social Media Platforms［J］. Telecommunications Policy, 2015, 39（9）: 761-770.

只要是其用户，网络中介就可以对其行使管理权。无论是内容管理，还是基于保护本国公民权利的需要，一国政府只能借助网络中介对境外用户实施影响。各国政府基于各种原因需要删除部分网络内容时，只能向跨国网络中介申请而不能直接施以强制措施，由网络中介在审核后决定是否删除或阻断相关内容。

（二）网络中介私权力的直接来源——用户条款

用户条款是网络中介与用户之间通过点击接受等形式签订的格式合同统称，笔者调查了国内外主流网络中介，如百度、腾讯、新浪等公司的用户条款，在实践中这些协议被称为"条款""规则""协议""规范""政策""须知""规定""声明"等。但其本质都是用户通过点击等方式接受网络中介事先拟定的格式合同形成契约关系。虽然从法律层面来看，网络中介基于用户条款获得的是一种契约"权利"，但赋予的却是网络中介管理用户的"权力"，是网络中介私权力的直接来源。这些条款有以下特点：

第一，用户只能被动接受。用户要么拒绝协议而不使用网络中介的应用或服务，要么点击接受，因此，凡是使用网络中介服务的用户被推定为接受了这一协议，这也得到包括我国在内的大多数国家法院判决的认可。

第二，用户对协议知之甚少。协议由网络中介精心拟定，少的几千字，多的上万字，用户基本不会阅读这些协议，即使阅读也因为缺乏法律知识而不可能理解协议的意义。一些拥有多种产品和服务的超级中介的用户条款更为复杂。笔者将腾讯公司协议之间的引用关系运用 NodeXL 软件制作成网络图，结果如图 1 所示。

图 1 显示《腾讯服务协议》《QQ 号码规则》是被腾讯其他用户条款引用最多的协议，除了腾讯自己的协议，一些协议条款中也引用了《反不正当竞争法》《互联网电子公告服务管理规定》《最高人民法院关于审理涉及计算机网络著作权纠纷案件适用法律若干问题的解释（法释〔2004〕1 号）》等法律法规和司法解释。但上述司法解释已经在 2013 年被新的司法解释废止，说明网络中介用户条款中涉及的法律问题本身较为复杂，即使有庞大的法务团队拟定合同，也不能与法律

更新同步。图 1（b）显示网络中介开展的业务越复杂，引用其他协议或规范越多，协议之间复杂的引用网络基本排除了普通用户理解相关协议的可能性。

第三，协议赋予网络中介管理用户的"权力"。调查显示，网络中介用户条款主要内容包括：规范用户注册和使用行为、规范用户生产内容行为（不得违法和侵权）、获得用户知识产权或数据等使用权、网络安全责任、保护自身商业利益、申诉机制、免除中介责任等，还有一些针对广告主等特殊用户网络中介可随时中断服务的特殊规定。

（a）中心度表示被引次数

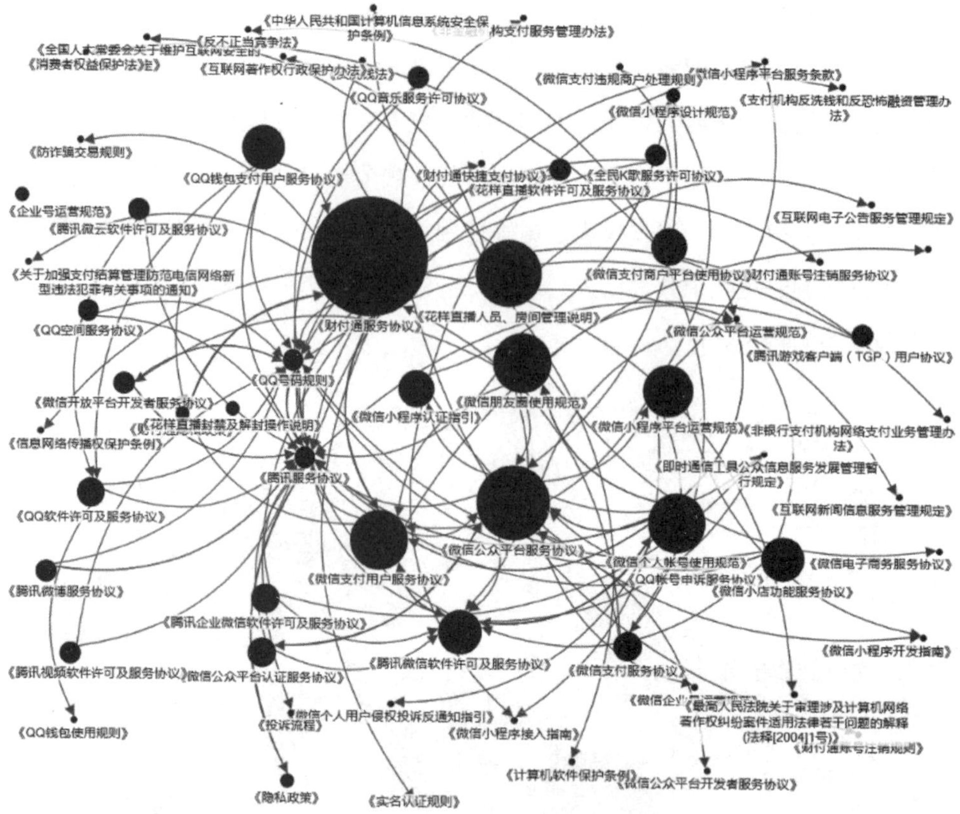

（b）中心度表示引用次数

图1　腾讯服务协议之间的引用网络

从传播法角度看，在内容管理上，以新浪《微博服务使用协议》、腾讯《腾讯微信软件许可及服务协议》为代表的主流协议中均再次重申了我国《即时通信工具公众信息服务发展管理暂行规定》等法律法规中规定不得传播的内容。但与法律法规不同的是，这些用户条款综合了多部法律法规的内容，并且给予网络中介自由裁量权，还有兜底条款，对用户的约束范围更大。例如，新浪《微博服务使用协议》中直接写明："微梦公司有权对用户使用微博服务的行为及信息进行审查、监督及处理。"《腾讯服务协议》中则明示："如果腾讯发现或收到他人举报您发布的信息违反本条约定，腾讯有权进行独立判断并采取技术手段予以删除、屏蔽或断开链接。同时，腾讯有权视用户的行为性质，采取包括但不限于暂停或终止服务，限制、冻结或终止 QQ 号码使用，追究法律责任等措施。"除此以外，网络中介还基于其自身设定的产品运营模式，禁止用户合法但不符合其商业目标的行为，如微信公众号中的诱导分享等用户行为。除了内容管理，网络中介也设定了用户的各种行为规范和对用户信息和数据利用并免责的条款。这说明，用户条款不但在执行法律，也执行超出法律范围的内容和用户管理。

第四，因海量用户形成大规模协议。由于网络中介特别是那些超级中介的用户是以亿或者十亿计数，网络中介的用户条款涉及每一个使用相关服务的用户。这就使得用户条款的影响力获得与法律相同的效果，用户条款已经事实上成为规范网络传播的法律。[1]

（三）用户条款与法律的联系与区别

其实在网络中介崛起之前，很多经济领域契约都起着重要的作用，只有在有关契约的争议无法解决时才会诉诸法律。但网络中介与传统大企业所不同的是，其用户涉及的面更广，且信息传播问题直接影响整个社会的权力结构。更为关键的是同一个服务往往被最大的一家网络中介垄断，中介和中介之间的竞争性弱，用户没有选择权。保险公司、银行之间的竞争使传统大企业在制定格式合同时有竞争性，其服务对象的讨价还价能力更强。又因为用户支付了不菲的对价，法律对用户的保护也更强。网络用户显然没有与网络中介讨价还价的能力，只能选择接受或拒绝。传统的合同签订方可以自力救济，但在网络世界，因空间距离和匿名等原因，自力救济成本非常高，自力救济也只能依赖于网络中介制定的规则。因而，网络中介执行这个私人契约时就具有了执行法律的效果，而且用户条款作为私人契约也受到法律强制力保障。用户条款还与法律一样都具有稳定性。

虽然具有法律的效果和特点，但用户条款与法律毕竟是不同的：

第一，订立和修改成本不同。立法成本显然高于网络中介与用户之间的立约成本，相对于海量用户，网络中介一对多的缔约成本可以忽略不计。修改成本同样如此，所以虽然都具有稳定性，但法律比用户条款更为稳定。

第二，保障实施的强制手段不同。法律以行政或司法强制力为强制手段，而用户条款的强制手段主要是网络中介掌握的技术。上述腾讯公司用户条款中所宣

1　Braman S, Roberts S. Advantage ISP: Terms of Service as Media Law［J］. New Media & Society, 2003, 5（3）: 422-448.

示的"删除、屏蔽或断开链接"甚至中断服务等手段都是技术手段。当技术手段失去作用或严重违法时，网络中介才会诉诸法律手段。而大量用户日常传播行为是被网络中介用技术手段管理的。

第三，程序性不同。法律经过严格的立法程序，而用户条款由网络中介的律师或法律团队拟定，并无程序性要求。

第四，根本目标不同。法律以社会利益最大化为主要目标，用户条款以企业利益为主要目标。新浪微博在处理用户之间纠纷时，曾经采取用户"投票"的方式吸引其他用户参与，这种把纠纷处理娱乐化以最大程度地实现商业价值的模式显然与法院的审判没有可比性。

第五，公众参与度与透明度不同。法律的制定有一个公众参与或者通过代表参与的渠道，网络中介的用户条款一般缺少公众参与，无论是制定还是执行，法律都比用户条款透明。

第六，网络用户对待法律和用户条款态度不同。不论是立法还是执法，因为其公共属性，国内外用户都比较敏感，对公权力机构的监督意识非常强。虽然也具有法律的效果，但由于是私主体之间的契约，在订立过程中本身就缺少参与，加上用户享受的很多服务为免费，使得用户对用户条款并不敏感。正因如此，部分国家的政府宁愿通过不透明手段影响网络中介以管理用户，而不愿直接出面管理用户。

第七，统一性不同。法律由法律职业共同体执行，较容易达成共识，因而法律的执行更为统一。而不同网络中介商业策略不同，用户条款及其执行模式都不相同。

二、网络中介制定和执行用户条款的驱动力

网络中介管理用户或内容的正当性来源于用户条款，而在用户条款背后驱动网络中介制定用户条款并积极执行的，主要是规避管制和法律风险，或追逐商业利益。这些驱动力要么在用户条款中直接表现为具体条款，要么是兜底条款或一般规则。因而，用户条款是网络中介私权力的前台表现，而以下的法律驱动、政府驱动、用户驱动、利益驱动则是后台原因，实质是公权力、网络中介、用户的三方博弈。

（一）法律驱动

各国法律条款中都有要求或鼓励网络中介管理用户或用户发布内容的条款，这些条款是网络中介积极行使其管理权力的法律来源：

第一类是命令型条款。这类法律条款直接规定网络中介应当履行的法律义务。如《美国联邦法典》第 42 章第 13032 节规定互联网服务提供者在其服务中发现儿童色情信息，应当立即向相关机构报告。韩国《信息通信网促进利用与信息保护法》第 44 条规定信息通信服务商发现他人发布的对未成年人有害的内容但未标注或采取限制措施时，应当删除。[1]《中华人民共和国网络安全法》第 47 条规定：

网络运营者应当加强对其用户发布的信息的管理，发现法律、行政法规禁止发布或者传输的信息的，应当立即停止传输该信息，采取消除等处置措施，防止信息扩散，保存有关记录，并向有关主管部门报告。

2017 年 8 月，依据上述相关条款，国家网信办颁布了《互联网跟帖评论服务管理规定》《互联网论坛社区服务管理规定》进一步强化了网络中介在用户身份认证、有害信息审核等方面的义务。这些义务必然会体现在网络中介的用户条款中以约束用户。

第二类是鼓励型条款。这类法律条款并未直接给予网络中介管理用户及用户发布内容的义务，但规定网络中介若采取管理措施的，可以免除或减轻相关民事法律责任。如美国《1996 年电信法》第 230 条规定网络服务提供者并不是出版者，其依法对淫秽色情信息采取助人为乐式阻隔措施不应被要求承担法律责任。韩国《信息通信网促进利用与信息保护法》第 44 条规定信息通信服务提供商事先采取删除、阻断措施则可减少或免除因此引起的损害赔偿责任。我国《最高人民法院关于审理侵害信息网络传播权民事纠纷案件适用法律若干问题的规定》《最高人民法院关于审理利用信息网络侵害人身权益民事纠纷案件适用法律若干问题的规定》两部司法解释的第 9 条都规定了网络服务提供商是否采取预防侵权的合理措施是判断其是否"知道"侵权存在进而是否承担法律责任的考察因素之一。

1　马志刚.中外互联网管理体制研究［M］.北京：北京大学出版社，2014：146-148.

（二）政府驱动

理论上，政府可以通过直接管理用户的方式对网络空间进行治理，但海量用户意味着政府不能离开网络中介的技术和信息协助；另一方面，各国网络用户对政府介入更为敏感，使得各国政府更愿意让网络中介间接行使"管理"权力。各国一般通过以下三种透明度不同的模式直接或间接让网络中介实现政府的内容或用户管理目标：

其一，通过法律授权政府监督网络中介行使其管理职能。《韩国信息通信网促进利用与信息保护法》规定韩国通信委员会的职责包括在内容或对用户权利保护方面对有问题的管理者给出纠正建议并监督检查其执行效果，该法还规定韩国通信委员会有权力要求服务提供商在涉及各类有害或违法信息时拒绝提供或终止服务。日本《2009年保证青少年安全安心上网环境的整顿法》则规定警察部门在网络巡视和监控时发现有害内容时，可要求网络服务商予以删除。我国与互联网内容监管有关的法律法规中也有大量与上述韩、日两国相似内容。2017年8月，国家网信办指导北京市、广东省网信办对腾讯微信、新浪微博、百度贴吧三家网络中介对其用户管理不严进行查处，依据的就是《中华人民共和国网络安全法》等法律法规赋予网络执法机构的执法权力。我国还有一个较为独特的约谈制度，使我国政府对网络中介的影响力更大。2015年出台的《互联网新闻信息服务单位约谈工作规定》第4条规定了互联网新闻信息服务单位在"未及时处置违法信息情节严重的""未及时落实监管措施情节严重的"等没有履行对用户管理的法律义务或"内容管理和网络安全制度不健全、不落实"等情况下，"国家互联网信息办公室、地方互联网信息办公室可对其主要负责人、总编辑等进行约谈"。《中华人民共和国网络安全法》第56条也规定了相应的约谈制度。2017年6月，我国一批有影响力的娱乐八卦账号被网络中介封停，正是源于互联网主管部门对网络中介的约谈。

其二，通过协议让网络中介实施管制措施。欧美国家政府由于其政治体制和历史原因，议会或宪法裁判机构以言论自由为理由对政府直接干预网络中介行使内容管制措施进行了强有力的限制，导致部分国家的政府不得不借助法律之外的手段来干预网络中介管理互联网的行为。方式之一就是政府与网络中介在自愿的基础上达成协议，网络中介在协议中承诺采用技术等措施针对有害内容或其他内容予以监管。2013 年，英国政府就与其四大服务商达成协议，服务商按协议要求给用户提供色情内容过滤系统以保护青少年。

其三，法律和协议之外的手段。上述两种模式都可以称之为"硬法"，这类规范要求严格的程序，弹性较差。因而，各国政府也普遍采取被称为"软法"的"非法律性的指导原则、规则和行政政策，包括诸如非正式的指导方针、信函、操作备忘录、指令、守则和口头指示等形式"[1] 来影响网络中介管理用户的行为。这类干预有公开的，也有不公开的，更为灵活但不透明。美国和欧盟的网络中介经常在与政府磋商之后产生一些无约束力的协议文件，以表明他们保护网络用户权利的努力。但网络中介与政府的合作必然引发社会对公民权利被侵犯的担忧，被称为"看不见的握手"（invisible hand shake）。[2] 政府法律和协议之外的手段，其正当性和透明性低于成文的法律或协议，因而其干预的结果具有不确定性，是否采取管制措施以满足政府的目标最终决定权在网络中介。

（三）用户驱动

虽然海量用户属于网络中介和政府的管理对象，但用户在管理互联网方面并非无所作为，他们通过以下几种方式直接或间接驱动网络中介依据用户条款管理互联网用户或内容：

第一，利用法律规则。各国有关网络侵权或知识产权的法律中，大多有通知 - 删除规则，根据这一法律规则，用户或权利人发现侵权内容时，以一定程序告知网络中介，网络中介根据情况决定是否删除相关内容。一旦接到合乎法律规定的通知，网络中介有义务删除相关内容，是否正确删除决定着网络中介是否承担责任或承担何种责任。

第二，利用网络中介制定的规则。网络中介大多制定了举报相关内容或用户的规则并给用户提供了举报通道，认定举报成立会删除内容或封禁账号。此时，用户成为审查主体。为了让自己不喜欢的观点不再传播，部分用户会对与其观点冲突的账号实施投诉以促使网络中介采取行动。网络中介是这种模式的最终仲裁

1 马长山.互联网＋时代"软法之治"的问题与对策［J］.现代法学，2016（5）：49-56.

2 Michael B, Elkin-Koren N. The Invisible Handshake: The Reemergence of the State in the Digital Environment［J］. Virginia Journal of Law & Technology, 2003，8（2）：1-57.

者，是否行动由中介决定。这种模式并不透明，因为被投诉者并没有程序权利，为何被删除也无具体理由公布。这种用户举报的模式是网络中介所乐见的一种形式，因为一方面通过用户举报减少了网络中介自身的审查成本，另一方面通过对用户举报的回应，他们也能获得用户好感。网络中介还能以"举报"掩护一些不便公开的管理行为。

由于主权不能跨国境和部分国家的政府不愿直接干预网络中介对用户的管理，各国政府也只能利用这一规则来干预跨国内容。笔者调查发现，在谷歌、Facebook、Twitter、YouTube 等跨国网络中介的透明度报告中，其删除内容有很多是应本国或外国政府要求而进行的。[1]

第三，通过集体行动施压。用户可以利用网络公开表达对相关内容或用户的不满，当这种表达汇聚成集体行动，就有可能达到给网络中介施压的目的。有时，为了避免得罪某一群体，如女权主义者、同性恋者、某一宗教群体，网络中介会迫于群体压力删除厌恶或反对上述群体的言论。用户通过向网络中介投诉或表达不满给网络中介施压被称为"群体治理"（governance by crowd），即由群体实施内容审查或用户管理。[2]

第四，利用政府部门给网络中介施压。在部分用户严重违法的情况下，用户或权利人也会向公权力部门举报用户或网络中介，由政府或司法部门介入调查或给予网络中介压力使其采取行动。这一模式本质上是上述来源于法律或政府的权力，但由用户予以启动。

第五，网络中介吸纳用户参与管理。为了彰显其管理行为的公正和正当性，也为了节约成本和提高用户互动程度，部分网络中介会吸纳用户进入其管理体系，如论坛实行的版主制度。在社交媒体上，也有类似制度。例如，新浪微博依据其制定的《新浪微博社区公约（试行）》《新浪微博社区管理规定（试行）》《新浪微博社区委员会制度（试行）》成立了由微博用户组成的普通委员会和专家委员会，前者有 4971 位成员，处理用户纠纷；后者有 475 位成员，处理不实信息。

---

1 来源于谷歌、Facebook、Twitter 等国外网络中介的透明度报告，具体见上述网络中介主要服务主页。

2 Peters J, Johnson B. Conceptualizing Private Governance in a Networked Society［J］. North Carolina Journal of Law & Technology, 2016, 18（1）: 15-68.

（四）商业利益驱动

为了保护自己的商业利益和品牌形象，网络中介也会在没有上述三种压力的情况下主动采取措施管理网络空间。在西方，这种模式因限制言论自由而备受社会诟病，因此网络中介极少采用。但我国由于给予网络中介的是无限管理责任，其面临的压力更大，意味着网络中介经营的风险更高。他们不得不更加主动地通过设定敏感词等技术手段来对用户及其发布内容进行管理。此外，为了保护自身商业利益，网络中介也会利用自己的权力对自己的利益给予特别照顾。在调查腾讯等公司相关用户条款时笔者发现，部分条款是为保护企业的知识产权等商业利益而特别设定的。

上述四种驱动力虽然性质不同，透明度和正当性也不同，但是组合在一起最终导致网络中介形成复杂的管理策略，成为政府实施法律或公共政策，用户维护权利或实现其他目标的中介。他们对信息若过度控制，会降低用户体验，影响中介平台的商业价值；若放纵言论，也有可能导致不良信息或与其品牌不一致的信息泛滥并引来公权力的介入，网络中介在实践中不断寻找平衡点。这一点与传播法上的利益平衡类似，但其最终目的却是网络中介商业利益的最大化，而不是整个社会福利的最大化。

三、网络空间用户权利的契约化

用户条款不是法律但胜似法律的特点带来了网络空间传播法相关权利和义务运行方式的变化，从公权力治理与保障转变为借助私权力的治理与保障，把一种不确定的对世权利转变为一种确定的对私主体的契约。造成网络空间传播法运行对网络中介私权力的依赖，公权力依赖网络中介私权力实现治理目标，用户作为私权利主体则依赖网络中介的私权力保障其权利的实现。上述四种驱动力表明，网络空间中影响私权利实现的因素因网络中介介入而更为复杂。从国内外立法、司法和案例来看，传播行为和传播法权利的实现已经显示出这种变化：

（一）表达自由的契约化

各类网络中介都会在用户条款中加入法律法规禁止传播的内容，把一种公共机构与公民之间的社会契约转化为私主体之间的私人契约。以我国的内容管理为例，我国行政法规和部门规章规定的禁止传播内容非常广泛而不明确，这些不明确和不具体的条款在网络空间如何实行，具体标准则由网络中介根据其经营目标和由其法务部门评估相关风险和收益后把握。

在上文论证网络中介执行用户条款背后的驱动力时举的例子很多属于内容管制和表达自由的范畴。政府、用户试图通过不同的方式来限制其不喜欢内容的传播，网络中介或合作或不合作，最终由三方博弈决定着用户在网络空间究竟有多少表达自由。大量的研究和调查结果显示，全球网络中介都有过度删除内容的现象。网络中介是商业机构，并无保障公民宪法权利的义务，因而，不管是网络中介基于政府或用户原因审查内容，或者基于其自身商业利益审查内容，其从现实法律层面来讲是因为与用户有契约而具备了合法性和正当性。当前，"公共利益"已经放入私人网络中介手中。[1] 有时，政府也只能利用网络中介的规则而不能采用强制手段，跨国网络中介还会针对不同国家的法律和文化环境作出最有利于自身的策略选择。

网络中介作为私主体，在限制用户言论时不会单纯从公法角度出发，而是从成本和收益角度考量。为降低成本，一些网络中介招聘大量专业资格不够，如在校大学生作为其内容管理人员，这些人员往往并不具备判断言论是否恰当的专业能力。笔者所在学院就有不少学生在网络中介中以实习生身份对用户生产内容进行管理或引导。调查发现，这些实习生事实上成为网络把关环节的一部分。为降低网络中介的管理风险，他们与网络中介的关键词审核与关键词过滤结合，审查删除用户评论或上载的内容。在难以判断的情况下，他们的策略是删除而不是保留内容，因为删除虽然限制了用户的表达，但却是用户条款赋予网络中介的权利。保留内容，则会给内部工作人员带来因审核不严被处罚的风险，也给网络中介带来被外部监管机构处罚的风险。

网络中介还通过推荐算法、排行榜等商业或技术手段影响着用户信息的获取。除了上述将技术和人工结合过滤删除内容，网络中介还会积极介入用户的交流空间。调查发现，部分网络中介的工作人员会在评论区"灌水"，通过主动发帖的方式引导用户的评论。这样有两个目的，一个是基于商业目的让用户觉得内容"热

1　Kohl U. The Net And the Nation State Multidisciplinary Perspectives on Internet Governance［M］.Cambridge: Cambridge University Press, 2016.

门"从而提高浏览量和用户互动；另一方面也可以通过有意识地灌输引导，以避免评论区出现过激言论而招来管制，给公众制造一种舆论幻象。

因此，为规避风险，网络中介只能牺牲用户的表达权利，实质是以用户条款限制这种私人契约"合法"地限制了用户的公共表达。但这种限制与公法上对言论的限制与平衡并不一致，也不一定就能达到对公权力而言理想的效果。网络传播中存在芭芭拉·史翠珊效应——越禁止某些内容的传播，用户越关注这些内容。网络中介为规避风险设定过多敏感词或对某些内容过度删除，可能会让用户对这些内容更为"敏感"。因而，如何让网络中介的技术过滤更智能化地体现社会价值，如何更广泛地吸纳用户和专家参与内容管理，如何建立更有效的争议解决机制，如何让网络中介限制用户言论的程序更正当，是全球网络用户和内容管理面临的共同难题。由于用户条款的存在，用户能够使用的体制内保障自身表达自由的资源非常有限，往往只能通过网络抗议形成网络舆情来影响网络中介的内容管理行为。2018年4月，新浪微博在清查漫画、游戏、短视频内容时清理同性恋题材内容，这一行为引发大规模的网民抗议和主流媒体关注，后来新浪在舆论压力下不再清理同性恋内容。

（二）著作权的契约化

近20年国内外法学界关于著作权的研究，网络中介的责任一直是核心问题。随着社交媒体的普及，网络环境的合理使用和著作权权利救济越来越依赖于网络中介。对于权利人来说，一旦侵权内容上传于网络，将很快被四处传播，维权成本非常高。只有网络中介利用技术手段才能解决大规模的侵权问题。正是因为维权成本高昂，我国甚至出现了版权维权中介。网络中介的技术手段是权利人著作权的重要保障，如微信公众号通过原创声明对著作权的保护。因而，由著作权法保障实施的著作权也转变为网络中介与权利人之间的契约。网络中介的技术手段也设定了合理使用的限度，著作权法上权利人与社会公众利益的平衡转变为网络中介的限制程度问题。

此外，网络环境还出现了新的权利不平衡，数字内容的拥有者不仅不能像分享传统图书一样分享数字内容，购买的正版数字内容也有可能被网络中介因各种原因删除，这是网络中介对用户著作权的直接影响。在间接影响方面，网络中介对盗版内容的审查也与公共机构不同，他们考虑的首先是自身的风险。国内一些平台上国外作品盗版内容较多，而国内作品盗版内容较少，其原因正是国外盗版内容权利人发现困难、维权成本高，对于网络中介而言法律风险相对较小。

由于司法救济成本很高，当前著作权权利人实现著作权侵权救济的方式主要是利用通知 - 删除规则，这时版权的平衡也取决于网络中介对通知 - 删除规则的具体执行。一项实验表明，不同的中介策略是不同的，有的中介会提前审查，有的中介会删除所有接到移除通知的内容。[1]

（三）人格权及其他权利的契约化

网络环境，包括姓名权、肖像权、名誉权、荣誉权、隐私权等在内的人格权侵权及救济同样因网络中介的介入而改变。以名誉权为例，对于损害名誉的诽谤内容，以美国为代表的欧美国家司法实践认为仅仅提供传播平台的网络中介不是"出版者"，因此，对侵权内容并没有审查义务，一般不承担侵权责任。但在诉讼中，没有网络中介提供必要的信息，被侵权人根本无法有效救济其权利。同时，与上述著作权类似，一旦诽谤内容被大规模传播，权利人也只能求助于网络中介。我国情况也与之类似，在部分诉讼中若无网络中介提供侵权人信息，被侵权者很难胜诉。

对隐私权而言，用户与网络中介之间的协议，直接改变了用户的隐私预期，影响着原有隐私权法的执行。美国有警察因服务商提供的个人信息抓住了儿童网络色情内容传播嫌疑人，当该嫌疑人提出合理隐私预期，要求法庭排除该证据时，美国法庭认为用户与服务商之间的协议排除了合理隐私预期。因为协议中写有服务商保留了应法律、管制或政府需要曝光用户任何信息的权力。[2]很多网络中介的用户条款有类似内容。

网络中介也是用户隐私最大的威胁者，他们制定了复杂的隐私条款，向用户声明他们可能会遇到的隐私暴露和数据利用。如部分网络中介明确告知用户，他

1　Elkin-Koren N. The New Frontiers of User Rights［J］.American University International Law Review, 2016, 32（1）: 1-42.

2　Nied M. Cloud Computing, the Internet, and the Charter Right to Privacy: The Effect of Terms of Service Agreement son Reasonable Expectations of Privacy［J］.Advocate, 2011, 69（5）: 701-710.

们将把用户的数据提供给第三方。因而，合同在数据隐私利益中占有重要地位，美国的数据隐私法以合同为立足点，欧洲数据隐私法也同样强调以合同来确保用户的数据隐私利益，其法律条款中明确要求数据的控制者使用合同或其他法律手段确保用户利益。欧美立法之所以以合同为数据隐私的立足点，正是因为只有通过改变网络中介与用户之间的不平等契约才能真正改变用户处境。

网络隐私与现实隐私不同的是，用户知情权得不到有效保障，因为这也涉及成本问题，每一位用户的隐私信息并不相同，如果要求网络中介给每一位用户都发送其隐私信息，其成本要以数亿美元来计算。究竟由谁来承担昂贵的成本是用户隐私信息知情权实现的最大障碍。

在欧洲首先被确立的被遗忘权也同样被契约化。被遗忘权在欧洲的执行表明，谷歌拒绝了一大半用户的申请，而被拒绝的用户绝大多数（90%以上）并没有采取进一步行动[1]，这说明被遗忘权的实现依赖于网络中介，与其说是权利，不如说是用户与网络中介之间因法律强制缔结了一种契约，而契约的最终执行程度取决于网络中介。

除了私法上的权利，网络中介对于治理色情、赌博等有害内容和打击犯罪甚至恐怖主义等公法的实施都起着至关重要的作用，因为网络执法中嫌疑人个人信息和其行为信息都需要网络中介技术手段配合才能为执法者获取。概言之，网络空间传播法的运行依赖于网络中介的信息和技术手段，私权力也成为权利保障的关键角色。通过不同部门之间的牵制、政府信息公开等机制对公权力运行形成了限制，那么，对网络中介私权力有无类似限制机制呢？

四、对网络中介私权力的限制与限制的局限

网络中介的私权力来源于"权利"，也有法律和伦理规范方面的多重限制，但这些限制也有局限。

（一）用户法律内的监督：合同法

因为用户条款是合同，用户借以挑战网络中介用户条款的首选法律依据自然是合同法。在互联网兴起的早期，并非所有的用户条款都必然有效，有时法院会判决列示于网站的用户服务条款无效，原因是用户不一定阅读这些条款。因此，

1 Peter Teffer. Europeans give Google final say on "right to be for gotten"［EB/OL］.［2015-10-08］.

早期用户的确成功使用合同法限制了网络中介的权力，因为用户条款无效意味着网络中介"权力"的失效。然而，随着互联网走向移动端，各种网络中介提供的服务大多需要用户注册，在注册时网络中介会设定技术手段，用户不阅读和点击"同意"或"接受"以表明其同意缔约便不能注册。虽然用户条款明显加重用户义务，免除中介责任，但近年来国内外还没有用户起诉整个条款无效而胜诉的例子。这是网络中介的协议签订方式和协议内容都在不断"进化"的结果，他们会很快从败诉中吸取教训。例如，对于用户条款中的部分条款而言，当法院以"不显著"等理由判决部分条款无效时，网络中介会很快修改以加粗等方式表示他们已经提醒用户注意。

笔者认为，法院不会推翻网络中介用户条款的效力，有两个社会经济原因：第一是不承认用户条款的社会成本过高。如果用户起诉整个用户条款无效获得支持，那么就意味着网络中介需要与单个用户协商具体条款内容，这个缔约成本社会无法承受。第二是国内外司法界都强调一种稳定性，只有承认用户条款的效力才能带来司法的稳定。美国著名法官费兰克·H.伊思特布鲁克（Frank H Easterbrook）在回应有关网络环境合同法争议时指出："错误在立法中是普遍的，当技术飞速前进时更是空前。让我们不要努力去把一个不完美的法律体系强加给一个我们还没有很好理解的正在进化中的世界。"[1] 国内外司法实践都印证了司法界求稳的态度。美国很多网络中介用户条款中约定仲裁的条款因损害了用户的诉权而备受争议，多位学者建议立法规制该问题，但法院并未推翻相关条款。

笔者也以腾讯、新浪等网络中介的协议名称为关键词在北大法宝司法案例数据库中检索，获得涉及我国网络中介用户条款的 31 个案例判决书，整理归纳后发现我国法院对用户条款相关纠纷的判决有如下特点：

第一，承认用户条款整体的效力。第二，对于用户条款中约定管辖纠纷的判决取决于用户是否支付对价。如果用户是购买商品，多判决约定管辖无效，以合同法或消费者保护法判决可在用户所在地起诉。当用户使用的软件或服务免费时，大多会判决网络中介胜诉。第三，当中介从用户生产内容中获益，即不再是中介

---

1 Easterbrook F H. Cyberspace and the Law of the Horse［J］. University of Chicago Legal Forum, 1996（1）：207-216.

身份时会判决用户条款中明显不公平的条款无效。[1]第四，很多判决认可了网络中介对用户的管理权力。

虽然上述我国和国外都有用户在部分案例的胜诉情况，但用户一般也难以发现，网络中介还有可能将条款做细微修改以与此前的判例区分。[2]综上所述，总体上合同法的确对网络中介肆意侵犯用户权利或不能有效保障用户权利起到一定限制作用，但并不能有效限制网络中介滥用其管理用户的权力。同时，网络中介还在不断根据司法判决完善其用户条款或修改条款以规避此前的判例，使用户很难通过合同法来改变用户条款带来的不公平境况。

（二）政府和竞争对手法律内的监督：竞争法

竞争法中的反垄断法被称为经济宪法，其目标就是从经济方面限制垄断企业的私权力过度膨胀。反垄断法通过规制企业限制竞争的行为来保护消费者，其执行依据的是经济学原理，因而具有很大的不确定性。特别是对于互联网企业而言，免费的特点使得原本以价格原理为基础的反垄断法很多规则失效。因为网络效应的存在，互联网市场中一家或两家独大是常态，并且在这种市场结构下竞争也是激烈的。所以，近年来美国国内对企业反垄断的诉讼在减弱，美国以外的国家，如欧洲、亚洲虽然经常以反垄断起诉谷歌等大企业，但最终往往罚款了事，并没有从根本上动摇企业的垄断地位。反垄断法诉讼非常复杂，诉讼主要从限制竞争角度而不是用户权利角度出发。诉讼往往会纠缠于经济学上判断涉案企业是否具备市场支配地位，而并未把用户利益是否受损作为首要考量。在我国的360公司和腾讯公司之争中，虽然是腾讯威胁用户，但反垄断诉讼最终并没有认可腾讯QQ在即时聊天软件市场的垄断地位。

与合同法一样，反垄断法能够限制网络中介过度损害消费者的行为但并未干预网络中介管理用户的权力。而我国部分反不正当竞争法案例还显示，竞争法保护了大的网络中介垄断用户信息的权利，这实质上助长了网络中介对用户隐私和个人数据相关权利的侵犯。

1　北大法宝.（2014）海民初字第8896号《林立斌诉北京微梦创科网络技术有限公司侵犯著作权纠纷》。
2　休·柯林斯.规制合同［M］.郭小莉，译.北京：中国人民大学出版社，2014：256.

（三）社会监督：企业社会责任

正是因为法律手段对网络中介的限制作用有限，为了限制网络中介的私权力，一种观点认为可以通过企业社会责任来进行，通过行业自律甚至通过法律等手段，使网络中介担负教育用户等社会义务。但社会责任本身也有很多局限：一是社会责任要转化为有约束力的规范并不容易。二是企业与公共机构毕竟不同，企业的目标就应该是盈利，当社会责任与企业目标一致时，网络中介自然会积极推行；当社会责任与企业目标不一致甚至有损于企业经营目标时，网络中介有可能表面拥护但实际并不采取行动。正因为如此，我国虽然有为推动互联网公司履行社会责任而订立的各种自律性公约，但有些缔约企业依然会曝出侵犯用户权利的事件，依然有大型网络中介因传播不良内容而被处罚。

同时，网络中介保障用户权利面临双重压力——政府的管制压力和市场的盈利压力时，很难以社会责任为其目标。同时，社会责任中的很多内容原本对应的主体是政府，能否加给私人企业也存在争议，使得这一局面更加复杂。

（四）体制外监督：用户的集体行动

上述三种限制网络中介权力的方式属于法律规范和社会规范，但都有很大的局限，无法保障网络用户主权。近年来，国外兴起了一种互联网立宪或数字立宪（digital constitutionalism）运动，在各国学者的倡导下，一些学者和组织发布了一系列网络宪法性文件，强调用户权利和主权。民间互联网"宪法"性文件的内容从数字世界里的表达自由、信息自由、安全和尊严、不受歧视等基本权利，到限制政府权力、公民参与互联网管理，隐私权、访问和受教育权、网络开放到经济权利等等非常丰富。[1] 这些非官方的法案起到了教育用户的作用，但各国体制内的回应寥寥，仅有巴西议会通过"互联网权利法案"将民间草案法律化。

除了上述有组织的活动，用户无组织、自发的集体行动有时也会影响网络中介的政策，网络中介的利益来源是用户群体，他们也会回应一些用户的要求。例如，为了回应用户的不满，Facebook 就曾邀请用户参与修改其用户条款草案，新

1　Gill L, Redeker D, Gasser U. Towards Digital Constitutionalism？ Mapping Attempts to Craft an Internet Bill of Rights ［J］. SSRN Electronic Journal, 2015, 123（6）：577-581.

浪微博的管理也让用户参与。但这种参与是在网络中介的主导下进行的，范围非常小，并不能从根本上改变现状。上述新浪微博改变内容清查策略也是在用户集体行动压力下作出的，但是这类集体行动的成功具有偶然性。

五、结论：网络空间传播法转型——从三方关系到网络化治理

从上述论证来看，传播法在网络空间的运行主要由网络中介私权力与公权力之间的博弈主导，从宏观上形成了一种三方博弈机制，笔者将其模型列示于图2、图3。传统传播法的正当性来源于一种上层的政治结构，即法律被视为公共机构与社会公众之间的"社会契约"，依据"社会契约"的内容或媒介管理自然是正当的。网络空间中，这种公共性质的、抽象的"社会契约"则被部分私人性质的、具体的"私人契约"替代，不论是体制内力量对互联网的治理，还是个体权利的实现，都不得不依赖于网络中介。网络中介对互联网治理的正当性并非来源于上层的政治结构，而是来源于法律制度内的合同法规则，使得其权力相对于传统的体制内治理力量在网络空间更加凸显，也更为直接，失去了传统意义上的社会协商空间，不如传统体制灵活。正因为如此，如果把网络空间看作是公共机构、网络中介、用户形成的三元结构的话，公共机构会通过公共政策或影响网络中介并规制用户的活动，用户也会以集体行动影响网络中介或公共机构政策，网络中介则居于二者中间处于非常有利的位置（图2）。上文表明，网络中介并不愿意承认或往往有意掩盖其在互联网治理中的核心地位，网络中介会根据自身经营需要，采取较为复杂的策略与政府合作或不合作，或通过企业社会责任的部分承担在公众中塑造其"负责任"的形象，还有可能通过社会责任来蒙蔽用户或公共机构。

图2的互动模式形成了图3的网络空间治理的金字塔权力结构，底层是公权力管理的领域，网络中介私权力居于中间，用户集体行动在塔尖。其特点是，越是底层越是透明和确定，越是上层越是不透明和不确定。

图2、图3的模型还是一种抽象和简化的模型，不能完全反映真实情况。上文的论述还表明，在现实世界中形成了在互联网治理和传播法相关权利义务上复杂的网络，其互动模式也较为复杂，并非简单的科层制，也非简单的各主体平等的扁平网络，而是科层制和网络的混合体。正如迈克尔·曼（Michael Mann）所说，

社会权力是"交叠的社会互动网络，而不是单一社会整体的维度、层次或要素"[1]。2018年4月，习近平在全国网络安全和信息化工作会议发表的重要讲话指出："国际网络空间治理应该坚持多边参与、多方参与，发挥政府、国际组织、互联网企业、技术社群、民间机构、公民个人等各种主体作用。"这一重要论断揭示了互联网治理主体的多元性，而这些主体在互联网治理上绝非简单的管理和被管理的关系，而是"以或明或隐的方式进行着动态博弈，其中的竞争、冲突、妥协与合作体现了以互联网为核心的社会权力的复杂性和丰富性"[2]。

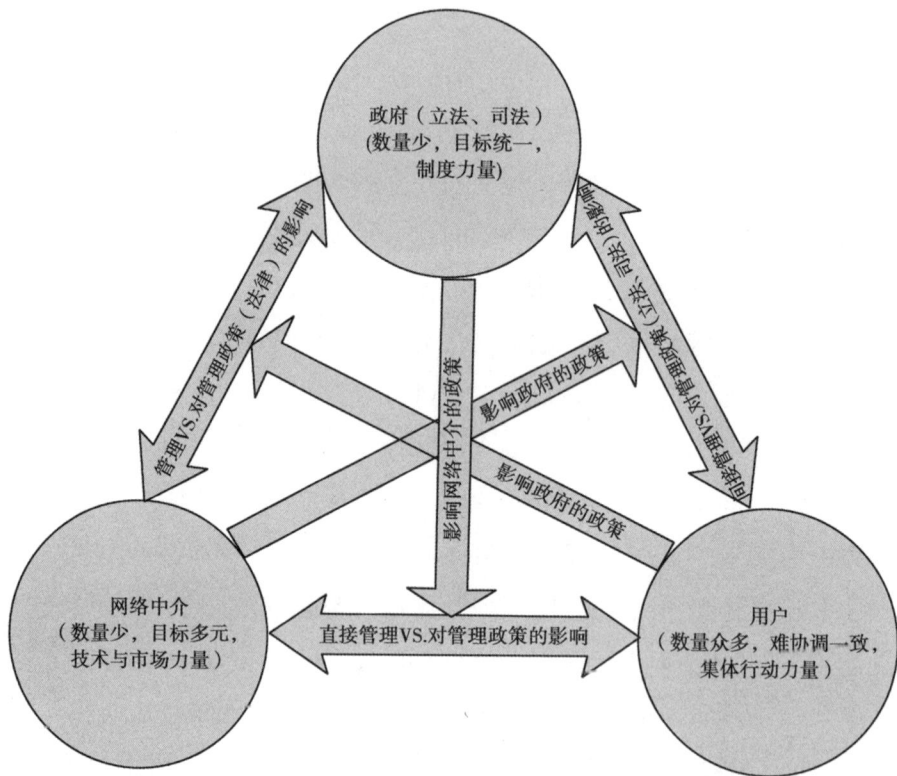

图 2　网络空间的三方关系

1　迈克尔·曼.社会权力的来源（第一卷）［M］.刘北成，李少军，译.上海：上海人民出版社，2002：1-3.
2　章晓英，苗伟山.互联网治理：概念、演变及建构［J］.新闻与传播研究，2015，22（9）：117-125.

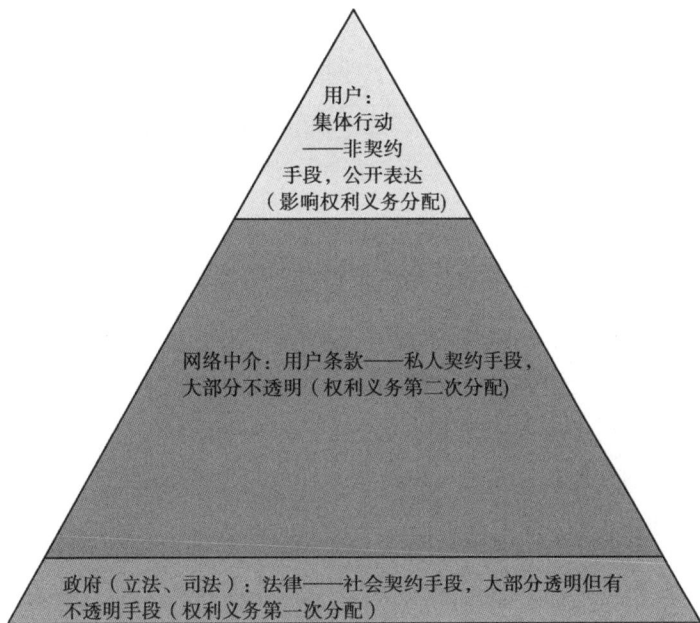

图3 网络社会的权力结构

当前公共管理学界兴起的网络化治理研究正是为了解决上述多种社会主体之间的博弈问题。网络化治理有时也被简称为网络治理，进而被混淆为互联网治理，但网络化治理并非指互联网治理，指的是"建立在连接公共部门、营利组织、非营利组织和个人之上的网络结构治理形式"[1]。政府主管部门之间、部门内部，网络中介之间、网络中介内部，用户和用户之间，以及上述三种不同类型主体之间都会形成复杂的网络。互联网的全球性要求在治理网络上还有国与国之间的合作，会让这一网络更加复杂。因此，笔者以我国的互联网治理为模型，将图2、图3进一步具体化为图4的网络模型，这是一个更为复杂的、多方博弈的网络结构，更接近于现实情况。我国很多传播法领域其实都有不同部门之间的博弈，如著作权行政执法与司法的竞争关系，中国互联网治理的"九龙治水"模式[2]，都显示了不同部门之间存在竞争和协调的问题。在我国，对网络中介产生影响的不仅仅是政府或司法部门，还有党的宣传部门，让这一博弈更为复杂。

而图4所示的三个群体博弈中，用户群体自然希望获得更多主权，公权力则希

---

1 陈剩勇，于兰兰.网络化治理：一种新的公共治理模式［J］.政治学研究，2012（2）：108-119.

2 方兴东，张静.中国特色的网络治理演进历程和治网之道——中国网络治理史纲要和中国路径模式的选择［J］.汕头大学学报（人文社会科学版），2016，32（2）：5-18，2，94.

望通过网络中介实现其管制和治理目标，网络中介则希望处于居中位置获得最大利益。本文研究表明，现实中已经形成了对网络中介最为有利的情形。因而，如何提高网络中介"私权力"运行的透明度，是国内外传播法研究中需要面对的新问题。

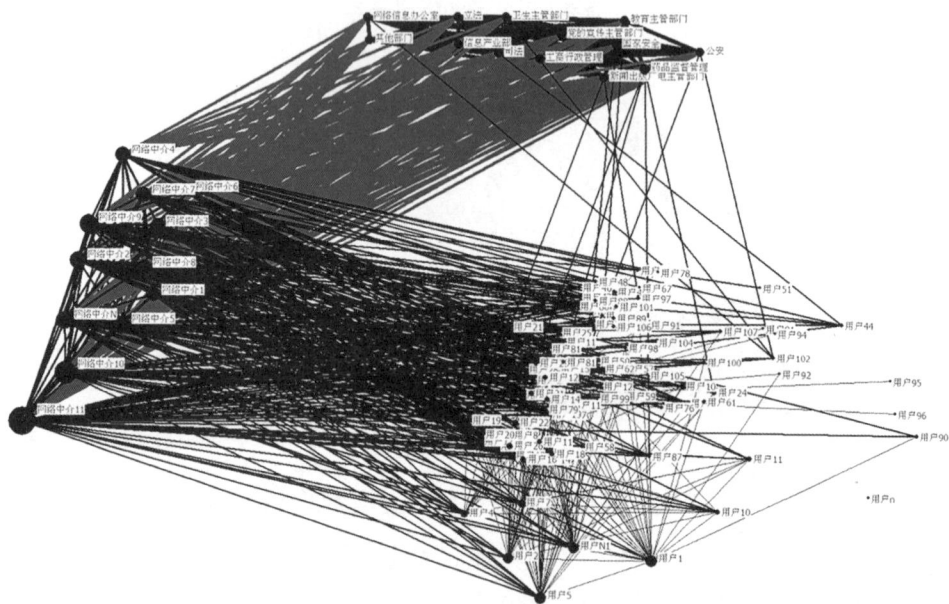

图 4 网络中介私权力 - 公权力 - 用户之间形成的治理网络示意图

本文分析还表明，在网络空间，传播行为与传播法相关权利的实现已经因网络中介私权力的介入而发生转变。我国传播法的研究在法律制度方面应拓宽研究领域，把合同法、竞争法等法律纳入传播法视野，还应从软法、社会伦理、网络化治理等多角度分析相关问题。传播法理论研究和具体实践应从以规范为核心转向对规范和行为的综合分析，特别是规范对网络中介行为的影响和网络中介的行为及其如何规范本身是网络空间传播法的核心问题。因为网络中介的行为不仅决定着用户的现实权利，也决定着互联网治理的公共政策目标能够实现的程度。如何在复杂网络中，制定或让法律法规以社会福利最大化为目标运行，仅从法学或传播学角度并不能很好地解决，法学和传播学必须与政治学、社会学、公共管理、伦理学等学科交叉融合才能解决这一现实难题。

（原文发表于《新闻与传播研究》2018 年 7 期，收入本书时有删改）

自媒体版权的侵权、维权与治理

张小强　　田美芬

当前，各大自媒体平台力图将优秀的内容创业者吸引到自己的阵营中，使得自媒体作者的数量和文章数量迎来井喷式增长。然而，快速发展也伴随着抄袭剽窃、非许可转载等版权侵权问题，影响了整个行业的健康发展。笔者认为，要解决这一问题需要明确政府、自媒体网络中介、自媒体运营者三类主体在这一问题上的义务，建立版权交易平台，利用网络降低版权交易成本，解决自媒体版权侵权问题。

一、自媒体版权侵权的司法认定难点

首先，从侵犯的权利类型来看，自媒体版权侵权有两种类型：

第一种，改变作品形态、内容或署名。

自媒体平台上发生最多的是抄袭剽窃，这不仅侵犯他人的财产权，降低了他人作品的商业价值，也侵犯了他人的精神权利。然而，抄袭剽窃的界定是个复杂的技术问题，对隐性抄袭的认定甚至还需要作品所涉及领域的专门知识。"违规裁剪拼接稿件"被国家网信办评为"网络转载六大乱象"之一。如今，一些侵权者通过将原文进行部分删减、换掉一些表达方式、调换段落或字词顺序等手段对他人的原创内容进行抄袭，这种所谓"洗稿"式抄袭成为内容侵权的新形式。

第二种，原文或改动较小的转载。

转载行为认定本身比较简单，难点在侵权与否的认定。对于网络转载法律问题，最高人民法院先后于 2000 年、2003 年、2006 年、2012 年出台过四次司法解释，在 2006 年以前的司法解释中，网络媒体转载报刊、网络媒体之间的相互转载适用报刊之间的转载规定，即转载时注明出处和支付报酬不视为构成侵权。2006 年的司法解释删去了这一规定，因而自 2006 年以后，网络媒体与网络媒体之间、网络媒体与传统媒体之间的转载不再适用报刊转载的有关规定。2015 年，国家版权局《关于规范网络转载版权秩序的通知》（国版办发〔2015〕3号）又进一步明确指出：

> 互联网媒体转载他人作品，应当遵守著作权法律法规的相关规定，必须经过著作权人许可并支付报酬，并应当指明作者姓名、作品名称及作品来源。法律、法规另有规定的除外。

除了转载，该通知还对转载可能涉及的时事新闻和职务作品作了说明。

目前学界有争议的是转载的主体和转载的目的。因为自媒体平台不仅仅具有"媒体"功能，有的自媒体平台还是一个私人社交空间，很多自媒体又被称为社交媒体。"转载"式的传播本身就是这类社交媒体用户的日常使用模式，如把公众号文章转载到朋友圈，对微博的转发，这些行为与公众号或微博本身的传播模式是一致的。当权利人把相关作品发布到这类平台时，除非权利人予以声明，否则可以推定权利人希望他人予以转发。对此，有学者提出了"社会交往例外"规则作为新型的合理使用类型，"即当作品利用行为发生在日常交往语境、作品利用具有服务于社会交往的工具性和他人作品不是营利或营业的客体时，可以认定为合理使用而不构成版权侵权"[1]。笔者赞同这一观点。

"国版办发〔2015〕3号"文件指出的是"互联网媒体"的转载侵权，笔者认为，从字面理解，这里的"互联网媒体"不应包括普通的个人用户，应该包括所有认证为机构的用户，因为这类用户的传播目的与个人用户有明显的区别。然而，自媒体平台中大量存在的是没有认证的个人用户，部分个人用户还获得了堪比机构用户的传播能力，个人用户和机构用户之间的界限并非那么清晰，这也是侵权认定时需要解决的难题。界定过宽，限制普通用户的传播会损害现有自媒体平台的发展；界定过窄，不能有效保护权利人的版权。

其次，从侵权主体看，自媒体侵权以网络服务提供者是否侵权可分为自媒体用户单独侵权和自媒体用户与网络服务提供者共同侵权两种类型。

2012年11月，最高人民法院出台的《最高人民法院关于审理侵害信息网络传播权民事纠纷案件适用法律若干问题的规定》第四条规定：

---

1 刘文杰. 微博平台上的著作权〔J〕. 法学研究，2012，34（6）：119-130.

有证据证明网络服务提供者与他人以分工合作等方式共同提供作品、表演、录音录像制品，构成共同侵权行为的，人民法院应当判令其承担连带责任。网络服务提供者能够证明其仅提供自动接入、自动传输、信息存储空间、搜索、链接、文件分享技术等网络服务，主张其不构成共同侵权行为的，人民法院应予支持。

该规定明确如果网络服务商仅提供自媒体平台服务，不涉及内容传播，可以免责，此时的侵权责任由自媒体平台用户单独承担。相较于个人用户侵权行为来说，一些商业平台的侵权行为产生的影响更加恶劣。2016 年 4 月 26 日，百名自媒体人发出《联合维权公开信》，控诉一点资讯平台利用新技术手段将自媒体人的原创内容，抄袭、复制至其平台和应用软件中；2016 年 8 月，北京市文化市场行政执法总队对该公司作出罚款 5 万元的行政处罚。

然而，司法实践中的难点正是如何认定网络服务提供者是否构成共同侵权，现实中部分网络服务提供者不仅提供自媒体平台，也对自媒体用户的内容进行了推送或归类。对此，《最高人民法院关于审理侵害信息网络传播权民事纠纷案件适用法律若干问题的规定》第七条规定：

网络服务提供者以言语、推介技术支持、奖励积分等方式诱导、鼓励网络用户实施侵害信息网络传播权行为的，人民法院应当认定其构成教唆侵权行为。网络服务提供者明知或者应知网络用户利用网络服务侵害信息网络传播权，未采取删除、屏蔽、断开链接等必要措施，或者提供技术支持等帮助行为的，人民法院应当认定其构成帮助侵权行为。

第九条则进一步明确了视为"应知"的几种情形：

（一）基于网络服务提供者提供服务的性质、方式及其引发侵权的可能性大小，应当具备的管理信息的能力；（二）传播的作品、表演、录音录像制品的类型、知名度及侵权信息的明显程度；（三）网络服务提供者是否主动对作品、表演、录音录像制品进行了选择、编辑、修改、推荐等；（四）网络服务提供者是否积极采取了预防侵权的合理措施；（五）网络服务提供者是否设置便捷程序接收侵权通知并及时对侵权通知作出合理的反应；（六）网络服务提供者是否针对同一网络用户的重复侵权行为采取了相应的合理措施；（七）其他相关因素。

上述规定和《中华人民共和国侵权责任法》《信息网络传播权保护条例》中有关网络服务提供者的免责规定以及通知 - 删除等规则，加上具体行为的定性以及证据问题，较为复杂的实体法和程序法问题，使得网络版权侵权在司法实践中依然是难点。

二、维权公司运营存在的问题

维权时间和金钱成本高、收益低成为自媒体版权维权时的一大痛点。原创者即使找到侵权证据，接下来还要面临侵权人的违法所得的确定和计算、索赔标准的确定和计算等问题，到头来却可能只得到几十元的赔偿，判决赔偿额度无法覆盖前期诉讼成本，这让原创者版权保护陷入了窘境。

侵权乱象让一些企业找到了商机，自 2015 年以来，我国先后出现了数十家版权服务公司，如"维权骑士""快版权""纸贵""新榜"等。版权服务企业一般采用网络检测系统监测自媒体文章被使用的情况，然后依据权利人的授权向使用者索赔，有的公司还和相关自媒体平台合作共同保护版权。客观地说，这些商业性质的维权公司弥补了自媒体版权监管和维权公共服务的不足，一定程度上维护了自媒体内容创作者的版权，也向网络用户宣传了版权知识。

但笔者认为，版权维权公司也存在不可忽视的风险和局限，主要存在于以下四个方面：

第一，维权公司有变相违法行使著作权集体管理组织职能的风险。

我国的著作权集体管理组织具有公共机构的特点，其成立并非以营利为目的，而是为了促进社会对作品利用和作品权利人的利益平衡，节约交易成本，提高作品和版权流通效率。[1] 因此，我国《著作权集体管理条例》中明确了我国的著作权管理集体组织必须满足一定条件经行政许可后方能设立，而且同一区域只能有一家管理机构。

一些维权公司在未获得作者授权的情况下，就实质上以自己的名义展开诉讼，被法院判定为非法组织。2015 年 12 月 2 日，江苏省高级人民法院认定深圳市声影网络科技有限公司为非法著作权集体管理组织，这是我国首例判决，其后多地

1　张小强.新闻出版（版权）法律完善研究——基于政府职能视角［M］.北京：知识产权出版社，2015：122-123.

法院再次认定其非法进行著作权集体管理；2016 年 2 月，深圳菜之鸟唱片有限公司被广东江门市中级人民法院认定为从事非法著作权集体管理。法院的判决理由是现有证据证明这两家公司从事了《著作权集体管理条例》第二条所规定的著作权集体管理活动，从而违反了著作权集体管理组织必须依法设立的规定。笔者认为，从一定意义上来看，维权公司通过与维权用户的协议获得的一揽子权利实质上已经相当于获得版权实体权利，这些公司只是借权利人名义从事上述行为，维权活动真正的权利人并未介入。这与一般民事代理行为并不相同，如相关赔款是由维权公司开具发票，相应款项也是由维权公司收取后再支付给权利人。一旦有相当数量的权利人授权给维权公司，从实质上看，这些维权公司就是在履行着著作权集体管理组织的职能，违反了我国的法律规定。

第二，维权公司并未获得真正的版权，使得版权并没有"结算"，暗藏风险。

为了规避上述被认定为非法集体管理组织的风险，维权公司只能获得用户的"维权"授权，这就使得他们实质上行使着版权权利人的权利，但又不是真正的权利人。这就带来另一个问题，转载人赔付后并不等于就获得了真正的版权或版权使用许可，版权相关权利依然处于"悬置"状态。在这种情况下，版权权利人仍然可以以赔偿额度过低或其他理由要求转载者不得使用作品或继续赔偿。这与版权获得转让和许可之后的法律后果是完全不同的，也不能有效排除一个作者加入多家维权公司可能带来的混乱。

第三，维权公司的运营可能损害作品的流通和合理使用，与著作权法精神和作者的本意相悖，甚至存在将合理使用判定为侵权进行维权的风险。

由于维权公司的商业性质，追逐利益是其运营的主要目标，这就存在过度维权、限制作品利用的弊端，很可能将所有使用作品者都视为维权对象，而过度维权会阻碍作品的合理使用和传播。

第四，维权公司本身也涉嫌损害作品权利人或转载者利益，并带来新的风险。

首先，在作品使用定价和收益比例分配上作者无话语权。我国的著作权集体管理组织相比于世界其他国家的运营成本费用算是相当高的了，但一般也不会超过 20%，国外的则更低。商业性的维权公司从使用者所支付的赔付款项中提取的比例可以达到 50%，远高于著作权集体管理组织收取的费用。

其次，维权公司在审核版权证明材料方面存在漏洞，难以保障所维权作品的版权真实可信。笔者调查了两家版权维权公司与作者的协议，发现两家维权公司均未要求维权作者提供任何的权利证明资料，也不承担任何对委托维权作品权利真实性的审核义务。在这种情况下，维权公司不能保证所有在其平台注册的作者就是作品的版权权利人，存在维权后与真正权利人产生纠纷的风险。

再次，维权公司与作者、转载者的服务合同本身极不公平。除了费用过高，笔者调查中还发现，在相关协议中维权公司仅有收益，相关风险则由用户承担，甚至还明确由于公司产品或服务的质量缺陷引起的任何损失，该公司也无需承担任何责任。这些免除经营者义务的服务条款明显违背了《中华人民共和国消费者保护法》和《中华人民共和国合同法》的相关规定，也从另一个侧面说明维权公司"维权"是以商业目标为主，其出发点绝不是用户利益而是公司利益。

三、自媒体版权侵权的治理

辩证地看，版权侵权一定程度上反映出相关作品的市场价值，侵权 - 网络维权的模式也算是变相地完成了并不完整的版权使用"授权"，只是这种模式是非正常的。笔者认为，要解决自媒体版权乱象，必须从降低涉及版权各个环节的交易成本入手，按照主体来说，可分为以下三个方面：

第一，政府和著作权集体管理组织：建立网络版权交易平台，大幅度降低版权交易成本，对版权维权公司建立监管制度。

发达国家的实践证明，建立全国性乃至全球性的网络版权交易平台能够有效促进零散版权作品的再利用，减少版权侵权纠纷，如英国有国家建设的"版权集成中心"（Copyright Hub），美国有在全球有广泛影响的版权结算中心（Copyright Clearance Center）。[1] 这些网络版权交易平台犹如版权世界的淘宝网，用户可以方便地获得授权或将自己的作品版权上网交易，其中不仅有大型出版商，也有不少个体作者。相比而言，我国虽然近年来也建设了一些版权交易平台，但这些平台大多由企业建设，非常分散，针对的作品类型也不尽相同，一些版权维权公司也建立了交易平台，但作品数量和影响范围非常小，而且存在上文所述的诸多问题。

---

1 季芳芳，于文．在线版权交易平台的创新趋势及评价——以英国"版权集成中心"（Copyright Hub）为例［J］．编辑之友，2013（7）：109-112.

这样的大型交易平台需要大量的投资，笔者认为需要由国家出面或者国家委托相关著作权集体管理组织来建设。通过网络版权交易平台可大幅度降低包括自媒体在内的版权交易成本，权利人维权也不必借助于第三方平台，可直接要求使用方到平台获取授权。

我国著作权行政主管部门应加强对维权公司的监管，建议设置一定的准入门槛，并出台规定明确其业务范围和经营方式。

第二，自媒体平台运营者：建立网络作品和作者数字身份认证制度，加大技术监控力度。

自媒体版权交易成本过高的另一个原因是，权利人过于分散，权利人联系方式难以寻找或难以获得，相关作品具体属于哪个权利人也难以查证。笔者认为，解决这一问题可以借鉴在学术出版领域行之有效的作品数字身份（DOI）制度和作者数字身份制度（ORCID）。作者和作品一旦注册了数字身份，在互联网中就是唯一的，不论如何转载和传播都能够方便地查询到原作者和首发平台，方便获得授权，减少版权纠纷。目前来看，各类自媒体平台的运营者建立这一制度最有优势。

部分自媒体平台已经建立了原创作品技术性检测制度，通过后台自动识别是否是他人原创作品，然而这类技术还可以进一步提高。首先，各种自媒体平台应该合作建立跨平台的检测识别系统，打击跨平台的抄袭剽窃。其次，自媒体平台运营者还应进一步改进算法，加强对"洗稿"类抄袭剽窃的检测力度，从技术上阻止版权侵权。再次，在加强检测的基础上，自媒体平台也应提供有偿转载的交易模式，使得平台内部作品的版权很方便地流转。

自媒体平台除了从技术上降低版权交易成本、提高版权侵权成本，还应通过用户协议和其他方式培养平台用户的版权意识和媒介伦理意识。

第三，自媒体用户：明示传播意图、权利归属和联系方式。

自媒体用户或者自媒体平台的运营者应提示用户在其作品显著位置说明是否允许转载、可以以何种方式传播等传播意图，并且明示该作品的权利人和联系方式。

（原文发表于《青年记者》2017年2月下，收入本书时有删改）

社交媒体用户数字遗产处置的法律问题

张小强　　王婧祎

一、社交媒体账号作为数字遗产的价值及其法律问题

数字遗产指公民死亡后以数字编码形式存储在一定载体或网络中的合法资产，它包括但不限于存储在互联网上的信息、照片、账户信息、视频、电子文档、电子邮件和数字应用程序等。本文主要研究社交媒体用户死亡后带来的数字遗产法律问题。

社交媒体用户死亡后，其社交媒体中的数据和内容对用户亲友而言具有人格利益，对于社会而言具有文化和记忆功能。同时，用户在使用过程中耗费的时间和金钱投入也使得社交账户具有了经济价值，比如绑定了众多游戏的 QQ 号、拥有海量粉丝的微博或短视频账号等。有些社交媒体账号名义是个人的，但实际由团队运作，本身就具有资本属性。法律和网络平台对数字遗产的安排不仅决定了互联网的记忆由谁控制，甚至也决定着未来的互联网产业商业格局。

牛津大学根据 Facebook 的用户增长趋势推算，到本世纪末，Facebook 上的生理死亡用户将高达 49 亿，远超还活着的用户。由此可见，数字遗产的处置问题已经极为紧迫。

数字遗产的处置问题较为复杂，从用户角度看，是个私法问题，涉及继承法、隐私、人格权和用户与服务商的合同问题。但从交易成本角度看，若法律不对其作出妥善安排，会带来较高的交易协商成本，因而它也可以上升为公法问题统一规定如何处理。

二、国内外数字遗产的法律规定与司法实践

（一）国外

1. 法律规定

2015 年，美国统一州法委员会制定并通过了修订版的《统一受托人访问数

字资产法》（RUFADDA）。该法案在合法范围内满足受托人访问数字资产的需求的同时，又避免了受托人访问权限过大对死者隐私造成威胁。截至2016年4月，科罗拉多州等十州和华盛顿特区立法已采纳该法案。该法案规定受托人可根据"三层优先访问体系"访问数字资产[1]：如用户生前已利用在线工具制定数字资产披露指示，则该指示优先于网络服务协议条款。Facebook的代理人服务和谷歌的非活跃账号管理等都属于在线数字资产处理工具。若用户生前没有上述指示，那么带有处理数字遗产指示的书面授权则作为第二优先访问。如若二者均没有，那么数字资产将按照用户生前与服务商签订的网络服务协议条款处理。此外，该法案利用极为严格的书面证明程序，在最大程度上保护了死亡用户的个人隐私，防止受托人非法访问用户数字资产，损害其合法权益。而为了鼓励服务商积极主动地参与数字资产访问，RUFADDA规定服务商可自行规定披露用户数字资产的范围，同时可根据访问成本合理收费；若访问负担过重，可拒绝受托人的请求。

德国将数字遗产作为普通遗产来管理，在认证其具有金钱价值后，死者的数字遗产财产权享受10年法律保护。德国并无针对社交媒体账户继承的法律条文，但根据下文提到的德国最高法院的判决，德国认同社交媒体账户属于遗产，可被继承。韩国由于网络游戏行业发达，其虚拟财产立法主要针对网络游戏账户，认定虚拟财产为财产，其财产性质等同于银行账户中的财产，受法律保护。但对于社交媒体账户应如何继承，韩国立法目前正处于探索状态，尚无成文法出现。德国和韩国法律中的上述规定仅规定了具有经济价值的遗产，对具有精神利益的社交媒体账户如何处置都未作规定。

2.司法实践

早在2005年，美国就发生了一起著名的数字遗产纠纷案：John Ellsworth的儿子Justin M. Ellsworth是一名美国海军陆战队的士兵，在伊拉克执行任务时被炸身亡。John向雅虎公司请求得到儿子在雅虎网站的账号和密码，以便得到儿子留下的遗言、照片、电子邮件等。但雅虎公司声称根据服务协议账号不可转让，且这一行为会侵犯死者及相关人的隐私权予以拒绝。John无奈之下向遗嘱认证法院

---

1 赵自轩.美国的数字资产继承立法：争议与启示［J］.政治与法律，2018（7）：35-48.

起诉。最终，法官判决雅虎公司将士兵的邮件等信息刻录在 CD 上交给家属，但保留其账号的访问权限。[1]

在德国，2012 年，一名 15 岁女孩在柏林地铁站被列车碾轧身亡，死者父母为弄清女儿是否有轻生的念头，向 Facebook 请求查阅女儿账号中的活动和通信记录。Facebook 出于对死者通信秘密保护的考虑拒绝了这一请求。这对夫妇将 Facebook 告上法庭。2015 年 12 月，柏林地方法院作出一审判决：Facebook 必须向原告开放死者的账户。但 Facebook 不服其判决，遂上诉至德国联邦最高法院。2018 年 7 月 12 日，德国联邦最高法院宣告 Facebook 授予女孩父母访问其账户的权利，包括浏览她的聊天记录和私密信息。法官认为，网络账号也是遗产的一部分，"数字遗产"不应被区别对待。作为监护人，父母有权知道未成年子女的网络信息。虽然最高法院已作出了判决，但 Facebook 表示，他们尊重但不认同法院的裁定。[2]

上述两个案件的判决并不一致，法院认可社交媒体账号具有"遗产"的特点，但由于社交媒体账号又涉及死者本人的隐私和通信秘密的问题，能否交给死者亲属完全控制是一个有争议的问题。因而，从法律角度看，死者生前是否将个人账号交给家人的意思表示对司法判决有决定性影响。

（二）国内

1. 法律规定

《中华人民共和国继承法》规定，遗产是公民死亡时遗留的个人合法财产，包括：公民的收入；公民的房屋、储蓄和生活用品；公民的林木、牲畜和家禽；公民的文物、图书资料；法律允许公民所有的生产资料；公民的著作权、专利权中的财产权利；公民的其他合法财产，最后的兜底规定为社交媒体账号成为遗产留下可能。2017 年 10 月发布的《中华人民共和国民法总则》第一百二十七条规定，虚拟财产正式纳入法律保护范畴："法律对数据、网络虚拟财产保护有规定的，依照其规定。"这一规定意在为后来的立法预留空间。虽无专门立法，但从近年来涉及虚拟财产的司法实例我们可以看出，网络虚拟财产虽然是无形的，但它独

---

1 Watkins A F. Digital Properties and Death: What Will Your Heirs Have Access to After You Die？[J]. Buffalo law review, 2014, 62（1）: 193-235.

2 Robinson L, Ragnedda M, Schulz J. Digital Inheritance: Problems, Cases and Solutions [J]. Journal of Information, Communication and Ethics in Society, 2020, 18（3）: 323-327.

立于人身之外且具有价值，符合民法中对财产应当具有价值性、有用性、可控制性、流通性、稀缺性等属性的规定，属于公民的合法财产，社交媒体账号属于虚拟财产。虚拟财产理应受到继承法保护，但我国对此尚无明确的法律规定。

对于社交媒体账户，目前各大服务商仅能保证账户内没有人身性质的财产是可继承的。对于账户的处理主要依据互联网用户服务协议，也无专门的法律予以规定。

2.司法与社会实践

早在2010年，我国就出现了有关数字遗产的纠纷。当事人向腾讯公司索要亲人QQ账户密码遭到了拒绝。腾讯公司表示QQ号码并非用户个人财产，所有权归腾讯所有，用户无权擅自转让。由此，数字遗产到底是什么，它是否应该被继承引发了人们的广泛讨论。

2011年，辽宁沈阳王女士的丈夫徐先生因车祸不幸身亡。王女士想保留丈夫的QQ号以及邮箱里存储的两人信件、照片以作纪念。但王女士在向腾讯公司索要丈夫的账号密码时被腾讯公司以签订的服务协议里明确表明QQ账户的所有权归公司，用户只有使用权为由拒绝。此外，近年来重庆、湖南、山西等地也发生过类似的事件。

2017年底，山西太原左师傅的女儿不幸去世。在听说自己的女儿在游戏《梦幻西游》中累计投入近5万元购买游戏装备和皮肤等后，左师傅想将该账号收回继续使用。虽然不知道女儿的账户密码，但左师傅通过继承公证找回了女儿当年的账户。根据网易公司的《最终用户许可协议》，游戏账号不得转让、购买、出售、赠与或交易，所以左师傅继承的只是女儿账户的使用权，账户所有权仍归公司。

2018年5月，江苏溧阳的刘先生在公证人员的帮助下成功将父亲生前使用的两个电话号码过户到自己名下。公证人员表示，由于手机号码不是客观实体，服务商无法在一方缺席的情况下完成过户手续，必须经过公证处证明其具有财产属性，并以虚拟财产的名义办理继承。这一案例可为社交媒体账号的继承提供一定参考，但公证成本较高。

除此之外，我国大多数互联网公司目前仅支持账户内的财产可以被继承，但对账户本身的继承还没有相应规定。

三、服务商对数字遗产的应对策略

（一）国外

谷歌和 Facebook 已推出专门针对用户数字遗产的在线工具。谷歌用户可设置"闲置账号管理员"来管理自己的数字遗产，但仅限于数据转移，不涉及账号控制权。用户可为账号设置闲置时间，一旦到期谷歌会把该账号作为闲置账号处理。用户可在账号闲置后选择将部分内容分享给指定联系人或由系统删除全部数据。Facebook 同样为用户提供了保留或删除两种选项。用户可在生前指定一位委托联系人来打理账户或删除所有信息，但委托人无权查阅用户的个人聊天记录等私密信息。若用户没有选择删除账户，Facebook 会在收到用户死亡信息后自动将账户转为悼念账户，其朋友和家人可在悼念界面发布故事、照片、视频和其他纪念品等。苹果公司的处理方案则略显"无情"。苹果 iCloud 用户协议规定用户不得转让账户，不能将账户信息透露给任何人，在没有法律特别规定的情况下，一旦用户死亡，苹果公司将自动终止服务并删除账户内所有内容。亚马逊同样限制了用户传递数字资产的能力。用户仅能获得不可转让的有限使用权，无所有权。

可见，不同服务商对数字遗产的处理策略是不同的，数字遗产处理的主要依据是服务商的用户条款，一般对服务商有利，服务商对用户死后账号的处置具有决定权。因此，上文所述案例中的纠纷也必然是死亡用户亲属与服务商的纠纷。数字遗产立法的核心问题在于如何平衡服务商权力与用户死后账户上附属的人格或经济利益。

（二）国内

国内多数互联网公司没有针对数字遗产继承方面的规定。腾讯发布的《QQ 号码规则》规定，QQ 号码的使用权仅限初始申请注册人，用户不得赠与、借用、租用、转让或售卖 QQ 号码或者以其他方式许可其他主体使用 QQ 号码。

《腾讯微信软件许可及服务协议》也有同样的规定，微信账号的所有权归腾讯公司所有，用户仅获得微信账号的使用权。若用户长时间不登录，腾讯甚至有权回收该账号，以免造成资源浪费。新浪微博的使用服务协议中虽然也规定用户不得擅自买卖、转让、出租微博账号或昵称，但 2017 年 3 月，微博客服在其官微宣布用户在提供博主死亡证明和户口本有效内容等有效信息后，可对去世博主的账号进行保护或移交给新的账号持有人。这一做法相当于承认微博账户作为数字遗产可以被委托人继承。

四、数字遗产处理的对策建议

继承数字遗产在实际操作过程中面临三大障碍。首先，属性障碍。数字遗产特有的占有"双重性"决定了用户一般情况下只有账户的使用权而无所有权。而且用户不具有所有权往往是用户在接受服务之初与社交媒体平台签订的用户条款中明确规定的。其次，死者和生者的利益悖论。实现数字遗产继承有可能违背服务商保护用户，也包括死亡用户个人隐私的协议条款。而且死亡用户社交媒体中存储的不仅是死者自己的隐私，也涉及与死者交往密切的其他在世用户的隐私。再次，成本障碍。实现数字遗产继承需要服务商保留大量冗余数据，若要求继承者过多必然带来诸多成本问题。这些高昂的成本到底该由谁来承担也是实现数字遗产继承不得不面对的问题。

基于国外数字遗产继承的法律法规和司法实践，本文从政府、服务商和用户三方面提出有关我国社交媒体账号数字遗产继承的一些设想：

（一）政府

我国需要在民事或网络相关法律法规中完善数字遗产保护与继承方面的制度。通过制度设定标准的契约，降低数字遗产纠纷解决的成本。相关部门可出台明确的规定要求服务商修改不利于数字遗产继承的用户条款，要求其设置数字遗产继承的明确指令，同时保留用户删除所有私密信息的选项。同时，政府的立法还应强制服务商在社交媒体用户超过一定年龄（如70岁）时，利用技术手段提醒并让用户能够设置死亡后账号的处理方式，如完全删除、指定继承人、部分删除等信息，其额外成本可由用户或继承人负担。也可以建立一些数字遗产纠纷解决的技术平台，通过技术手段降低成本，达到社会福利最大化。

（二）服务商

国内各大服务商制定的用户条款普遍不支持账户的转让，也并没有涉及数字遗产继承的相关规定。因此，服务商可从技术和规则层面改变目前处理数字遗产的方式。技术层面，在线服务提供者应主动行动，确定和尊重用户意愿。服务商可借鉴 Facebook 和谷歌的经验，为用户设置处理数字遗产的在线工具。比如在用户注册时，服务商可主动设置提问程序：在你死亡后，你想：a.删除账户内所有信息；b.分享部分信息给指定联系人。规则层面上，服务商应修改用户条款中的部分内容，要求继承账户的同时必须继承用户条款中的协议内容。若继承人不愿继续使用账户，可允许其拷贝部分内容，同时要求继承人签署涉及隐私内容的保密协议或针对网络公司的免责协议。考虑到成本问题，可允许服务商在服务条款中表明数字遗产继承服务会收取合理费用。

（三）用户

政府和服务商还应给予老年用户更多提示，请其妥善安排死亡后的社交媒体账号。用户自身也应培养数字遗产保护意识。用户自己可在生前准备好遗嘱或资产清单，交代想保留或销毁的数字遗产，然后把已拟备的资产清单放在容易取得的地方，以协助家人或任何指定的继承人。用户还可委托数字遗产代理公司处理遗产。西方近年来已经出现了一些专门为人们处理数字遗产的商业公司。由Jeremy Toeman 创办的 Legacy Locker 网站，允许人们将自己重要的网上账户密码保存在该网站，并允许其在死后将这些密码转交给一个指定人选。同样，被称为"数字遗产守护者"的 Deathswitch 网站规定注册人可在网站内创建 30 封带有附件的电子邮件，这些电子邮件会在你限定时间内没有登录该网站的情况下，自动发送到你指定的地址列表。但上述方法仅仅解决了用户去世后账号的使用控制问题，尚未解决法律意义上的账号转移问题。

（原文发表于《青年记者》2019 年 11 月上，收入本书时有删改）

Web3.0 时代互联网产品相关市场界定与市场支配地位认定——兼论经济学与法学在反垄断执法中的关系

张小强

一、引言

"腾讯反垄断案"引发经济学界和法学界对互联网领域反垄断执法问题的关注，互联网的普及使得互联网领域的反垄断因涉及大量用户而引起全社会关注，使得相关领域反垄断执法尤其需要慎重。学界对这一问题的研究不仅涉及学术问题，更为我国反垄断执法（司法）部门提供直接的参考。可以说，没有任何一个法律部门像反垄断法这样依赖经济分析，也没有任何一个法律部门像反垄断法这样依赖于学术界的观点。在飞速发展和不确定性更强的互联网领域，这种依赖性越发明显。从互联网领域反垄断的学术会议上，有非常多的反垄断执法和司法部门的人员参会就可窥见一斑，反垄断执法和司法部门迫切需要学界给他们提供智力支持，迫切需要从学界汲取能够在反垄断执法或司法中运用的营养。

然而，我国经济学界和法学界在互联网领域的反垄断问题上存在一个有趣的现象，法学界未充分关注经济学界在互联网反垄断领域的研究成果，但法学界很多学者又在进行他们不擅长的经济分析，结果造成法学学者可能费九牛二虎之力获得的成果是经济学界已有结论的成果。以笔者参与的某次学术会议为例，会上很多法学学者提出了一个用户同时安装多个软件的问题，这一问题经济学界已经有专门概念"用户多归属特性"予以界定并研究，说明法学界可能未关注经济学界的文献。而经济学界也存在未充分考虑反垄断执法或司法中的实际，部分学者在研究反垄断执法或司法时又在进行他们并不擅长的注释法学分析。因此，虽然本文试图解决的是互联网领域反垄断执法或司法中的具体问题——相关市场界定和市场支配地位认定问题。但本文分析更主要的目标是试图解决经济学和法学在互联网领域反垄断执法或司法中的分工问题，即在互联网领域反垄断执法或司法的研究上，法学界应多吸收经济学界的成果，将主要精力放在如何将经济分析或经济学界的成果与法律中的价值判断结合，将经济学语言转化成法官或执法者可以直接运用的语言；经济学界在进行互联网领域反垄断经济分析时，不能局限于模型与结论，建立模型时还要考虑法律的价值判断，也需要直接将价值判断纳入分析模型中，如分析反垄断干预带来的后果等。

因此，本文既不是一篇规范的经济学分析论文，也不是一篇严格意义上的法学论文，笔者试图通过本文给经济学界和法学界分析互联网领域反垄断相关问题提供一个思路，指出在互联网产品的相关市场界定和市场支配地位判断上，运用经济分析或法学分析时需要考虑的各种因素，以及如何以法学的价值判断结合经济分析来完善我国互联网领域的反垄断执法。

二、ICT 技术发展带来的互联网产品市场的变化

笔者自 2003 年开始关注互联网领域反垄断问题，发现十年来，互联网产业已经发生了深刻的变化。互联网领域的竞争已经从早期的硬件、软件的竞争逐渐转换为对硬件和软件的使用者——用户的竞争上，也即竞争的核心从底层的接入设施逐步推移到"人"。早期的反垄断案例打的是有关 CPU 或软硬件兼容的问题，实质是 IT 公司之间的技术游戏，离普通用户非常远；后来发展到对接入和内容的关注，如"微软案"和"美国在线合并案"，现在最新的反垄断案例开始关注用户的数据，与每个用户切身相关，如"Facebook 案"。[1] 而我国的"腾讯反垄断案"，也正是由腾讯发出"二选一"的声明引发，最终惊动工信部并导致 360 发起了诉讼。笔者将互联网和互联网领域的反垄断大致划分为三个阶段，从中可看出上述发展趋势，如表 1 所示。

---

1 Waller S W. Social Network and the Law: Antitrust and Social Networking ［J］. North Carolina Law Review, 2012（90）: 1771-1804.

表 1 互联网与反垄断法的发展变化

	网络技术特点	竞争核心	反垄断代表案例	反垄断焦点
Web1.0	简单网页	硬件和系统	英特尔案、戴尔案、微软案、美国在线合并案	硬件与网络入口
Web2.0	多媒体、用户产生内容、社区、分享，PC端社交网络、初步移动化	软件和服务	谷歌案、MySpace案、百度案	从软件产品转到服务市场
Web3.0	移动化、社交网络化、大数据、互联网入口设备多元化	更细化的服务和商业模式	Facebook案、腾讯案	服务市场的细分

从表 1 中我们可以看到，互联网领域的反垄断是在不断变化的，因为互联网领域的领先者也是在不断变化的，微软等老牌互联网巨头已不再是这一领域的领跑者。技术的发展使得部分互联网领域的竞争中技术不再是主导因素，主导因素是用户的需求。而互联网领域的竞争已不再是传统意义上的"产品"竞争，而是转化为"服务"的竞争，产品的功能不再是主导因素，主导因素是产品的用户。

当前互联网产业大致有这样几个发展趋势：

第一，网络效应增强。社交网络化、移动化、随时在线使得网络效应更强。当前，占据互联网领域领先地位的是各种带有社交网络服务的网络服务商，而社交网络服务与传统的通信产品相似，具有很强的网络效应，网络的价值依赖于有效用户数量。在这种趋势下，传统门户网站也纷纷加入社交网络元素，试图提高自身产品的网络效应来锁定用户，因而整个互联网产业的社交网络化不可避免，这也使得互联网产品的网络效应比以前更强。

当然，我们也要注意另一个问题，由于互联网的竞争转向用户，技术和硬件不再是瓶颈，网络效应增强的同时，也使得部分网络领域用户的转移成本降低，锁定效应会因此有所降低。这也使得互联网领域的市场均衡更加不稳定。

第二，更为典型的网络经济。当前互联网领域表现为更加明显的网络产品的需求经济特征，由有效用户数量决定市场的趋势更加明显，用户的行为对市场影响巨大。一款服务，只要能够迅速获得有效用户，便能够迅速在市场中崛起，如谷歌推出的社交网络服务 Google+。

第三，产品即服务。互联网产品已不再是传统意义上的软件产品，软件的集成化趋势和服务的细化趋势都会非常明显。同一个软件产品上，甚至会形成不同的"市场"。以 QQ 这款即时通信产品为例，它推出的"QQ 秀"是集成在这个软件之上的，事实上已经形成了一个以青少年为主的"QQ 秀"市场，在界定相关市场时就不宜将所有安装了 QQ 软件的用户都认定为使用"QQ 秀"服务的用户。很多互联网产品虽然具备很多功能，但有些功能并未被使用。

第四，免费成为常态。当前主要互联网产品，通常商业模式是免费用户付出"时间和数据"来"购买"服务，而网络服务商通过免费用户获得市场力量后再通过广告等盈利。即对一般用户免费成为常态，但大多数情况存在双边市场的问题，两个市场会相互影响。

在上述新的形势下，我国颁布的《国务院反垄断委员会关于相关市场界定的指南》能否适用互联网市场。笔者认为，一些具体的方法，如 SSNIP 不能直接适用，需要修订或者需要经济学在上述问题上有一定的结论性成果后才适用，但是《国务院反垄断委员会关于相关市场界定的指南》中提出的一些原则性方法或思想可以运用在互联网领域，如"替代性分析""需求替代"等是适用的。从司法实践的角度考虑，应该避免纯粹的经济分析，而应考虑采用适当的分析方法。

三、网络产品相关市场界定

（一）界定相关地域市场需考虑因素

在这一问题上，有部分观点认为互联网是无界的，因而互联网地域市场也是无界的，部分互联网企业为了将自身竞争地域扩大而降低自身被认定为市场支配地位的风险，特别喜欢宣传这样的观点，认为互联网产品的地域市场应该是全世界。在"腾讯反垄断案"一审中，法庭也持上述观点。

笔者认为，互联网的接入是无界的，我们可以在世界任何角落接入互联网，但是互联网用户和服务是有界的。上文笔者已经指出，互联网的竞争已经不再是软件、产品的竞争，而是服务的竞争。而网络服务商服务的对象是计算机、手机或平板电脑背后一个个鲜活的用户，这些用户是有地域范围的。

在界定互联网产品地域市场时，需要考虑以下因素的影响：

第一，网络效应强弱。网络效应强意味着用户更依赖和其他用户的联系或互动（如即时聊天、社交网络），强网络效应的网络服务（产品）意味着用户的本地化，相关地域市场的界定更窄。[1] 因为用户使用相关服务，是为了和自己产生联系的用户互动，而不是漫无边际地和世界范围的所有用户互动，那么这时用户的地域范围就会影响相关产品的地域市场。

观察我国即时通信市场的发展就会发现，早期市场中的 ICQ 和腾讯 QQ 是并存的，但是网络效应使得腾讯 QQ 逐渐占据市场，而 ICQ 基本退出了中国市场，因为 ICQ 上的用户以海外用户为主，使得该产品对中国境内的用户没有价值。

所以，强网络效应的互联网产品地域市场更窄，而网络效应较弱的网络服务（产品）地域市场更广，比如，一些硬件产品或封装的软件产品、网络杀毒软件等，由于网络效应较弱，用户使用这些产品时不是主要用来和其他用户产生互动，因而这类产品有可能产生全球性市场。

第二，其他需要考虑的壁垒因素。包括语言因素、对线下服务的依赖程度、网络审查等。这些因素同样形成了一种壁垒，使得市场被限定在一定的地域范围之内。语言因素包括软件的操作界面语言，更主要的是使用相关服务的用户使用的语言，观察即时聊天工具就会发现，不同语言使用者使用的软件是不同的。而对线下服务的依赖程度更是如此，特别是一些 O2O 服务，相关地域市场非常窄，因为这些网络服务是依赖线下服务的，必然会受到地域限制。而网络审查有可能使得某国的用户无法使用国外的某些服务，天然将市场限定在一国之内。

（二）相关产品市场的界定

在反垄断执法或司法实践中相关市场界定问题上，我们首先要理解这一问题不是中性的，在不同的角度带有的价值倾向是不同的。如图 1 所示，在相关案例中，原告总是会想尽一切办法，包括使用经济分析手段、专家证人等来证明相关产品市场的范围很小，从而被告具有市场支配地位。而被告同样会运用一切手段来证明相关产品市场范围很大，所以他不具备市场支配地位。相关产品市场的界定，直接影响着市场支配地位的认定。

1　Kagan J. Bricks, Mortar, and Google: Defining the Relevant Antitrust Market for Internet-Based Companies［J］. New York Law School Law Review, 2013（55）: 271-292.

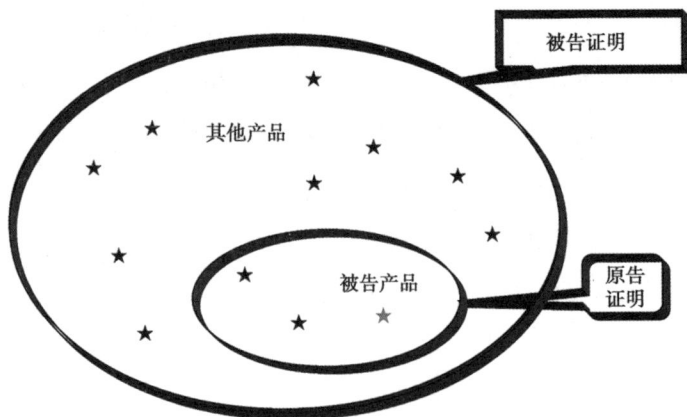

图 1　反垄断司法中的相关市场界定原、被告博弈

问题在于，在反垄断执法或司法中，法官如何秉持反垄断法的价值来分析相关问题，而不受原被告双方观点的干扰，而且使得案件的判决又令原被告双方信服，从而体现司法的仲裁者地位。笔者认为，需要从以下几个方面考虑。

1. SSNIP 方法的失效及替代方法

目前，对于网络产品是否适用 SSNIP 方法，经济学界和法学界达成共识的是不能直接适用，要适用就需要改进该方法或者使用替代方法。SSNIP 方法不能适用的原因在于：对于免费产品，收费导致大部分用户选择其他替代网络，再通过网络效应的作用，使其他用户也只有转移到替代网络，无法使用 SSNIP。对于用户有付费习惯的产品，消费者锁定导致微弱甚至较高的价格上涨也不能使用户选择替代产品，如部分网络游戏服务。这就使得 SSNIP 方法的适用在互联网领域无法达到其目标，即无法通过价格的变化并通过经济分析方法来观察产品需求替代性并最终界定相关产品市场。

对此，一些学者提出了替代性方法，较早提出的是针对软件产品的性能测试法，即降低产品性能并观察用户的反应。有学者提出了通过降低性能的 25% 来观察用户的反应。当然，也有学者提出了其他替代性的经济分析方法。笔者认为，同价格弹性测试法相比，一些替代的方法要么用性能等其他因素替代价格，要么将其他因素转化为价格，这些方法都有局限性，并增加了相关市场分析的不确定性，因为与价格相比，性能等因素是不连续的，无法准确用数值估算，结果的有效性并不可靠。在这种情况下，笔者建议，在网络领域反垄断司法或执法实践中，只有 SSNIP 方法在分析互联网领域有较为成熟的经济分析模型和结果被一定程度验证之后才能适用，在当前阶段，由于经济学界对 SSNIP 方法在互联网领域的应用研究还比较初步，建议不用或慎用 SSNIP 方法。

根据一些国外的网络领域的反垄断司法案例的经验看，运用《国务院反垄断委员会关于相关市场界定的指南》中的思想并结合反垄断法的价值分析，同样可以分析网络产品的市场界定。

从"腾讯案"的一审判决来看，笔者认为，法庭在应用 SSNIP 方法时存在问题。法官指出："本案证据显示消费者对即时通信产品及服务具有很高的价格敏感度，不愿意为使用即时通信的基础服务支出任何费用，如果被告持久地（假定为 1 年）从零价格改为小幅度收费的话，本院有理由相信需求者完全有可能转而选择免费的文字即时通信、音频或者视频通话中的任何一种服务，从而使被告的收费行为无利可图。"

正如上文所述，对于免费市场，从免费到收费不能视为一个"小幅度"的涨价。在网络产品市场中的免费用户市场中，从免费到收费，会逼迫用户选择原来不在同一个市场中的产品。或者说当同在免费市场中时，两个非替代性的产品或替代性弱的产品，当其中一个收费时，用户会转而使用另一个产品。这对用户来说，不是一个小幅度的价格上涨，而是一个剧烈的价格变化，已经偏离了 SSNIP 方法。好比我们传统经济中，蔬菜和水果本来不在同一相关市场中，但有时由于偶然原因蔬菜的价格上涨幅度超出了用户的承受能力，而水果价格不变，消费者将购买蔬菜的花销转而去购买水果。此时，不能说明蔬菜和水果在同一相关市场中。若按照"腾讯案"一审法庭的方法和观点，只要软件功能具有某种相似度的网络服务都在一个相关市场中，因为一旦假设收费，用户就会转而使用依旧免费的那个软件，而不需要考虑其他因素，显然是不正确的，若如此，那么互联网中所有具有一定替代性的产品便会被错误地界定在同一个相关市场中，在互联网领域的反垄断执法中便没有界定相关市场的必要了。另外，若对于网络效应强的收费产品，大幅度涨价都不会使用户转向其他产品，是不是说这个相关市场中仅有一款产品呢？

法庭另一个值得商榷的做法是并未使用经济分析方法，仅从证据就假想了

SSNIP 方法的适用后果。笔者认为，鉴于相关市场界定的重要性，在相关案例中若要适用 SSNIP 必须进行实际的测试。即使笔者不赞成直接运用 SSNIP 方法界定相关市场，但是坚持认为进行相关市场界定至少应该做实际的市场调研，至少可以用问卷调查等方式获得一定数据来分析相关产品或服务的替代性。

2.相关产品市场的界定

在讨论相关产品市场的界定问题之前，这里似乎需要提出一个传统经济中不需要界定的问题，即在互联网领域，首先需要界定的是"产品"，而且产品的界定本身就包含着对相关产品市场的界定或影响着相关产品市场的界定结果。如在"腾讯案"中，综合的即时聊天服务和文字、语音一类专门聊天的即时聊天服务，或者所有具备即时聊天服务的社交网络服务。其实在界定产品时就已经包含了对相关产品市场的界定。如在"谷歌案"中，可能的产品是：广告服务—网络广告服务—搜索引擎广告服务，不同的产品界定相关产品市场的范围是截然不同的。我国的百度案中，将相关市场界定为搜索引擎服务，而事实上原被告双方争议的焦点是搜索引擎广告服务，因而这个相关市场的界定也存在问题。

笔者认为，新型网络产品界定其功能，不能简单地从"软件"功能角度出发，宜从服务和商业模式入手，不应局限于软件或网络提供了什么样的功能。可以从用户需求或使用情况来分析这款"软件"用户究竟怎么使用。例如，QQ 与阿里旺旺，用户使用后者仅仅是为和卖家沟通；而 QQ 是社交性的即时聊天工具。不能将二者简单地界定在同一相关市场中，需要综合其他因素分析。

相关产品市场界定，从纯粹经济分析角度看，可以有不同的观点，但是从反垄断执法来看，在这一问题上需要谨慎对待。目前，美国的司法案例趋势是，对与传统经济有竞争关系或替代关系的产品或服务相关市场界定范围较宽（"谷歌案"），对网络特有的产品或服务相关市场界定较窄（"MySpace 案"）[1]。这实际是一个从司法功能角度而言的最佳选择，对于互联网独有的服务将相关市场界定窄一些，不容易引起争议，因为并不存在此前案例做参照，而对于传统经济中有替代的服务，如"谷歌案"中的广告服务，将相关市场界定过窄会引起较大争议。

1　Kagan J.Bricks, Mortar, and Google: Defining the Relevant Antitrust Market for Internet-Based Companies [J], New York Law School Law Review, 2013（55）: 271-292.

笔者认为，界定互联网产品的相关产品市场，考虑的主要因素应该是需求端，而不能从供给端考虑，因为互联网产品市场的特点是产品开发成本高，一旦软件或网络服务开发出来供给成本非常小，甚至为零，而多年来经济学界对网络产业的研究成果已经对网络市场的认识达成了共识，就是网络产品市场的均衡是由需求端决定的，网络效应使得用户数量成为关键因素，这是网络产业不同于传统产业的关键所在。

因此，在界定互联网相关产品市场时需要考虑以下多种因素，这些因素足够大时就会使具备相似功能的产品或服务的网络产品成为不同的市场。对于网络产品能够实现何种功能和服务是次要考虑因素，同样的功能和服务，可以针对不同的市场群体。需要重点考虑如下因素：

第一，互联互通性或兼容性的影响。互联网互通性强的产品之间替代性强，用户转移成本低，更有可能形成一个相关市场。例如，假设微博私信和QQ可以相互导入好友并可相互发送信息，二者毫无疑问在同一相关市场中。而海外反垄断最新动向是，一些小的社交网络服务提供商要求Facebook、Google等大型网络服务商开放用户数据，从而与他们兼容。

第二，双边市场的影响。双边市场中，一边是免费用户，另一边是付费的企业用户。不能仅考虑单边市场，因为网络服务商在市场中的力量也来自免费用户的多少，在免费用户市场的影响力会影响到服务商在收费市场的策略。例如，社交网络用户服务和社交网络广告服务、用户搜索服务和搜索引擎广告服务，服务商只有在前一个市场中有良好表现，才有可能使其在广告服务市场中占据优势。因而界定相关市场时，不能简单从收费或免费来划分，也不宜仅考虑收费用户而将免费用户市场忽略。

第三，网络效应的影响。网络效应不仅影响着相关产品市场的界定，还会放大其他因素的影响力。网络效应的作用能够使两款功能相同的软件，其中一款对用户在某一方面的价值为零，将二者置于不同产品市场。例如，很多音乐播放软件、视频播放软件具有即时聊天功能或社交网络服务功能，但是由于其聊天或社交网络功能被用户使用得非常少，因而用户可以联系和互动的其他用户非常少，那么这些功能对用户的价值非常低，网络效应就会导致用户不再使用这些软件的社交功能。这时，能否认为音乐播放软件或视频播放软件与社交网络服务或即时聊天工具在同一相关市场中呢？在"腾讯案"一审判决中，法庭仅仅考虑到软件的功能而没有考虑到网络效应的影响。

网络效应强弱还会带来转移成本（转换成本）不同，转移成本高，相关市场界定较窄；反之则宽。例如，用户搜索服务和用户社交网络服务的转移成本是不同的。在"腾讯案"一审中，法庭认为网络效应并非不可逾越的壁垒，其论证也存在矛盾的地方。如法庭认为用户可以同时使用多款即时聊天软件，并可以用这些社交网络软件构建高度重合的社交圈，但法庭恰恰忽视了用户使用多款软件往往是建立不重合社交圈的需要，因为根据网络产品的特性，如果用户已经用一款即时聊天软件建立了社交圈并习惯使用，用户没有必要再使用其他软件，网络效应使得用户的同一社交圈一般都只用一款软件或服务，除非为了建立新的社交圈，正如有的用户使用多个即时聊天软件账号一样，不同的账号或软件对用户来说对应着不同的圈子。

法庭还认为，用户的社交圈只有核心的 4~6 人，但是经济学分析告诉我们，即使只有 4~6 人，大家要保持行动一致转向一个新的软件也是非常不容易协调的，况且这 4~6 都还有自己的 4~6 人的社交圈，实质是要 16~36 人同时转换到其他网络，最后博弈的结果往往是停留在旧的网络上，因而不能据此推断网络效应作用减弱。这也需要进行调研或规范的经济学分析。

法庭还以 QQ 战胜 MSN 的例子说明网络效应作用弱，但是法庭恰恰忽略了，QQ 之所以在市场竞争中获胜，正是因为网络效应的作用。因为当年 MSN 在国内没有设立服务点，对用户提供的服务不好，还有 MSN 的用户体验不如 QQ，这就导致 QQ 迅速利用网络效应形成了正反馈，并最终形成了用户锁定效应，占据了市场领先地位。若非网络效应，是不会有这种市场竞争特点的，这恰好说明了网络效应的强大。

第四，用户的特征和兴趣。用户的年龄、民族、语言、性取向、职业、宗教等特征或用户的兴趣都可能成为划分相关市场的依据。比如，市场中有专门针对儿童的带社交网络功能的游戏产品，还有部分职业有该职业人群常用的社交网络工具，国外有专门针对同性恋的社交网络工具。这些用户的特征或兴趣，会导致不具备这些特征或兴趣的用户被排斥在相关市场之外，是界定相关市场需要考虑的因素。

第五，用户的使用习惯和偏好及网络服务本身的商业定位。这个因素与上面的用户特征或兴趣紧密相关，不过，上面主要从用户角度出发考虑。这里的用户使用习惯和偏好与网络服务本身的定位强调的是网络服务商有意识地引导用户，最终导致用户对同类网络服务的使用习惯和偏好发生变化。例如，约会网站和社交网络服务网站从软件角度看功能基本相同，但二者并不属于相关市场，因为网络服务商对约会网站的定位是婚恋和交友，而一般社交网络服务网站是让用户和自己的已有社交圈保持互动。

第六，不同平台的影响。随着互联网入口的多元化，不同平台也是一个在界定相关市场时需要考虑的因素。因为不同平台的操作界面不同，网络服务也有差别，所以，有时也会在不同平台之间形成不同的网络产品市场。例如，手机、平板电脑、台式电脑中都有即时聊天软件，但不同平台因网络效应影响用户使用情况有区别，手机 QQ 和微信功能相似，但是网络效应使用户在 PC 端喜欢使用QQ，在手机上喜欢用微信或其他 OTT 软件。

第七，具备市场影响力的产品和原被告竞争产品的关系。即在互联网领域界定相关市场时，需要从反垄断法的根本目标——维护竞争从而保障消费者福利或社会福利最大化角度入手。因为界定相关市场和认定市场支配地位，最终都是为了通过司法或执法消除市场中的限制竞争行为。因而，在互联网领域界定相关市场时，需要考虑原被告或者被告试图影响的产品或服务究竟是什么。例如，"腾讯反垄断案"因桌面安全软件引发，360 担忧的是腾讯利用 QQ 的影响力迅速抢占安全软件市场，那么界定相关市场，宜重点关注 PC 端即时聊天服务这个市场。而腾讯的"二选一"行为实质也是在利用即时聊大软件市场的影响力来限制电脑安全软件市场的竞争。法庭最终需要确定的是腾讯能否利用其即时聊天软件的市场力量影响桌面安全软件市场，从这一思路来界定相关市场，会更加有利于反垄断执法，法庭不能随着原被告的思路将相关市场界定范围无限放大。

第八，吸收其他学科得出的规律性成果。当前其他学科也在研究社交网络服务等互联网产品，其中一些规律性、共识性的观点也值得反垄断执法借鉴。如从传播学的角度区分社交网络，分为大众传播和人际传播工具，不同社交网络服务都同时具备这两个特点，但主要特点是不同的，如微博和QQ的区别。从社会学、经济管理学角度看，社交网络又分为封闭的以身份为基础的社交网络——Facebook、人人网和开放的以兴趣为基础的社交网络——微博、Twitter。前者加强用户社会资本，后者拓展用户的社会资本，因而二者是有区别的。

上述因素可以从不同程度将互联网中的不同产品加以区分，但是这一区分能否使类似产品在或不在反垄断法意义上的相关市场中，不能一概而论。上述分析提供了分析的框架或思路，具体到执法或司法实践，认定相关影响因素是否足以导致两种产品或服务处于不同的相关市场中必须结合实证的调查和其他证据，比如，用户问卷调查或实验方法、权威或双方认可的机构出具的报告等，具体实践还涉及反垄断执法的程序问题。

对新兴网络服务市场的反垄断执法宜慎重，认清其中的规律再干预，对相关市场的界定也是如此。

四、市场支配地位的认定

在腾讯与360的反垄断诉讼中，双方争议的另一个焦点是腾讯是否在相关市场具备市场支配地位。我国《中华人民共和国反垄断法》中规定的认定市场支配地位的因素包括市场份额、市场的竞争状况和市场进入的难易程度。虽然表面看是三个因素，但是各国反垄断诉讼中都偏爱市场份额这个因素，因为市场份额相对其他因素是较为确定而且相对容易测度的，从法律实施的角度看，实施起来相对容易、确定。因而，我国《反垄断法》第十九条规定了一些可以直接经由市场份额推定经营者具有市场支配地位的情形。

（一）互联网产品市场份额计算方法的不同

传统经济计算市场份额，一般是通过销售额，因为传统经济的销售额通常能够反映出企业在市场中的支配力。而在主要互联网产品市场中，如即时通信、社交网络服务等，传统的市场份额计算方法需要变通才能适用。

首先，由于主要网络产品的免费特点，很多网络产品无法使用传统的销售额来确定产品的市场份额。

其次，网络效应使用户数量比销售额对市场影响力来说更有意义。但是，要注意用户数量的含义，比如注册用户数、活跃用户数对网络产品的意义是不同的。

笔者认为，认定互联网产品反垄断法意义上的市场份额，需要从市场影响力角度考虑，因为反垄断法中界定市场份额的最终目标是将市场份额作为检验市场影响力的指标。所以，网络产品的统计指标众多，比如，用户规模、覆盖率、使用量、搜索量、收入规模、播放量、访问量、交易额、活跃用户，要确定上述各种统计指标在计算市场份额时的意义，需要分析这些指标对市场影响力的大小。

一般而言，对网络经济效应不存在或很弱的产品，如视频点播，可以用播放量或传统的销售额来判断。对于网络经济效应很强的产品（通常需要用户之间的交互），如即时通信软件、社交网站、网络游戏等，可以活跃用户数量等观测网络经济效应强弱的指标来作为判断市场份额的依据，其他指标可作为辅助判断依据。当然，依然需要以实证的经济分析结果作为依据。

（二）市场份额在界定市场支配地位时的作用弱化

首先，互联网产品的市场均衡是非常不稳定的，其特点是技术进步速度快导致大的市场份额不一定能具有持续的影响力。例如，微软在软件业的市场份额并不能阻止 Google 成为新的行业领导者；Yahoo 的搜索引擎在短时间内被 Google 技术上赶超；近几年在智能手机操作系统领域，曾经风光无限的蓝莓系统很快被 iOS 和安卓系统超越，市场萎缩至不到 5%。近年来随着技术的发展，网络服务商的竞争核心转为服务后，需求端决定市场竞争格局的趋势更加显著。而由用户需求端决定的市场特点正是不稳定和不确定，因为用户的行为有时是不可预测的。这里典型的例子就是 Facebook 短期内对 Myspace 的超越，这在传统经济中是非常少见的。

其次，网络效应的影响大于市场份额的影响。在同样市场份额的情况下，网络效应强的网络产品往往转移成本更高，对消费者的锁定更强，因而市场影响力更大。

在"腾讯案"中，认定市场支配地位延续了法庭在界定相关市场部分的观点，如认为网络型效应影响有限等，因此，法庭认定结果的合理性值得怀疑。但笔者认为，这个案件的可取之处在于认定市场支配地位时，并未使用市场份额作为主要考虑因素，而是将控制交易能力、市场进入壁垒作为主要考虑因素，这一思路是正确的。

（三）Web3.0 时代新的变化

对于网络产品市场的市场支配地位的认定问题，笔者根据国外学术成果和相关司法判例，将网络产品市场支配地位的决定性因素总结为网络经济效应、对关键设施拥有的知识产权、标准这三个主要因素。但是，笔者当时的总结实际是基于 Web1.0 和 Web2.0 的，在当时的情况下，正如表 1 所示，竞争是围绕软件和硬件展开的，而且软件产品的相当一部分，例如操作系统甚至浏览器是要收费的，因为竞争焦点集中于软硬件，因此对关键设施拥有知识产权和标准这两个因素影响很大。随着 Web3.0 时代的到来，竞争从底层转向服务对象——用户，网络效应也是产生于用户之间的直接交往，而不是此前软件产品的间接网络效应，因此，在当前形势下界定市场支配地位也应当考虑上述变化。

笔者认为，Web3.0 时代上述三个因素依然是决定互联网产品市场支配地位的主要因素。但对当前主要的社交网络化的服务还应重点考虑网络效应带来的进入壁垒。当一家企业的市场优势足够大，可以考虑相关服务的数据或接口定义为关键设施要求其开放，在当前新兴互联网市场中较为少见但并非不可能出现。如 2013 年 1 月美国联邦贸易委员会与谷歌的和解案中明确要求谷歌开放安卓系统的有关技术，允许竞争对手接入安卓系统。

另外一个需要考虑的因素是双边市场的影响，两个市场需要综合考虑，在用户市场的影响力会辐射到企业市场。特别在双边市场中，在免费用户市场端的影响力甚至决定着另一边市场的表现。另一个重要的意义在于，免费市场端针对的是普通消费者，企业从事滥用行为会直接影响消费者福利。

还要关注在网络竞争中获胜并占据优势的网络利用其现有网络平台开展新的网络服务，从而影响相关市场竞争的可能性，如谷歌、腾讯、百度等互联网服务商都在开展多种服务，需要关注他们是否利用了优势地位影响其新开展网络服务市场的竞争。而腾讯和 360 之间的反垄断诉讼的根源也正是由于腾讯公司要开展电脑安全服务引起的。

由于互联网市场中市场均衡的不稳定性，企业的市场支配地位也是不稳定的，所以才会造成网络产业中的冲力过大现象，即企业无效率地更新软件或服务。在Web3.0时代，用户的多归属特征更加剧了这种不稳定性，使得在市场中占据优势地位的在位者并非高枕无忧。故认定市场支配地位，也宜主要从企业行为来考虑，即企业出现滥用市场支配地位的行为并已经影响到相关市场的竞争时，执法部门必须高度关注并在界定相关市场和市场支配地位时适度从严。而未出现相关行为时，宜谨慎干预互联网市场的竞争。

当相关企业有涉嫌滥用市场支配的行为时，如强制交易、附加不合理的交易条件等，而一旦这些涉嫌威胁到消费者福利，反垄断干预就显得必要。因为保护消费者利益是我国反垄断法中明确规定的目标之一。在"腾讯案"中，腾讯的"二选一"就已涉嫌强制消费者卸载360软件，已经影响到消费者福利。腾讯可以通过其他途径解决与360软件之间的竞争问题，而二选一绝非必要的救济手段。在上述美国联邦贸易委员会与谷歌的和解案中，联邦贸易委员会的主要理由是谷歌虽然有"搜索歧视"，让搜索结果倾向于其自己的一些业务，这对其竞争对手有负面影响，但联邦贸易委员会认为这是一种质量提升行为且使消费者从中受益。当然，联邦贸易委员会也认为谷歌并没有有意改变搜索算法来排斥竞争对手。[1]同谷歌的行为相比，腾讯公司二选一的行为显然有明显的排斥竞争对手的意图。

另外，要考虑网络市场中的市场竞争状况，当市场中尚未形成优势网络并正在进行网络之间的竞争时，宜谨慎干预，因为此时干预会直接影响市场竞争结果，有可能加重网络竞争中的次优技术获胜倾向，导致社会福利不能最大化。当市场已经形成非对称特点，并形成了占据优势地位的网络时，宜关注优势网络限制竞争的可能性。

五、结语：互联网经济学和反垄断执法

反垄断执法是一个与经济分析结合最紧密的法律部门，对于互联网领域的反垄断执法也是如此，如我国最高法院的相关司法解释中明确了专家证人规则。但是当前存在的问题是法学和经济学在反垄断执法问题上未能有机结合、合理分工。一方面，司法界对互联网经济学的可靠性存有疑虑；另一方面，法学家们又纷纷

1　Lao M. Search, Essential Facilities, and the Antitrust Duty to Deal [J]. Northwestern Journal of Technology and Intellectual Property, 2013, 11（5）: 275-319.

开始运用自己并不擅长的网络经济学工具来分析互联网反垄断案例；而经济学界又未能给互联网领域反垄断执法提供足够多的理论支撑。而法官一般都没有经济学基础，分析方法主要还是注释法学方法。这就需要法学家们从经济学界吸收相关成果并最终转化成法官能够理解和运用的语言并最终在司法实践中运用，需要法学界和经济学界共同对相关问题进行研究。比如，社交网络服务中网络效应强度的测度；网络效应对互联网企业竞争策略的影响；互联网领域相关市场界定的实证性研究；网络效应对双边市场的影响研究；网络反垄断相关案例的经济分析；新兴网络市场中反垄断政策的经济分析；反垄断执法和司法对互联网市场影响的经济分析……通过研究上述问题，最终得出实证的、规律性结论为我国互联网领域的反垄断执法提供智力支持。

正是因为互联网产业发展速度快，很多问题还需要进一步研究，因此，对互联网领域的反垄断执法或司法都应秉持较为慎重的态度。在未对互联网经济学有充分研究之前，互联网领域反垄断执法应慎重，避免不当的干预影响我国网络产业的健康发展。对我国而言，更应如此。一般来说，司法领域适用有关的经济学成果都较为慎重，因此也是较为滞后的。1985 年，卡茨（Katz）就已经发表了关于网络产品网络外部性的经典文献，但是美国法院在 20 世纪 90 年代初才在相关判例中使用了网络效应这个概念，在反垄断案例中使用网络效应则是在 90 年代末的"微软案"中，已经相隔了十多年。这是因为司法界需要经济学界在相关问题上达成一定程度的共识才能适用相关概念或理论。观察美国最近两年在互联网领域的反垄断执法，笔者发现在 2012 年全年几乎没有针对网络企业的反垄断诉讼，而近两年针对谷歌、Facebook 的反垄断诉讼也都是被告胜诉或执法部门与企业达成和解，没有认定相关企业市场支配地位。

反垄断执法和司法需要经济分析，但反垄断执法和司法中的经济分析不同于纯粹的学术研究，其中暗含着法律的甚至法官的价值判断。反垄断执法、司法作为反垄断政策的核心，需要从两个维度拓展。一方面是向上拓展，即需要从宏观的、从整个互联网行业以及我国的互联网产业政策角度来确立一个整体性的执法尺度，通过反垄断执法和司法促进互联网产业健康发展，促进经济效率和技术进步。另一方面也需要向下拓展，因为反垄断法的可诉性特点，它还是一个争议解决标准，那么在相关诉讼中，不能仅仅分析企业行为对竞争对手的影响，还要分析相关行为对消费者的影响。若企业实施了不利于消费者的行为，必须进行司法救济（虽然诉讼是由竞争对手发起）或由执法部门直接干预。

互联网产业的快速发展，其中的竞争态势发生了一些变化，虽然一些早期网络经济学原理依然可以适用，但在分析其中的问题时必须考虑当前互联网产品的新特点。无论是经济学中建立模型来分析互联网反垄断问题，还是法学中对相关行为进行定性分析，都需要将互联网产品的新特征考虑进来。本文试图通过分析反垄断法在互联网领域实施中的两个关键问题来厘清当前互联网产品的一些新特点和这些特点对于反垄断执法的具体意义。本文的另一个更重要的目标便是试图解决在面对互联网领域反垄断执法这样一个新问题时，经济学和法学如何分工，或者说我们的反垄断执法和司法实践中如何将规范的经济分析和定性的法学分析结合起来。

（原文发表于《产业组织评论》2013 年 3 期，收入本书时有删改）

论软件界面的知识产权保护

张小强

一、软件界面中的法律问题

软件界面也被称为软件用户界面、用户界面或者计算机程序用户界面，是计算机程序与用户进行信息交流的工具。用户通过界面给计算机程序传达指令，计算机程序通过界面向用户传达程序运行的结果以及其他信息。[1]软件界面中的法律问题伴随软件界面的发展而产生。软件界面的发展经历了三个时代。第一个时代为 1946—1959 年，当时的计算机是以电子管作为逻辑电路的第一代电子计算机，而软件界面还只是一种雏形，人们主要通过批处理方式来使用计算机。软件界面发展的第二个时代为 1958—1970 年，计算机硬件已经有了很大的发展，出现了以晶体管为逻辑电路的第二代计算机，随后出现了集成电路计算机。用户可以通过在键盘上键入字符形式的命令和参数来操纵计算机，这个时代被称为命令行时代。到 20 世纪 70 年代，装备有图形显示器和鼠标的工作站所采用的是 WIMP［窗口（Window）、图标（Icon）、菜单（Menu）、定点设备（Pointing Device）］的交互风格，这种风格一直沿用至今。随着高性能且具备多媒体功能的个人电脑的普及，它成为近 20 年中占据统治地位的界面风格。这种界面风格之所以能统治这么长时间，是因为它与命令行的输入相比操作简单，大大提高了用户的使用效率，减轻了认知负担。[2]今天人们所说的软件界面实际就是指这种 WIMP 的交互方式。可以预见，这种用户界面还会在将来很长一段时间内占据统治地位。

在软件界面发展的第一个时代，因为计算机软件的应用范围仅限于军事和研

1　计算机软件的含义宽于计算机程序，计算机软件包括计算机程序和文档，计算机程序仅指安装在计算机硬件中并能运行的数字部分。

2　田丰 .Post-WIMP 软件界面研究［D］.北京：中国科学院研究生院，2003.

究机构，所谓用户界面不过是个雏形，所以软件界面的使用与计算机软件一样没有带来任何法律问题。在软件界面发展的第二个时代，虽然计算机软件的应用已经渗透到各个领域，但是此时的软件还没有完全从硬件中独立出来，对软件的法律保护也是与硬件结合在一起的，如那时的美国就根据计算机软件的实用特性以专利形式来保护计算机软件。[1]那时的软件界面千篇一律都是命令行式的，各个界面之间的不同仅在于命令文字有差别，而软件界面没有图形等其他元素，几乎不需要开发成本，因此很少会带来法律问题。在软件界面发展的第三个时代，软件产业在经济中占据举足轻重的地位，有关软件的法律纠纷迅速增加，各国开始针对软件的知识产权保护进行立法。从20世纪80年代初至20世纪末，全球范围内曾经掀起一波关于软件知识产权保护的讨论热潮，无论是理论界还是司法实务界都对以下几个问题进行了持久的争论：计算机软件是否应该给予知识产权保护？用何种方式保护计算机软件最有效，是专利法还是版权法？软件知识产权保护的范围与程度如何界定？到今天为止，这场争论在某些问题上已经达成共识，如计算机软件应该受到知识产权保护，应以版权法为主来保护计算机软件，专利法、竞争法、商业秘密法、合同法只能作为辅助方式等。然而对计算机软件知识产权保护的范围和程度至今还没有一个统一的观点，软件界面的保护问题就是其中的热点之一。在软件界面发展的第三个时代，开发出简单、易用、友好、美观的软件界面是软件厂商的重要竞争手段，因此也产生了大量有关软件界面的知识产权诉讼。第三代软件界面从开始普及时就产生了法律纠纷。今天我们能够使用第三代软件界面，要得益于苹果公司在与微软公司有关操作系统界面诉讼中的败诉，正是法院判决微软的 Windows 操作系统没有侵犯苹果公司的知识产权，才使 WIMP 交互方式的软件界面能够随 Windows 及运行于其中的应用软件迅速传播开来。

目前的主流观点认为软件界面应受版权法保护，但是并非软件界面的所有元素都应该受保护，问题的关键在于如何划分受保护的元素与不受保护的元素。国外理论界与司法实务界至今尚未形成统一标准，在司法实践中造成了一定程度的混乱。笔者认为，软件产品的网络经济特性没有受到足够的重视是造成这种混乱

1　陈红 . 国外对计算机软件知识产权的保护［J］. 政治与法律，2002（3）：88-95.

的主要原因，而软件界面的多媒体化、三维化发展趋势更会加强这种混乱的趋势。因此，我们必须从软件产业自身规律出发才能够找到一种既适应软件界面技术发展趋势，又符合软件界面开发与使用各方利益的判断标准。

二、"思想 / 表达"二分法在软件界面保护中的缺陷

从欧美的软件界面保护制度来看，他们对软件界面都采用了版权法保护模式。对软件界面的保护既非全面保护，也非完全不保护，而是以版权法中的"思想 / 表达"二分法来划分一个界限。但是把该原则应用于软件界面保护的确存在不少缺陷。

（一）"思想 / 表达"二分法含义上的不确定性

虽然"思想 / 表达"二分法是版权法中得到公认的一般原则，但是其含义却是模糊的、不确定的。不同的人对"思想"（idea）与"表达"（expression）有不同的理解。有的学者认为软件界面整体应该作为表达形式而受版权法保护；有的学者却认为软件界面整体都是操作方法，属于思想范畴而不应受版权保护。对此，有学者指出：按照通常的理解，思想是客观存在反映在人的意识中经过思维活动而产生的结果，是存在于人脑中的智力活动成果，它必须通过外在表现才能为他人所感知，而表达则是表述这一智力活动成果的语词。很多创造性产品介于思想活动和文字表达之间，法院经常把其中的一些产品作为不受保护的思想，而把另一些产品作为受保护的表达。因此，思想和表达不应用作语义学上的解释，而应当把它们各自作为一部作品中不受保护部分和受保护部分的隐喻。[1] 从西方有关计算机软件的判例来看，在涉及计算机软件的版权保护问题时这一点表现得尤为明显。易言之，按照"思想 / 表达"二分法的原则来给软件界面中的元素划分一个是否受保护的界限没有实际意义，并且会导致在"立法—司法"结构中，全部重心都落在"司法"上，一切都要法官自己判断，这必然导致司法上的混乱。

（二）"思想 / 表达"二分法在适用上的困难

对"思想 / 表达"二分法原则的直接限制有两种方式：混合（merger）原则和必要道具（scenes a faire）原则。混合原则是指如果一个思想与其表达形式之间不可分，那么该表达形式不能受到版权法保护。从该原则得出的推论是，如果

1　李雨峰. 版权法上基本范畴的反思［J］. 知识产权，2005（1）：19-24.

仅仅只有几种表达某个思想的形式，那么这些表达形式都不应得到保护，因为保护这些表达形式就会保护该思想。这一原则及其推论很难适用于软件界面。必要道具原则是，如果指一件作品中的某些特征或者标准是表达某个思想不可缺少的，那么它们也要被当作思想对待而不受版权法保护。在软件界面的保护问题上，这一原则也同样存在着适用上的困难。软件产品的复杂性导致很难判断到底哪些表达形式是不可缺少的，而且它们没有绕开软件界面中的"思想"与"表达"的划分。也就是说，这两个原则并没有使"思想／表达"二分法在软件界面的版权保护中更容易适用。

美国司法实践中总结出了"抽象—过滤—对比"三步测试法，而没有直接用混合原则和必要道具原则来进行判断。然而，"抽象—过滤—对比"测试法在"抽象"与"过滤"阶段，还是需要划分"思想"与"表达"的界限，仍没有从根本上解决问题。这就是为什么在美国的一些有关软件界面的判例中，同样应用"抽象—过滤—对比"测试法，不同法庭的判决结果却大相径庭。

为了解决"思想／表达"二分法的适用困难，有的学者建议将所有涉及版权保护的原则全部应用到软件界面的保护上来，如独创性原则和合理使用原则。[1]这只能使问题更加复杂而无益于解决问题，因为受美国的影响，各国对软件的独创性要求都比较低，而合理使用原则主要是针对作为一个整体的软件而不是针对软件界面。还有学者建议对全部软件界面都不给予版权保护，而只对非功能性的艺术元素进行保护。这样，判断标准就简化为两步，即先判断系争元素是否是软件界面的一部分，再判断该元素是否是"纯艺术性"且"非功能性"的元素。[2]但这样将软件界面的保护范围限制得过窄，不利于软件界面的保护。此外，判断界面元素是否是"纯艺术性"且"非功能性"的也并不容易，因为界面不同于艺术作品，它是实用性产品——软件——的一部分，某些元素看似是装饰性的，但

1　例如，David M.Linder 提出了两大步、11 小步的判断方法：1.决定对侵权作品的保护范围：第一步，用抽象测试法；第二步，用"思想／表达"二分法来分析侵权作品的每一部分；第三步，应用混合原则；第四步，应用必要方法原则；第五步，应用独创性原则；第六步，应用合理使用原则；第七步，应用短语规则调整，即将含有姓名、标题等短语的元素排除在版权保护之外；第八步，应用实质性测试。2.决定被保护的表达是否被抄袭：第一步，评价侵权作品的版权；第二步，决定是否有直接抄袭；第三步，决定是否有间接抄袭。见 Linder D M. A Recommended Copyright Test for Computer Program User Interfaces [J] . Temp L Rev, 1993: 969.

2　Ahmed H. The Copyright Ability of Computer Program Graphical User Interfaces [J] . Southwestern University Law Review, 2001（30）：479-503.

也可能是功能性的。例如，屏幕上的桌面一般会被认为是非功能性的艺术元素，然而某些进行了人机工程学设计的桌面在满足美观性要求的同时，还具有解决用户长时间使用电脑所产生的视觉疲劳问题，此时很难说它完全是"非功能性"元素。

（三）"思想／表达"二分法与软件界面知识产权均衡的不一致性

知识产权均衡是指知识产权对其拥有者的激励程度和社会使用该知识产权的成本之间的一种均衡，对知识产权的保护程度由该均衡决定。"思想／表达"二分法实际上也追求这种知识产权均衡，排除对"思想"的保护是为了减少社会使用知识的成本，而对"表达"的保护则是为了激励人们创造出更多作品，从而促进社会福利最大化和人类文明发展。"思想／表达"二分法与传统文字作品的知识产权均衡基本能够达到一致，因为传统文字作品中的"思想"与"表达"较易区分。而对软件界面而言，"思想／表达"二分法与其知识产权均衡并不一致，因为"思想／表达"二分法并不是针对软件产品而提出的。抛开软件界面中的"思想"与"表达"能否划分清楚不论，某些被界定为"思想"范畴的界面元素可能是开发者投入了大量人力、物力开发出来的，对其不予保护显然会导致对开发者激励不足；而对软件界面中价值相对较低的表达部分提供过多保护，则会提高社会使用这些界面元素的成本，从而难以达到知识产权均衡。

正是"思想／表达"二分法与软件界面的知识产权均衡不一致，才导致美国的法院不管怎么判决有关软件界面的案件，都会招致各方面的批评，因为这样的判决并没有仔细衡量各个主体之间的利益。这种不一致是"思想／表达"二分法在软件界面的知识产权保护中难以适用的实质原因。

三、软件界面保护的网络经济效应原则

近年来网络经济学的研究表明，软件产品具有网络经济效应，有经济学家就对 Lotus Development Corp. v. Borl and International 一案提出了网络经济学的解决方案。[1]软件产品的网络经济效应使"思想／表达"二分法更难适用于软件界面的版权保护。因此，要解决对软件界面的知识产权保护问题，必须从软件产品的网络经济特性出发，寻找与软件界面知识产权均衡相一致的新途径。

1　见 Lotus Development Corp.v.Borland International Inc., 49f.3d807（1stcir.1995）.

（一）软件界面中的网络经济效应

网络经济效应是指因网络外部性而引起的一系列经济现象，也包括网络外部性本身。[1] 外部性是指"未被市场交易包括在内的额外成本及收益"[2]。外部性既会出现在消费领域，也会出现在生产领域。网络外部性是消费领域的外部性，是指某个产品在有其他人使用时，消费者对其价值估计会增加。从经济学中的消费者行为角度出发，网络外部性应该被更准确地解释为"单位产品的价值随该产品的预期销售数量增加"[3]。正反馈（positive feedback）、冒尖（tipping）、锁定（lock-in）、转移成本（switching cost）是因网络外部性而产生的一系列相关现象。正反馈是指一个网络目前的用户越多，则这个网络对其他用户更具吸引力。当它吸引一个用户后又会使其更容易吸引到另外的用户，以此类推，就形成了正反馈机制。正反馈机制使市场只能有一个或少数几个网络存在，如传真、互联网只能有一个标准存在。正反馈导致了冒尖的发生，即当消费者认为几个竞争网络中的某个会在将来获胜时或拥有更多用户时，全部消费者都会倾向于这个网络，而其他网络则会在竞争中失败。简言之就是胜者全得，胜者会成为标准。冒尖使网络经济产生了在传统经济中少见的次优技术获胜现象。

软件产品的用户构成了一种虚拟网络，具有强烈的网络经济效应。使用某软件产品的用户越多，则潜在用户对该软件产品的价值估计越可能增加从而形成网络外部性。用户的增加使该虚拟网络价值增大从而使更多用户加入该产品网络从而形成正反馈，正反馈最终导致胜者全得——冒尖产生。而一旦某个软件产品在市场中占优，又会对消费者形成锁定，消费者要放弃该产品就要付出转移成本（如学习该软件的成本等）。不仅软件产品具有网络经济效应，软件界面也具有网络经济效应。例如，用户习惯于使用相同的界面，就会使某种界面能够迅速"冒尖"而成为标准，第三代软件界面的快速传播正是如此。软件产品的转移成本主要由软件界面而引起，因为用户学习一种操作方法要付出劳动等成本。

1　也有学者认为网络外部性与网络经济效应是相同的。笔者认为，网络经济效应的含义宽于网络外部性，网络外部性不包括消费者锁定、冒尖等现象。

2　薛伟贤.网络经济效应及测度研究［M］.北京：经济科学出版社，2004：70.

3　Evans D S. A Guide to the Antitrust Economics of Networks［J］. AntitrustABA, 1996（10）：36-39.

（二）网络经济效应原则的提出

软件产品的网络经济效应对软件产品的知识产权保护提出了颠覆性的挑战，这一点已经引起了美国司法界的重视，有的法庭已经用网络经济效应来决定是否对标准设置者采取一种新的知识产权保护标准。例如，在 United States Golf Associationv. St. Andrews Systems 一案中[1]，法庭拒绝对美国高尔夫协会的一项标准提供保护，允许其他公司采用该标准开发应用软件。在 Lotus Development Corp. v. Borl and International 一案中，虽然法庭没有采用网络经济效应标准，但是最后的判决结果与应用该标准分析的结论是一致的。一些经济学家不同寻常地就该案给美国最高法院提供了一个协助性的纲要，他们认为软件界面具有很强的网络经济效应，并指出："用户要共享数据文件和诸如宏命令一类的程序；他们要用其他人的机器工作；他们要能够获得更宽范围的兼容产品，如第三方使用手册、咨询服务、培训课程、附加软件等等。为使用户能够分享这些网络利益，软件的某些方面必须统一，其中应该包括界面和宏命令。"他们还认为解决这些问题的方法就是让竞争对手使用程序界面，"因为网络效应和转移成本能否限制竞争在于卖者能否拥有界面，如果界面是公共性的，那么竞争者就能够生产兼容产品，消费者能根据价格和性能选择产品而不是因转移成本而被厂商锁定。如果（垄断性的）界面被版权法保护，那么其拥有者就能阻止竞争者生产兼容产品，市场的竞争性质就会被扭曲"[2]。

因此，笔者认为解决软件界面的知识产权保护问题，应该以界面元素是否具有网络经济效应作为划分其受保护的界线。也就是说，应该将具有网络经济效应的界面元素排除在知识产权保护之外，而仅对不具有网络经济效应的界面元素给予保护。我们不妨将这种方法称为网络经济效应原则，与传统的"思想／表达"二分法相比，该原则具有以下优势。

1. 该原则与软件界面的知识产权均衡相一致

不保护具有网络经济效应的界面元素能够促进社会福利最大化，使对开发者的激励与社会使用这些界面元素的成本之间达到最优状态。由于网络经济效应的

1　见 United States Golf Association v. St. Andrews Systems, Data-Max, Inc., 749F.2d1028, 1035（3dcir.1984）.

2　Linder D M. A Recommended Copyright Test for Computer Program User interfaces［J］.Temp L Rev. 1993: 969.

存在，某种界面或者部分界面元素就会成为业界标准，如果对其进行保护，就会形成垄断，更多与该界面兼容的界面会因此而不能被开发出来，结果会使社会付出高昂的成本；反之则能增大社会福利，促进技术进步。

具有网络经济效应的界面与一般纯艺术性作品不同，即使不对其进行保护，竞争者也不能对其进行简单的复制，而是必须运用反求工程来破解程序的源代码，然后才能开发出类似的界面。而反求工程不是简单的复制，需要投入大量时间和资金。在模仿者完成反求期间，开发者能够获得充分的市场回报，因为网络经济效应会加强技术领先者的优势，冒尖现象能在模仿者进行有效完成反求工程之前使领先者获得丰厚的回报。比如对 Windows 操作系统界面而言，即使允许对其反求，等其他厂商完成反求的时候，微软早就获得了丰厚的市场回报。因此，网络经济效应原则能够给予开发者以足够的激励。网络经济效应原则与当前各国的知识产权法给予软件产品反求工程以合法地位的趋势是一致的。

同时，网络经济效应原则能够给予竞争者足够的激励。对具有网络经济效应的界面元素不予保护，会使目前的界面标准拥有者不断对其界面进行更新换代，使竞争者总是落在后面。这就会迫使竞争者追求赢得标准的竞争，必然增加他们开发新产品的兴趣，从而促进技术创新。

从上面的分析可知，网络经济效应原则与软件界面的知识产权均衡是完全一致的。采用这一原则有助于形成明确、统一而稳定的司法标准，避免产生"思想 / 表达"二分法带来的混乱。

2.该原则能使知识产权法与反垄断法在对软件界面的保护问题上协调一致

知识产权保护虽然和反垄断法一样，目的都是激发人们的竞争性活动，提高资源配置效率，但是两者推动竞争的方式有所不同：反垄断法是通过禁止限制竞争行为来推动竞争，因为这些行为会损害现实的或者潜在的竞争；知识产权保护则是通过保护权利人的专有权，激发人们在知识经济领域开展竞争。知识产权能够产生限制竞争的效果，故也应当受到反垄断法的制约；另一方面，为了维护竞争，法律不应当允许知识产权所有人因其合法的垄断地位而妨碍、限制或者歪曲市场的有效竞争。[1]

1　王晓晔.知识产权滥用行为的反垄断法规制［J］.法学，2004（3）：100-106.

若以"思想／表达"二分法来保护软件界面，必然造成知识产权法与反垄断法之间不可调和的冲突。因为"思想／表达"二分法会对某些因网络经济效应而占据市场优势地位以及成为标准的界面或界面元素给予知识产权保护，而近年来的反垄断法理论认为这样容易形成知识产权滥用而限制竞争。有的学者提出，因为网络经济效应的存在，应该将软件界面归入"关键设备"，不仅不应对软件界面进行保护，还要强迫厂商开放其软件界面。有的学者虽然不完全赞成这种做法，但也认为至少应该限制厂商先开放其界面而后又"关闭"其界面以对消费者形成锁定的行为。[1]

与"思想／表达"二分法相比，网络经济效应原则与反垄断法则不仅不存在冲突，而且协调一致。因为该原则已经将软件界面之中有可能形成滥用市场优势地位的部分即具有网络经济效应的界面或者界面元素排除在知识产权的保护之外，这就划清了知识产权法与反垄断法的界限，将具有网络经济效应的界面或者界面元素留给反垄断法规制。而知识产权法仅保护不具有网络经济效应的部分，从而使知识产权法与反垄断法在软件界面的保护问题上实现共同推进有效竞争、促进技术进步的目的。

3. 网络经济效应原则的具体适用

由于网络经济效应是经济学上的概念，所以不能直接适用于具体的司法实践。但笔者认为，可以用判断软件界面是否已经是行业标准以及是否对消费者形成锁定来作为替代标准，而这两点是比较容易判断出来的，这样就解决了网络经济效应原则的具体适用问题。在司法实践中，可以采取如下步骤来判断：

第一，将系争软件界面进行对比，找出相同或者相似的界面元素。

第二，判断系争软件所属具体软件行业，如是操作系统还是应用软件，或者是哪个行业的应用软件，然后进一步判断相同或者相似的界面元素中是否存在已经是行业标准的元素，如果有则排除。

第三，判断相同或者相似的界面元素中是否存在能对消费者形成锁定的元素，如果有则排除。

1　Katz M L, Shapiro C. Antitrust in Software Markets［J］. Progress and Freedom Foundation Conference Competition, Convergence and the Microsoft Monopoly, 1998.

第四，分析经过第二步、第三步过滤后的剩余界面元素，若无剩余界面元素则说明被告没有侵权；若有剩余界面元素，则根据剩余元素在软件界面中所占比例来判断侵权的严重程度从而作出判决。

四、以网络经济效应原则完善我国软件界面的知识产权保护制度

（一）我国软件界面知识产权保护制度的现状

我国计算机软件保护制度主要由《计算机软件保护条例》（2001 年修订，以下简称《软件条例》）确立。《软件条例》中没有具体条款对软件界面进行保护，但它确立了一般规则。《软件条例》第六条规定："本条例对软件著作权的保护不延及开发软件所用的思想、处理过程、操作方法或者数学概念等。"这说明《软件条例》对软件的保护也是以"思想／表达"二分法为基本原则的，这当然也延及软件界面。

《软件条例》第二十九条规定："软件开发者开发的软件，由于可供选用的表达方式有限而与已经存在的软件相似的，不构成对已经存在的软件的著作权的侵犯。"这说明《软件条例》也采用了美国版权法中的混合原则作为对"思想／表达"二分法的补充。从这两条规定来看，我国对软件界面的知识产权保护制度与美国的规定基本一致。

（二）现有制度的不足及其后果

1. 导致"有法难依"的局面

我国对软件界面的保护，仅仅有两条原则性的规定，显然过于笼统。"思想／表达"二分法在软件界面保护中的缺陷，必然会造成"有法难依"的局面。此外，我国属大陆法系国家，司法以制定法为依据，没有遵循先例的传统，这导致我国不可能像美国一样通过判例来完善软件界面的知识产权保护制度。

笔者通过下面的案例来分析当前司法实践中存在的问题。

案情：北京久其公司开发的"久其软件"是根据财政部会计决算报表编制工作要求而设计的一套报表管理软件，主要实现企业财务数据的录入、装入等功能。2003 年 9 月，天臣公司根据上海市国有资产监督管理委员会对企业资产年报数据处理、上报的要求，开发完成"天臣软件"，并对外销售。"天臣软件"是与"久其软件"具有相同功能的报表管理软件。2004 年 5 月，久其公司以天臣公司的"天

臣软件"抄袭"久其软件"用户界面，侵犯了久其公司"久其软件"用户界面著作权为由，向法院提起诉讼。

一审法院首先查明"久其软件"的源程序、目标程序与"天臣软件"的源程序、目标程序均不相同。于是，法院认为：用户界面的实用性要求用户界面的设计必须根据用户的具体需求，并尽可能借鉴已有用户界面的共同要素，以符合用户的使用习惯，为用户所接受。用户界面是否构成作品，应当根据其具体组成予以具体分析。一审法院最后判决认为：虽然久其公司对"久其软件"用户界面的设计付出了一定的劳动，但该软件的用户界面并不符合作品独创性的要求，不受《中华人民共和国著作权法》（以下简称《著作权法》）保护。

二审法院认为：《著作权法》所称作品，是指文学、艺术和科学领域内，具有独创性并能以某种有形形式复制的智力创作成果。《著作权法》保护的是具有独创性的表达，并不保护思想、工艺、操作方法或数学概念。用户界面是计算机程序在计算机屏幕上的显示和输出，是用户与计算机之间交流的平台，具有较强的实用性。用户界面的实用性要求用户界面的设计必须根据用户的具体需求，并尽可能借鉴已有用户界面的共同要素，以符合用户的使用习惯。二审法院最后维持了一审法院的判决。[1]

笔者认为，法院对此案的判决显然不妥。首先，该案不依据《软件条例》而是直接依据《著作权法》来判决值得商榷。这可能是《软件条例》中的原则性规定难以适用所造成的。

其次，判决说理存在逻辑问题，说明法官并不清楚软件界面的知识产权保护到底该适用何种原则。虽然《软件条例》确立了"思想/表达"二分法，但是该案的一审法院显然对此予以回避，直接以《著作权法》中作品的独创性标准来判断软件界面是否是作品，再看是否给予其版权保护。二审法院虽然指出了应该以"思想/表达"二分法来确定作品是否受保护，但是也并没有明确指出该软件界面是属于"思想"范畴还是属于"表达"范畴。两审法院的判决均对用户界面的实用性特点予以说明，尔后又否认界面的独创性，似乎实用性与独创性是矛盾的，这里显然存在逻辑错误。因为所有的软件产品均为实用性作品，但是这并不能因

---

1 上海市高级人民法院（2005）沪高民三（知）终字第 38 号民事判决书［EB/OL］.［2005-10-25］.

此否定软件的独创性，也不能因此否定对软件的知识产权保护，对软件界面亦是如此。

再次，该案的判决以界面是否具有独创性作为依据，说明法院有可能在判决相关案件的时候依据《软件条例》或者《著作权法》的原则性规定，主观性和随意性非常强。近年来的国际趋势是尽量放松对软件的独创性要求，这一判决显然不符合这一趋势。

该案的判决表明我国的司法实务界并没有完全理解《软件条例》起草者的立法意图，在软件界面的知识产权保护问题上形成了"有法难依"的局面。

2. 国外厂商滥用知识产权阻碍我国软件产业的发展

《软件条例》在2001年修订后，我国对软件产品的知识产权保护甚至超过了美国等发达国家。然而，能够限制知识产权滥用的《中华人民共和国反垄断法》却由于种种原因出台较晚，这就使外国厂商能够利用我国法律漏洞起诉我国厂商侵犯其软件界面知识产权，达到滥用知识产权形成垄断的目的。2003年，思科与华为有关软件界面等方面的诉讼已经给我国的软件产业敲响了警钟。[1] 因此，必须修改我国现行法律、法规，减弱对国外垄断厂商软件界面的保护，以促进我国软件产业发展。

3. 制度的完善

从上述案例的判决看，当前《软件条例》与《著作权法》都没有明确规定软件界面的知识产权保护适用的规则，给司法实践带来了困难。因此，必须首先明确规定软件界面适用的规则。虽然笔者在前面指出"思想／表达"二分法在软件界面的保护上存在很多缺陷，但是为了与TRIPs协议保持一致，我国法律还不能完全放弃"思想／表达"二分法。笔者建议在以后修改《软件条例》时，明确规定软件界面适用"思想／表达"二分法，再以网络经济效应原则作为例外规定。例如，可在《软件条例》第六条中增加一款："软件界面等软件的目标程序构成部分也适用此条规定。"这就明确了软件界面知识产权保护的"思想／表达"二分法原则。另外，可在第二十九条增加一款："已经成为行业标准的软件界面或

1　张平，马晓.从思科诉华为案谈发明、产业标准与知识产权——"企业技术标准与知识产权战略"专题之一［J］. 科技与法律，2003（1）：119-124.

者界面元素、对消费者形成锁定的软件界面或者界面元素不受保护。"这样就明确规定了软件界面的知识产权保护制度，并能够达到对国外垄断厂商的软件界面放松保护的目的。经过这样的修改，再辅之以引入"抽象—过滤—对比"三步测试法这一具有可操作性的具体判断方法，我国软件界面的知识产权保护制度可基本趋于完善。

（原文发表于《法商研究》2006 年 1 期，收入本书时有删改）

期刊数字出版合作协议中的版权保护与风险防范

张小强　赵大良　游　滨

版权协议是学术期刊数字出版的保障，期刊不仅要与作者签订版权协议，也要与数字出版商签订涉及版权的合作协议。以"期刊"与"版权""协议""合同"等作为关键词检索 CNKI 数据库，会发现绝大多数讨论期刊版权或版权协议的论文涉及的是期刊与作者之间的版权协议的问题，其中既有期刊界同仁的研究[1]，也有法学界的研究[2]。而研究期刊与出版商之间合作协议问题的论文非常少，虽然有学者指出了科技期刊数字出版国际合作中涉及的重点版权谈判问题，但从版权法理角度的解决相对期刊界同仁来说较为抽象[3]，而且未涉及我国期刊更常见的与国内出版商的协议问题。本文通过揭示期刊与出版商数字出版合作协议中的主要风险，并指出常见协议中典型条款存在的问题及修改建议，希望能够促进我国学术期刊出版单位完善协议、降低风险。本文的创新之处在于研究结果能够从实务角度给广大期刊出版单位与国内数字出版商签订合作协议提供指导。

一、我国学术期刊数字出版及版权使用模式

我国学术期刊（包括科技与社科期刊）出版单位较为分散，单个出版单位出版的期刊种类少、力量薄弱，不具备进行数字出版的实力，只能与数字出版商合作，将内容交由数字出版商进行数字出版。上述数字出版模式的形成，使读者获取期刊内容的主要方式是通过各种数据库而不是期刊本身。读者是数据库的使用者，但不是数据库的直接订购者，数据库的主要客户是图书馆等机构。研究显示，图书馆电子资源是读者查阅文献的主要方式，90% 以上的读者通过图书馆获取数

1　程维红，任胜利，路文如，等.中国科协科技期刊数字出版版权问题调查［J］.编辑学报，2012，24（6）：589-591.

2　张今.期刊业数字化发展过程中的版权困境与治理［J］.出版发行研究，2011（3）：49-52.

3　周玲玲.科技期刊数字出版国际合作版权实践策略［J］.编辑学报，2014，26（3）：253-257.

字论文[1]，通过纸质期刊、期刊自己数字化出版、读者自行购买数据库服务占很小的比例。

期刊的出版流程如图1所示：粗箭头是期刊内容的主要流转过程，虚线和细实线是次要过程。图1显示，如果没有版权的转让或许可，出版商将面临非常高的版权风险。论文的版权原始权利人是作者，期刊出版单位（或主办单位）依法律规定原始取得的仅有版式设计权和期刊作为汇编作品的版权。即使期刊出版单位自己要进行数字出版，也需要获得作者的版权（或版权的使用许可）中的信息网络传播权等权利。为了避免数字出版中的法律风险，期刊较为重视与作者签订版权合同，相关协会也在这一方面做了非常多的工作。[2]为了降低自身的经营风险，很多出版商在与期刊的合作协议中明确要求出版单位解决与作者之间的版权问题，并大力推动期刊与作者签订版权转让或许可协议。

由此可见，期刊的数字出版涉及两类版权转让或许可的协议：一是论文作者与期刊出版单位之间的版权协议；二是期刊出版单位与出版商之间的版权协议。如果从版权的流转角度看，期刊出版单位与作者之间的协议使期刊出版单位获得论文的版权或使用许可，而与出版商之间的协议则具有明显的版权经营性质。在实践中，前者往往不用付出成本或者付出很少的成本，后者则能获得一定经济收益。这两类协议的区别如表1所示。

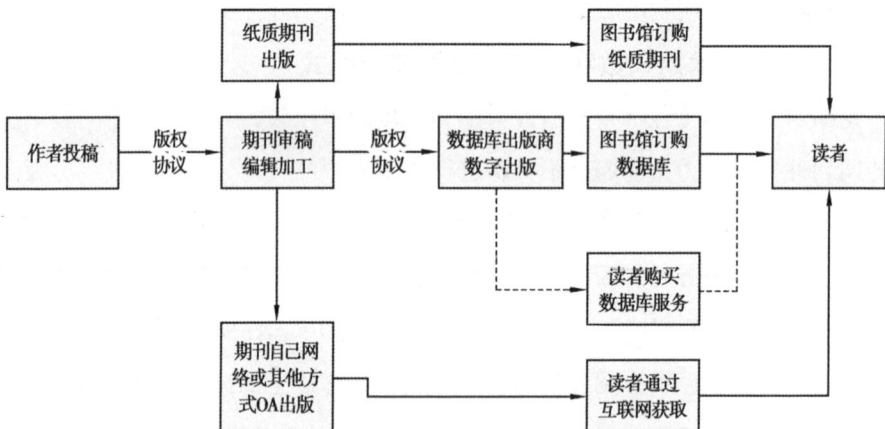

图 1　学术期刊的出版流程

1　杨毅，邵敏，李京花，等.电子资源建设与利用的读者调查——由读者调查结果分析读者利用电子资源的方式与倾向［J］.大学图书馆学报，2006（6）：39-48，60.

2　张小强，钟紫红，赵大良，等.我国科技期刊版权协议文本存在问题与修改建议［J］.中国科技期刊研究，2013，24（3）：526-531.

表 1 期刊出版单位与作者、数字出版商之间版权协议的区别

协议双方	协议主要目的	协议起草者	期刊出版单位的常见态	实施后果
论文作者与期刊出版单位	获得作者授权；消除数字出版法律风险；抑制学术不端	期刊出版单位	认为协议影响日常办刊，多数较为重视，愿意修订合同条款	对期刊较为有利，使期刊获得作者版权或使用许可
期刊出版单位与数字出版商	期刊获取一定收益；进行各种形式的数字出版以扩大期刊传播范围	数字出版商	认为协议与日常办刊关系不大，往往忽视，不注重合同细节	对数字出版商较为有利，有可能限制期刊与其他数字出版商进行数字出版合作

从表 1 可知，期刊出版单位相对作者处于强势地位，与作者的协议由期刊起草，因此协议往往对期刊较为有利。但期刊出版单位与数字出版商相比，力量相对薄弱且缺乏专业法律服务人员，数字出版商资金雄厚且有专业法务人员或律师为其起草、审订合同，因此在订立协议的过程中，期刊出版单位处于弱势地位。除此之外，期刊出版单位的法律风险意识淡薄也是一个不争的事实，不少期刊并未认真对待与数字出版商所签订的协议内容。有些期刊虽然认真对待与数字出版商签订的数字出版合作协议，但期刊编辑缺乏法律专业知识、期刊出版单位也无专业法律顾问，导致被数字出版商牵着鼻子走，最终的协议中留下诸多风险。

期刊的出版内容最终到达读者，数据库出版商的数字出版起着关键作用。数据库的主要市场是各类图书馆等公共机构，因而，学术期刊数字出版有一个相当大的市场。[1, 2] 因有利可图，在期刊数字出版中不断有新出版商的涌入，期刊从作者那里经协议获取的论文版权或使用权成为出版商争夺的重要资源。学术期刊在出版过程中，经常面临与多个数字出版商签订合作协议的问题。除了在协议中的地位不同，期刊出版单位对协议的认识也影响到他们对协议的不同态度。因为期刊出版单位与作者的版权协议中还涉及一稿多投等条款，期刊出版单位认为这会影响到日常的编辑出版，所以较重视。而期刊与数字出版商之间的版权协议

1 郝振省 .2009—2010 中国数字出版产业年度报告 ［M］.北京：中国书籍出版社，2011.

2 曹君，张小梅 .我国高校图书馆电子资源建设调查与分析［J］.科技情报开发与经济，2009，19（23）：3-5, 8.

中的条款涉及的是数字出版问题，期刊出版单位往往错误地认为与自己的日常办刊关系不大，故不够重视，导致期刊出版单位将自己辛辛苦苦获得的版权资源以较为低廉的价格"出售"给出版商。上述现象正是我国学术期刊版权粗放经营的表现。[1]

二、数字出版协议中存在的主要风险

期刊出版单位与数字出版商签订数字出版协议的风险来源，一部分是因为协议文本和内容本身存在问题，一部分是期刊版权和法律事务管理能力差带来的问题。其中既有版权问题，也有其他问题。以下笔者先分析协议中存在的主要风险，典型协议条款下文分析。

（一）缺少作者授权或授权有瑕疵

期刊出版单位与数字出版商签订数字出版协议的前提是期刊出版单位首先获得作者的版权或版权使用权。在现实操作中，虽然期刊出版单位较为重视与作者的版权协议，但还存在以下问题，应引起注意。

首先，部分期刊的日常版权管理不规范造成协议丢失或无效。有的期刊出版单位与作者之间签订的版权协议并未存档，这就导致虽然与作者"签订"了版权协议，但发生纠纷时难以找到协议原件。还有的期刊出版单位，编辑责任心不够，未对版权协议上的签字人严格把关，出现非论文作者代签协议等情况，造成协议无效或效力有瑕疵。

其次，不少期刊出版单位与作者签订的协议条款存在漏洞，导致期刊出版单位与数字出版商的数字出版协议中出现风险。例如，有的期刊出版单位和作者签订的版权协议中没有明确论文版权能否再次转让或许可，但期刊出版单位却和数字出版商在合作协议中约定将论文版权或使用权转授给数字出版商，实质上这属于典型的无权处分，若作者提起诉讼，期刊出版单位需要承担法律责任。

再次，期刊出版单位与数字出版商的合作协议中约定的论文利用方式超出了与作者的协议中约定的范围。数字出版的形式非常多而且新的形式不断出现，部分期刊出版单位与作者的协议中仅列出了部分方式而又没有兜底性条款，导致与其他数字出版商签订的论文利用方式未获得作者授权。这样就为自己埋下了合同

---

1 张小强. 版权粗放经营尽显中国学术期刊出版短处［N］.中国社会科学报，2012-08-30.

风险，使作者有可能提出异议或起诉，还可能导致数字出版商依据协议要求期刊出版单位赔偿其损失。

建议期刊编辑部首先认真修改完善与作者的版权协议，然后再将两份协议对照，以减少上述情况出现的可能。有关期刊出版单位与作者之间协议的完善问题，可参见文献。[1]

（二）与多个网络出版商签订排他性协议

期刊数字出版的收益主要由出版商获得，因此，除了几家大型数字出版商争着与期刊出版单位签订数字出版协议以外，市场上还不断出现新的数字出版商。部分期刊出版单位同时与几家数字出版商签订数字出版协议，协议之间存在冲突。例如，有的期刊出版单位与某家数字出版商签订了独家数字出版协议，并在协议中明确约定期刊出版单位不能再与其他出版商签订类似协议，但出版单位因利益诱惑或法律意识淡漠又与其他出版商签订协议，甚至在不同数字出版商提供的同样包含排他性条款的协议上签字。若出版商追究，期刊要承担相应违约责任。

（三）协议中的其他风险

除了上述法律风险以外，许多期刊出版单位与数字出版商签订的数字出版协议中还存在着其他风险：

（1）合作协议限制期刊出版单位自己对论文的传播和利用。部分协议中存在限制期刊出版单位利用论文的条款，限制了期刊以其他形式的传播。当前，除了授权数字出版商进行数字出版，不少期刊出版单位也在自建网站上载论文全文，或者在其他网站进行开放式获取（OA）或网络存储，还有出版论文集等多种论文的利用方式，一旦与数字出版商的协议中存在限制期刊出版单位上述利用论文的方式的条款，期刊出版单位再进行类似传播就属于违约或侵权。建议期刊出版单位在与数字出版商签订合作协议时将上述利用方式明确，保留数字化自出版的权利。

（2）合作协议有可能限制期刊出版单位对论文版权的开发。学术期刊的版

---

1 张小强，钟紫红，赵大良，等.我国科技期刊版权协议文本存在问题与修改建议［J］.中国科技期刊研究，2013，24（3）：526-531.

权经营应该是多元化的，不限于与数字出版商的合作，还有其他方式。在签订协议时要考虑期刊将来可能进行的版权开发行为，并将相关行为在协议中予以明确。

（3）合作协议中存在对期刊出版单位明显不公平、不合理的条款。例如，与期刊出版单位之间的收益结算方式不合理，版权转让费用的确定标准过低，对期刊出版单位设定的义务过多等。对此，笔者将在下文分析具体条款时指出。

当前，之所以期刊出版单位与数字出版商之间的合作协议中出现上述问题，根源在于目前期刊出版单位缺乏明确的经营目标——是以传播为核心目标还是以版权收益获利为核心目标。期刊出版单位在与数字出版商签订合作协议时，也未仔细斟酌这份协议中究竟给自己增加了哪些义务，是否能够做到；自己能够获得什么，会造成哪些后果。因此，期刊出版单位需要认真研究与数字出版商之间签订的版权协议文本，当数字出版商送来协议时不应匆忙签字，应认真研读协议条款，并敢于与出版商协商修订不合理的条款。以下笔者分析实践中存在问题的典型条款及其修改办法，供期刊出版单位参考。

三、典型条款分析及修改建议

（一）协议签订主体问题

作为非法人的期刊社并不具备与数字出版商签订协议的资格。非法人期刊社应该以主办单位名义或作为主办单位代表获得授权与数字出版商签订协议，否则合同效力就会有瑕疵。具体条款，如："甲方具备独立法人资格或甲方作为主办单位的职能部门，经主办单位授权，有权与乙方签订本协议。甲方转为有限责任企业的，需提供企业与刊社的隶属证明作为附件。"

在上述条款中，数字出版商明确要求期刊出版单位为法人单位或已经获得主办单位的授权。还有的条款没明确要求为法人单位，但要求期刊出版单位为著作权主体或获得权利主体授权。如：

甲方承诺为本协议所涉合作报刊系合法正规刊物，且甲方为其合法著作权人或已经取得合法著作权人的正式授权，有权就本协议所涉合作事项与乙方签订本协议。甲方提供如下文件作为资质证明（见附件）：期刊（报纸）出版许可证、营业执照、著作权人正式授权文件。

虽然有学者认为期刊出版单位可以成为法律意义上的法人、自然人以外的"其他"组织来享有著作权，但在司法实践中尚无相关判例支持上述观点。相反，却有判例因出版单位不具备法人资格而不承认其著作权诉讼中的主体资格。[1] 故著作权的权利主体也必须为法人或自然人，因而上述条款实质上也是要求期刊出版单位具有法人资质或作为法人单位的下属机构在主办单位授权的情况下以主办单位名义签订协议。否则将来因协议发生纠纷时，数字出版商能够以协议主体不具备法人资格而主张协议无效或有瑕疵。

（二）与多个服务商签订协议时易产生风险的条款

如上文所述，若已与某个数字出版商签订了排他性的协议，再与其他数字出版商签订协议时需要特别慎重。这里分析几条典型的条款，若期刊出版单位与数字出版商的合作协议中有类似内容需要特别留意。

示例条款1："甲方独家授权乙方为本协议所涉报刊数字版总代理，享有授权报刊数字版的数字出版权、信息网络传播权、数字化形式复制权、数字化形式发行权、数字化形式汇编权、数字出版版式设计权（含数字出版物）以及前述权利的专有使用权，有权通过自有渠道、授权第三方或者与第三合作进行推广、销售的权利。"在这一条款中，期刊出版单位不仅将一系列数字出版相关的权利授予给了数字出版商"专有"使用，而且还允许数字出版商再次授权给第三方。

示例条款2："甲方许可乙方使用甲方期刊的上述该等权利是独家使用，甲方保证不再向乙方以外的任何第三方授权使用该等权利。"该条款同样约定数字出版商独家使用期刊内容进行数字出版，而且期刊出版单位不能再与其他数字出版商签订类似协议。

而上述两个示例条款，恰恰是某期刊出版单位拟签订的，在签订前向笔者咨询两份协议文本中存在的问题。这两份协议之间显然存在冲突，尽管表述上有所不同。若两份协议同时生效，将来的法律风险不言而喻，即使有生效的先后顺序也同样存在法律风险。示例协议中两家都是独家授权，即使一家是独家授权，另

1　陶峰.通过判例看"其他组织"作为著作权主体的可行性［J］.出版发行研究，2011（3）：53-54.

一家非独家授权，风险也是相同的，除非协议都是非排他性质的。

还有一类条款，虽然没明确"独家""专有"，但却是版权转让性质的，示例条款："甲方授权乙方享有本协议授权刊物信息网络传播权、数字发行权、授权乙方对期刊内容进行数字化复制、汇编和译制。"一项权利是不能多次转让的，版权的转让本身就具有排他性。而现实中因权利人多次转让版权而发生的纠纷非常多，我国著作权法修订的方向，试图规定经过国家有关部门登记的转让合同可以对抗其他合同，来解决这一问题。

即使与数字出版商独家合作，笔者也不建议期刊出版单位完全转让版权，建议只独家许可数字出版商网络出版，或者明确列出权利的名称，不给其独家版权开发的资格，否则就切断了期刊版权开发的后路。因为版权开发的方式是多样的，并不仅仅是与数字出版商合作数字出版，如与CCC等版权经营结算组织的合作、加入著作权集体管理组织、图表的单独授权[1]、出版论文集等等。此外，最近还出现了一些非营利性的开放出版组织与期刊签订出版协议的现象，通过开放获取能够扩大期刊出版范围，但若期刊已经转让版权或与服务商签订独家出版协议，再进行非营利性质的开放获取同样面临违约风险。

（三）与作者版权协议的衔接

数字出版商作为经营者，其风险意识一般较强，会在协议中设置条款要求期刊出版单位解决作者版权授权的问题。例如，某期刊出版单位与数字出版商签订的数字出版协议中的示例条款："甲方确认，出版甲方期刊网络版和在本协议中对乙方的授权，已取得甲方期刊文献作者的授权。如果甲方期刊文献作者因此提出异议，由甲方负责解决。"该条款将与作者发生版权纠纷的责任转给了期刊出版单位，发生纠纷时数字出版商可依据该条款要求期刊出版单位承担其合同义务。因此，期刊出版单位与数字出版商合作的前提是获得作者论文的版权或版权使用授权，若少数期刊出版单位未与作者签订版权协议就与数字出版商签订合作协议，法律风险非常高。

实践中出现较为普遍的情况是期刊出版单位与作者签订了版权协议，但不完

1　张小强，钟紫红，张秀峰.科技期刊论文插图的版权与再利用［J］.中国科技期刊研究，2012，23（3）：429-432.

善，与数字出版商签订合作协议时带来风险。例如，与作者签订的版权协议中，没有明确是否可以再次许可或转让，但却在与数字出版商的合作协议中再次将论文版权转让或许可给数字出版商；还有的期刊出版单位与作者签订的版权协议为版权许可使用协议（有关版权许可和转让的区别参见文献[1]），但与数字出版商却签订了版权转让协议，而版权许可仅仅是使用版权或作品，出版单位并无权利再次转让版权；还有的期刊出版单位在与作者签订的版权协议中论文利用方式不够明确，与数字出版商签订的合作协议中却有很多在与作者的协议中未明确授权的论文利用方式，这也暗藏法律风险。因为我国《著作权法》第二十六条明确规定："许可使用合同和转让合同中著作权人未明确许可、转让的权利，未经著作权人同意，另一方当事人不得行使。"

如下面的示例条款就使期刊出版单位面临上述多方面的风险：

甲方授权作品的专有电子出版权（包含信息网络传播权及转授权）授予乙方，乙方将授权作品投放到指定平台（中国移动、中国电信、腾讯读书）上。乙方可将代理签约作品的数字版权转让给第三方。

上述条款明确了期刊出版单位将版权授予数字出版商，而且数字出版商可以转授权，作品的利用方式中还有与作者的版权协议中不常见的移动互联网出版方式。与作者签订的版权协议若与上述条款衔接不好就会产生风险。

因此，笔者建议：在与数字出版商签订协议之前，期刊出版单位应该将与作者的版权协议和与数字出版商签订的协议文本，仔细对照研读各个条款，尤其是两份协议中的相关部分，避免协议之间的冲突或协议漏洞；应根据协议的情况，对两份协议及时修订。有条件的期刊出版单位还应该指定专人管理自己的各类版权协议，或聘请专业律师提供法律服务。

（四）其他常见不公平条款分析

由于期刊出版单位的主要精力放在日常办刊，一般权利意识较为淡薄，往往未认真对待与数字出版商签订的协议。笔者认为，既然是协议，就应该由双方协商，不能无条件接受数字出版商的格式条款。目前期刊出版单位与数字出版商签

1 张小强，钟紫红，赵大良，等.我国科技期刊版权协议文本存在问题与修改建议[J].中国科技期刊研究，2013，24（3）：526-531.

订的合作协议中的常见对期刊出版单位不公平条款主要有：

（1）合作协议期限过长和协议的续签方式不合理

与数字出版商的合作协议中合作期限过长，对期刊出版单位非常不利，导致期刊出版单位今后在传播或版权经营中非常被动。当前，大多数数字出版商的协议期限是5年，由于网络传播形式的变化非常快，5年时间太长，笔者认为3年或更短较为合理，可以让期刊出版单位有时间调整自己的传播或版权策略。协议的续签方式也非常不合理，示例条款，如："本协议期满前十五日内未以书面方式通知对方终止协议，则本协议到期自动顺延五年，以后依此顺延。"上述条款会导致协议到期后自动顺延下去，因为签订协议后五年，期刊出版单位即使不想续签协议，也有极大可能因忙于其他事务而忘记书面通知出版商，导致协议自动续签。

还有的数字出版商甚至直接约定到期后自动续签，如："协议到期后双方如无异议，本协议自动顺延。"自动续签协议显然对期刊出版单位不利：第一，物价上涨、通货膨胀的风险。协议中的版权转让费为固定的数字，以原转让费续签相当于降低了版权转让价格。第二，续签一次导致一个新的5年（或更长）的合作期，若期刊出版单位对数字出版商不满意或需要与其他数字出版商合作则因需要等待一个周期而失去了机会。

上述两类协议条款建议修改为："协议到期后自动终止，如需延期，由双方协商重新签订新的协议。"这样的条款使协议到期后自动终止，若要签订新的协议，期刊出版单位可以根据上一个合作周期发现的问题调整合同条款再续签。期刊出版单位也可以在协议到期后寻找新的数字出版商合作。

（2）转让费用不合理

目前期刊出版单位与数字出版商的合作，获得的收益普遍较低，即使签订独家协议，版权收益也远远低于期刊付出的成本。期刊可以与数字出版商协商增加数字出版收益。此外，在协议周期内，每年的版权转让收益为固定数值，这也对期刊出版单位非常不利。建议期刊出版单位与数字出版商协商每年的收益应该增加一定的比例，因为物价上涨和货币贬值的风险是客观存在的。

（3）协议解除后对内容继续利用的条款不合理

在期刊出版单位与数字出版商的合作协议中，还有的数字出版商在协议中约定了一些协议终止后继续享有的一些权利。如："本协议终止后，对于本协议中甲方许可乙方使用的权利，乙方仍可独家使用五年。到期后，乙方可继续以非独家方式使用甲方在本协议中授予的权利。"上述条款有两层含义：第一，协议终止后原独家出版的内容，该数字出版商可以继续独家使用5年；第二，5年期满后，该数字出版商可继续以非独家的方式使用原授权内容。笔者认为，上述条款会使期刊出版单位将来更换数字出版合作对象时变得非常被动：因为合约到期后，期刊若与其他数字出版商合作，5年之内不能向新的合作对象提供过去出版的期刊，而过刊对数字出版具有相当重要的价值，会影响整个数据库的价值。例如，2013年某期刊出版单位与某数字出版商签订的合作协议到期终止，该期刊与另一数字出版商签订合作协议，由于上一个出版商依然享有5年期的2013年以前的期刊独家数字出版权利，那么后一个出版商只能出版2013年以后的期刊，数字出版商要么会降低版权转让费用，要么会认真评估与该期刊合作的必要性。

因此，在前一个合作协议终止后，应该在协议中明确：无论是过刊还是将来出版的期刊，期刊出版单位均可再与其他数字出版商进行数字出版合作。协议终止后，回归期刊的权利越多越好。笔者建议：最多给予数字出版商非独家的继续使用原协议授权内容的权利，其他权利都应回归期刊出版单位，这样才不会影响期刊出版单位寻找新的数字出版合作对象。

四、结语

以上笔者结合实务分析了期刊签订数字出版合作协议中的风险以及具体合同条款的修改建议。虽然数字出版合作协议具体条款有所不同，但协议的本质都是约定双方的权利和义务，学术期刊应该仔细斟酌一份协议给了自己哪些权利、哪些义务，这些权利和义务对期刊传播有哪些具体的影响。应该充分利用自身握有作者版权的优势与出版商充分协商，让自身利益最大化、风险最小化。当面临多份协议或续签协议时，应该仔细研读协议条款，必要时应该寻求专业法律服务人士的意见。

本文分析的合作协议部分由期刊出版单位提供，部分由数字出版商在咨询相关法律问题时提供，全部为出版单位与国内数字出版商的合作协议。虽然笔者收集到一份出版单位与国外出版商的英文合作协议文本，但因为不够典型而未列入本文的分析样本。因而，本文的不足是没有分析出版单位与国外数字出版商签订协议中涉及的特殊问题，但本文提出的法律风险和条款修改问题在出版单位与国外数字出版商签订的合作协议中同样存在。

2022 年 5 月，国家市场监管总局认定，知网通过签订独家合作协议等方式限定学术期刊出版单位不得向第三方授权是一种滥用市场支配地位的行为。

上述认定给已经签订独家协议的期刊解决正文所提到的与独家授权有关的风险带来契机，出版单位应予关注。

（原文发表于《中国科技期刊研究》2015 年 1 期，收入本书时有删改）

学术期刊开放式访问中的著作权问题及其对策

张小强　张　苹

近年来，在部分学者及出版者的大力提倡下，开放式访问（open access，OA）在我国的理论研究和实践开始兴起[1, 2, 3]；然而，正如学术期刊的著作权问题曾被忽视一样，目前 OA 中存在的著作权问题亦未得到应有的重视，必然给从事 OA 的机构带来法律风险。这里，笔者简要介绍 OA 的几种模式，分析 OA 中存在的著作权问题，并就如何规避相关法律风险给出建议，供从事 OA 的机构参考。

一、OA 的几种典型模式

OA 对各种人员和机构的好处使其在国内的实践方兴未艾。[4] 按照论文发布者的身份来划分，它包括以下几种：①出版者开展 OA，如开放阅读期刊联盟；②作者开展 OA，如奇迹电子文库；③既非作者也非出版者的第三方机构开展 OA，如中国预印本服务系统；④混合模式，即论文发布者的身份具有多重性，如中国科技论文在线，它既在因特网发布电子文档，也出版纸质期刊。国内一些大学和研究机构也在建设属于混合模式的 OA 数据库。

二、学术期刊的著作权模式及 OA 中的著作权问题

学术期刊的著作权模式有两种：①转让模式，即作者与期刊出版者签订著作权转让合同，作者将除精神权利以外的大部分著作权转让给期刊；②法定模式，即权利法定的意思，在作者与期刊之间无著作权协议或约定的情况下，发生著作权纠纷时，只能依据法律规定界定双方的著作权。

根据我国著作权法及相关规定，单篇论文著作权归作者，期刊只对期刊整体

1 李若溪，黄颖，欧红叶，等.国际学术出版开放式访问（OA）：I.实践与前沿问题研究进展［J］.编辑学报，2006，18（3）：237-240.

2 曾湘琼.学术信息开放存取模式运行机制与前景探析［J］.情报科学，2006，24（2）：218-221.

3 葛赵青，赵大良，苗凌.利用开放存取提高高校自然科学学报的影响力［J］.编辑学报，2006，18（2）：144-146.

4 李晓宁，林家乐.学术期刊实现 Open Access 出版的模式与平台［J］.编辑学报，2006，18（2）：130-132.

以及版式等享有著作权。目前，著作权保护观念淡薄导致很多期刊不愿意投入人力物力与每个作者均签订著作权转让合同，仅在封面上发布相关公告，而这类公告并不具备著作权转让协议的效力，不能改变论文著作权归属，当然更不能限制作者行使自己的著作权。

鉴于国内学术期刊著作权保护的现状，上述几种 OA 模式均存在潜在的著作权风险。[1]

1. 期刊出版者与 OA 开展机构之间可能存在的著作权纠纷

大多数开展 OA 的机构并没有与期刊签订著作权使用合同。虽然目前有越来越多的期刊支持 OA，但是，出于商业利益考虑或者某种需要，并非所有期刊都愿意其刊载的论文被上载到互联网上，潜在的法律风险依然存在。

2. 期刊与作者之间可能存在的著作权纠纷

首先，对于由作者发起的 OA 机构而言，如果论文在向期刊投稿前或正式发表前已经在开放式网站发布，若期刊知道这一情况是不会收稿或者刊载论文的，若作者隐瞒这一情况，那么就是典型的"一稿多投"，作者同样面临法律和道德风险。其次，一些没有与作者签订著作权转让合同的期刊出版者开展 OA 时，也会面临法律风险；因为在没有约定的情况下，单篇论文著作权中的复制权、网络传播权仍然归作者所有，期刊没有征得作者的同意而开展 OA 是一种侵犯作者著作权的行为。

3. 作者与 OA 开展机构之间可能存在的著作权纠纷

既然期刊这一与作者相比处于强势地位的机构都可能与作者发生法律纠纷，在开展 OA 的机构不是出版者的情况下，则该机构与作者发生法律纠纷的可能性更大。2000 年左右发生的一些作者起诉某数据库的诉讼案件不能说没有在 OA 上重演的可能。

4. 某些商业数据库与 OA 开展机构或作者、出版者之间可能存在的纠纷

其实，OA 对于出版者与作者来说都是受益人，而对于一些数据库制作商来说则会带来负面影响；因为 OA 会影响这些商业数据库用户的下载量。当期刊出

---

1 张小强，吕赛英，成孝义.论科技期刊编辑与作者权利的界限及其统一性［J］.编辑学报，2005，17（1）：10-12.

版者与数据库制作商签订了著作权转让合同时，若未征得其同意，开展 OA 必然带来著作权纠纷。

三、OA 的法律性质

第一，OA 是一种出版行为。《世界版权公约》1971 年修订版第六条给"出版"下的定义是："可供阅读或视觉可以感知的著作以有形复制并向公众普遍发行。"《中华人民共和国著作权法实施条例》和《辞海》是这样解释"出版"的："将作品编辑加工后，经过复制向公众发行。"综合这两个定义，可认为"出版"就是将作品复制并向公众发行，OA 是将论文复制为数字形式并通过互联网向公众发行，因此，是出版的一种方式。

第二，OA 不属于著作权中的合理使用。我国著作权法第二十二条规定了属于合理使用的情形。在属于合理使用的情况下，无需征得著作权人同意就可以使用受著作权保护的相关作品。很多从事 OA 的机构大多是科研机构或出版机构，常会误认为 OA 属于著作权法第二十二条第六款规定的："为学校课堂教学或者科学研究，翻译或者少量复制已经发表的作品，供教学或者科研人员使用，但不得出版发行"，这些机构常常忽略了该款最后的但书；因为一些机构没有认识到 OA 是一种出版方式，已经超出了著作权法中的合理使用范畴。2006 年 7 月施行的《信息网络传播权保护条例》（以下简称《条例》）针对信息网络传播规定的合理使用情形更加严格，除了向公众提供在信息网络上已经发表的关于政治、经济问题的时事性文章和在公众集会上发表的讲话属于合理使用的情况以外，向公众提供其他作品均不属于合理使用的范围。其他作品只在特定主体为特定目的向特定对象提供时才属于合理使用，对于具体情形，《条例》中有明确的规定。显然，OA 不属于其中规定的合理使用情况。另外，从道德角度看，OA 无疑是值得提倡的，这也使有些机构认为 OA 必然合法，是一种认识误区。

第三，OA 是利用信息网络向公众提供学术论文这一类作品，因此，除非权利人自己进行 OA 或者取得权利人许可，否则就侵犯了论文著作权主体的信息网络传播权。《条例》第二条明确规定：

权利人享有的信息网络传播权受著作权法和本条例保护。除法律、行政法规另有规定的外，任何组织或者个人将他人的作品、表演、录音录像制品通过信息网络向公众提供，应当取得权利人许可，并支付报酬。

其第十八条还规定了相应的侵权责任，因此，不经权利人许可而将其论文发布到 OA 网站上会产生严重的违法后果，从事 OA 的机构千万不能存有侥幸心理。

四、学术期刊 OA 中法律风险的规避

从 OA 的法律性质以及学术期刊的著作权现状来看，OA 中的确存在很高的著作权风险[1]，但可从以下几个方面采取措施来降低法律风险。

（一）分清著作权主体并获得其许可

OA 的开展机构应该首先分清论文的著作权主体。这分 3 种情况：①对于未在期刊上发表的论文，其著作权当然完全归作者。②当论文在期刊上发表后，在出版者和作者没有签订著作权转让协议的情况下，作者和期刊出版者各自享有其法定的著作权，即作者享有发表权、署名权、修改权、保护作品完整、复制权、发行权、信息网络传播权等权利，出版者享有期刊作为整体的发表权、署名权、修改权、保护作品完整权等权利[2]，版式的著作权也归期刊出版者享有。此时，将论文上载于 OA 网站必须同时取得期刊出版者和作者的许可。③在期刊出版者与作者或者期刊出版者与数据库制作商之间有著作权转让协议时，著作权依据相关协议归受让方。

在分清著作权主体之后，除非 OA 机构享有学术论文的著作权，否则必须得到学术论文著作权主体的书面授权。一些 OA 机构由于缺乏著作权保护意识而不去取得论文著作权主体的许可，若因此被起诉会面临法律责任。实际上，取得著作权主体的许可并不需要花很多人力和物力，是小投入、大收益，关键看从事 OA 的机构是否认识到其中存在的法律风险。

开展 OA 的出版机构仅仅需要得到作者的许可，由于出版者相对于作者处于强势地位，这一点很容易做到；因为平时稿件修改、校对等等都要与作者联系，只要顺便把许可协议寄给作者签好发回即可。

对于由作者发起的 OA 机构，若论文仅在 OA 网站发表而不向期刊投稿，自然属于著作权主体自己发布论文，不需要他人许可。若论文发布于 OA 网站后再向期刊投稿，如笔者前面的分析，这属于"一稿多投"，没有期刊会允许这种行

1　秦珂 . 开放存取资源版权保护问题摭谈［J］. 现代情报，2006（7）：14-15.
2　游苏宁 . 科技期刊论文发表中编辑应有的权利［J］. 编辑学报，2000，12（2）：118-119.

为。论文在期刊发表后上载于 OA 网站，作者应该事先取得期刊出版者的许可，大多数期刊对于 OA 还是支持的。

对于非出版者且非作者这类从事 OA 的机构，笔者认为它们可以首先与期刊出版者联系，询问著作权的归属情况，进而征得著作权主体的同意。若期刊与作者已经签订著作权转让合同，则著作权主体为期刊出版者，取得它们的许可即可。若著作权归属属于法定模式，则必须同时得到期刊和作者的许可，此时，可以先取得期刊出版者许可，再委托它们联系作者或提供作者的联系方式。

（二）从技术上降低法律风险

除了直接获得著作权许可，从技术上也可以降低法律风险。OA 机构可以将 OA 网站做成一个开放的独立平台，由论文的著作权主体，即期刊出版者或论文作者自行上载论文。这样，OA 机构就成了提供信息存储空间或者提供搜索、链接服务的网络服务提供者，其侵权责任要明显轻于提供内容的侵权者，所面临的法律风险要小于提供内容的 OA 机构；因为按照《条例》第十四条到第十七条的相关规定，若开放式存储机构仅为平台的提供者，即网络服务提供商时，在其没有过错的情况下，当其网站发布的论文侵权时，其责任仅在于删除作品或断开链接，并通知内容提供者。

同时，《条例》第二十条规定了网络服务提供者不承担赔偿责任的几种情况，即：

（一）明确标示该信息存储空间是为服务对象所提供，并公开网络服务提供者的名称、联系人、网络地址；（二）未改变服务对象所提供的作品、表演、录音录像制品；（三）不知道也没有合理的理由应当知道服务对象提供的作品、表演、录音录像制品侵权；（四）未从服务对象提供作品、表演、录音录像制品中直接获得经济利益；（五）在接到权利人的通知书后，根据本条例规定删除权利人认为侵权的作品、表演、录音录像制品。

根据上述规定，作为平台的 OA 机构可以采取相应技术措施降低法律风险。按照该条前二款规定，作为平台的 OA 机构应该明确标出每篇论文的上载者并在网站显要位置公布自己的名称、联系人和网址。根据第二款的规定，从事 OA 的机构不能改变论文的内容或者版式，如在论文中加入自己网站的链接或标志。根据该条第三款,从事OA的机构有严格审查论文的内容是否侵权的义务。笔者建议,通过网络技术让论文上载者必须实名注册之后才能上载论文,对于非论文署名作者或者期刊编辑上载的论文,通过网络技术的限制使之不能发布。这样,至少从技术上使那些侵权可能性高的论文不能上载。按照第五款的规定,在接到权利人书面通知后,从事OA的机构应该删除相关论文,这就要求OA网站的论文数据库在设计之初就要考虑今后的定位和删除功能。

对于第五款的规定尤其要注意,不能掉以轻心,一定要在技术上对OA网站进行优化,使侵权论文能够被及时删除。根据最高人民法院《关于审理涉及计算机网络著作权纠纷案件适用法律若干问题的解释》(2006年12月修改)的规定和相关案例[1],若作为网络服务提供者的OA机构未及时删除侵权作品,要承担共同侵权责任,届时就不是上面所说只要删除论文或断开链接就能够解决问题的了。

（三）体现对作者和出版者的尊重以减少实际诉讼风险

OA的目的是促进学术传播,是不盈利的;因此,即使被起诉,经济损失并不是主要的,但是会给开展OA机构的形象带来负面影响,因为这至少说明它不尊重作者或出版者的著作权。鉴于OA对作者和出版者都有利,作者或出版者不会因为经济原因起诉,但会因感到其著作权没有受到应有的尊重而起诉;因此,在开展OA时,应体现对著作权权利人的尊重,从而降低实际诉讼风险。例如,可以在网站显著位置公布关于OA网站的公益性质,并发布OA网站中论文著作权归相应著作权主体所有的公告。这样,在OA机构因工作失误造成侵权的情况下,例如获得了错误的著作权权利人许可,或者因技术原因未及时删除侵权作品,此时从感情上说作者直接去法院起诉的风险要小一些。当然,这个措施要起作用,只能寄希望于著作权权利人的"善心"。要想彻底避免诉讼风险和体现对著作权权利人的真正尊重,还是要取得著作权权利主体的许可或者让著作权权利主体自行上载论文。

（原文发表于《编辑学报》2009年1期,收入本书时有删改）

---

1 王迁.论"网络传播行为"的界定及其侵权认定［J］.法学, 2006（5）: 61-72.

最早关注新媒体，应该是笔者20世纪90年代上大学的时候，那个时候个人电脑还是新鲜以及奢侈的事物。最早接触新媒体相关的事物，是几个朋友一起用电脑打一款我国台湾地区开发的游戏"大富翁"，这也是最早基于电脑的社交，游戏需要几个玩家一起玩才有意思，只是那时还没有互联网，大家一起围着一台电脑操作。能够用电脑接触到图片、音乐、视频都让人觉得万分新鲜。当时的我面对信息技术无疑就是"大富翁"游戏中的"阿土伯"。然而谁也不会想到以计算机和互联网为代表的信息技术自此以后让世界发生天翻地覆的改变。本书也是这种改变的反映，只不过反映的是笔者的学术之路。

1997年从重庆大学机械工程系工业造型设计专业毕业，笔者的第一份职业是学术期刊编辑。出版业可以说是比新闻业更古老的行业，是一个信息加工与流通行业。在这个阶段，笔者亲身体验了出版业信息化的过程，笔者1999年开始攻读的硕士学位专业是机械制造及其自动化，研究的是信息技术对制造业的影响。因而，笔者早期的一些研究也多与出版业信息化相关。2003年春天，笔者进入重庆大学法学院攻读博士学位，仍然关注的是互联网产业，选择的博士学位论文研究选题是互联网产业的反垄断法规制问题，但这时笔者仍然在编辑部上班。可以说，从那一时期开始，笔者的研究成果无意中转到了网络环境的传媒业及其治理相关的领域。那段时间，主要思考的是互联网产业中存在的网络效应对竞争法和知识产权法的挑战。经济体之间的联系网络化，对用户数量或者说需求端起到了决定性的作用，传统的经济学理论不再完全适用，由此需要重构反垄断法的范式。

2006年博士毕业以后，笔者也并未想过专业从事学术研究，但加入中国高校科技期刊研究会版权委员会之后，又开始关注网络环境的版权实务问题。而这个阶段，也是互联网从Web1.0进入Web2.0的时期，各类主体都有了自己的传播渠道。期刊也开始在自己的网站进行开放式访问，由此带来了版权冲突，笔者对此进行了一些思考。2008年笔者到美国访学期间，也把网络环境的版权问题作为访学研究方向。快速的数字化，也影响着学术期刊的传播，在此期间笔者通过实证手段调查了独家数字出版、下载频次等数字环境的指标对影响因子等评价指标的影响。

可以说，1997—2012 年在期刊编辑部工作期间，笔者关注的是两个看似无关实则相联系的两个领域，互联网的反垄断和期刊数字出版及其版权问题。这期间并未进行一些面向更广阔的传媒业和更理论化的思考。2013 年，笔者正式调入重庆大学新闻学院成为一名专职教师，开始了新媒体的教学和科研生涯。虽然笔者可以在新闻学院继续做网络法、版权法的研究，但考虑到新闻学院硕士生法律基础较为薄弱，指导学生进入这些领域比较困难，因而，笔者将研究领域向新媒体传播做了调整。而这一阶段也是移动互联网和社交媒体兴起，新技术对社会冲击更大的阶段。这一阶段，笔者将教学和科研结合，研究了新媒体用户传播的特点，也分析了新媒体的经济学、社会学、传播学特征及其对传媒业实践的影响。笔者在关注出版业的同时，也关注新媒体对我国公共领域、UGC 商业模式等方面的影响，还调查了国外和国内的媒体融合实践，并且对我国新媒体研究做了从创新的扩散理论视角的知识图谱分析。

新媒体除了影响传媒业理论与实践，当然也影响着其中涉及主体之间的关系，由此带来了治理的变革。笔者也对此有一些研究，包括 Web 3.0 环境的反垄断、数字出版实践中的版权问题以及互联网治理范式的变革等等。

本书所收录的，正是笔者在上述领域的研究成果。这些成果还谈不上系统和体系化，但却真实记录了笔者的学术之路，当然这样的学术之路并不值得青年教师们学习，如果笔者能早一点沿着上述领域中的其中一条一直走下去，而不是分散精力，也许会更有成就。这些成果，可以说是笔者对过去的一个总结。新媒体研究最大的挑战和最大的乐趣就是技术不断发展，挑战传统理论和实践范式，未来笔者将持续关注人工智能、区块链等新技术对传媒业及其治理的影响。

本书所收录的论文，从学术质量来说自有人评说，这并不是我关注的。当把这些论文放到一起，我看到的却是我个人人生的酸甜苦辣。读者朋友们读本书收录的论文，看到的是学术表达，我则看到的是每一篇论文背后酝酿选题、写作、讨论、向专家老师请教、投稿、返修到修改定稿的过程。每一篇论文的学术观点未必很有个性，但是每一篇论文从成文到发表的过程是各不相同的。有的论文成稿很快，一两天就写作完成，而且写完感觉还比较满意，投稿一投就中；有的论文经历了长达两年的学术积累，也经过了漫长的审稿和痛苦的修改，虽然最后把我自认为出彩的部分删掉了，但是好歹也发表了出来；有的论文审稿人洋洋洒洒提了很多意见，有的论文没有任何返修意见就直接发表了；有的论文发表周期长达一年多，但也有的论文可能刚好对期刊的胃口，投稿三个月就发表。

虽然诚如上文所述，本论文集中的论文研究领域其实较为分散，这是我个人较为复杂的求学经历所决定的，但本论文集收录的论文从学术态度上，我自认为是真诚的。学术如人生，是一场修行，靠的就是敬畏和真诚。如果我们不真诚地对待学术，我们的人生也不可能真诚。我经常这样告诫博士生和硕士生。

2020 年到 2022 年是新冠肺炎疫情没完没了的三年，而我在这三年的精力基本耗在四本书上，这本论文集应该是花费精力最少的一本，因为这些论文耗去的时间是十几年的跨度。花费时间最多的是我的科幻小说集，小说的写作也与这本论文集有关。在这二十几篇论文的写作和发表过程中，我深感学术表达受牵扯的因素太多，尤其是审稿人和编辑对论文最后是什么样起着重要的"把关"作用，有的时候确实让论文增色不少，但也有的时候让论文变得没那么犀利。最后出版的论文有的基本没有被改动，也有的虽然不能叫面目全非，但也算是动了整容手术。更让人痛心的是那些投出去，并不是因为论文质量而是因为审稿人或期刊不认可方法或观点被退稿的论文，我目前正在考虑把这些论文结集出版。小说出版过程中虽然编辑也提了不少修改意见，但一些有意思的思考是能够得以保留的。从受众范围来看，学术论文一般受众较为狭窄，本论文集里的论文，在中国知网下载量最高的一篇超过了一万，这也是我所有发表论文中下载量最高的，未来恐怕不会再有这么高的下载量了。面向大众的小说的受众面显然要广泛得多。手头还有一本刚刚修订完提交给出版社的国家社科基金结题报告修改完成的书稿，那也是小众的学术读物。本论文集里的论文和课题结题报告是为工作而做，小说是为自己而做。

这四本书，这本论文集写完后记我的工作就算完成，小说根据编辑意见改完一轮，基金结题报告交给出版社后工作也算告一段落。目前饱受折磨的另一本书是《网络与新媒体》教材，这又是和前面三本书完全不同的"物种"。本论文集的论文是集中在比较小的方面，而教材则需要广泛介绍学术和实践动态，编写过程中时常感到力不从心。这种感觉在撰写本论文集中的部分论文时也发生过。究其原因，主要是积累不够而又被迫强行"输出"。不论论文、教材、小说还是其他作品，都需要一定时间的积累后再表达，区别只是时间的长短。

行文至此，我想跟读者朋友们尤其是选择学术之路的青年读者朋友们讲讲自己的体会。第一，学术之路的选择一定要把"自己"这个变量考虑进来。一定要思考，自己到底擅长什么？在哪一方面积累比较多？比如本论文集中发表的有关编辑出版的论文，正是笔者在编辑部上班期间实践积累的结果，包括笔者获资助的国家项目也是来源于编辑实践的积累。当前各类学术群体的考核压力都非常大，如果有一个自己擅长的领域，最直接的好处是可以缓解发表压力。切忌只考虑选题是否热门，而不考虑自己能不能驾驭、有没有积累，选题的创新性和可行性一定要平衡，我的一名博士生的毕业论文的选题可以说在这一点上教训深刻。他选了一个比较难的题目，我几次提醒他选题对他而言可能比较难，并且几次提醒他及时更换选题，但他坚持要做下去。最终，他的毕业论文的写作非常不理想，暴露出日常基础知识积累的匮乏，毕业虽然不能说是遥遥无期，但可以说是一拖再拖。我感到很揪心但也无能为力。第二，学术之路也要敢于开辟新的领域，在新闻传播学尤其如此。如果我们总待在自己的舒适区，或者选择一个自己擅长的领域持续深耕，在其他学科是可以的，但是新闻传播学这门学科知识更新太快，特别容易受到其他学科和技术发展影响。以新媒体为例，很多技术、理论、现象、实践都是新近发生的，学术范式也在不断变化，我们很难避开。这是新媒体研究的挑战，也是其中的乐趣，让我们不断学习新鲜事物。第三，正如笔者在前言中所说，教师的学术生涯既有科研，也有教学。学术之路的选择也要考虑社会人才培养的需求和学生们个人发展的需求，只有这样，一位学者才能更为全面地发展，才能够让教学和科研相互助力。本论文集中的部分论文，其实是在笔者"网络与新媒体"课堂PPT基础上进行研究而最后完成的。

本书付梓之际，笔者从重庆大学期刊社调入新闻学院也满10年了，感谢学院出版这套文集，算是对我从教十年的一个纪念。这十年改变的不仅是我的学术生涯，也让我体验了另一种人生。写完这篇后记，待其他书稿完成，我也许该认真思考未来十年的学术之路该怎么走。

最后，感谢新华社原副社长马胜荣为丛书撰写总序，马老在各方面都是我们新闻传播学者和学生们学习的榜样，从他那里获益良多。感谢重庆大学新闻学院董天策院长和龙伟副院长对本书出版给予的协助和支持，感谢重庆大学博士研究生张萍对本书参考文献格式的修订以及在出版过程中所做的其他工作。感谢重庆大学出版社编辑在出版过程中付出的辛勤劳动。

虽然出版时做了修订，但不足之处在所难免，恳请读者朋友们批评指正。

张小强

2022 年 9 月 19 日于嘉陵江畔